Der Steinadler und sein kirchlicher Schwefelgeruch

Der Steinadler
und sein Schwefelgeruch

Das neue Mittelalter

Die Verfolgung religiöser Minderheiten in der Geschichte
Die Verfolgung der Urchristen im Universellen Leben heute

von Matthias Holzbauer

Verlag Das Weiße Pferd

Verlag DAS WEISSE PFERD GmbH
Max-Braun-Str. 2, 97828 Marktheidenfeld
Tel. 09391/504-207, Fax 09391/504-210
Internet: http:// www.das-weisse-pferd.com

Druck: Santec Studio und Druckerei GmbH, Marktheidenfeld

ISBN 3-9808322-3-6

INHALT

DER STEINADLER UND SEIN KIRCHLICHER SCHWEFELGERUCH

Zur Einführung

Scharfe Augen hat er, der Adler. Er sieht genau, was sich auf seinem Territorium abspielt. Er beschützt seine Jungen und versorgt sie mit Nahrung. Er ist jederzeit bereit, einzugreifen, wenn ihnen Gefahr droht.

Ist der Adler deshalb das Wappentier vieler Staaten geworden, auch des deutschen Staates? Karl der Große übernahm den Adler als Sinnbild der kaiserlichen Gewalt von den römischen Truppen, Kaiser Friedrich Barbarossa setzte ihn ins Reichswappen des „Heiligen Römischen Reiches Deutscher Nation". (Von beiden Kaisern wird in diesem Buch noch die Rede sein.) Sowohl für Österreich-Ungarn (zwei Köpfe) als auch für Preußen (ein Kopf) war der Adler das Symbol staatlicher Macht. In der Demokratie steht diese Staatsmacht für die Einhaltung der Menschenrechte und die Gleichbehandlung aller Bürger.

Doch was ist, wenn der Staatsadler seiner Aufgabe nicht mehr nachkommt, für seine Bürger zu sorgen und sie gerecht zu behandeln? Wenn der Steinadler sich von anderen Vögeln – vielleicht: von schwarzgefiederten – beeinflussen lässt und beginnt, Steine auf bestimmte seiner Kinder zu werfen? Zum Beispiel auf die, die etwas anderes denken und glauben als das „Übliche"?

Dann wird er womöglich von der Kirche der Schwarzgefiederten selig gesprochen. Und zum Dank dafür darf er dann auch den schwarzen Vögeln einen guten Teil des Futters überlassen, das er von den Steuerzahlern erhalten hat.

Nicht umsonst war der Adler bereits auf den römischen Feldzeichen abgebildet. Denn schon seit römischen Zeiten beeinflusst die Kirche den Staat und drängt ihn z.B. dazu, gegen die „Ketzer“ vorzugehen. Diese Zusammenarbeit klappt auch heute noch vorzüglich. Im Februar 2001 fuhren der deutsche Innenminister Otto Schily und der deutsche Außenminister Joschka Fischer (ein ehemaliger Ministrant) nach Rom, um dort an der feierlichen Amtseinführung neuer – vor allem auch deutscher – Kardinäle teilzunehmen. Dieser Besuch beim Papst sei „Ausdruck der guten, partnerschaftlichen Beziehungen der Bundesregierung zu den Kirchen“ – so das offizielle Dossier aus dem Innenministerium. Der Papst seinerseits hatte am Weihnachtstag 2000 einmal mehr zur „weltweiten Achtung der Menschenrechte“ aufgerufen, zu denen, so hat er es z.B. in seiner Botschaft zum Weltfriedenstag 1999 präzisiert, „die Religionsfreiheit“ gehöre.

Schöne Worte, schöne Gesten: Schily und Fischer fahren nach Rom, verneigen sich vor dem Papst – und zu Hause verfolgen die Katholiken und die Lutheraner Andersgläubige, bezeichnen sie – mit staatlicher Unterstützung – als „Sektierer“. Sorgen dafür, dass „solche Leute“ keine Säle mieten, keine Zei-

Steinadler

Römisches Feldzeichen

Adlerfibel Karls „des Großen“

Reichssiegel Kaiser Sigmunds (1402)

Habsburger Doppeladler (18. Jhd.)

Preußischer Adler

Österreichischer Bundesadler (1945)

Deutscher Bundesadler (1950)

tungsanzeigen schalten können, dass sie Schwierigkeiten bekommen, eine Wohnung zu mieten, dass manche von ihnen ihren Arbeitsplatz verlieren, dass ihre Kinder als „Sektenschweine" beschimpft werden ...

Wie haben die Kirchen das geschafft? Wie haben sie es nicht nur geschafft, dass der Staat ihnen bei der Verfolgung Andersgläubiger behilflich ist – sondern auch, dass die „normale" Öffentlichkeit dieses scheinheilige Gebaren, dieses Auseinanderklaffen von schönen Worten und weniger schönen Taten, ganz normal findet? Dass vielen gar nicht auffällt, dass etwas faul ist im Lande des Steinadlers? Dass sie den stechenden Schwefelgeruch gar nicht bemerken, den der Adler annimmt, wenn er tut, was die Schwarzgefiederten wollen?

Um diese Frage zu beantworten, werden wir Staat und Kirche einmal auf die Finger schauen – vom Jahre Eins bis zum Jahre Zweitausendzwei. Die letzten 20 Jahre werden exemplarisch am Beispiel einer Glaubensgemeinschaft dargestellt, die nach Meinung der Kirchen zu den „gefährlichsten" in Deutschland zählt: die Urchristen im Universellen Leben. Gefährlich sind sie ja tatsächlich, die Urchristen, soviel sei schon verraten – gefährlich für die Amtskirchen, weil die Urchristen aufdecken, wie die Verhaltensweisen und Ziele der kirchlichen Institutionen wirklich sind: alles andere als christlich ...

Vorwort für Akademiker und Kirchenchristen

(Nicht zu lesen von Nicht-Akademikern
und aus der Kirche Ausgetretenen)

Nachdem Karlheinz Deschner (mit dessen Titanen-Arbeit ich das vorliegende Buch keineswegs vergleichen möchte) damit begonnen hatte, die „Kriminalgeschichte des Christentums“ zu schreiben, wurde ihm von kirchlicher Seite sehr rasch der Vorwurf der „Einseitigkeit“ gemacht. Doch keiner konnte ihm bisher historische Fehler oder falsch dargestellte Fakten – von belanglosen Einzelheiten abgesehen – nachweisen.

Allein die Tatsache, dass jemand nicht in den Chor der staats- und kirchentragenden Historiker einstimmt, genügt immer noch, ihn abzulehnen, in der Regel mit dem wohlfeilen Argument mangelnder Wissenschaftlichkeit.

Das vorliegende Buch wurde nicht von einem Historiker geschrieben, sondern von einem Anhänger einer verfolgten religiösen Minderheit. Wer Ungerechtigkeiten anprangert, der wird in den Augen derer, die diese Ungerechtigkeiten verursacht haben, immer „einseitig“ sein. Doch wer sonst hätte dieses Buch schreiben sollen, wenn nicht ein Betroffener? Oder sollten die Betroffenen, die Ausgegrenzten, so lange warten, bis ein „objektiver“ Historiker sich ihres Themas irgendwann erbarmt – vielleicht in hundert Jahren?

Eine objektive Geschichtsschreibung gibt es jedoch nicht.[1] Und warten kann das Thema auch nicht – im Gegenteil. Es müsste all jenen unter den Nägeln brennen, denen unsere Demokratie und die darin garantierten Menschenrechte am Herzen liegen. Soviel zum akademischen Aspekt der „Ausgewogenheit“.

Aber auch wenn (oder vielmehr: gerade wenn) die im vorliegenden Buch vorgelegten Fakten nicht widerlegt werden können – wer es kann, soll es bitte tun –, so wird es vermutlich wieder Stimmen von Katholiken und Protestanten geben, die sagen: „Die Fakten sind ja unbestreitbar. Aber der Ton ...! So ein Hass gegen die Kirche! Dabei gibt es doch in der Kirche so viel Gutes!"

Was den Ton angeht: Wem der Text gelegentlich etwas ironisch erscheint, der nehme dies als kleine Lesehilfe. Denn vielleicht geht es dem Leser wie dem Autor: Mit wirklich schlimmen Sachen kann man sich auf die Dauer nur mit einer gewissen Distanz befassen. Sonst hält man es kaum aus.

Im übrigen kann ich Sie, werter Leser, schon im Vorhinein beruhigen (oder – je nachdem – beunruhigen): Ich hasse die Kirche nicht. Und die Gläubigen erst recht nicht. Ich war schließlich selbst bis zu meinem Kirchenaustritt im 26. Lebensjahr ein braver Katholik. Ich weiß, wie sich das anfühlt. Ich weiß, dass es in den Kirchen viele Menschen gibt, die sich ehrlich bemühen, die Lehre des Jesus von Nazareth in ihrem Leben umzusetzen. Aber die Kirche selbst, das System Kirche? Und genau darum geht es nicht zuletzt in diesem Buch: Was hat das, was die Kirche seit Jahrhunderten mit religiösen Minderheiten anstellt, mit der Lehre des Nazareners zu tun? Das vorliegende Buch zeigt, dass weder die Inquisition im Mittelalter noch die heutige Ausgrenzung nicht-kirchlicher Glaubensgemeinschaften gelegentliche Ausrutscher sind. Es handelt sich hingegen um den Normalfall. Und was das viele Gute betrifft, das es innerhalb der Kirche ohne Zweifel gibt: Wer trägt es denn in diese Institution hinein? Die Kirchenoberen – oder die Menschen, die ihr ehrliches Engagement, ihre Arbeitskraft oder ihre Kirchensteuern über Jahrzehnte dort einbringen, in dem naiven Glauben, das sei Gottes Wille?

Ein nachdenklicher Kirchenchrist könnte weiter fragen: Was haben denn die Lehrsätze, die Gebräuche, die Verhaltensweisen der offiziellen Kirchenvertreter mit der ursprünglichen Lehre des Jesus von Nazareth zu tun? Doch ob er sich diese Frage stellt, sei jedem selbst überlassen. In der Bibel selbst findet sich die klare Auforderung, wie mit einer veräußerlichten Machtkirche umzugehen ist: „Tretet aus von ihr, mein Volk“, heißt es da, „damit ihr ihrer Sünden nicht teilhaftig werdet und von ihren Plagen nichts mitbekommet!“ (Off 18,4)

Marktheidenfeld, im August 2003

Der Autor

„Fasst die bösen Jungs!“

Kapitel 1

EINE ALTE GESCHICHTE

oder:

WIE DIE KIRCHE DEN STAAT DURCH 20 JAHRHUNDERTE ZUR VERFOLGUNG ANDERSGLÄUBIGER ANSTIFTETE

„Haben sie mich verfolgt, so werden sie auch euch verfolgen.“
(Jesus von Nazareth)

Weshalb musste Jesus von Nazareth sterben? Wer hat Seinen Tod veranlasst? Es waren keineswegs „die Juden“, wie es Kirchenführer in allen Jahrhunderten in antisemitischen Hetzreden dem Kirchenvolk einhämmerten.[2] Jesus war schließlich selbst ein Jude. Es war eine kleine Schicht von Schriftgelehrten, die in dem Mann aus Nazareth eine Bedrohung für ihre Macht sahen. Dieser Wanderprediger hatte großen Zulauf – und Er verkündete eine innere Religion, einen inneren Weg zu Gott, der die religiösen Grundlagen des Volkes Israel nicht aufhob, sondern sie im Gegenteil neu belebte: „Denkt nicht, ich sei gekommen, um das Gesetz und die Propheten aufzuheben. Ich bin nicht gekommen, um aufzuheben, sondern um zu erfüllen“ (Mt 5,17). Jesus meinte damit freilich nicht die kleinliche Beachtung eines äußeren Buchstabengesetzes, sondern Er meinte die absoluten Gesetze Gottes, wie sie in mannigfacher Weise in den Aussagen der großen Gottespropheten des Volkes Israel zum Ausdruck kommen – auch wenn diese Aussagen in der Bibel vielfach überlagert und durchsetzt sind mit Beimischungen anderer Art, etwa durch das, was in der wissenschaftlichen Textkritik als „Priesterschrift“ bezeichnet wird.

Jesus wurde zu einer Bedrohung für die Macht der Schriftgelehrten, weil Er die Missstände im Tempel offen legte, weil Er das Auseinanderklaffen von göttlicher Botschaft und priesterlicher Machtentfaltung bloßstellte. Er griff die Pharisäer offen an, bezeichnete sie als „übertünchte Gräber", als „blinde Blindenführer", als „Schlangen- und Otterngezücht". Er trieb die Händler aus dem Tempel, die dort Opfertiere zum Kauf feilboten, obwohl doch Gott durch Seine Propheten die Tieropfer abgelehnt hatte: „Die Widder, die ihr als Opfer verbrennt, und das Fett eurer Rinder habe ich satt; das Blut der Stiere, der Lämmer und Böcke ist mir zuwider" (Jes 1,11).[3] Vor allem aber: Er zeigte in der Bergpredigt den Weg zu einem friedlichen Miteinander der Menschen auf, das ohne äußere Kirche und Priesterkaste auskommt.

Sehr bald schon trachteten bestimmte Tempelkreise Jesus nach dem Leben: „Da suchten die Hohepriester und der Hohe Rat falsches Zeugnis gegen Jesus, um ihn zu Tode zu bringen." Doch Israel war ein besetztes Land; selbst die religiöse Elite hatte nicht die Macht, ein Todesurteil zu verkünden und zu vollstrecken. Um den Anführer der „Sekte des Nazareners" zur Strecke zu bringen, musste man den römischen Statthalter dazu bringen, einen Justizmord zu begehen.

So ist es zu erklären, dass die Anführer des Hohen Rates je nach Adressat zwei verschiedene Beschuldigungen gegen den bei Nacht und Nebel verhafteten Jesus vorbrachten: Vor dem Hohen Rat selbst behaupteten sie, Er habe Gott gelästert. Vor dem römischen Statthalter Pilatus jedoch sprachen sie davon, dass der Nazarener im Begriffe sei, das Volk gegen die Römer aufzuhetzen.

Diese Vorgehensweise hat Modellcharakter für die nächsten zweitausend Jahre: Intern und gegenüber dem gläubigen Volk argumentiert die Priesterkaste gegen Jesus und später gegen die so genannten Sekten „theologisch" und gleichzeitig verächtlich machend – sie verleumden Jesus als Fresser und Säufer, Freund der Zöllner, Scharlatan, falschen Propheten, Gotteslästerer, Er stehe mit dem Teufel im Bunde. Gegenüber der staatlichen Obrigkeit jedoch zieht man andere Register der Verleumdung: Jesus und Seine Anhänger seien Staatsfeinde, Aufrührer, gefährliche Umstürzler.

Die Rechnung ging auf. So, wie die Priester und Schriftgelehrten immer wieder in der Geschichte Israels die großen Gottespropheten verleumdeten, verfolgten und zum Teil töteten – etwa Jesaja –, so erreichten sie nun das Todesurteil gegen den größten Gottespropheten der Menschheit. „Und damit“, so Bernd Rill, „wurde der Gründer der Kirche auch zu ihrem ersten Ketzer, zumindest in den Augen derjenigen, die seine Kirchengründung als Ketzerei ansahen, also natürlich die Verwalter der bis dahin bestehenden Religion ...“[4]

Das frühe Christentum und seine Umpolung

Doch das Ende der Bewegung erreichten sie nicht. Im Gegenteil: Der Glaube an den auferstandenen Christus verbreitete sich rasch unter Hebräern und Griechen. Diese „neue religiöse Glaubensgemeinschaft“ sah jedoch ganz anders aus als die heutigen großen Kirchen. Diese Tatsache ist von entscheidender Bedeutung, wenn man den nachfolgenden Kampf zwischen Kirche und „Sekten“ in seiner geistesgeschichtlichen Tiefendimension verstehen will. **Der russische Historiker Grigulevic, als Marxist jeglicher Parteinahme in Sachen Religion unverdächtig, stellt in seinem Buch über die Inquisition fest: „Die Kirche verband ihr Schicksal mit dem der Ausbeuterklassen der Gesellschaft und deren Staat und verwarf damit den Traum der Urchristen von der Errichtung eines ‚Gottesreiches auf Erden'.“**[5] Sieht man einmal davon ab, dass man den geistigen Kampf zwischen kirchlicher Hierarchie und „Ketzern“ nicht auf den – sicherlich nicht unbedeutsamen – materiellen Aspekt der sozialen Ungleichheit beschränken sollte, so ist doch auffallend, mit welchem Scharfblick ein nicht-religiöser Historiker den roten Faden findet, der sich durch diese Auseinandersetzung zieht: **Es ist der immer wiederkehrende Aufruf, zu den Wurzeln „des frühen Christentums zurückzukehren“**[6]**, der stets aufs Neue die erbitterte Feindschaft der etablierten Kirche hervorruft.**

Offenbar lebte in den nachfolgenden Generationen ungeachtet allen Terrors, aller Bücherverbrennungen[7] die Erinnerung fort, dass die ersten Christen diesem Traum von der „Errichtung des Gottesreiches auf Erden" trotz aller menschlichen Unzulänglichkeiten ein ganzes Stück näher gekommen waren als ihre angeblichen Nachfolger, die Kirchen.

Schon beim aufmerksamen Lesen der Bibel kann man erkennen, dass die Institution Kirche anders lebt, als der Nazarener und Seine unmittelbaren Jünger es vorlebten – deshalb war die selbständige Lektüre der Bibel den Gläubigen auch über viele Jahrhunderte hinweg verboten. Uns Menschen des beginnenden 21. Jahrhunderts steht darüber hinaus ein Schrifttum zur Verfügung, das neues Licht auf das frühe Christentum wirft.

Selbst katholische Theologen wie Rupert Lay[8] oder Herbert Haag[9] stellen fest, dass der Nazarener weder eine hierarchische Kirche noch Priester als sogenannte Heilsvermittler zwischen Gott und den Menschen einsetzte. Die frühen urchristlichen Gemeinden waren, wie wir heute sagen würden, „basisdemokratisch" organisiert. Den Ton gaben, wie in den Paulusbriefen nachzulesen ist, Menschen mit natürlicher Autorität an: „Propheten", „Heiler" und „Lehrer", die über bestimmte „Geistesgaben" verfügten. Frauen waren in allen Belangen gleichberechtigt.[10] Geld und Macht spielten keine Rolle, denn man teilte den Besitz und half mit dem Überschuss der gemeinsamen Arbeit den Armen. Soldaten und auch Jäger konnten nicht Mitglieder der Gemeinden werden, denn die ersten Christen achteten die Zehn Gebote, wozu auch gehört: Du sollst nicht töten. Viele von ihnen waren nachweislich Vegetarier, so etwa Jakobus, der Bruder des Jesus, der nach dessen Tod die Urgemeinde in Jerusalem leitete, aber auch die Ebioniten und Nazoräer, zwei wichtige Strömungen innerhalb des frühen Christentums.[11] Zu den Glaubensüberzeugungen, die in der Lehre des führenden frühchristlichen Theologen Origenes (185-253) eine Hauptrolle spielten, gehören die Existenz der Seele vor der Zeugung des Menschen, die Wiederherstellung aller

Dinge in ihrer ursprünglichen Vollkommenheit (also das Gegenteil der ewigen Verdammnis) sowie die Wiederverkörperung der Seele.[12]

In der Kirche werden heidnische Bräuche und Rituale gepflegt

Das Urchristentum in Reinform gab es allerdings auch damals nicht. Von Anfang an gab es Richtungskämpfe und Meinungsunterschiede. Paulus etwa (der Jesus nicht persönlich kennen gelernt hatte) war der Auffassung, die Frau solle in der Gemeinde schweigen, man solle der Obrigkeit untertan sein und man könne ohne Gewissensbisse alles verzehren, „was auf dem Fleischmarkt angeboten wird" (1 Kor 10, 25). Die zeitweilig harte Verfolgung durch die römische Staatsmacht führte dazu, dass Kompromisse gemacht wurden. Um möglichst viele Heiden zum Eintritt in die neue Religion zu bewegen, kam man den Glaubensanschauungen der Menschen entgegen, indem man z.B. Jesus einfach mit Gott gleichsetzte oder indem man Zeremonien und Rituale aus antiken Mysterienkulten übernahm.

Unter den vielen Projektionen eigener Fehler, die die Kirche den „Sekten" anzuhängen pflegt (wir werden noch darauf zu sprechen kommen), gehört der Vorwurf des „Synkretismus" (der Religionsvermischung) zu den dreistesten. Denn kaum eine Religion hat so viele Elemente anderer Glaubensrichtungen vereinnahmt und schamlos eingebaut wie die im Laufe der ersten nachchristlichen Jahrhunderte entstehende sogenannte christliche Kirche. Priester, Messgewänder, Altar, Weihwasser, Ministranten, Weihrauch, Wandlungsgebete, Heiligen- und Muttergottesverehrung samt spezieller Feiertage, Wallfahrten ..., all dies sind keine Elemente einer frühchristlichen Frömmigkeit, sondern sie stammen allesamt aus den damals populären Mysterienkulten. Ist es da übertrieben, festzustellen, dass die katholische Religion letztlich eine heidnische Mysterienreligion ist – mit christlichem Mäntelchen? Der französische Theologe Alfred Loisy (1857-1940), der als einer der ersten diesen umfangreichen Transfer von Ritualen und Gebräuchen aus dem Heidentum ins Scheinchristentum herausarbeitete und der 1908 von seiner Kirche exkommuniziert wurde, traf den Nagel auf den Kopf, als er sagte: „Jesus verkündete das Reich Gottes, und gekommen ist die Kirche." Der Umschwung von einer Religion des Inneren zu einer äußeren Zeremonienreligion vollzog sich im Wesentlichen während des zweiten und dritten nachchristlichen Jahrhunderts. Aus einem gemeinsamen Gastmahl (der „agape") wurde eine rituelle Messfeier. Aus der feierlichen Aufnahme in die Gemeinschaft der Gläubigen wurde die Wassertaufe von Säuglingen. Aus einem ehrlichen Schuldbekenntnis vor der Gemeinschaft wurde die von Priestern vollzogene Ohrenbeichte. Gleichzeitig baute sich ein Machtgefüge auf: Die äußeren Organisatoren der Gemeinde, die Verwalter der Kasse und der Vorräte – Priester und Bischöfe (von griech. episkopus, der Aufseher) genannt – setzten sich an die Spitze. Es bildete sich eine Hierarchie heraus, die nicht nur Macht ausübte, sondern sich für ihre Funktion auch bezahlen ließ. Im dritten Jahrhundert verblieb ein Viertel der Einkünfte einer Diözese beim Bischof, ein Viertel erhielten die Priester, ein Viertel diente zum Erhalt und Neubau der Kirchengebäude – und ein Viertel verblieb den Armen. „Der Bischof bekam also allein so viel wie sein ganzer Klerus oder seine sämtlichen Armen zusammen", schreibt Karlheinz Deschner.[14] Und Horst Herrmann kommentiert: „Dieses Prinzip hat sich in der Geschichte wacker bewährt: 75 Prozent für Kircheneigenes, 25 Prozent für andere. Noch heute ist es nicht überwunden."[15] Im Gegenteil, die Gewichte haben sich weiter verschoben: Nur etwa 8% der Kirchensteuereinnahmen beider Großkirchen fließen heute öffentlich-sozialen Zwecken zu.

Die ersten „Ketzerbewegungen"

Über die Bischöfe, die „Episkopoi", schreibt Herrmann: „Die Zeit arbeitete von Anfang an für die Bischöfe, für die Aufseher über das Geld aller – und später auch für die Aufpasser über die wahren Worte."[16] Das aber stieß auch damals schon auf Widerstand. Immer wieder regte sich in religiös suchenden Menschen die Sehnsucht nach den ethischen und moralischen Werten, die Jesus von Nazareth in Seiner Bergpredigt den Menschen nahegebracht hatte. So etwa in dem griechischen Reeder **Markion**, eine „selbstlose, ethisch hochachtbare“[17] Persönlichkeit, der ca. 140 n.Chr. die römische Christengemeinde davor warnte, den „neuen Wein in alte Schläuche“ zu gießen, d.h. das Evangelium Christi in die Strukturen eines veräußerlichten Priestertums zu zwängen. „Weder vermengte er das Evangelium mit heidnischer Mysterienweisheit, wie die Großkirchen, noch ersann er, wie zeitgenössische Gnostiker, spitzfindige Spekulationen. Er erinnerte mit Leidenschaft wieder an die Liebe als Mittelpunkt der evangelischen Botschaft. Er sah in den Seligpreisungen der Armen und Geschmähten das Eigentümliche der christlichen Verkündigung, in der Bergpredigt den Inbegriff der Lehre Jesu. Die Feindesliebe war geradezu das Charakteristische des markionitischen Christentums.“[18] Markion wurde aus der Gemeinde ausgeschlossen und gründete eine eigene christliche Reformbewegung. Er lehnte das Alte Testament wegen der darin enthaltenen Vorstellung eines „strafenden Gottes“ und wegen der zahlreichen Textfälschungen ab und erarbeitete den ersten Kanon eines Neuen Testaments. Er wurde dadurch „zum Begründer der neutestamentlichen Textkritik, die sich, dank der kirchlichen Scheiterhaufen, voll erst im 19. und 20. Jahrhundert entfalten konnte“.[19] Markions Bewegung verbreitete sich über den ganzen Orient und wurde möglicherweise in Gestalt der „Paulikianer“ fast ein Jahrtausend später zum Ausgangspunkt der Bogumilen- und Katharerbewegung.

Ein weiterer Zeuge der Inneren Religion ist **Montanus**: Im zweiten Jahrhundert wollte er die bereits weitgehend versiegte Quelle der urchristlichen prophetischen Geistesgabe wieder zum Leben erwecken. Montanus und die Anhänger eines freien Geistes, „der weht, wo er will“, wurden als „Teufelspack“ aus der Kirche ausgeschlossen. Der von der Kirche heilig gesprochene Bischof Cyprian (auch ein furchtbarer Antisemit) hetzte gegen Markion, Montanus und alle „Ketzer“: Ein gläubiger Kirchenchrist dürfe mit diesen „ruchlosen Anhängern der häretischen Verkommenheit“ keinerlei Umgang pflegen, „nicht einmal Brot essen und Wasser trinken". Der „Heilige" stellte regelrechte „Ketzerlisten" auf[20] – freilich nicht die letzten in der Geschichte der Kirchen. Der Hass, mit dem solche Ketzerbewegungen verfolgt wurden, kannte schon damals keine Grenzen: Die Markioniten etwa, „vom Fischgenuss abgesehen strenge Vegetarier"[21], wurden vom „heiligen" Justin sogar beschuldigt, Menschenfleisch zu verzehren.

Die Kirche, selbst noch teilweise unter der Verfolgung des römischen Staates stehend, entwickelte bereits ein umfangreiches Repertoire für den Rufmord, schmähte Abweichler mit allem, was die damalige Sprache an Schimpfwörtern zu bieten hatte. Um wie viel schlimmer musste es diesen Abtrünnigen ergehen, wenn die Kirche sich erst mit dem Staat verbündete?

Konstantin und die „neue Herrenschicht" – der Klerus

Eben dies trat im vierten Jahrhundert ein. Konstantin, zunächst einer von vier gleichberechtigten Herrschern im römischen Reich, erkannte als skrupelloser Machtpolitiker den Vorteil, der für ihn in einem Bündnis mit der zu diesem Zeitpunkt bereits hervorragend durchorganisierten kirchlichen Hierarchie lag: Er konnte sich im Kampf gegen seine drei Mitkaiser der weitverzweigten Verbindungen dieser relativ jungen Religion bedienen – für Intrigen aller Art, aber auch für die „Öffentlichkeitsarbeit", sprich: Stimmungsmache gegen seine Gegner. Und er etablierte an seiner Sei-

Konstantin (um 280-337)

te eine „neue Herrenschicht, den christlichen Klerus“[22], der hervorragend dazu geeignet war, seine Gewaltherrschaft religiös zu verbrämen und so in den Augen der Untertanen zu legitimieren.

Der Klerus ergriff diese Chance ohne jegliches Zögern und vollzog begeistert die „konstantinische Wende“. Als „Morgengabe“ an den neuen Kaiser, der sich in heimtückischen Bürgerkriegen seiner drei Rivalen entledigte, vollführte die Kirche bezüglich ihrer Einstellung zum Militärdienst eine rasante Kehrtwendung: „313 gewährte Konstantin den Christen volle Religionsfreiheit, 314 beschloss die Synode von Arelate die Exkommunikation fahnenflüchtiger Soldaten. Wer die Waffen wegwarf, wurde ausgeschlossen; vordem wurde ausgeschlossen, wer sie *nicht* wegwarf.“[23] Konstantin bedankte sich, indem er die neuen Herren reich machte, sie mit Steuerprivilegien und Schenkungen überhäufte. **Das Christentum, ursprünglich eine geistig revolutionäre Botschaft der Gleichberechtigung aller Menschen als Kinder Gottes, wurde so zu einer Staatsreligion, zu einem Feigenblatt für eine ausbeuterische Gewaltherrschaft.**

Damit sie ihre privilegierte Stellung nicht mit anderen Glaubensrichtungen teilen mussten, begannen die Kleriker sehr bald, alle Andersgläubigen beim Kaiser anzuschwärzen. Dass dieser Kaiser auch vor Verwandtenmord nicht zurückschreckte[23], dass er selbst Zeit seines Lebens ein Heide blieb und sich erst 337 auf dem Sterbebett taufen ließ – und das auch noch von einem arianischen „Ketzer“ – störte den Klerus nicht. Konstantin wurde später sogar heiliggesprochen – denn für die Kirche zählt nicht, wie jemand lebt, sondern, was er für die Kirche tut. Zum Beispiel, dass er ihr die „Häretiker“ vom Leibe hält. Im Jahr 324 hatte Konstantin zwar noch verkündet: „Wie sein Herz es will, so soll es jeder halten.“ Doch im Jahr 331 verbot er die Zusammenkünfte und Gottesdienste der Novatianer, Markioniten, Montanisten und anderer urchristlicher Bewegungen, „konfiszierte ihre Grundstücke und ließ sogar ihre Versammlungshäuser zerstören“.[24] In seinen letzten Regierungsjahren ging er auch gegen das Heidentum vor, ließ Tempel niederreißen und beschlagnahmte Tempelländereien. Auch wenn diese Maßnahmen gegen christliche Außenseiter und Heiden noch nicht überall im Reich und zu jedem Zeitpunkt umgesetzt wurden – ein Anfang war gemacht.

Verfolgung mit Hilfe des Alten Testaments

Wenige Jahre nach Konstantins Tod (337) sorgte der Kirchenvater Firmicus Maternus dafür, dass es mit den Verfolgungen Andersgläubiger weiterging. Er richtete an Konstantins Söhne und Nachfolger „eine einzige Hasstirade gegen das Heidentum: ‚Von Grund aus müssen solche Dinge, allerheiligster Kaiser, ausgemerzt und vernichtet werden und sollen durch schärfste Gesetze und Erlasse eurerseits geändert werden, damit nicht länger dieser verhängnisvolle irrige Wahn den römischen Erdkreis beflecke, damit nicht diese ruchlosen, verpesteten Gebräuche erstarken, damit nicht länger, was immer einen Mann Gottes zu verderben sucht, auf der Erde herrsche'".[26] Man halte sich dabei vor Augen, dass diese „ruchlosen, verpesteten Gebräuche" zu diesem Zeitpunkt längst en gros und en detail in die kirchliche Liturgie Eingang gefunden hatten. „Als man noch machtlos war, hatte man Religionsfreiheit und Feindesliebe gefordert. Jetzt ... reizt der Kirchenvater die Kaiser zur Plünderung der Tempel auf und verlangt mit Berufung auf den Gott des Alten Testaments, die alte Religion ‚in jeder Weise' zu verfolgen."[27] Im Alten Testament, im angeblichen Gotteswort, das in Wirklichkeit durch die Priesterkaste verfälscht wurde, fand man die Rechtfertigung, „die Altäre der Heiden umzuwerfen, ihre Säulen zu zerbrechen, ihre geschnitzten Bilder zu verbrennen und sie selbst zu erschlagen ‚bis auf den letzten Mann'".[28] Bischof Optatus von Milewe beispielsweise nahm kein Blatt vor den Mund, wenn es galt, die Bekämpfung der „Ketzer" nötigenfalls auch durch das Militär zu rechtfertigen: „'Warum', fragt der Heilige, 'sollte es verboten sein, Gott [!] durch den Tod der Schuldigen zu rächen? Will man Beweise? Das Alte Testament wimmelt davon.'"[29]

Die ersten Opfer: meist die Juden

Die Berufung auf das Alte Testament hinderte die Kirche jedoch nicht daran, diejenigen besonders intensiv zu verfolgen, denen sie die Bibel verdankten: die Juden. Kaiser Konstantin hatte das Judentum zu Beginn seiner Regierungszeit noch als erlaubte Religion anerkannt, doch nach dem Konzil von Nizäa (325) übernahm er die hasserfüllte Propaganda der Kirchenväter gegen die Juden, nannte sie ein „verhasstes Volk“ und unterstellte ihnen „angeborenen Wahnsinn“. „Das Betreten Jerusalems, das er und seine Mutter mit Kirchen füllten, gestattete er Juden bloß an *einem* Tag im Jahr.“[30] Er erneuerte ein Gesetz Trajans, wonach die Bekehrung eines Heiden zum Judentum mit dem Feuertod bestraft werden sollte.

Wer Ketzer verfolgte, verfolgte auch Juden – dies ist eine Konstante der Kirchengeschichte. Um den Umfang des Buches nicht zu sprengen – denn Judenverfolgungen gab es fast zu allen Zeiten –, wird darauf in der Folge nur sporadisch Bezug genommen.[31]

Die Religionsgesetze des Theodosius

Ihre volle Durchschlagskraft erreichte die kirchlich inszenierte Ketzerverfolgung durch den römischen Staat unter dem zunächst oströmischen, dann gesamtrömischen Kaiser Theodosius (Regierungszeit 379-395). „Theodosius erließ am 27. Februar 380 das berühmt-berüchtigte Religionsedikt von Thessalonich, das der heidnischen Toleranz den Todesstoß versetzte, indem es unter Androhung himmlischer und irdischer Strafen die Annahme des katholischen Glaubens für jeden römischen Bürger obligatorisch machte.“[32] In diesem

Theodosius (347-395)

Edikt stand geschrieben: „Wir befehlen, dass diejenigen, welche dies Gesetz befolgen, den Namen ‚katholische Christen' annehmen sollen; die übrigen dagegen, welche wir für toll und wahnsinnig erklären, haben die Schande zu tragen, Ketzer zu heißen."[33] **Damit war der Katholizismus alleinige Staatsreligion.** Doch dies war erst der Anfang. Der Historiker Grigulevic schreibt dazu: „Die christliche Kirche, die jetzt eine Bundesgenossin der kaiserlichen Macht geworden war, stützte sich auf deren Hilfe bei der Unterdrückung ihrer Rivalen, der heidnischen Kulte, und ihrer inneren Opposition, der zahlreichen häretischen Strömungen. Auf ihre Veranlassung verbot der römische Kaiser Theodosius ... die übrigen Religionen und konfiszierte den Landbesitz der heidnischen Tempel zugunsten der christlichen Kirche. Diese nannte ihn dafür dankbar den ‚Großen'. In den achtziger Jahren und zu Anfang der neunziger Jahre erließ Theodosius eine Reihe von Edikten über die Verfolgung der Heiden und Häretiker (Manichäer), in denen gegen sie der Verlust der staatsbürgerlichen Rechte, die Konfiskation der Güter und schließlich die Todesstrafe (Strafe für Majestätsverbrechen, 392) bzw. die Verbannung ausgesprochen wurden. Die Präfekten wurden verpflichtet, Inquisitoren (Untersuchungsrichter) sowie Denunzianten (Geheimagenten) zum Aufspüren verborgener Manichäer und anderer ‚Majestätsverbrecher' zu ernennen." Grigulevic fährt fort: „Dieses Gesetz gegen die Manichäer ist eine Art Vorbild für die künftige Inquisition: Zum ersten Mal in der Geschichte des Imperiums wurden die Anhänger eines religiösen Kults in den Rang von Staatsverbrechern erhoben und es wurde ein spezieller geheimer Untersuchungsapparat mit uneingeschränkten Vollmachten zu ihrer Auffindung und Bestrafung geschaffen. In der Folgezeit, als die Inquisition selbst bestand, beriefen sich alle kirchlichen Apologeten zu deren Rechtfertigung gerade auf dieses Gesetz."[34]

Auch dies hat Methode: Die Kirche beeinflusst die Mächtigen in ihrem Sinne – und beruft sich dann später wiederum auf sie. In der heutigen Zeit wird ein ähnliches Spiel, wie wir noch sehen werden, mit den Massenmedien betrieben.

Theodosius und seine Nachfolger erließen zwischen 380 und 438 ungefähr achtzig Gesetze gegen „Ketzerei". Den Ketzern wurde jegliche Versammlung, jeglicher Gottesdienst, auch in Privathäusern, verboten. „Man untersagte den Nichtkatholiken ... jede Art von Lehrtätigkeit, die Ordination von Geistlichen und befahl die Vernichtung ihres Schrifttums. Man bedrohte sie mit Ausweisung, Verbannung und Konfiskation ihres Vermögens. Man sprach ihnen das Recht ab, sich Christen zu nennen, Testamente zu machen oder auf Grund von Testamenten zu erben; zuweilen erklärte man sie sogar für unfähig, irgendwelche rechtsgültigen Akte zu vollziehen."[35]

All dies ist nicht bloße Geschichte. Wir werden in der jüngsten Vergangenheit wieder auf Versuche stoßen, religiösen Minderheiten das Christsein abzusprechen, ihnen Versammlungen unmöglich zu machen, sie zu enterben, ihnen Sorgerechte und Ähnliches abzuerkennen.

Auffallend ist die seelische Grausamkeit, die Freude am psychologischen Detail, mit der diese Gesetze verfasst wurden. Im vierten Gesetz steht z.B. zu lesen: „Wir hätten sogar befohlen, sie in die Ferne zu stoßen und weiter weg zu verbannen, wäre es nicht offensichtlich eine größere Strafe, unter den Menschen zu leben, aber ihre Unterstützung zu entbehren. Sie sollen also als Ausgestoßene in ihrer Umgebung wohnen bleiben. Die Möglichkeit, in ihren früheren Status zurückzukehren, ist ihnen verwehrt. Für sie gibt es keine Buße; sie sind keine ‚Gefallenen', sondern ‚Verlorene'." Hochgestellte Ketzer hätten einen „unsagbar verworfenen Charakter", so das letzte der Gesetze, sie seien daher „ständiger Ächtung (infamia) auszusetzen und nicht einmal zur niedrigsten Klasse zu zählen. Die gesellschaftliche Existenz dieser Menschen ist damit vernichtet."[36]

Es gab damals zwar noch keine Massenmedien – doch die Möglichkeit, den Andersgläubigen nicht durch Mord, sondern (eleganter) durch Rufmord zu vernichten, wurde hier bereits klar artikuliert. Das schafft keine Märtyrer – und macht der Häresie doch auf sehr nachhaltige Weise den Garaus.

Wer hat sich so etwas ausgedacht? Dreimal dürfen wir raten. „Die kaiserliche Kanzlei gebraucht bei ihrer antihäretischen Gesetzgebung regelmäßig das von den katholischen Bischöfen des Westens entwickelte Anti-‚Ketzer'-Vokabular. Es beeinflusste ‚nicht nur die Abfassung, sondern auch den Inhalt der Texte' ... Denn hinter Theodosius stand natürlich die katholische Kirche – ‚Die göttliche Vorsehung half dabei nach' ...“[37]

Die Ketzerjäger späterer Jahrhunderte (darunter übrigens auch Luther) beriefen sich nicht von ungefähr auf Theodosius und seine Nachfolger. Mit Hilfe von Konstantin und Theodosius gelang der Institution Kirche innerhalb eines knappen Jahrhunderts ein beispielloser Aufstieg: Von einer zeitweise noch verfolgten Minderheit nicht nur zur alleinigen Staatsreligion, sondern in der Folge sogar zur einzig noch erlaubten und öffentlich praktizierten Religion überhaupt. Ein „Idealzustand“, der aus katholischer Sicht sicher noch Jahrhunderte lang so hätte bleiben können. Erst der Zusammenbruch des römischen Reiches und die Aufspaltung in Ost- und Westrom machten neue strategische Manöver der römischen Kurie notwendig, um dann im Spätmittelalter eine ähnliche (oder gar noch größere) Macht wieder zu erringen.

Die Ketzer – und ihre Jäger

Man muss berücksichtigen, dass zur Zeit des Theodosius die Kirche noch keineswegs unangefochten den religiösen Ton angeben konnte. Neben Heiden und Juden gab es ausgesprochen vitale christliche Richtungen.

– Da waren, um nur die wichtigsten zu nennen, die in den Edikten des Theodosius erwähnten **Manichäer**, die der Perser Mani (216-276) ein inneres Christentum gelehrt hatte. Es ging ihm um die Befreiung des inneren Menschen durch die Kraft Christi, den „Kern des inneren Lichtes“, der den Menschen hilft, das Böse in der Welt durch das Gute zu überwinden.

- Da waren die **Arianer**, die man nach dem Priester Arius aus Alexandria benannte, einem Anhänger der Lehre des Origenes, der sich bis zu seinem Tod gegen die dogmatischen Verfälschungen der ursprünglich christlichen Lehre durch die entsehende Amtskirche gewehrt hatte.
- Da waren schließlich die **Donatisten** in Nordafrika, die die Säuglingstaufe und die vielfach sichtbare ethische Dekadenz des katholischen Klerus ablehnten. Sie verbündeten sich teilweise mit den Circumcellionen gegen die feudal-katholische Schicht der Großgrundbesitzer. Bischof Cäcilian von Karthago hatte schon zu Beginn des vierten Jahrhunderts Kaiser Konstantin zur Bekämpfung der Donatisten um Hilfe gebeten, woraufhin dieser Truppen schickte – „die erste, im Namen der Kirche durch den Staat geführte Christenverfolgung".[38]

Auf der anderen Seite sehen wir innerhalb der Kirche zahlreiche raffinierte und rhetorisch hochbegabte Vordenker, die sich ganz in den Dienst des Kampfes gegen die Häretiker stellten:

- So etwa der „heilige" Kirchenlehrer **Hieronymus** (ca. 347-420), der z.B. dazu aufrief, „Vigilantius, einen Priester aus Aquitanien, zu töten, dem er vorwarf, dass er die Reliquienverehrung der Heiligen und Märtyrer ablehne. Hieronymus suchte zu beweisen, dass eine solche Bezeugung des Eifers für die Verteidigung der ‚göttlichen Sache' keine Grausamkeit sei, denn die Bestrafung des Sünders sei die beste Form der Frömmigkeit; sie führe durch den Tod des Leibes zur Rettung der unsterblichen Seele".[39]
- Oder der „heilige" Kirchenlehrer **Augustinus** (354-430), der als zwanzigjähriger Nordafrikaner zum Manichäer geworden war, doch offenbar dort aufgrund seines Charakters keine Einweihung in höhere Stufen erlangen konnte. Augustinus versuchte zunächst „mit den Mitteln der Propaganda – auf dem Wege theologischer Polemik"[40] die verschiedenen Häresien zu bekämpfen, verfasste dazu auch ein eigenes „Sektenbuch" – *De haeresibus* -, in dem er 88 Häresien „darstellte". (Auch heute noch verfasst jeder „Sek-

tenjäger“, der etwas auf sich hält, ein eigenes Sektenbuch.) Als dies alles erfolglos blieb, empfahl er, gegen sie mit „gemäßigter Strenge“ vorzugehen – also mit Repressionen und Schikanen, doch ohne körperliche Gewalt. Schließlich jedoch riet er zu einer Bekämpfung mit allen Mitteln, einschließlich Folter und Todesstrafe. „Nach Augustinus, der sich den ‚Ruhm' des ersten Theologen der Inquisition verdiente, ist die Bestrafung der Häresie kein Übel, sondern ein ‚Akt der Liebe'.“[41] Die Folter sei, vergleicht man sie mit der ewigen Hölle, geradezu eine „Kur“ für den Ketzer, „wenn er sich bessert“. Und die Todesstrafe? „Sie (die Häretiker) töten die Seelen der Menschen, während die Obrigkeit nur ihre Leiber der Folterung unterwirft; sie rufen ewigen Tod hervor, aber beklagen sich dann, wenn die Behörden sie dem zeitlichen Tod überantworten.“ Die Behörden ... als ob sie dies aus eigener Entscheidung täten, unbeeinflusst von der Kirche!

Augustinus (354-436)

– Schließlich der ebenso „heilige“ Kirchenlehrer **Ambrosius** (ca. 339-397): Er betätigte sich erfolgreich als „geistlicher Chefsouffleur dreier Kaiser“.[42] Zunächst beeinflusste er den erst 16-jährigen weströmischen Kaiser Gratian (375-383), der zunächst fast allen Religionsgemeinschaften Duldung versprochen hatte. Doch kaum war der junge Kaiser 379 einer Einladung des Bischofs Ambrosius an dessen Amtssitz gefolgt, annullierte er das ein Jahr zuvor erlassene Toleranzedikt. Er verbot nunmehr jeglichen Gottesdienst außer dem katholischen, denn: „Alle Häresien“ sollten „in Ewigkeit verstummen“.[43] Im Jahr nach der Ermordung des Gratian (383) wiederholte sich dasselbe Spiel mit dem erst 13-jährigen Nachfolger Valentinian II. Der berühmte Literat Aurelius Symmachus rührte den jungen Kaiser, als er ihn um die Genehmigung zur Wiederaufstellung eines heidnischen Altars bat: „Wir schauen zu denselben Sternen auf, ein Himmel wölbt sich über uns, eine Welt umschließt uns. Was macht es aus, dass jeder mit anderer Einsicht nach der Wahrheit sucht?" Sogar die Christen im Kronrat stimmten für dieses Anliegen. Doch der Kirchenmann Ambrosius reagierte sofort und „erklärte die zustimmenden Heiden für inkompetent, die jasagenden Christen für schlechte Christen. ... Er drohte dem jungen Regenten schroff mit der Verstoßung ins Jenseits. ... Er kündigte ihm unverhohlen die Exkommunikation an. Bei einer ungünstigen Entscheidung sei für ihn kein Platz mehr in der Kirche. Erstmals drohte damit ein Bischof einem Kaiser mit Ausschluss. Ja, Ambrosius behauptete, die Wiederherstellung des Altars wäre ein Religionsverbrechen und käme einer Christenverfolgung gleich!"[44] Kaiser Valentinian ließ sich einschüchtern, gab nach und geriet in der Folgezeit immer mehr unter den Einfluss des ebenfalls von Ambrosius beeinflussten oströmischen Kaisers Theodosius. Ambrosius seinerseits richtete seinen ganzen Eifer auf die Vernichtung des Arianismus, der vor allem unter den Germanen stark verbreitet war. Als die Mutter des Kaisers Valentinian eine einzige Kirche in seiner Bischofsstadt Mailand für die Arianer beanspruchte, lehnte Ambrosius ab: Wie könne er einen Tempel Gottes dem arianischen Bischof Mercurinus ausliefern, einem „Wolf im Schafspelz", der „blutgierig und maßlos suche, wen er verschlingen könne". Ein mit solchen Tönen von Ambrosius aufgehetzter katholischer Mob prügelte sich schließlich die Kirche frei und besetzte sie – worauf der „Heilige" beteuerte, nicht er habe die Menge aufgeputscht. (Man merke sich, auch für die Gegenwart: Kirchenvertreter sind grundsätzlich *nie* für die praktischen Folgen ihrer Hetzreden verantwortlich.) Ambrosius weigerte sich jedoch, friedensstiftend einzugreifen. Und der junge Kaiser konnte sich nicht durchsetzen, zumal Ambrosius allen Soldaten, die gegen die Kirche vorgehen würden, die Exkommunikation androhte.[45] Hier erlebt zum ersten Mal eine schwache Staatsmacht, wozu die Machtkirche fähig ist. In einem Brief an den jungen

Kaiser stellte Ambrosius die Sicht der Kirche klar: „Der Kaiser war nicht nur in seiner Person Christ, sondern hatte auch kraft seines Amtes die Verpflichtung, die Kirche zu schützen. Natürlich war er dann auch an Gottes Gebote gebunden – und die legte ihm das kirchliche Lehramt aus. ... Bei Ambrosius regte sich der Wille zur weltumspannenden Herrschaft der Kirche."[46]

Der erste Inquisitionsmord: Priscillian

In die Zeit des Theodosius, Ambrosius und Augustinus fiel auch der erste Mord an einem „Häretiker": Der Spanier Priscillian, 381 zum Bischof von Avila geweiht, wurde mit sechs seiner Anhänger 385 in Trier zum Tode verurteilt und hingerichtet. Sein „Vergehen": Er strebte ein ethisch hochstehendes Christentum an, war Vegetarier und schätzte die Prophetie. Priscillian wurde es zum Verhängnis, dass sein spanischer Landsmann Maximus 383 Kaiser Gratian ermorden und sich in Trier, der damaligen Hauptstadt des weströmischen Reiches, zum Kaiser ausrufen ließ. Dies geschah zu dem Zeitpunkt, als der Streit um den bereits aus Àvila vertriebenen, kurz darauf wieder eingesetzten Priscillian am Hof in Trier verhandelt werden sollte. Gratian stand zwar unter dem Einfluss des Ambrosius, hatte sich aber in dieser Sache noch keineswegs entschieden. Maximus hingegen wollte sich als Thronräuber eine Hausmacht aufbauen und beim gallischen und spanischen Klerus Eindruck verschaffen. Hinzu kam, dass der Todfeind des Priscillian, Bischof Ithacius von Ossonoba (heute: Faro, Portugal), sich bereits in Trier aufhielt und es ihm gelang, bei Maximus „eine Audienz zu bekommen und ihn vor Priszillian und seiner Sekte zu warnen."[47] Maximus ließ die sieben „Ketzer" sofort nach ihrem Eintreffen in der Stadt foltern – und sie „gestanden", Unzucht und magische Künste ausgeübt zu haben. Wenig später wurden sie geköpft.

Die Rechnung des Usurpators Maximus ging zwar nicht auf. Denn Ambrosius, der zuvor allerdings den Unterstützung suchenden Priscillian abgewiesen hatte, missbilligte nun das Verfahren, und der

Papst forderte die Prozessakten an. Vielleicht ahnte man auf katholischer Seite, wie so häufig in der Geschichte, schon den nächsten Umschwung: Der oströmische Kaiser Theodosius duldete keinen Rivalen (außer schwachen Kinderkaisern) und besiegte (und beseitigte anschließend) den Maximus im Jahr 388. Doch ein Anfang war gesetzt: **Was Augustinus und Hieronymus bereits gerechtfertigt hatten – die Verfolgung Andersgläubiger auch durch Folter und Todesstrafe – war erstmalig praktiziert worden.** Und in Rom war man, bei allem gespielten Stirnrunzeln „doch eigentlich froh, die lästigen moralischen Mahner von jenseits der Pyrenäen losgeworden zu sein. Papst Leo der Große sagte es im Jahre 447 ... ganz offen: ‚Zu Recht haben unsere Vorgänger ... darauf gedrängt, dass die gottlose Raserei von der Gesamtheit der Kirche abgewehrt werde.'"[48] Ob und wie rasch man solche Ketzer loswurde, hing freilich noch vom Ermessen und der Beeinflussbarkeit der jeweiligen Herrscher ab. Es „bestanden zwar Ketzergesetze, aber ihre Durchführung war der weltlichen Verwaltung anvertraut. Kirchliche Einflussnahme auf die Verwaltung musste durchaus nicht immer erfolgreich sein", so der Historiker Bernd Rill. Und er fährt fort: „Die Kirche musste das öffentliche Leben noch weitaus nachhaltiger in die Hand bekommen als in der Spätantike, um eine wirkungsvolle Ketzerverfolgung in eigener Regie durchführen zu können."[49] Das allerdings dauerte noch ein paar Jahrhunderte.

„Verabscheut die Ketzer!" – Papst Leo „der Große"

Doch die Kirche ist es gewohnt, in großen Zeiträumen zu denken und entsprechend zu handeln. Im fünften Jahrhundert sorgte Papst Leo I. (Amtszeit 440-461) zunächst einmal dafür, dass das unter dem Ansturm der Germanen allmählich zusammenbrechende weströmische Reich so lange wie möglich ketzerfrei blieb. „Der Große" – das ist nach Karlheinz Deschner fast immer ein „historischer Steckbrief"; es verbirgt sich meist nichts Gutes dahinter. Auch Leo hielt sich an die Grundregel: Zuerst die eigenen Leute gegen die Häretiker aufhetzen, dann den Staat gegen sie einspannen. Oder beides zugleich. Leo verbot den Katholiken „jeden Umgang" mit Nichtkatholiken. „Er fordert zu ihrer Verachtung, zu der ihrer Lehren ausdrücklich auf. Er befiehlt, sie zu fliehn ‚wie todbringendes Gift! Verabscheut sie, weicht ihnen aus und vermeidet es, mit ihnen zu sprechen'. ‚Keine Gemeinschaft mit denen, die Feinde des katholischen Glaubens und nur dem Namen nach Christen sind!'."[50] Der nächste Schritt: Die so aufgehetzten Gläubigen sollen die Andersgläubigen bei ihren Priestern denunzieren! „'Entfaltet also den heiligen Eifer, den die Sorge für die Religion von euch verlangt!', rief er und ... gebot, ‚dass ihr die Manichäer, die sich überall versteckt halten, bei euren Priestern zur Anzeige bringt'; verlangte ‚die Schlupfwinkel der Gottlosen aufzudecken und in ihnen ... den Teufel niederzukämpfen'." „Denunzieren, Schnüffeln, Angeben", fürwahr ein „Geschäft, das dann in der mittelalterlichen Kirche, beim Vernichten der Andersgläubigen, von ‚Hexen', so segenstiftend blühen sollte".[51]

Doch das war noch nicht alles. Immer wieder fordert Leo die Herrscher seiner Zeit auf, „für den Glauben zu handeln" (pro fide agere). „Er wünschte die Vertreibung Andersgläubiger aus Amt und Würden, wünschte insbesondere ihre Verbannung, rechtfertigte aber auch leidenschaftlich die Todesstrafe für sie, verlangte, ihnen unmöglich zu machen, ‚mit einem solchen Bekenntnis weiterzuleben'."[52] Wer die Ketzer am Leben lasse, befördere das schnelle Ende der menschlichen und göttlichen Ordnung. Der Kaiser als „verlängerter Arm Gottes" solle daher die Ketzer sowohl mit „dem Schwert der Zunge" als nötigenfalls auch mit dem „blanken Schwert" verfolgen – was den katholischen Theologen Stockmeier noch 1959 zu dem Kommentar veranlasste: „Der Staat wird aufgerufen, mit allen Mitteln und Möglichkeiten an der Vollendung des Idealzustandes [!] mitzuarbeiten."[53] Auf dem Weg zu diesem katholischen „Idealzustand" durfte man nichts dem Zufall überlassen. So wurde denn auch ein kaiserlicher Erlass zur Verfolgung der Manichäer (445) im päpstlichen Sekretariat aufgesetzt.[54] Vor allem aber gelang es Leo, die Lausch- und Hetzarbeit seines Klerus eng mit der staatlichen

Gerichtsbarkeit zu verzahnen. Auch hier war Leo seiner Zeit weit voraus – nahm er doch damit die Inquisitionspraxis des Hochmittelalters vorweg. All dies war jedoch – laut Leo – „wahrer Gottesdienst"; schließlich wurde nicht umsonst in der katholischen Liturgie der damaligen Zeit das Gebet an Gott gerichtet: „Hostes Romani nominis et inimicos catholicae religionis expugna" – „Vernichte die Gegner des römischen Namens und die Feinde des katholischen Glaubens!"[55]

„Verfolge, was du angebetet!" – Chlodwig

Doch zunächst waren die Feinde auf dem Vormarsch. Die Germanenstämme, in ihrer Mehrzahl arianische Christen, also „Ketzer", eroberten Stück für Stück des westlichen Römerreiches – und legten zugleich eine im Vergleich zu den Katholiken erstaunliche Toleranz an den Tag. Das römische Papsttum war in die Defensive geraten. Um nicht völlig unterzugehen, klammerte sich die römische Kirche an den vergehenden Glanz des römischen Weltreiches und trat sozusagen dessen kulturgeschichtliches Erbe an. Die Kirche übernahm aus dem Römerreich dessen Verwaltungseinheiten (Provinzen, Diözesen) und Gremien (Synoden), Rechtsbegriffe und Ämter – und nicht zuletzt den Titel des obersten heidnischen Priesters, des *Pontifex maximus* für den Papst. *Papa* ist übrigens eine Kurzform von *pater patrum*, „Vater der Väter" – der Titel des obersten Priesters des Mithraskultes.[56] Mit römischem Prunk- und Machtgebaren im Rücken suchte die Romkirche inmitten einer ketzerischen und zeitweise chaotischen Welt nach neuen Verbündeten – und fand sie. Die Franken, der kriegerischste aller Germanenstämme, waren noch nicht zum Arianertum bekehrt worden. Man sorgte dafür (wahrscheinlich, so Deschner, betätigten sich zwei „Heilige", Avitus und Remigius, als Heiratsvermittler[57]), dass der Frankenführer Chlodwig 493 eine katholische Braut, Chlotilde, bekam – und ca. 498 nach Christus ließ er sich in Reims katholisch taufen. Bischof Remigius, so berichtet Gregor von Tours, sprach bei der Taufzeremonie die Worte: „Beuge still deinen Nacken! Bete hinfort an, was du verfolgt, und verfolge, was du bisher angebetet!"[58] Das soll heißen: Fördere die katholische Kirche, bewahre ihren Besitz, und schädige alle anderen Glaubensrichtungen, vor allem aber die arianische, wo du kannst. Und in der Tat: Die Franken unterwarfen in der Folgezeit in heimtückischen Angriffskriegen fast alle anderen germanischen Stämme.

Justinian I. (482-565)

Der Klerus legt sich ins Zeug - Justinian

Einen Teil dieser schmutzigen Arbeit nahm den Franken und der Kurie im 6. Jahrhundert das oströmische (byzantinische) Reich ab. Kaiser Justinian wollte das alte römische Reich unter katholischem Vorzeichen wieder vereinigen, doch den entscheidenden Druck zum Krieg zunächst gegen die Wandalen in Nordafrika, dann gegen die Ostgoten in Italien übten die Priester aus – ganz im Sinne von Papst Gelasius I. (492-496): „Toleranz gegen Ketzer ist verderblicher als die schrecklichsten Verwüstungen der Provinzen durch die Barbaren."[59] Als der Kaiser 531 ob der fraglichen Erfolgsaussichten zunächst zauderte, „legte sich der katholische Klerus ins Zeug, der lebende, der tote, Gott selber, ... hetzten die Priester weithin von den Kanzeln und verbreiteten beredt die wirklichen oder angeblichen Greuel der ‚Ketzer'".[60] Byzantinische Heere verwüsteten während der darauffolgenden zwanzig Jahre erst Nordafrika, dann Italien, so dass es dort aussah wie in Deutschland nach dem 30-jährigen Krieg. Von den Wandalen und Ostgoten blieb kaum eine Spur übrig – sie waren ausgerottet worden. Zuvor hatte Justinian auf einer Synode der Ostkirche im Jahr 543 noch die arianische Religion seiner Kriegsgegner öffentlich verfluchen lassen, indem er die Lehre des Origenes (der zu diesem Zeitpunkt seit etwa dreihundert Jahren tot war) in neun Bannflüchen verbieten ließ: Die Lehre von der Entstehung der Erde durch den Sturz der Engel aus dem Himmel, die Präexistenz der Seele[61], die Wiederherstellung aller Dinge in ihrer ursprünglichen Vollkommenheit ... Damit wurde auch die bis dahin noch bekannte Lehre von der Wiederverkörperung der Seele verboten – Erbsünde und ewige Verdammnis traten in der Folgezeit an ihre Stelle.

Was bei den Germanenstämmen noch arianisch geblieben war, das beseitigte später im 8. Jahrhundert Winfrid, genannt Bonifatius (685-754), ein von früh auf im Kloster erzogener und dem Papst höriger Mönch. Er zog im Schutze fränkischer Waffen durch die deutschen Lande und bekämpfte unerbittlich den Arianismus sowie das Iroschottentum, ebenfalls eine freiere, nicht romabhängige Form des Christentums. Bonifatius brachte also nicht etwa das Christentum nach Deutschland, sondern im Gegenteil: den Katholizismus.

Taufe oder Tod - Karl der „Große“

Die äußere und innere Verwüstung, die die Ausrottung jedweder „Ketzerei“, sei sie donatistisch oder arianisch, in Nordafrika hinterlassen hatte, machte diesen Landstrich wenig später, im 7. Jahrhundert, zu einer leichten Beute der islamischen Wüstenkrieger. Lieber muslimisch als katholisch, hieß für viele die Devise. Der Islam überrollte in seinem Siegeszug zahlreiche vorher katholische Gebiete – von Nordafrika über Ägypten bis Kleinasien. Doch gerade dadurch stieg die Bedeutung Roms, das bis dahin, entgegen späterer Ge-

Karl „der Große“ (742-814)

schichtsfälschung, nur *ein* kirchliches Patriarchat unter vielen gewesen war.

Und Roms Bedeutung wuchs weiter – weil die Päpste mit untrüglichem Machtinstinkt immer rechtzeitig die Seite wechselten und ihre jeweiligen Verbündeten zu immer neuen Kriegen antrieben: die Langobarden gegen Ostrom, die Franken gegen die Langobarden, später die Staufer gegen die Normannen und umgekehrt. Von Pippin dem Jüngeren, der in einem dynastischen Streit Unterstützung suchte – sein Vater Karl Martell war ein Thronräuber –, ließ sich Papst Stephan II. 754 erhebliche Gebiete in Italien schenken – obwohl diese Pippin gar nicht gehörten. Für diesen „Grundstock" des Kirchenstaates bedankte sich der Papst umgehend, indem er Pippin sowie seine Söhne Karlmann und Karl (den späteren „Großen") zu Königen der Franken salbte. Als Papst Leo III. Karl zu Weihnachten 800 zum Kaiser krönte, war dies der Beginn des mittelalterlichen Kaisertums im Abendland. Eine durch Thronraub an die Macht gekommene Dynastie fränkischer Hausmeier verschaffte sich auf diese Weise die herrschaftliche Legitimation – und der Papst legte seinerseits den Grundstein für noch größere Machtentfaltung seiner Nachfolger.

Die Kirche lebte gut damit. Bereits Pippin hatte den Kirchenzehnt als Staatsgesetz eingeführt (und damit einer Kirche in den Sattel geholfen, die sich bis heute ungeniert aus allen möglichen Steuertöpfen bedient und auf diese Weise den Staat förmlich aussaugt). Karl wiederum führte seine Kriege gegen die Sachsen (und nicht nur diese), um die katholische Religion zu verbreiten. Die Blutgesetze gegen die Sachsen geben davon grausames Zeugnis: Todesstrafe, wenn ein Sachse ungetauft bleibt, wenn er die Fastenregeln nicht einhält, wenn er nach alter Väter Sitte einen Verstorbenen verbrennt ... Karl war das Fasten zwar selbst „zuwider; es sei seinem Körper, klagte er, nicht zuträglich".[62] Aber Karl wusste, ebenso wie seine Prälaten: An die Regeln, die er selber aufgestellt hat, braucht ein Feudalherr sich nicht zu halten.

Wenn ausgerechnet Karl „der Große“ heute als Vorbild, als Ahnherr Europas, als Urvater der Europäischen Union gefeiert wird, so spricht das für sich. Es zeugt von einem kollektiven historischen Gedächtnisverlust – oder, schlimmer noch, von der völligen Abwesenheit eines historischen Gewissens. Karl führte in fast jedem Jahr seiner Regierungszeit einen blutigen Angriffskrieg. Er ließ 782 in Verden an der Aller 4500 gefangene Sachsen einfach abschlachten; ihre Leichen trieben die Weser hinunter. Und die Kaiserkrönung war in Wahrheit keine Einigung Europas, sondern im Gegenteil dessen Spaltung – denn bis dahin hatte es in Europa nur *einen* Kaiser, den byzantinischen, gegeben. **Doch Karl wurde heilig gesprochen – warum wohl? Weil die Kirche es ihm dankte, dass er das neue Kaiserreich unter die religiöse Oberaufsicht der Romkirche gestellt hatte.**

Die Kirche beansprucht die Oberherrschaft

Das „Heilige Römische Reich Deutscher Nation“ war auch sonst ein Staat nach dem Geschmack der Prälaten. Viele Staatsbeamte waren Mönche oder Priester, die Erzieher der Kaiser ohnehin. Bistümer und Klöster erhielten reichlich Grundbesitz und Einnahmen – die Kirche des Mittelalters besaß in fast allen Ländern Europas ein Drittel oder mehr des Grundbesitzes. (Noch heute sind die Kirchen größte private Grundbesitzer in Deutschland. Dass dieser Besitz zu großen Teilen durch Ausbeutung entrechteter Bauern, durch Erbschleicherei und Urkundenfälschung zustande gekommen ist, interessiert bis heute kaum jemanden.) Öffentlicher Appelle zur Vernichtung der Ketzer bedurfte es da bald nicht mehr. Die Kaiser gehorchten auch so. So gab Kaiser Heinrich II. (auch er ein „Heiliger“) 1007 in Frankfurt auf einer Kirchensynode bekannt, er werde ein neues Bistum in Bamberg einrichten. Als einen der Hauptgründe für diese Tat vermerkt das Protokoll: „ ... dass das Heidentum der Slawen vernichtet werden und der Name Christi dort für immer in feierlichem Andenken stehen soll.“[63] In der Bamberger Gegend lebten damals noch viele Slawen.

Muss man sich wundern, wenn es in Deutschland heute wieder eine starke rechtsradikale und fremdenfeindliche Bewegung gibt – in einem Land, in dem die Vernichtung von Fremden und Andersgläubigen (die Slawen waren überwiegend „Heiden") die Heiligsprechung des Verantwortlichen und dessen bis heute andauernde Belobigung zur Folge hat?

Doch die Kirche wäre nicht die Kirche, wenn sie sich mit einer einflussreichen Stellung gegenüber den Herrschenden begnügen würde. Sie strebte nach mehr. Noch betrachtete nämlich der jeweilige Kaiser die Bischöfe seines Landes als seine Gefolgsleute, die ihm zu Diensten zu sein hatten. Doch Papst Gregor VII. (1075-1085) wollte diese Rechtslage verändern und begann deshalb den Investiturstreit mit dem Kaiser: Er wollte über die Einsetzung neuer Bischöfe selbst entscheiden. Er war sogar von seinem Recht überzeugt, die weltlichen Fürsten nach Belieben ein- und absetzen zu können. Bischöfe, Priester und Mönche hetzen nun in Deutschland gegen Kaiser Heinrich IV. (1065-1106) und die zu ihm haltenden Kleriker, und sie treiben das Land in einen blutigen Bürgerkrieg. Nur der Gang nach Canossa (1077), ein politisch kluger Schachzug, rettet Heinrich vor dem völligen Untergang. Das Wormser Konkordat (1122) brachte einen weiteren Machtverlust für den Kaiser – er hatte keinen Einfluss mehr auf die Wahl der Bischöfe, durfte sie gerade noch als weltliche Lehensnehmer in ihr Amt einführen. Als dann Papst Innozenz III. (1198-1216) dem Patriarchen von Konstantinopel schrieb, der Herr habe „dem Petrus nicht nur die Leitung der ganzen *Kirche*, sondern die der ganzen *Welt* hinterlassen", hatte er den Gipfel der Macht erreicht: „Niemals wieder besaß das Papsttum eine Machtfülle wie unter Innozenz III."[64] – auch wenn hundert Jahre später (1302) Bonifaz VIII. noch eins draufsetzte: Es sei „für jede Kreatur heilsnotwendig, dem römischen Pontifex zu unterstehen".[65]

Die Ketzer kommen wieder

Ausgerechnet im 12. Jahrhundert, als das Papsttum auf den Höhepunkt seiner Macht zusteuert, erwächst ihm eine neue, unerwartete Bedrohung: Die Ketzer sind wieder da! Ausgehend von Bulgarien bildet sich zunächst auf dem Balkan die Bewegung der Bogumilen („Gottesfreunde", benannt nach Bogumil, der im 10. Jahrhundert lebte), die stark manichäische Züge trägt: Die Entstehung der Erde ist auf ein Einwirken dunkler, gegengöttlicher Kräfte zurückzuführen; der Leib ist ein Gefängnis der unsterblichen Seele, die es gilt, durch die Überwindung des Bösen durch das Gute wieder zu durchlichten; dies kann auch in aufeinanderfolgenden wiederholten Einverleibungen geschehen. Die Bogumilen lehnen kirchliche Sakramente, Reliquien und Zeremonien ab. Deshalb werden sie durch die kirchlichen und weltlichen Behören des byzantinischen Staates verfolgt.

Wenig später entsteht eine ähnliche Bewegung in Südfrankreich. Sie nennen sich selbst *bonhommes*, „Gutmenschen", erhalten von ihrer Umgebung die Bezeichnung Katharer (vermutlich von griech. katharoi, die Reinen) oder Albigenser (von der Stadt Albi, einem ihrer Hauptorte). Auch sie lehren, dass in der Seele ein göttlicher Funke vorhanden sei. „Die Erlösung besteht darin, dass der Mensch durch diesen Funken wieder zu Gott eingehen kann." [66]

Den Katharern wird bis heute nachgesagt, sie hätten eine extrem dualistische Lehre vertreten: dass es einen bösen und einen guten Gott gebe, die sozusagen gleichberechtigt gegeneinander kämpfen, und dass allein der böse Gott die Welt geschaffen habe. Dies ist eine irreführende Vereinfachung. Man muss berücksichtigen, dass sämtliche Schriften dieser Ketzer (das Wort kommt wahrscheinlich von „Katharer") von der Kirche vernichtet wurden. In Wahrheit haben zumindest die „gemäßigten Dualisten" unter den Katharern (es gab unterschiedliche Richtungen) die Auffassung vertreten, dass der „Gott der Unterwelt" ursprünglich ein göttliches Wesen war, das –

aufgrund der von Gott allen Wesen geschenkten Willensfreiheit – von Gott abfiel. Daraufhin entstanden in langen Zeiträumen die materielle Erde und der materielle Körper. Hier sind unschwer Parallelen zur frühchristlichen Lehre des Origenes zu erkennen.

Mindestens so bedeutsam wie die Lehre der Katharer war ihre Lebenspraxis: kein Fleischgenuss, Gleichberechtigung der Frauen, ein arbeitsames, bescheidenes Leben, kein Wehrdienst. Statt einer Priesterkaste haben sie eine Führungsschicht von „Vollkommenen" (perfecti oder parfaits), die sich nach einer speziellen Einweihung (consolamentum) verpflichten, zölibatär zu leben – aber auch von ihrer Hände Arbeit – und keine Sünde mehr zu begehen.

Dieses bewusst einfache und gewaltlose Leben bildet einen eklatanten Gegensatz zum Leben der katholischen Priester und Mönche in der damaligen Zeit, unter denen Luxus, Schmarotzertum und Hurerei weit verbreitet waren. Die Katharer erhielten großen Zulauf.

Doch damit nicht genug: In Lyon gründete der Kaufmann Petrus Waldus eine weitere Bewegung, die ein ethisch hochstehendes, gewaltloses Leben in selbstgewählter Armut anstrebte. Sie wurden „Waldenser" genannt und bezogen sich, im Gegensatz zu den Katharern, die nur das Johannesevangelium anerkannten, auf die Bibel. Auch dort finden sich genügend Ansatzpunkte für fundamentale Kritik an der Kirche: „Häuft euch keine Schätze an, die Motten und Rost fressen" – „Du sollst nicht töten!" – „Auch sollt ihr niemand auf Erden euren Vater nennen, denn nur einer ist euer Vater, der im Himmel. Auch sollt ihr euch nicht ‚Rabbi' nennen lassen ..." Als eine der ersten Reaktionen verbot daher die Kirche auf zwei Synoden, 1229 und 1234, den Laien das Lesen der Bibel in der Landessprache.[67]

Die Päpste hatten die Mächtigen des Abendlands fast besiegt – nun drohte ihnen plötzlich der gewaltlose Umsturz von unten.

Die „Säuberungen“ beginnen

Im Mittelalter hatte die Kirche immer wieder die Ergreifung und Hinrichtung von Ketzern veranlasst – doch es handelte sich eher um Einzelfälle. Die Provinzialsynode von Orleans beschloss beispielsweise 1022 den Tod von zehn Ketzern – als Manichäer bezeichnet –, und sie wurden auf Befehl des französischen Königs Robert II. auf dem Scheiterhaufen verbrannt. Doch nun stand man in Teilen Südfrankreichs einer regelrechten Volksbewegung gegenüber. Man versuchte es zunächst mit „Theologie“. Das „beste Pferd im Stall“ war gerade gut genug: Der „heilige“ Bernhard von Clairvaux (1091-1153), wortgewaltiger Kreuzzugsprediger und Abt des Reformklosters Cluny, reiste 1145 persönlich in den Süden, um, wie er seine Reise ankündigte, dem „gefräßigen Wolf, der in eurem Land unter den Schafen wütet“, das Handwerk zu legen. In Toulouse und Albi hatte er mit seinen Predigten nach zunächst frostigem Empfang zwar gewissen Erfolg: Er zerpflückte von der Kanzel nach allen Regeln der Rhetorik die Thesen der Ketzer, so wie das heute sogenannte „Sektenbeauftragte“ auch tun, wenn sie in eine Pfarrgemeinde kommen. Doch in dem berüchtigten Ketzernest Verfeil wurden ihm die Grenzen aufgezeigt: Als er sich die Ritter vorknöpfen wollte, die den Katharern Schutz gewährten, verließen diese wortlos den Saal. Bernhard ging ihnen nach und wollte auf dem Marktplatz weiter sprechen. „Aber die Bürger besetzten die Häuser ringsum und machten mit Läden und Türen einen solchen Krach, dass man kein Wort verstehen konnte.“[68] Bernhard schüttelte demonstrativ den Staub von seinen Füßen und verfluchte die Stadt.

Nun sollten andere Seiten aufgezogen werden: Bernhard riet zur physischen Vernichtung der unbelehrbaren Ketzer mit Hilfe der staatlichen Macht.[69] Doch die Mühlen der Kirche mahlen langsam. Auf dem Dritten Laterankonzil (1179) beschloss die Versammlung auf Empfehlung von Papst Alexander III. (1159-1181) „die Anwendung von Gewalt gegen ‚Ketzer‘ mit Hilfe des weltlichen Arms“.[70] Außerdem rief der Papst zu einem ersten Kreuzzug gegen die Ketzer auf. Obwohl er allen Teilnehmern einen Ablass von zwei Jahren und denen, die im Kampf gegen die Ketzer fielen, „ewige Rettung" versprach, wurde es für den Papst ein Misserfolg – außer der Verwüstung einiger Landstriche des Languedoc kam nichts heraus. Der folgende Papst, Lucius III. (1181-1185), unternahm den nächsten Versuch: In einer Bulle (1184) „zur Ausrottung der verschiedenen häretischen Lehren" schrieb er den Bischöfen vor, die Irrgläubigen zu verbannen, ihr Eigentum zu konfiszieren, sie zu „ewiger Ehrlosigkeit" zu verurteilen, ja sogar die katholischen Friedhöfe von den Überresten der Häretiker zu säubern. (Wir schütteln den Kopf? Im 20. Jahrhundert wird sich, wie wir noch sehen werden, eine evangelische Kirchengemeinde weigern, den einzigen Dorffriedhof zur Beerdigung einer „Ketzerin" zur Verfügung zu stellen – S. 301) Bemerkenswerter noch als diese Bulle ist die Tatsache, dass es Lucius gelang, „sich der Unterstützung Kaiser Friedrich Barbarossas zu versichern, der versprach, die Weisungen der päpstlichen Legaten im Kampf gegen die vom Glauben Abgefallenen zu befolgen".[71]

Friedrich Barbarossa (1152-1190) hatte, um sich zu Beginn seiner Regierung die Unterstützung der Kirche zu sichern, 1155 bei seinem Krönungszug nach Rom dem Papst sozusagen als „Morgengabe" den „Ketzer" Arnold von Brescia mitgebracht und ausgeliefert, der die Laien dazu aufgefordert hatte, den Klerikern ihren aufgehäuften Reichtum wegzunehmen (in den Augen der Kirche wohl eine der schlimmsten Sünden). Arnold wurde gehängt, anschließend verbrannt – „das Ergebnis des Honigmondes zu Beginn der Regierungszeit Barbarossas mit dem Papsttum".[72] Zwanzig Jahre später konnte der Kaiser dem Papst bei dessen Kampf gegen die Katharer allerdings nicht konkret behilflich sein, denn er herrschte nicht über Südfrankreich. Und die Idee, die Bischöfe vor Ort mit der Verfolgung der Ketzer zu beauftragen, brachte wenig konkrete Ergebnisse. Selbst wenn der Bischof wollte – die Bevölkerung „spielte kaum mit, auch die Obrigkeit wollte sich nicht zum Büttel Roms hergeben".[73] Bei direkten Konfrontationen erwiesen sich die „Ketzer" als so schlagfertig, dass die Kirche sich genötigt sah, „die Disputationen mit den Ketzern zu verbieten, um keine Niederlagen zu riskieren".[74] Auch ein päpstlicher Legat konnte vor Ort auf einer Provinzialsynode in Montpellier (1195) nichts ausrichten – die Ketzerei breitete sich nur noch mehr aus. Man nahm es gar nicht so genau, ob es sich um Waldenser oder Katharer handelte, nannte sie einfach alle „Albigenser". „Das ist typisch für den damaligen Verfolgungsgeist und wohl für den Hass, wo immer er in Politik und Geistesleben auftaucht", kommentiert Bernd Rill. „Man machte sich keine Mühe, unter den Gegnern zu differenzieren – man hasste denjenigen, den man gar nicht kannte."[75] Es ist eben einfacher – auch heute noch –, alle „Sekten" in einen Topf zu werfen, als sich die Mühe einer Differenzierung zu machen.

Innozenz III. (1160-1216)

„Verfahrt mit ihnen schlimmer als mit den Sarazenen!"

Solange die Obrigkeit die Ketzer schützte, konnte die Kurie kaum Erfolge erzielen. Um weiter gehende „energische Maßnahmen" zu ergreifen, so der Historiker Grigulevic, „bedurfte es eines energischen und fanatisch gesinnten Papstes".[76] Dieser Mann war Innozenz III. (1198-1216). In ihm, so der Historiker Rill, „war der Geist der römischen Imperatoren wiedergekehrt, nur hatte er sich zeitgemäßerweise mit der päpstlichen Tiara verbunden. ... Bereits in seiner Inaugurationsrede hatte der Papst die Vernichtung der Ketzerei als seine Hauptaufgabe bezeichnet."[77] Innozenz kannte die Prophezeiungen des kalabresischen Abtes Joachim von Fiore (1135-1202), der für das Jahr 1260 den Beginn eines „Geistzeitalters" vorhergesagt hatte, das die kirchliche Hierarchie überflüssig machen würde. Vielleicht verstärkte das seine finstere Entschlossenheit, so etwas mit allen Mitteln zu verhindern. Bereits zwei Monate nach Amtsantritt sandte er zwei Beauftragte nach Frankreich und befahl ihnen: „Benutzt gegen die Häretiker das geistliche Schwert der Exkommunikation, und wenn dieses nicht hilft, so gebraucht gegen sie das eiserne Schwert." Es sollten keine leeren Worte bleiben. „Die päpstlichen Legaten versprachen den adligen Herren und der französischen Krone für die Teilnahme an den Repressionen gegen die Häretiker das Eigentum der letzteren und die Vergebung der Sünden. In einer persönlichen Botschaft an den französischen König Philipp II. August rief der Papst ihn auf, das Schwert gegen die ‚Wölfe zu erheben, die die Herde des Herrn verwüsten'."[78]

Ein Jahr nach seinem Amtsantritt, 1199, erließ Innozenz neue Gesetze zur Bekämpfung der Ketzer. Darin hieß es unter anderem: **„Es lasse sich niemand verleiten von falschem Mitleiden (mit den Ketzern). ... Treu und Glauben braucht einem Ketzer [gegenüber] nicht gehalten zu werden, und der Betrug, gegen ihn geübt, wird geheiligt."**[79] Ein bis heute richtungsweisender Satz!

Als Graf Raimund von Toulouse sich nicht an der Verfolgung der Ketzer beteiligen wollte, wurde er vom Legaten Peter von Castelnau exkommuniziert. Dies ist ein unerhörter Vorgang, ein Eingriff des Papstes in eine ausländische Staatsgewalt. Und nun überschlugen sich die Ereignisse: Der päpstliche Legat Castelnau wurde erschlagen (1208) – wohl kaum von einem Katharer, denn diese lebten gewaltlos. Doch darauf kam es gar nicht an – auf einen solchen Anlass hatte der Papst nur gewartet: Unverzüglich rief er zum Kreuzzug gegen Graf Raimund auf: „Erhebt euch, Soldaten Christi! Rottet diese Gottlosigkeit mit allen Mitteln aus, die Gott euch eröffnen wird! Streckt eure Arme weit aus und schlagt euch tapfer mit den Verbreitern der Häresie; verfahrt mit ihnen schlimmer als mit den Sarazenen, denn sie sind noch schlimmer als jene!"[80]

Was mit den Sarazenen im ersten Kreuzzug geschehen war, wusste man: Man hatte sie vernichtet, allein 1099 in Jerusalem 70 000 Menschen, die gesamte Einwohnerschaft, hingemordet. Den Teilnehmern am Ketzerkreuzzug winkte auch diesmal wieder großzügiger Lohn: Die Vergebung der Sünden – und ein Erlass ihrer Geldschulden! Da ließ es sich ohne Gewissensbisse morden – auch wegen Gewaltverbrechen exkommunizierten Kriminellen wurde die Absolution versprochen, wenn sie mitmachten. Der Krieg wurde mit „viehischer Grausamkeit“[81] geführt. Allein bei der Eroberung von Beziers wurden 1209 mindestens 20 000 Menschen ermordet, darunter natürlich auch Katholiken. „Erschlagt sie alle, Gott kennt die seinen“, soll der päpstliche Legat Arnold von Citeaux dazu gesagt haben. Auf jeden Fall ist überliefert, dass er nach Rom gemeldet hat: „Gottes Zorn hat in wunderbarer Weise gegen die Stadt gewütet.“[82]

Der Totschlag erfolgte mit dem ausdrücklichen Segen des Papstes. Denn dieser hatte die Kreuzfahrerhaufen mit einer persönlichen Botschaft in die Schlacht geschickt: „Vorwärts, ihr streitbaren Soldaten Christi! Ziehet den Vorläufern des Antichrist entgegen und schlagt die Diener der alten Schlange tot! Bis heute habt ihr vielleicht für vergänglichen Ruhm gekämpft, kämpft jetzt für ewigen Ruhm! Bis heute habt ihr für die Welt gekämpft, kämpft jetzt für Gott! Wir ermahnen euch nicht, Gott diesen großen Dienst zu leisten für irgendeine irdische Belohnung, sondern um des Reiches Christi willen, das wir euch voll Vertrauen versprechen.“[83]

Kann man sich eine größere Gotteslästerung vorstellen? Der Papst nimmt Bezug auf die Geheime Offenbarung des Johannes im Neuen Testament, in der das Friedensreich Jesu Christi angekündigt wird. Ein Friedensreich – erkämpft durch Plündern, Verwüsten, Foltern und Morden!

Die Gnadenlosigkeit der katholischen Kriegführung kam auch im Verhalten des Anführers, Simon von Montfort, zum Ausdruck. Er schonte auch diejenigen nicht, die ihre Absicht bekundeten, zum katholischen Glauben zurückzukehren. „Als er einmal einen solchen Apostaten hinzurichten befahl, erklärte er: ‚Wenn er lügt, so ist das die Bestrafung für seinen Betrug; wenn er aber die Wahrheit sagt, so sühnt er damit seine frühere Schuld!'"[84]

Auch Raimund von Toulouse hatte keine Chance. Er war noch vor Beginn der Kämpfe buchstäblich zu Kreuze gekrochen, um den völligen Verlust seiner Grafschaft abzuwenden, und hatte sich – zum Zeichen seiner Reue – vor dem Altar vom päpstlichen Legaten geißeln lassen. „Aber Innozenz", so Bernd Rill, „hatte bereits den Stab über ihn gebrochen, denn er erkannte die Notwendigkeit, den Adel des Landes zu brechen, weil dies eine Vorbedingung zur Ausrottung der Ketzerei war. Er teilte seinen Legaten heimlich mit, man solle die Dienste Raimunds in Anspruch nehmen, solange sie nützlich waren, und ihn dann unter einem Vorwand, der sich schon ergeben würde, fallen lassen."[85] So kam es dann auch: Durch fortgesetzte Schikanen und immer weitergehende Forderungen provozierte man den Grafen und exkommunizierte ihn noch zweimal – das letzte Mal endgültig, denn er starb im Bann und erhielt nicht einmal ein richtiges Begräbnis. Sein Sohn, Raimund VII., wurde gezwungen, die Grafschaft an den König von Frankreich zu vererben.

Raimunds tragisches Schicksal widerlegt die bis heute von katholischer Seite gern ins Feld geführte Legende, die Kirche habe doch nur theologische Verurteilungen aussprechen können – die Bestrafung der Ketzer sei allein die Aufgabe und der Wille des Staates gewesen. Die Exkommunikation nicht willfähriger weltlicher Obrigkeiten – und es sollten weitere folgen – hatte in der damaligen Zeit eine furchterregende Wirkung. Wurde ein Herrscher gebannt, so war sein gesamtes Land im Bann, jegliche sakramentale Handlung musste eingestellt werden – und die Menschen waren überzeugt, dass beispielsweise alle während der Geltungsdauer eines Banns Verstorbenen (und ohne kirchliches Begräbnis Begrabenen) auf ewig verdammt seien.[86]

Der Kreuzzug gegen die Albigenser dauerte zwanzig Jahre (1209-1229) und endete, von spärlichen Resten abgesehen (die später noch aufgerieben wurden, etwa auf dem Montsegur 1244), mit der völligen Ausrottung der Katharer. Sofort nach der Eroberung von Burgen, in denen sich neben Rittern auch geflüchtete Katharer aufhielten, veranstalteten die mitgereisten Legaten des Papstes Schnellgerichte und führten die – meist bereitwillig und gefasst in den Tod gehenden – Katharer auf den Scheiterhaufen. Damit „hatte die Inquisition in Waffen ihr Haupt erhoben, ein höchst aufwendiges Unterfangen. Aus dem simplen Grunde, weil nicht jedes Jahr Kreuzzug abgehalten werden konnte, dieser nur als ‚ultima ratio' der Ketzerbekämpfung in Frage kommen konnte, war es erforderlich, der Inquisition ein organisatorisches Gerüst auch für Friedenszeiten zu geben.“[87]

Innozenz war das völlig klar: „Die Kirche brauchte eine Speerspitze und sie schaffte sich diese in der durchorganisierten Inquisition.“[88] Noch während des Ketzerkreuzzugs traf er dafür die Vorbereitungen. Er berief für das Jahr 1215 ein Konzil ein.

Die Schlinge der Inquisition zieht sich zusammen

Auf diesem Konzil im Lateran in Rom wurde vom Papst in allen Einzelheiten der programmatische Grundstein für die Inquisition gelegt. Lediglich bei der Durchführung gab es später noch entscheidende Änderungen, vor allem in der Frage, *wer* mit dieser Aufgabe betraut werden sollte.

„Die verurteilten Häretiker“, so heißt es im Kanon 3 der Konzilsbeschlüsse, „sollen den weltlichen Obrigkeiten selbst oder deren Statthaltern zur gebührenden Bestrafung übergeben werden.“ Die Güter der Verurteilten sind zu beschlagnahmen. „Wer sich bloßem Verdacht ausgesetzt hat, den soll, sofern er nicht gegenüber diesen Verdachtsgründen durch seine Haltung und eine angemessene Rechtfertigung seine Unschuld nachgewiesen hat, das Schwert des Kirchenbanns treffen. Bis zu ihrer völligen Entlastung sollen solche Leute von allen gemieden werden. Bleiben sie ein ganzes Jahr in der Exkommunikation, so soll man sie daraufhin als Häretiker verurteilen."

Angesichts der damaligen Rechtspraktiken, insbesondere der Folter, ist es natürlich blanker Zynismus, von der Möglichkeit einer „Entlastung" zu sprechen. **Vor allem aber findet hier ein Prinzip Anwendung, das im Grunde bis heute in abgewandelter Form in Kraft ist: die Umkehrung der Beweispflicht.** Wer unter dem Verdacht der Ketzerei steht, der soll beweisen, dass er kein Ketzer ist – nicht etwa umgekehrt. Heute gibt es zwar keine Folter mehr. Doch wer heute von den Massenmedien auf Betreiben der Kirchen als „Sektierer" diffamiert wird, der bleibt es auch und wird nicht nur von guten Katholiken nach Kräften gemieden. Doch dazu später mehr.

Nun folgt eine entscheidende Passage: Die weltlichen Herren sollen „ermahnt, veranlasst und notfalls durch kirchliche Zensuren gezwungen werden", die Häretiker aus ihren Gebieten zu „entfernen". Wenn ein Landesherr es unterlässt, „sein Land von dieser abscheulichen Ketzerei zu säubern, soll er ... mit der Exkommunikation belegt werden". Macht der Fürst seine Unterlassung nicht innerhalb eines Jahres gut, so wird der Papst die Vasallen des Fürsten von ihrem Treueschwur lösen „und dessen Land den Katholiken zur Inbesitznahme" überlassen.

Dass dies keine leere Drohung war, hat bereits der Fall des Raimund von Toulouse ein für alle Mal gezeigt. Die Exkommunikation wurde 1215 aber auch allen „Gönnern, Verteidigern und Beschützern" der Ketzer angedroht. Das bedeutet Verlust der bürgerlichen Rechte, keine Zulassung zu Zeugenaussagen und kein Recht, zu erben oder zu vererben, kein kirchliches Begräbnis. Doch auch wer „mit diesen Leuten, nachdem die Kirche sie öffentlich gebrandmarkt hat, weiterhin Umgang pflegt, soll der Strafe der Exkommunikation verfallen sein". Das heißt: Nicht nur mit den Ketzern selbst darf man keinen Umgang pflegen, sondern auch mit allen, die mit ihnen Umgang gepflegt haben. Sie sind Aussätzige, Unberührbare geworden. Jetzt versteht man auch, weshalb es kaum jemand wagte, die Familie eines eingesperrten „Ketzers“, die nach der Beschlagnahme des gesamten Vermögens auf der Straße stand, aufzunehmen oder ihr weiterzuhelfen. Frau und Kinder waren dem Hungertod preisgegeben. Der Verbrechensapparat der Kirche trieb immer neue grausame Blüten.

Wer ohne Erlaubnis der Kirche predigte, und sei es auch nur „im kleinen Kreise“, sollte ebenfalls exkommuniziert werden. Schließlich sollten die Bischöfe mindestens einmal im Jahr jede Gemeinde besuchen oder visitieren lassen und „die ganze Nachbarschaft schwören lassen, dem Bischof die Leute gewissenhaft anzuzeigen, die ihnen dort als Ketzer bekannt sind, oder solche, die geheime Konventikel abhalten oder in ihrer Lebensführung und ihren Sitten von dem üblichen Verhalten der Gläubigen abweichen“. Nur nicht auffallen, immer schön ducken war also die Devise, wenn man nicht ins Räderwerk der Inquisition kommen wollte. Die Bischöfe, die diese Aufgabe nicht erfüllten, sollten abgesetzt werden.

Um eine lückenlose Kontrolle der Bevölkerung zu erreichen, wurde jeder Katholik verpflichtet, mindestens einmal im Jahr – zu Ostern – bei seinem Ortspfarrer zu beichten und die Kommunion zu empfangen.[89] Dieses Gebot besteht übrigens zumindest auf dem Papier bis heute; es wurde in ländlichen Gegenden Deutschlands bis weit ins 20. Jahrhundert hinein praktiziert: Der Pfarrer ging vor Ostern von Haus zu Haus und ließ sich die „Beichtzettel“ aller Bewohner zeigen.

Die „Hunde des Herrn“ treten in Aktion

Die Androhung der Absetzung für nicht kooperative Bischöfe war keine Floskel. Sie wies auf eine noch bestehende Schwachstelle hin: den möglicherweise mangelnden Verfolgungseifer (oder überhaupt mangelnden Arbeitseifer) des jeweiligen Bischofs oder Ortspfarrers. Dies konnte nur durch ortsunabhängige Kräfte mit entsprechenden Befugnissen geändert werden. Eigens für diese Aufgabe wurde nun ein kirchlicher Orden gegründet: die Dominikaner. Der spanische Priester Dominikus (1170-1221) hatte sich in Südfrankreich dadurch hervorgetan, dass er die äußere Armut der Katharer nachahmte und gegen die Ketzerei predigend zu Fuß durch die Lande zog. In einem Kloster in Sichtweite des Montsegur, einer der letzten Katharerhochburgen, erfand er nach einer „Vision" den Rosenkranz, um auch die „Mutter Gottes" in die Ketzerverfolgung mit einzuspannen. Während des Ketzerkreuzzugs fungierte er als Berater des Heerführers Simon von Montfort und hatte über die Ketzer zu urteilen und sie auf die Scheiterhaufen zu schicken. „Es dürfte nur wenige Heilige geben, an deren Händen mehr Blut klebte", vermuten die Autoren Baigent und Leigh.[90] 1216 wurde sein neuer Orden vom Papst anerkannt. In seinen Statuten orientierte er sich nicht von ungefähr an den Augustinern, dem Orden des „geistigen Vaters der Inquisition", Augustinus. Das Emblem des Ordens war ein Hund mit einer brennenden Fackel im Maul – denn „die Dominikaner bezeichneten sich selbst mit einem Wortspiel gelegentlich als ‚Hunde des Herrn' (Domini canes), was mit dem Namen ihres Begründers dem Klang nach übereinstimmt".[91]

Dominikus (um 1170 - 1221)

Papst Gregor IX., ein „halsstarriger Greis von cholerischer Gemütsart“[92], erteilte 1233 den Dominikanern den Auftrag, Häresien auszumerzen, und verkündete die Einrichtung eines ständigen Tribunals, das mit Dominikanerbrüdern besetzt werden sollte. Damit war die Inquisition offiziell etabliert – wohlgemerkt: *nachdem* die Katharer in Südfrankreich fast ausgerottet waren. Es ging also darum, auch noch die letzten Sympathien im Volk für jedwede Ketzerei ein für allemal zu beseitigen.

Die ersten Inquisitoren wurden bereits 1234 für Toulouse ernannt. Wie ernst sie ihre Aufgabe nahmen, zeigte sich noch im selben Jahr: Die Dominikanermönche erhielten die Nachricht, dass eine im Sterben liegende alte Frau soeben noch das katharische Sakrament des *consolamentum* erhalten hatte. Viele Katharer ließen sich erst kurz vor ihrem Tod unter die „Vollkommenen“ aufnehmen. Die eifrigen Ketzerjäger platzten in das Sterbehaus, verhörten die Frau und ließen sie schließlich mitsamt ihrem Bett zum Richtplatz tragen, wo sie ohne Aufschub verbrannt wurde. „So krönten die Dominikaner von Toulouse ihre Feier zu Ehren des gerade heiliggesprochenen Dominikus mit einem Menschenopfer.“[93]

Wen wundert es, dass die Konsuln der Stadt die Dominikaner schon ein Jahr später aus der Stadt vertrieben? Doch sie sollten es bereuen: Sie wurden exkommuniziert und mussten die Inquisition zurückkehren lassen. Die katholischen Mönche rächten sich, indem sie sogar die Knochen verstorbener angeblicher Häretiker ausgruben, durch die Straßen trugen und öffentlich verbrannten.[94]

Der Staat muss mitspielen – Friedrich II.

All dies war natürlich nur möglich, wenn der Staat, angefangen bei den obersten Landesherren, die Tätigkeit der Inquisition nicht nur duldete, sondern regelrecht anordnete. Den Durchbruch erzielte die Kirche hier ausgerechnet – bittere Ironie der Geschichte – bei einem Kaiser, der zwar seine Karriere als „Mündel des Papstes“ be-

Kaiser Friedrich II.

gonnen hatte, doch alles andere als ein glühender Katholik war: Friedrich II. von Hohenstaufen (Regierungszeit 1212-1250), der fließend Arabisch sprach, sich eine muslimische Leibwache hielt und selbst zweimal vom Papst exkommuniziert wurde, weil er dessen Macht in Italien bedrohte. Gerade wegen dieses Machtkampfes wollte Friedrich sich in Bezug auf die Bekämpfung der Ketzer keine Blöße geben – und sich, was auch gelang, durch derlei Zugeständnisse die Kaiserkrone vom Papst erkaufen. Er erließ 1224 in Padua ein Edikt gegen die Ketzerei, in dem er die weltlichen Behörden seines Reiches verpflichtete, alle der Häresie Verdächtigen zu verhaften und vor Gericht zu stellen, wenn die Kirche oder auch einfache eifernde Katholiken dies forderten. Der Staat trat also sozusagen auf bloßen "Zuruf" in Aktion; er verkam in Bezug auf die Ketzerjagd zum bloßen Büttel der Kirche. Auch die mit der Kirche „wiederversöhnten" Ketzer sollten gezwungen werden, an der Aufspürung anderer Häretiker mitzuwirken. **Es genügte also nicht, für sich selbst eine – tatsächliche oder behauptete – Ketzerei einzugestehen, weil man dadurch sein Leben retten wollte – man musste immer weitere Ketzer benennen.** Dieses Schneeballprinzip wurde bis in die beginnende Neuzeit beibehalten und führte zu den großen „Hexen"-Epidemien des 17. Jahrhunderts, bei denen ganze Dörfer und halbe Städte ausgerottet wurden.

Wer der Ketzerei überführt war, sollte entweder auf dem Scheiterhaufen verbrannt werden, oder man sollte ihm die Zunge herausreißen, „da sie mit dieser Gott gelästert hätten".[95] Das Haus des Ketzers wurde zerstört. Wer aus Todesangst seine „Irrlehren" widerrief, sollte „begnadigt" werden – zu lebenslangem Kerker. Unter den damaligen Bedingungen – Kälte, Ratten, Feuchtigkeit – war dies ein Todesurteil auf andere Art, das viele dazu brachte, ihre Glaubensüberzeugung wieder zu bekunden, um lieber schnell auf dem Scheiterhaufen zu sterben.

Das Edikt Friedrichs II. enthielt auch die Sippenhaft: Die Nachkommen der Häretiker bis in die zweite Generation hinein durften keine öffentlichen Ämter ausüben. „Eine Ausnahme wurde nur für Kinder gestattet, die ihre Eltern selbst angezeigt hatten.“[96]

„Die Obrigkeit wurde durch Eid verpflichtet, alles nur Mögliche zur Aufspürung der Ketzer zu tun. Ein Magistrat, der sich dabei saumselig zeigte, verwirkte sein Amt.“[97] Wenige Jahre später, 1229, beschloss die Synode von Toulouse: „Die Herren der verschiedenen Distrikte sollen in Villen, Häusern und Wäldern den Häretikern fleißig nachforschen lassen und ihre Schlupfwinkel zerstören. Wer künftig noch auf seinem Gebiet einen Häretiker weilen lässt, sei es gegen Geld oder aus sonst einem Grunde, der verliert ... dies Besitztum auf immer und sein Leib ist seinem Obern zu gebührender Strafe verfallen.“[98]

All diese Bestimmungen mögen den Leser wie düstere Töne aus einer fernen Vergangenheit anmuten, die mit unserer heutigen, aufgeklärten, demokratischen Zeit nichts zu tun haben. Doch sie werden mit Bedacht hier etwas ausführlicher zitiert. Es gibt heute zwar nicht mehr die öffentliche Hinrichtung durch Feuer oder Schwert. Aber es gibt die „Hinrichtung“ durch die Massenmedien, durch den Rufmord. Und wie von Geisterhand gibt es auch reflexartige Verhaltensweisen, die durch ein Reizwort wie „Sekte“ auch in unserer heutigen Zeit in Sekundenschnelle ausgelöst werden können. Sobald ein „Magistrat“, z.B. ein Bürgermeister, etwas von „Sektierern“ hört, die sich angeblich auf „seinem“ Gemeindegebiet ansiedeln wollen, reagiert er plötzlich wie im Mittelalter und vergisst das Grundgesetz. Denn die „Sekte“ muss weg! In Kapitel drei (insbes. S. 169 ff.) werden mehrere solcher Fälle geschildert. **Steckt die Angst vor den**

Bestimmungen des 13. Jahrhunderts noch in den Knochen oder in den Genen, im kollektiven Unterbewusstsein einer über Jahrhunderte tyrannisierten und terrorisierten Gesellschaft? Oder, falls man, wie die „Ketzer", an die Möglichkeit einer Wiederverkörperung glaubt: Steckt die Angst vor den einstmals schrecklichen Folgen eines von der kirchlichen Linie abweichenden Verhaltens gar in der Seele so manches heutigen Politikers? Man bedenke, dass seinerzeit sogar Kaiser Friedrich II. selbst vom Papst gebannt wurde – und mit ihm am 23.3.1228 „alle Orte, an denen der Kaiser weilte".[99]

Grigulevic stellt fest: „Dieses Edikt Friedrichs II. bedeutete einen großen Sieg der Kirche, denn es weitete die auf dem ... Konzil formulierte Bestimmung über die Verantwortung der weltlichen Macht für die Verfolgung und Ausrottung der Häresie auf das gesamte deutsche Reichsgebiet aus. Jetzt lag die Verantwortung ... für die Verfolgung der Häretiker auf allen, angefangen beim Kaiser und endend beim letzten Bauern."[100] Die Kirche wiederum griff die kaiserlichen Erlasse auf – die, wie der Inquisitor Bernhard Gui schreibt, „auf Betreiben des apostolischen Stuhles" zustande gekommen waren[101] –, erklärte sie zu kirchlichem Recht und machte den weltlichen Regierungen ihrerseits die Auflage, sie in ihre Gesetzbücher aufzunehmen.[102] **Papst Innozenz IV. verkündete in seiner Bulle „Ad exstirpanda" (Zur Ausrottung, 1252) schließlich, dass Gehalt und Unkosten der Inquisitoren der jeweilige Fürst zu tragen hatte.** (Auch heute noch lassen sich die Kirchen ihre moderne Ketzerverfolgung gerne aus Staatstöpfen bezahlen.) Der „weltliche Arm" wurde verpflichtet, die Inquisitoren in jedweder Form zu unterstützen und die von ihnen verhängten Urteile innerhalb weniger Tage zu vollstrecken. „Auf Forderung der Inquisitoren waren die weltlichen Behörden verpflichtet, diejenigen zu foltern, die sich weigerten, Häretiker auszuliefern."[103]

Doch die Kirche wäre nicht sie selbst, wenn sie nicht gleichzeitig mit der Installierung einer gut geölten und bis ins Kleinste durchorganisierten Säuberungsmaschine eine verbale Beschönigungsfloskel mitgeliefert hätte. Nach der Verurteilung eines Ketzers durch ein kirchliches Gericht wurde der Delinquent dem „weltlichen Arm" in der Regel mit der Aussage übergeben: „Wir empfehlen dem säkularen Gericht jedoch mit Nachdruck, bei der Urteilsfindung Mäßigung walten zu lassen, damit kein Blut vergossen werde und keine Gefahr für das Leben bestehe."[104] Diese Formulierung beim Übergabe-Ritual an den Henker war blanker Zynismus, eine glatte Lüge. Denn jeder wusste, dass die Kirche etwas ganz anderes wollte. Und jeder wusste auch, was dem Landesherren blühen würde, wenn er diese hohlen, verlogenen Phrasen wörtlich nähme.

Die Kirche „ernährt sich von den Häretikern": Thomas von Aquin

Das Öl für den reibungslosen Lauf der Inquisitionsmaschinerie lieferten im materiellen Sinne die konfiszierten Gelder der verurteilten „Ketzer" – im „geistigen" bzw. ungeistigen Sinne jedoch die Rechtfertigungen der Theologen, bis hinauf zum damaligen katholischen „Chefideologen", dem bis heute hoch angesehenen Kirchenlehrer Thomas von Aquin (1225-1274). **Der 1323 heilig gesprochene Thomas lehrte, dass hartnäckige Häretiker den Ausschluss aus dem Leben durch die Todesstrafe verdienten**. „Die Religion zu entstellen, von der das ewige Leben abhängt, so lehrte Thomas, sei ein schwereres Vergehen als die Fälschung von Münzen, die ja zur Befriedigung der Bedürfnisse des zeitlichen, irdischen Lebens dienten. Wenn also die Falschmünzer oder andere Verbrecher von den weltlichen Fürsten mit Recht vom Leben zum Tode befördert würden – mit wie viel größerem Recht müssten dann nicht die Ketzer nach ihrer Überführung sowohl aus der Kirchengemeinschaft ausgeschlossen als billigerweise auch hingerichtet werden?"[105] Wenn ein zunächst „reuiger" Ketzer, den die Kirche am Leben gelassen habe, wieder rückfällig werde, so dürfe die Kirche keine Nachsicht üben – weil sie andere anstecken und diese umso sorgloser der Häresie verfallen könnten. Rückfällige werden zwar „wieder aufgenommen zur Buße, nicht aber so, dass sie von der Verurteilung zum Tode befreit werden".[106] Thomas von Aquin war überzeugt, dass die Anwesenheit der „bösen" Ketzerei den Sinn habe, die „gute" richtige Lehre um so besser erkennen zu lassen; die Vernichtung des Bösen festige das Gute. „Ähnlich wie der Löwe sich vom Esel ernähre, so nähre sich das Gute vom Bösen." Deshalb müsse „sich die Kirche ‚von den Häretikern ernähren im Namen der Rettung aller Gläubigen'".[107]

Diese ungeheuerliche Aussage ist entlarvend. Sie enthält unfreiwillig ein gerüttelt Maß an tiefenpsychologischer Wahrheit, und zwar über die Jahrhunderte hinweg. Sie belegt, was der Religionswissenschaftler und Kirchenkritiker Hubertus Mynarek über die „Moderne Inquisition" unserer Tage schreibt: „In gewisser Weise ist der Kampf gegen die neuen religiösen Bewegungen schon wieder eine Vitalitätsspritze für die erstarrte Kirche. Einen letzten Funken eigenen Lebens zu verspüren vermag sie offenbar nur noch, indem sie den vermeintlichen Gegner inquisitorisch bekämpft. ... Je toter der Großleichnam Kirche ist, um so mehr Gift, Leichengift, verspritzt er gegen alle, in denen er mehr Leben vermutet."[108]

Dass die Ansicht des „Doctor angelicus", des „engelgleichen Doktors" Thomas von Aquin über die Notwendigkeit der Ketzervernichtung die Inquisition über Jahrhunderte prägte, sieht man an einer Aussage des vatikanischen Hoftheologen Bellarmino (1542-1621) mehr als 300 Jahre später: „Die Erfahrung lehrt, dass es keine anderen Heilmittel für die Ketzer gibt als den Tod. Denn die Häretiker verachten die Exkommunikation und sagen, sie wäre ein kalter Blitz, und wenn man ihnen mit Geldstrafen droht, so werden sie von anderen ausgehalten; wenn man sie in ein Gefängnis wirft oder ins Exil schickt, so verderben sie ihre Nachbarn mit Reden und Büchern. Also bleibt als einziges Heilmittel [remedium], sie beizeiten zu töten."[109]

Das Ziel: den Menschen Furcht einflößen

Wenn Folter und Tod auch zum „Tagesgeschäft" der Inquisition gehörten, so war doch ihr Hauptziel nicht die physische Vernichtung der Ketzer, sondern die Ausrottung der Ketzerei schlechthin. Um dieses Ziel zu erreichen, tat die Kirche alles, um ein Klima der Einschüchterung zu schaffen. Ein spanischer Inquisitor erklärte es 1578 einem Kollegen so: „Wir müssen uns daran erinnern, dass die Verfahren und Exekutionen nicht in erster Linie dazu dienen, die Seelen der Angeklagten zu erretten, sondern vor allem dazu, das Gemeinwohl zu fördern und den Leuten die Furcht einzuflößen."[110]

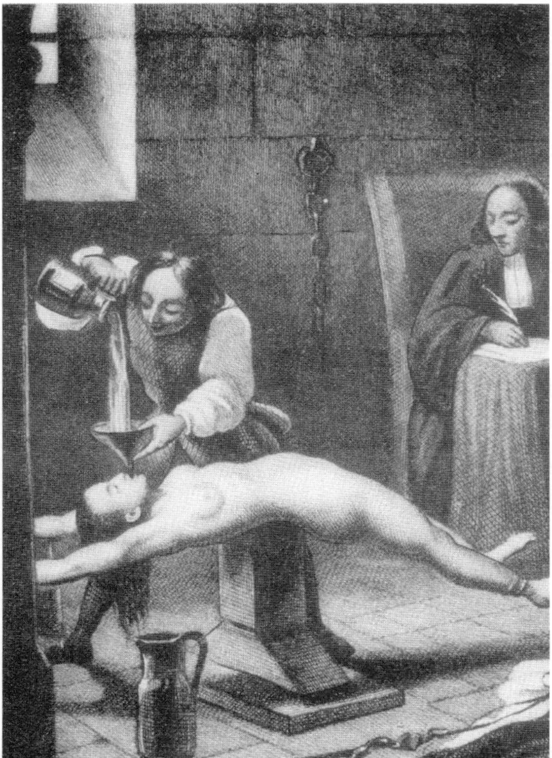

Wasserfolter: Dem Opfer wird die Nase zugehalten, so dass es riesige Mengen Wasser schlucken muss und zu ersticken glaubt. Anschließend wird der Kopf nach unten gedrückt. Schläge auf den Magen erzeugen Druck auf Herz und Lunge und grauenvolle Schmerzen.

Was er damit meinte, wird deutlich, wenn man sich die von der Inquisition verhängten Strafen ansieht. Verschiedene Berechnungen über Opferzahlen weisen übereinsstimmend darauf hin, dass auf jeden zum Tode verurteilten „Ketzer“ etwa zehn weitere kamen, die zu anderen Strafen verurteilt wurden.[111] Hierzu gehörte die Kerkerstrafe, unter den damaligen Umständen nichts anderes als ein verzögertes Todesurteil. Oder der Verurteilte musste eine mehrjährige Wallfahrt, etwa nach Santiago de Compostela, machen – für einen älteren Mann auch eine Art Todesurteil; bei jüngeren Delinquenten nicht selten ein Todesurteil für ihre Familie – denn diese stand nun ohne Ernährer da. Der Einschüchterungscharakter der Inquisition kommt jedoch auch bei den Strafen, die bei „leichteren Vergehen“, verhängt wurden, zum Ausdruck, etwa bei der regelmäßigen Geißelung: „Der Ketzer ... musste jeden Sonntag entblößt ... und mit einer Rute in der Hand in der Kirche erscheinen. An einer bestimmten Stelle der Messe pflegte der Priester ihn dann vor der versammelten Gemeinde der Gläubigen voller Inbrunst auszupeitschen ... Damit war die Strafe jedoch noch nicht abgegolten. Jeden ersten Sonntag im Monat wurde der Büßer genötigt, alle Häuser aufzusuchen, in denen er

Die Judaswiege

Das Aufziehen: Die Schulter springt aus den Gelenken

sich jemals mit anderen Ketzern getroffen hatte, und in jedem Haus wurde er aufs Neue gezüchtigt. Darüber hinaus musste er an Festtagen jede feierliche Prozession durch den Ort begleiten, wobei er wiederum gegeißelt wurde. Diese Tortur musste das Opfer *für den Rest seines Lebens* über sich ergehen lassen – es sei denn, der Inquisitor ... erinnerte sich seiner beim nächsten Besuch und begnadigte ihn."[112]

„Das war nicht der Gott der Liebe und des Erbarmens, der hier auftrat", kommentiert Bernd Rill, „das war der rächende Jehovah des Alten Testaments."[113]

Eine ähnlich demoralisierende und terrorisierende Wirkung – sowohl auf den Verurteilten selbst wie auf seine Umgebung – übten große safrangelbe Kreuze aus, die lebenslang, gleich ob im Haus oder außerhalb, hinten und vorne auf der Kleidung getragen werden mussten. „So war der Büßer ständig der gesellschaftlichen Verachtung ausgesetzt, der Erniedrigung und dem Spott, manchmal auch körperlicher Gewalt. Menschen, die durch diese Kreuze stigmatisiert waren, wurden von ihren Mitmenschen geschnitten; niemand wagte es, Geschäfte welcher Art auch immer mit ihnen zu machen. Für unverheiratete junge Frauen wurde es unmöglich, einen Ehemann zu finden."[114] Ketzerischen Ärzten war es verboten, ihren Beruf weiter auszuüben.[115]

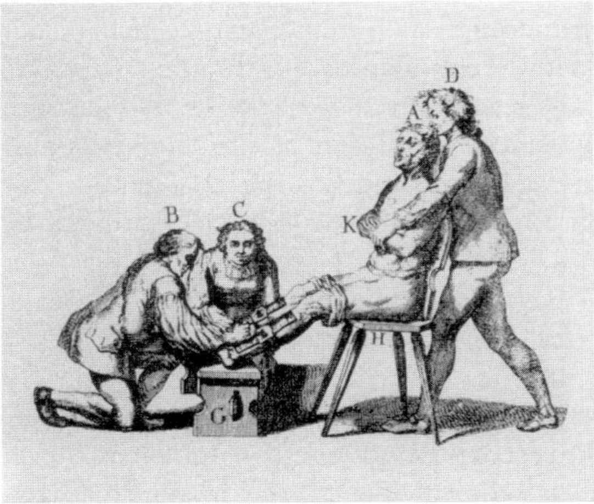

„Spanische Stiefel": Durch Anziehen der Schrauben brechen die Schienbeine

Solche „leichteren" Strafen wurden mit Vorliebe bei Verdächtigen eingesetzt, die sich entweder selbst angezeigt hatten oder die ihre „Gedankenverbrechen" ohne großen Widerstand bekannt hatten. Kann man sich eine perfidere soziale Kontrolle vorstellen als eine lebenslange Kennzeichnung? So versuchte man auf der einen Seite zu verhindern, dass der Überführte jemals wieder auf „falsche" Gedanken kam. Zum anderen wurde allen Mitbürgern auf brutale Weise klargemacht, dass sich derlei Ausflüge in nichtkirchliche Gedankenwelten nicht lohnten. Durch solche und ähnliche Maßnahmen erreichte die Kirche, dass eine breite Sympathie der Bevölkerung für die Ketzer wie im Südfrankreich für die Katharer nicht wieder aufkommen konnte. Im Gegenteil: „Der Geist der Zeit war unduldsam geworden", so Bernd Rill. „Waren die Albigenser ... noch von ihren Mitbürgern gedeckt worden, so standen breite Volksmassen nunmehr eindeutig auf der Seite der Inquisition."[116]

Dies erschien den meisten schon aus purem Selbsterhaltungstrieb geboten. Denn es wimmelte überall in Europa von Spitzeln und Denunzianten. „Familiares", „Vertraute", hießen diese „informellen Mitarbeiter" der Inquisition, die sich aus den verschiedensten Schichten der Gesellschaft rekrutierten. Auch dem Pfarrgeistlichen, der „in den ländlichen Gebieten die Rolle des Spürhundes" ausübte, standen „zwei Gehilfen aus der Laienwelt zur Seite".[117] Als Grund, um in die Mühle der Inquisition zu geraten, reichte eine Beschuldigung, „die eine Person gegen eine andere erhob wegen der Zugehörigkeit zu einer Sekte bzw. Sympathie oder Hilfe für einen Ketzer".[118]

Wenn der Inquisitor kommt

Doch es sollte nichts dem Zufall überlassen werden. Damit der Verfolgungseifer des inquisitorischen „Bodenpersonals" nicht durch Trägheit und Routine allzu sehr erschlaffte, trat in regelmäßigen Abständen der Chef selbst in Aktion: Der Besuch des Inquisitors wurde angekündigt. Gleich nach seinem Eintreffen versammelte er die Gemeinde in der Kirche und erläuterte in der Predigt „die Unterscheidungsmerkmale der verschiedenen Häresien, die Kennzeichen, an denen man die Ketzer erkennen könne, die Schliche, auf die sie sich einließen, um die Wachsamkeit der Verfolger einzuschläfern, und schließlich die Formen und Methoden der Meldung bzw. Anzeige“.[119]

Wie sich die Bilder trotz aller Veränderungen gleich bleiben: Wer schon einmal den Vortrag eines „Sektenbeauftragten“ in einem kleinen Dorf mit erlebt hat, zu dem die aktiven Kirchgänger in der Regel vollzählig angetreten sind, um alles über die „gefährlichen Irrlehren“ unserer Tage zu erfahren, wer die Stimmung zwischen sensationsbegieriger Erwartung und aggressiver Verteidigungshaltung gespürt hat, der weiß, was gemeint ist. Das Klima bei der Ankunft des Inquisitors dürfte im Mittelalter jedoch noch wesentlich gespannter gewesen sein, saßen doch gezwungenermaßen auch die noch nicht „enttarnten“ oder vermeintlichen Ketzer mit in den harten Kirchenbänken. **Den Gläubigen wurde zur Auflage gemacht, binnen einer festgelegten Zeit alle verdächtigen Personen beim Inquisitor anzuzeigen. Wer es nicht tat, obwohl er etwas „wusste“, wurde selbst wie ein Ketzer behandelt.**

Man kann sich die Hysterie lebhaft vorstellen, die dieser kirchliche Gesinnungsterror verursachte. Lieber selbst andere anzeigen, ehe ich angezeigt werde, hieß für viele die rettende Parole. „Der traurige Ruhm, der die Inquisition begleitete, schuf unter der Bevölkerung eine Atmosphäre des Schreckens, des Terrors und der Unsicherheit, die eine Welle von Denunziationen erzeugte, deren überwältigende Mehrheit Erfindungen oder törichte und lächerliche Verdächtigungen waren.“[120] Die Hysterie führte auch dazu, dass sich, wie etwa in Spanien, Menschen selbst anzeigten, weil sie bei sich Züge der Ketzerei festgestellt zu haben meinten. Dabei hatten sie vielleicht nur geflucht oder aus Versehen an einem Fasttag Fleisch gegessen. Oder Familienmitglieder, Freunde, Nachbarn zeigten sich gegenseitig an.

Es gibt kein Entrinnen

Wer einmal in das Räderwerk der Verhöre gelangte, für den gab es kein Entrinnen mehr. Wollte er lebend herauskommen, so musste er möglichst rasch etwas gestehen, sich auf keinen Fall „hartnäckig" zeigen. Doch der Preis für eine „leichtere" Strafe war immer, dass er auch andere anzeigen musste. Die Spirale drehte sich. Eine Verteidigung war unmöglich, denn die Anzeigen wurden grundsätzlich anonym behandelt. „Aussagen zugunsten des Angeklagten wurden jedoch nicht berücksichtigt, da man der Ansicht war, dass diese durch verwandtschaftliche Bande oder durch sonstige Abhängigkeiten des Zeugen vom Beschuldigten hervorgerufen worden waren. ... Persönliche Gegenüberstellungen der Anklagezeugen mit den Inhaftierten waren verboten."[121]

Auch hier werden wir in der Gegenwart auf Parallelen stoßen: Argumente *für* eine des „Sektierertums" bezichtigte neue religiöse Bewegung werden von den Medien so gut wie nicht wahrgenommen. Die Betroffenen werden zu den Vorwürfen, und seien sie noch so abstrus, grundsätzlich nicht befragt. **Und auch die Inquisitoren von heute lieben es, mit anonymen Geschichten von sogenannten „Aussteigern" Stimmung zu machen.** Auch heute noch bleiben sie über Jahre bei den gleichen Lügen, auch wenn diese längst widerlegt sind. Auch die Inquisitoren des Mittelalters bestanden „weiterhin auf den Beschuldigungen, selbst in solchen Fällen, wo sie sich als Verleumdungen und Erfindungen der Denunzianten herausgestellt hatten."[122]

Die feierliche Hinrichtung, das „Autodafé" (wörtlich Akt des Glaubens), gibt es heute allerdings nicht mehr. Sie dauerte meist den ganzen Tag, mit mehreren Messen, mit der Verlesung langatmiger Urteile. Auch die nicht zur Hinrichtung Bestimmten mussten daran teilnehmen und erfuhren meist erst in letzter Minute, was genau auf sie zukommen würde. Am Ende dann die Hinrichtung – zum Scheiterhaufen Holz herbeitragen zu dürfen, galt als Auszeichnung und brachte einen gewissen Sündenablass ein. „Während der Häretiker, je nach Windrichtung, erstickte oder langsam verbrannte, sangen die versammelten Katholiken das Lied ‚Großer Gott, wir loben dich'", so Karlheinz Deschner.[123]

Gibt es solches heute wirklich nicht mehr? Man muss es nur auf unsere Zeit übertragen. Wo versammeln sich heute Menschen, wenn es ein Großereignis zu bestaunen gilt? Das Fernsehen liefert es ihnen frei Haus. Heute ist es für nicht wenige Fernsehjournalisten und Talkmaster, bekannte wie weniger bekannte, eine große Ehre, in einer Reportage, einem Magazin oder einer Talkshow die gefährlichen „Sekten" so richtig vorzuführen. **Eine entsprechend hohe Einschaltquote ermöglicht einen perfekte Rufmord: Aus der ehemals öffentlichen Verbrennung – mit all den dabei entstehenden schmutzigen Rückständen – wird eine klinisch „saubere" öffentliche Hinrichtung durch die Massenmedien.**

Der Hl. Dominicus verbrennt mehrere Ketzer

Doch wir greifen vor. Festzuhalten bleibt zur mittelalterlichen Inquisition noch, dass es aus ihr weder zeitlich noch räumlich ein Entrinnen gab. Auch ohne Computer und Datenübertragungsnetze wurden alle Informationen „akribisch festgehalten. So kam allmählich eine gigantische ‚Datenbank' zusammen, die ständig durch Protokolle weiterer Befragungen ergänzt wurde. ...

So konnte man die Verdächtigen auch noch mit Vergehen und Verbrechen konfrontieren, die sie dreißig oder vierzig Jahre zuvor begangen hatten – oder die ihnen damals in die Schuhe geschoben worden waren."[124] Durch die überstaatliche Organisation der Inquisition „gab es keinen Winkel im katholischen Europa mehr, in dem nicht die Scheiterhaufen rauchten, auf denen man vermeintliche oder wirkliche Ketzer verbrannte".[125] "Die Inquisition", so Henry Charles Lea, „stellte eine wirkliche überregionale Polizei dar ... Die Inquisition hatte einen langen Arm und ein unfehlbares Gedächtnis, so dass wir das geheime Grauen wohl verstehen können, das sie sowohl durch die Geheimhaltung ihrer Tätigkeit als auch durch ihre fast übernatürliche Wachsamkeit der Menschheit einflößte ... Ein einziger glücklicher Fang, ein einziges durch die Folter erpresstes Geständnis konnte die Spürhunde auf die Spur von Hunderten von Menschen bringen, die sich bis dahin in voller Sicherheit wähnten, und jedes neue Opfer erweiterte den Kreis der Denunzianten. So lebte der Ketzer beständig auf einem Vulkane, der ihn in jedem Augenblicke verschlingen konnte ... Für die menschliche Furcht war die päpstliche Inquisition fast allgegenwärtig, allwissend und allmächtig."[126]

Die spanische Inquisition

Besonders gefürchtet war die spanische Inquisition. Sie unterstand zwar nicht dem Papst, doch bei ihrer Gründung, wie könnte es anders sein, hatte die Kirche ihre Hand im Spiel. Die „spanischen Könige" Ferdinand und Isabella, die Spanien durch ihre Heirat 1469 vereinigt hatten, wollten die kanonischen Gesetze der römischen Kirche nicht unbegrenzt für ihr Land übernehmen. Die Inquisition war bis dahin, zum Ärger der Päpste, in Spanien nicht mit allzu großem Eifer tätig. Als Isabella 1477 nach Sevilla kam, versuchte der Dominikanerpater Alonso de Hojeda sie davon zu überzeugen, dass die Nachfahren der „conversos", der zum Christentum übergetretenen Juden, heimlich jüdische Riten pflegten. Isabella winkte ab. „Als Isabella die Stadt verlassen hatte, gab Hojeda jedoch nicht auf, sondern belieferte den Hof mit Beweisen darüber, dass die conversos geheime nächtliche Zusammenkünfte hielten und dabei den christlichen Glauben verhöhnten. Das könne auch staatspolitisch nicht ohne Bedeutung sein, zumal viele conversos in hohen Staatsämtern säßen ... Nun horchte Isabella doch auf und setzte eine Kommission ein, der auch Hojeda angehörte und die auch tatsächlich zu dem Ergebnis kam, die Ketzerei habe in Sevilla schreckenerregende Ausmaße angenommen. Auch Thomas de Torquemada, Dominikanerprior von Segovia und Beichtvater der Königin, stimmte diesem Befund zu."[127]

(Wie die Methoden gleich bleiben: Eine Kommission über angebliche ketzerische Umtriebe einzusetzen, in der dann die Ketzerjäger selbst als angebliche „Sachverständige" das große Wort führen –

Der spanische Großinquisitor Thomas de Torquemada zeigt einer „Ketzerin", was ihr bevorsteht.

von Jesuiten in Ingolstadt erzogen und ausgebildet worden und war demzufolge ein fanatischer Gegner der lutherischen „Ketzerei". Bei einer Wallfahrt zu Beginn seiner Regierung hatte er ein Gelöbnis abgelegt: „Lieber über eine Wüste herrschen, lieber Wasser und Brot genießen, mit Weib und Kind betteln gehen, den Leib in Stücke hauen lassen, als die Ketzer dulden."[145] Ohne diesen katholischen Fanatismus wäre Deutschland wohl ein 30-jähriger Religionskrieg erspart geblieben. Doch so glühend Ferdinand die Gegenreformation vorantrieb, so skeptisch war er gegenüber denjenigen, die ihn in punkto Fanatismus noch überboten. Ferdinand war Realpolitiker genug, um zu erkennen, dass nicht nur Förners Nürnberger Pläne nicht durchsetzbar waren, sondern dass auch die Würzburger und Bamberger Hexenbrennerei, die Ausrottung ganzer Familien, ganzer Straßenzüge, die Wirtschaftskraft seiner Verbündeten entscheidend schwächte. Er sorgte dafür, dass der Reichshofrat, ein juristisches Beratergremium, die Klageschriften von aus Bamberg geflüchteten Opfern der Hexenjagd positiv beschied und dadurch die Hexenjagd beendete (1630).

Dem Einfluss der Ingolstädter Jesuiten ist diese Entwicklung sicher nicht zu danken, denn diese hatten einen der Herrscherkollegen Ferdinands, den bayerischen Kurfürsten Maximilian (1573-1651), schon als 17-jährigen Jugendlichen mit der Hexenverfolgung vertraut gemacht: Man ließ ihn bei Folterungen zusehen. Er schrieb an seinen Vater: „ ... so hat man doch nit auf den rechten Grund kommen können, jedoch haben die Räte gute Inquisition halten lassen, vielleicht bringt man sie noch zuwegen."[146] Es ist nicht verwunderlich, dass der Höhepunkt der bayerischen Hexenprozesse in die Regierungszeit Maximilians fällt.

Der absolute Staat: stärker als die Kirche und doch unter ihrem Einfluss

Die Beispiele Maximilian und Ferdinand zeigen: Der Territorialstaat der Renaissance und des Barock gewann an Stärke. Die Kirche behielt zwar ihren Einfluss auf die Staatslenker, insbesondere über deren Erziehung. An einem Jugendlichen geht es nicht spurlos vorüber, wenn man sein Gewissen durch die Beobachtung von Folterszenen abstumpft. Doch die Regierenden gewannen eine gewisse Unabhängigkeit zurück, mussten sich im politischen Tagesgeschäft der unterschiedlichen Konfessionen in Deutschland auch einen gewissen Spielraum bewahren. Ähnlich wie in der Antike, in der sich nicht etwa der Papst, sondern Kaiser Konstantin als erster mit dem Titel „Stellvertreter Christi" schmückte[147], musste die Kirche anscheinend wieder die zweite Geige spielen – doch auch diese Rolle beherrscht sie virtuos. Erzieher, Lehrer, Beichtväter sorgen dafür, dass die zukünftigen Herrscher und Beamten von Kindesbeinen an „richtig" instruiert werden. Es gab zwar in Deutschland drei verschiedene Konfessionen – doch eine echte Wahlmöglichkeit zwischen ihnen hatte nur der jeweilige Fürst. Wer innerhalb eines Landesgebietes den Glauben wechseln wollte, musste auswandern. Und außer den drei staatskirchlichen Konfessionen – katholisch, lutherisch, reformiert – durfte es nichts geben. Waldenser, Hutterer, Böhmische Brüder wurden vertrieben, verfolgt.

Erst in der Aufklärungszeit begann sich das zu ändern. Maria Theresia (Regierungszeit 1740-1780) hatte noch dafür gesorgt, dass die protestantischen Ketzer aus Österreich nach Siebenbürgen ausgesiedelt wurden, oft unter gewaltsamer Zurücklassung ihrer Kinder, die katholisch erzogen wurden. Ihr Sohn Josef II. jedoch (1780-1790) verkündete die Religionsfreiheit und begrenzte die Macht der Kirche, schoss dabei allerdings über das Ziel hinaus, indem er in sie hineinzuregieren versuchte.

Gewissensfreiheit - für die Kirche „Wahnsinn"

Das Papsttum verabscheute und bekämpfte die Errungenschaften der französischen Revolution – Menschenrechte, Demokratie, Religions- und Meinungsfreiheit – von Anfang an und das gesamte 19. Jahrhundert hindurch wie der Teufel das Weihwasser. Papst Pius

VI. bezeichnete diese Ziele als "Ungeheuerlichkeiten" (monstra), Gregor XVI. verurteilte die Gewissensfreiheit 1832 als „Wahnsinn" (deliramentum). Die österreichische Verfassung von 1867, in der Presse-, Glaubens-, Gewissens- und Lehrfreiheit festgeschrieben wurden, in der alle religiösen Gemeinschaften einander gleichgestellt sein sollten, wurde von Pius IX. (in unseren Tagen selig gesprochen) als „abscheuliches Gesetz" (infanda lex) bezeichnet.[148] Leo XIII. 1878-1903) verkündete, „dass es niemals erlaubt ist, die Gedankenfreiheit, Pressefreiheit, Lehrfreiheit, sowie die unterschiedslose Religionsfreiheit zu fordern, zu verteidigen oder zu gewähren, als seien dies ebenso Rechte, welche die Natur dem Menschen verliehen".[149] Sein Nachfolger Pius X. (1903-14) bekämpfte schon vor Antritt seines Pontifikats die „Zeitirrtümer der Denk-, Gewissens-, Rede-, Kult- und Pressefreiheit" und führte ein perfektes innerkirchliches Spitzelsystem ein, eine Art „Kurial-Gestapo".[150] Ehe er den französischen Theologen Alfred Loisy exkommunizierte, hatte er von ihm die totale Unterwerfung gefordert mit den Worten: „Verbrenne, was du angebetet, bete an, was du verbrannt hast" – das Gleiche hatte die Kirche schon dem französischen Nationalidol Chlodwig gesagt (s.o. S. 39). Und noch 1953 erklärte Kurienkardinal Alfredo Ottaviani in Bezug auf protestantische Minderheiten in Italien und Spanien: „In den Augen eines wahren Katholiken ist die sogenannte Duldsamkeit nicht am Platz."[151] Paul VI. (1963-78) warnte davor, die „rechte Freiheit des Gewissens" mit einer „falschen Gedankenfreiheit" zu verwechseln.

Wen wundert es da, dass die Repression gegen religiöse Minderheiten insbesondere in „gut katholischen" Staaten wie Österreich-Ungarn weiterging? Dem Fürsten Metternich beispielsweise war schon eine freie „Bibelgesellschaft", die sich im verbündeten Russland breit machte, ein Dorn im Auge, denn, so Renate Riemeck: „Die Umrisse eines neuen, romfreien Christentums zeichneten sich ab. ... Mit dem Scharfblick des begabten Politikers erkannte der allmächtige Staatskanzler Österreichs, dass das Trachten nach einem Reich christlicher Brüderlichkeit eines Tages zu umwälzenden gesellschaftspolitischen Konsequenzen führen könnte ... Metternich aber hielt alle ‚Sekten' ... für äußerst gefährlich. Er wurde nicht müde, die europäischen Regierungen vor den staatsgefährdenden Umtrieben religiöser ‚Schwärmer' zu warnen. ‚Von allen Übeln, die heutzutage den Leib der Gesellschaft befallen haben, ist dasjenige, das vorzüglich die Aufmerksamkeit der Regierungen auf sich zu lenken verdient, das verbrecherische Spiel der Sekten', schrieb er in einer geheimen Denkschrift.“[152]

Die „SA Jesu Christi“ marschiert gegen die „Sekten“

Doch nicht nur in katholischen Staaten bestand weiterhin eine enge Liaison zwischen Thron und Altar. Die lutherische Kirche ist von der Staatslehre Martin Luthers her geradezu prädestiniert dazu, sich der Staatsgewalt anzudienern. Und das eher noch bei einer diktatorischen als bei einer demokratischen Staatsform. Der „starke Staat“ passt einfach besser zur lutherischen Zwei-Reiche-Lehre, die Hubertus Mynarek wie folgt zusammenfasst: „Gemäß seiner Lehre gelten Staat und Kirche als die beiden Reiche zur rechten und zur linken Hand Gottes. Die Kirche stellt dem totalitären Fürstenstaat die Gläubigen als gehorsame Staatsdiener zur Verfügung, der Staat ... hilft der Kirche und ermordet eventuell Gegner der Kirche.“[153] Der Christ hat nach Luthers Lehre der Obrigkeit unbedingt zu gehorchen, da jede Obrigkeit von Gott eingesetzt sei. Hatte Luther den Fürsten seiner Zeit empfohlen, „guten Gewissens“ mit äußerster Härte gegen Bauern, türkische Kriegsgegner und Juden vorzugehen, so machte sich die lutherische Kirche gegen Ende der Weimarer Zeit daran, dem in den Sattel zu helfen, der bereits angekündigt hatte, mit allem aufzuräumen, was nicht seiner Sinnesart war: Adolf Hitler. Bereits 1930 veröffentlichte das „Deutsche Pfarrerblatt“ einen Grundsatzbeitrag über das Verhältnis von NSDAP und Kirche, in dem zu lesen stand, es gehöre zu den Aufgaben der Männer der Kirche, in die „Tiefe der nationalsozialistischen Gedankenwelt“ zu schauen und sich nicht durch „äußere Schönheitsfehler“ abschrecken zu lassen.

Unter einer „rauhen Schale“ keime möglicherweise sogar „das beste Leben, das je aus der alten deutschen Eiche herauswuchs“. Der Autor, ein Pfarrer Wienecke, verweist in diesem Zusammenhang auf Hitlers „Mein Kampf“ (er hat ihn natürlich gelesen!), wo Hitler den Respekt vor den Amtskirchen zur Pflicht macht. Den ihr gebührenden Respekt zu erfahren, war für die Lutherkirche das Entscheidende – und ist es bis heute. Wienecke erklärt, die von Gott gewollte Aufgabe für die deutsche Politik sei die Förderung des „arisch-germanischen Menschen“. Die Aufgabe von Theologie und Pfarrerschaft sei es, zu helfen, dass die Nazi-Bewegung nicht verrausche, sondern dass sie, „erfüllt von göttlicher Kraft unserem Volk Gesundung bringe“.[154]

Für diese Töne erfährt Wienecke von den Lesern – also von Pfarrern – nach eigener Aussage in einer „Fülle von Zuschriften ... begeisterte

Die Bischöfe von Trier und Speyer, Bornewasser und Sebastian, bei einem offiziellen Staatsakt gemeinsam mit Reichskommissar Bürckel, Innenminister Frick und Propagandaminister Goebbels (1935)

Zustimmung" – wohlgemerkt: 1930, noch drei Jahre vor Beginn des NS-Staates. Fast ein Viertel der bayerischen Pfarrer sind bereits 1931 Mitglieder der NSDAP, in anderen Landeskirchen noch mehr.[155] Im September 1933 konnte dann Pfarrer Schirrmacher in Hamburg zu den im *Rauhen Haus* – einer der bekanntesten Sozialeinrichtungen der evangelischen Diakonie – versammelten Diakonen sagen: **„Wir begrüßen euch alle als die SA Jesu Christi und die SS der Kirche, ihr wackeren Sturmabteilungen und Schutzstaffeln im Angriff gegen Not, Elend, Verzweiflung und Verwahrlosung, Sünde und Verderben ... Evangelische Diakonie und Nationalsozialismus gehören in Deutschland zusammen ... Ich wünsche, dass unsere jungen Brüder in den Diakonieanstalten sämtlich SA-Männer werden."**[156]

In einem starken „Führerstaat" nach dem Geschmack der Mehrheit der lutherischen Pfarrerschaft war für „abweichende" religiöse Meinungen kein Platz. **Bereits 1930 führte die evangelische Lan-**

Die Lutherische „Nationalsynode" wählt Ende 1933 Ludwig Müller (Bildmitte) zum „Reichsbischof" der „Deutschen Christen".

deskirche in Bayern eine „Sektenerhebung" durch. Die Kirchengemeinden erhielten einen umfangreichen Fragebogen, in dem sie Angaben zu allen Personen machen sollten, die in ihrem Wirkungskreis einer kleineren Religionsgemeinschaft angehörten: Baptisten, Zeugen Jehovas, Neuapostolische Kirche, Adventisten, Pfingstler, Mennoniten ...[157] Dass diese Datenerfassung nicht statistischen Zwecken diente, sondern schon bald der Bekämpfung dieser Gemeinschaften, zeigte sich zwei Jahre später: Im Januar 1932 griff das Evangelische Sonntagsblatt die Zeugen Jehovas an. Unter der Überschrift „Gegen den Unfug der sog. Bibelforscher" – so nannten sich die Zeugen damals – war zu lesen: „Weite Kreise der Kirche kämpfen schon seit langem aus religiösen und kirchlichen, die Nationalsozialisten aus vaterländischen Gründen gegen dieses Unwesen. Dem bibelforscherischen Treiben, das in letzter Zeit in Bayern einen ganz besonders großen Umfang angenommen hatte, wurde nunmehr durch die Polizeidirektion München ein Ende bereitet." Die Druckschriften der Bibelforscher seien beschlagnahmt worden.

Das Sonntagsblatt musste zwar wenig später in einer Gegendarstellung einräumen, dass nur „einige Exemplare" tatsächlich eingezogen worden waren, vermeldete aber im gleichen Atemzug triumphierend, dass die „bayerische Polizei ... angewiesen ist, das Treiben der Sekte im Auge zu haben und ihre Schriften, wo sie angetroffen werden, wegzunehmen".[158] Diese Meldung – wohlgemerkt: aus dem Jahr 1932 – legt nahe, dass sich schon vor der Machtergreifung der Nationalsozialisten die beiden Großkirchen (der bayerische Staat war zu diesem Zeitpunkt noch stärker klerikal beeinflusst) und die aufkommende nationalsozialistische Bewegung in Bezug auf religiöse Minderheiten sehr nahe standen. Dies bestätigte sich 1933, als der NS-Staat die Zeugen Jehovas zunächst in Württemberg verbot und der evangelische Volksbund dies am 24. April als Ausdruck einer „Bundesgenossenschaft zwischen Staat und Kirche" begrüßte. Auch der Münchner Kardinal Faulhaber bedankte sich im Mai 1933 in einem Brief an die Bayerische Staatsregierung, denn: „ Die Gottlosenbewegung ist eingedämmt, die Freidenker können nicht mehr offen gegen Christentum und Kirche toben, die Bibelforscher können nicht mehr ihre amerikanisch kommunistische Tätigkeit entfalten.“ Auch das *Evangelische Sonntagsblatt* teilte den Lesern das Verbot der Bibelforscher in Bayern mit und fügte hinzu: „Wir ... erwarten von unseren Geistlichen, dass sie das Ihrige tun werden, um ein weiteres Auftreten der Sekte in ihren Gemeinden zu unterbinden.“[159]

So haben auch lutherische Pfarrer ihren Beitrag dazu geleistet, dass von den damals 25 000 deutschen Zeugen Jehovas 10 000 während des Dritten Reiches inhaftiert wurden. 1200 wurden ermordet. Denn der Aufruf im *Sonntagsblatt* war ein nur schlecht verhüllter Aufruf zur Denunziation. Andere Kirchenleitungen riefen tatsächlich „ihre Pfarrer und Pastoren dazu auf, für die ‚Gestapo Spitzeldienste zu leisten, um den Zeugen Jehovas das Handwerk zu legen'“.[160] Die „Apologetische Centrale“ der lutherischen Kirche in Berlin stellte nach der Machtergreifung Hitlers dem Reichspropagandaministerium und der Gestapo Material über die Zeugen Jehovas und andere Glaubensgemeinschaften zur Verfügung. (Die Nachfolge-Einrichtung der Apologetischen Centrale ist die Evangelische Zentralstelle für Weltanschauungsfragen – inzwischen wieder in Berlin beheimatet.)

Ehe die Zeugen Jehovas im Juni 1933 reichsweit verboten wurden, kam es in Berlin zu einer Zusammenkunft von Nazi-Vertretern der Ministerien und der Gestapo mit Vertretern der katholischen und der evangelischen Kirche. Der katholische Domkapitular Piontek forderte auf diesem Treffen „strenge staatliche Maßnahmen“ gegen diese Gemeinschaft. Und der evangelische Oberkonsistorialrat Fischer begrüßte ebenfalls ein Verbot wegen der Gefahr für das „deutsche Volkstum“, so das Protokoll.[161]

Die Kirche war damit allerdings noch nicht zufrieden. **Denn es gehört zur über ein Jahrtausend alten Praxis der Kirche, bei der**

Verfolgung religiöser Minderheiten nach dem Salamiprinzip vorzugehen: Erst eine angeblich besonders „schlimme" Gruppe herausgreifen und verbieten lassen, dann die anderen „Sekten". (Heute spielt Scientology die Funktion des „Dosenöffners"[162].) Am 10. September 1933 kommentiert der Schriftleiter des „Evangelischen Deutschland" – damals ein maßgebliches Organ der protestantischen Seite – das Verbot der Zeugen Jehovas mit Dankbarkeit und fügt hinzu: **„Die Kirche wird dankbar anerkennen, dass durch dieses Verbot eine Entartungserscheinung des Glaubens beseitigt worden ist. ... Damit ist jedoch noch keine vollständige Bereinigung der Sekten erreicht. Erwähnt seien nur die Neuapostolischen."**[163]

Eine solche evangelische Verlautbarung spricht für sich. In Zeiten, in denen sie sich frei fühlen, weil sie sich der Wertschätzung eines Staates sicher sind, der die Menschenrechte missachtet, sprechen Kirchenvertreter eben ungehemmt aus, was sie in demokratischen Zeiten hinter wohlgesetzten Floskeln verbergen – aber nichtsdestoweniger anstreben.

Dass die gemeinsame Verfolgung der Zeugen Jehovas und anderer „Sekten" nicht nur ein „Fehltritt" der Anfangszeit des „Tausendjährigen Reiches" war, belegen zwei Beispiele aus späteren Jahren: Im August 1937 ruft ein Vertreter des Landesbischofs der Bremischen Evangelischen Kirche dazu auf, Aktivitäten der Zeugen Jehovas umgehend an die Gestapo zu melden. Und als im Oktober 1939 Bibelforscher eine Flugschrift mit dem Titel „Krieg oder Frieden?" vor die Tür eines evangelischen Vikars aus dem Münsterland legen, verständigt dieser sofort die Polizei und teilt mit, wer nach seiner Meinung als Täter in Frage kommen könnte.[164]

Man mag zu den Zeugen Jehovas stehen, wie man will: Sie gehörten nach Aussage von Mithäftlingen zu den mutigsten und standhaftesten Häftlingen in den Konzentrationslagern, praktizierten bis zuletzt einen gemeinschaftlichen Zusammenhalt. **Sie waren die einzige religiöse Gruppe, die konsequent den Kriegsdienst verweigerte: Mindestens 250 Zeugen wurden deshalb hingerichtet.** Katholische oder evangelische Kriegsdienstverweigerer, die für ihre religiöse Überzeugung in den Tod gingen, kann man hingegen an den Fingern einer Hand abzählen. **Was wäre geschehen, wenn die großen Kirchen nur einen Bruchteil des Widerstands gegen die Nazi-Diktatur aufgebracht hätten, den diese religiöse Minderheit vorlebte?**

Wie brisant diese Frage bis heute geblieben ist, zeigt sich an kirchlichen Reaktionen auf Veranstaltungen zum Schicksal der Zeugen Jehovas im Dritten Reich: In Lohr (Landkreis Main-Spessart) erregte sich im Januar 2000 der evangelische Dekan Michael Wehrwein darüber, dass die Stadt Lohr den Zeugen Jehovas das Alte Rathaus für eine Ausstellung mit dem Thema „Standhaft trotz Verfolgung – Jehovas Zeugen unter dem NS-Regime“ zur Verfügung gestellt habe. Die Stadt habe „mit einer Sekte gemeinsame Sache“ gemacht und lasse sich „vor die Zügel einer Gruppe spannen, die menschenverachtend ist“. Zur Begründung verwies der Dekan auf die Ablehnung der Bluttransfusion durch die Zeugen und auf das „straffe Regiment“ dieser religiösen Gruppierung.

„Wir müssen auch mit unseren Minderheiten fair umgehen“, äußerte anders als der Dekan der Lohrer Bürgermeister Siegfried Selinger. Weshalb ist eine solche Stimme in der heutigen demokratischen Gesellschaft eigentlich so selten zu hören?

Kapitel 2

WIE DIE VERFOLGUNG RELIGIÖSER MINDERHEITEN IM DEUTSCHLAND DES AUSGEHENDEN 20. JAHRHUNDERTS FRÖHLICHE URSTÄND FEIERT

(ab 1945)

„Ich schäme mich Deutschlands. Was werden die anderen Nationen sagen, die so schon unsere Dummheit zu verlachen pflegen?“
Friedrich Spee von Langenfeld über die Hexenjagd im 17. Jahrhundert

Im Jahre 1945 lag Deutschland in Trümmern – und suchte verzweifelt nach neuer Orientierung. Die Frage, inwieweit eine ganze Generation am Entstehen einer menschenverachtenden Diktatur und an deren furchtbaren Verbrechen mitschuldig war, stand zwar im Raum – wurde aber angesichts der Notsituation, der äußeren wie inneren Zerstörungen, schnell verdrängt. Erst nach vier Jahren Besatzung durften die Deutschen beginnen, sich selbst zu regieren – doch zunächst waren sie in der Völkergemeinschaft noch immer mit dem Kainsmal des Völkermords behaftet. Jegliche Unsicherheit der Regierenden aber schafft erhöhten Legitimationsbedarf – wie das Beispiel Karl „der Große“ zeigt. Was lag da näher, als dass die neue „rheinische Demokratie“ Adenauerscher Prägung sich wiederum eng an die Kirchen anlehnte?

Die beiden Steigbügelhalter des NS-Staates hatten den Zusammenbruch erstaunlich gut überstanden. Dabei musste der Aufstieg des Phönix Kirche aus der Asche den Prälaten und Oberkirchenräten wie ein Wunder vorkommen – hatten sich doch beide Konfessionen mit der Hitlerdiktatur fest liiert. Ihr erneuter Aufstieg zu Machtfülle im neuen Staatswesen, zu neuen (und alten) Privilegien zeugt jedenfalls von einer Meisterleistung kirchlicher Geschichtsfälschung, durch die aus den bis fast zum „Endsieg" NS-loyalen Amtskirchen in wenigen Wochen wehrhafte Horte des Widerstands wurden. Die instinktive Fähigkeit der Kirchenführer, sich rechtzeitig nach beiden Seiten abzusichern, ist bemerkenswert. Dennoch ist dieser nahtlose Übergang vom Kollaborateur zum Immer-schon-dagegen-Gewesenen nur durch ein gerüttelt Maß an kollektiver Vergesslichkeit und wohl auch unbewusster Kumpanei weiter Bevölkerungskreise zu erklären.

Der angebliche Widerstand der Kirchen

Von der Begeisterung der Mehrzahl der protestantischen Pfarrer für die nationalsozialistische Bewegung war bereits die Rede. Es ist hier nicht der Platz, ausführlich auf die bis heute gängigen Legenden des kirchlichen Widerstands einzugehen. Es sei hier nur erwähnt, dass die angeblich Widerstand leistende „Bekennende Kirche" (BK) von Personen wie Wilhelm Niemöller geführt wurde, der seit 1923 Mitglied der NSDAP war – und 1933, als er wegen seiner Frontstellung gegen die „Deutschen Christen" aus der Partei ausgeschlossen wurde, mit Erfolg dagegen prozessierte. Niemöller weihte als evangelischer Pfarrer noch im Mai und Juli 1933 NS-Fahnen. Sein Bruder Martin Niemöller, ebenfalls Pfarrer, entgegnete dem Reichsbischof Müller 1934, der Beweis dürfte ihm schwer fallen, „dass ich nicht die Gewähr dafür biete, dass ich jederzeit rückhaltlos für den nationalen Staat eintrete".[165] Auch die Bekennende Kirche unternimmt beispielsweise nichts dagegen, dass zum evangelischen Glauben konvertierte Juden von kirchlichen Ämtern ferngehalten, schließlich sogar ganz ausgeschlossen werden – von einem Eintreten für die verfolgten Juden insgesamt ganz zu schweigen. Das gab es in der Kirche nicht, im Gegenteil: Ein führender Pfarrer der Deutschen Christen wird von der Bekennenden Kirche 1934 wegen seiner angeblichen „Judenfreundlichkeit" öffentlich bei den Nazis denunziert, was zu seinem Parteiausschluss führt.[166] „Widerstand" leistete man in der BK nur gegen die Versuche des Staates, in das kirchliche Selbstbestimmungsrecht einzugreifen. „Die BK war eher ein stabilisierender Faktor für die Nazis als ein Hindernis" – zu diesem Ergebnis kommt der Historiker Karl-Ludwig Sommer in seiner Habilitationsschrift.[167]

Zum Sprachrohr der Protestanten machten sich Leute wie der thüringische Landesbischof Sasse von den „Deutschen Christen", der im November 1938 – kurz nach der Reichspogromnacht – die Schrift Martin Luthers „Von den Juden und ihren Lügen" neu auflegt und im Vorwort schreibt: „Am 10. November 1938, an Luthers Geburtstag, brennen in Deutschland die Synagogen. ... In dieser Stunde muss die Stimme des Mannes gehört werden, der als der Deutschen Prophet ... der größte Antisemit seiner Zeit geworden ist, der Warner seines Volkes wider die Juden ..."[168]

Ein Pfarrer wie Dietrich Bonhoeffer, der im Widerstand mitarbeitete – das war für die lutherische Kirche die absolute Ausnahme. Doch selbst Bonhoeffer unternimmt im Frühjahr bewusst nichts gegen die wachsende Kriegsstimmung in der Bekennenden Kirche und begründet das in einem Brief an den englischen Bischof Bell mit den Worten: „So würde ich meinen Brüdern einen ungeheuren Schaden zufügen, wenn ich in diesem Punkt Widerstand leistete."[169]

Echten Widerstand muss man auch in der katholische Kirche mit der Lupe suchen. Nachdem der Vatikan durch Nuntius Pacelli, den späteren Pius XII., das Hitlerregime 1933 durch ein Konkordat international salonfähig gemacht hatte, schwenkten selbst anfangs misstrauische Bischöfe auf den Kurs des Vatikans ein, mit dem NS-Staat zu paktieren. „Widerstand" leisteten auch sie immer nur dann, wenn kirchliche Einrichtungen gefährdet waren (oder die Kruzifixe an Schulwänden), unterstützten aber ansonsten das Regime bis (fast) zum bitteren Ende, trieben in ihren Hirtenbriefen die deutschen Soldaten zur äußersten „Pflichterfüllung" an. Der „Löwe von Münster", Bischof Galen, bezog zwar gegen die Euthanasie Stellung, forderte aber von den Soldaten „Verteidigung bis zum letzten Blutstropfen"[170], ließ im Katholischen Kirchenblatt den deutschen Angriff auf England mit den Worten loben: „Gott hat es zugelassen, dass das Vergeltungsschwert gegen England in unsere Hände gelegt wurde. Wir sind die Vollzieher seines gerechten göttlichen Willens."[171] Auch der angeblich Widerstand leistende Münchner Kardinal Faulhaber war in Wirklichkeit ein unverbesserlicher Militarist, der schon als Feldprobst während des ersten Weltkriegs die Kanonen des Krieges als „Sprachrohre der rufenden Gnade"[172] bezeichnet hatte, der dann im Zweiten Weltkrieg noch 1941 sein Einverständnis zum Einschmelzen der Kirchenglocken mit den Worten erteilte: „Für das teure Vaterland aber wollen wir auch dieses Opfer bringen, wenn es notwendig geworden ist zu einem glücklichen Ausgang des Krieges." [173] Faulhaber hatte sich während des Krieges jedoch klugerweise einmal mit jemand vom Widerstand getroffen – das genügte, um sich nach dem Krieg flugs die Aura des großen Nazigegners anzudichten.

Neuer Start mit alten Privilegien

Die Kirche hatte es wieder einmal geschafft, in der Stunde Null das moralische Gewissen der geschlagenen Nation vorzutäuschen. Im Gegensatz zu den Kirchenoberen hatte im Volk tatsächlich bei vielen ein Umdenken stattgefunden. Nach dem vielen Leid sollte ein Neuanfang gemacht, dem Militarismus und der Obrigkeitshörigkeit abgeschworen werden. Im Grundgesetz wurden die Menschenrechte neu verankert: Meinungsfreiheit, Gewissensfreiheit, Glaubensfreiheit, Gleichbehandlung aller Bürger ... Doch die Trennung von Staat und Kirche, die in der Weimarer Verfassung bereits vorgesehen, aber nicht vollzogen worden war, wurde auch in der jungen Bundesrepublik nicht verwirklicht. Man ließ den Einfluss der Kirche auf den Staat unangetastet – und so konnten die alten Privilegien wieder Einzug halten: Erhebung der Kirchensteuer durch den Staat, staatliche Bezahlung der Gehälter von Bischöfen, Landesbischöfen, Domkapitularen, Oberkirchenräten, staatliche Finanzierung des kirchlichen Religionsunterrichts an staatlichen Schulen, der theologischen Fakultäten an den Universitäten, der Militärgeistlichen – und sogar jährliche Entschädigungsgelder in Millionenhöhe wegen der in der napoleonischen Zeit (1803) erfolgten Enteignungen kirchlicher Besitztümer.[174]

Diese Privilegien sind bis heute geblieben, sie überstanden unbeschadet auch die turbulente 68er Zeit – auch wenn dabei die katholisch-lutherische Kartellgesellschaft Adenauerscher Prägung gehörig durchgeschüttelt wurde. Die dadurch hervorgerufene gesellschaftliche Lokkerung bereitete den Kirchen jedoch in anderer Hinsicht erhebliche Probleme. Der soziale Druck hatte abgenommen; es war nun leichter als vorher, sich mit ungewöhnlichen Ideen zu beschäftigen. Gleichzeitig war jedoch der direkte Zugriff eines Teils der jungen Generation auf politische Entscheidungen missglückt. Für einen Teil der Enttäuschten begann der Marsch durch die Institutionen, der sie – unter weitgehender Zurücklassung ihres Reformeifers – innerhalb von drei Jahrzehnten bis in höchste Staatsämter führen sollte. Für einen anderen Teil der Jugend begann eher ein Marsch in eine neue „Innerlichkeit". Man entdeckte den Umweltschutz, alternative Lebensweisen, begann zu meditieren, reiste nach Indien ... Und es blieb nicht aus, dass dabei auch neue religiöse Strömungen ins Blickfeld traten: Transzendentale Meditation, Bhaghwan, Vereinigungskirche, Hare Krishna und andere.

Die Inquisitoren kommen wieder

Einer der ersten, die die Brisanz dieser neuen Situation für die Monopol-Ansprüche der beiden Großkirchen erkannten, war ein Pfarrer der lutherischen Landeskirche in Bayern: Friedrich-Wilhelm Haack (1935-1990). Er hörte das Gras der gesellschaftlichen Veränderung offensichtlich als erster Kirchenfunktionär wachsen. Bereits von 1964-67 ließ er sich, als Pfarramtskandidat in Hof tätig, nebenamtlich zum „Beauftragten für Sekten- und Weltanschauungsfragen" ernennen. Damals ging es in der Kirche zunächst noch um rein innerkirchlich bedeutsame Fragen, inwieweit z.B. die Taufen in

Freikirchen von der Kirche anerkannt werden können oder nicht. Dies war z.B. bei einem Übertritt in die lutherische Kirche bedeutsam. Oder man überlegte, ob man Anhänger bestimmter Freikirchen als Taufpaten zulassen konnte. Doch Haack ging es schon bald um mehr: um die Beobachtung und Bekämpfung außerkirchlicher religiöser Gruppen, eben der „Sekten". Es kam ihm dabei vermutlich zugute, dass er durch keinerlei biographische oder geographische Vorprägungen in den konventionell-kirchlichen Rahmen seiner Landeskirche eingebunden war: Er hatte sein Abitur in der DDR gemacht, war mit 20 Jahren in den Westen gekommen und hatte sich am Tag vor einer Einschreibung für ein Chemiestudium in Heidelberg spontan für Theologie und Publizistik entschieden. **Haack ließ nun 1967 in der Landeskirche eine „Sektenumfrage" durchführen – die erste seit 1930** (s.o. S. 85)! Zur Begründung führte er an: „Wenn sich nun die Kirche auf die ‚veränderte Lage' einstellen soll, wenn sie in dieser ‚pluralistischen Gesellschaft' ihre Botschaft weitergeben und ihren Dienst erfüllen soll, muß das Gegenüber (besser: müssen die Gegenüber) bekannt sein." Die Umfrage war ähnlich detailliert ausgelegt wie die seinerzeitige von 1930. Alle religiösen Aktivitäten, die weder von der lutherischen noch von der katholischen Kirche eingeleitet worden waren, sollten gemeldet werden, „der Übersicht halber" auch Freikirchen. „Auch Einzelpersonen, die nicht aus der Kirche ausgetreten sind und das auch gar nicht vorhaben, jedoch einen besonderen Dienst in eigener Verantwortung (wie z.B. das Verteilen evangelistischer Traktate) durchführen, sollten erwähnt werden." Alle Veranstaltungen, Vorkommnisse, Hintergrundinformationen waren von Bedeutung. Und – daran erkennt man einen geborenen Inquisitor – auch zur Beschaffung der Informati-

Friedrich-Wilhelm Haack
(1935-1990)

onen wurden wertvolle Tipps gegeben: „Zur Beschaffung der Informationen empfehlen sich besonders Oberschüler und Jugendkreise. Diese kommen oft etwas besser an die notwendigen Informationen heran als die Kirchenvorsteher, die ja oft durch ihren Beruf zeitlich bestens ausgefüllt sind."[175]

So ein Mann fällt auf. Den muss man fördern. Der könnte für uns die nötige Drecksarbeit machen. So wie weiland Dominikus von sich aus gegen die Ketzer zu predigen begann und sodann vom Papst den großen Auftrag bekam, so griff die Kirchenleitung dem jungen Talent unter die Arme. Der Kirchenapparat kannte zwar das leidige Problem der „Sekten", aber ein Konzept hatte man nicht. Nun wird Haack 1969 in den Schuldienst nach München versetzt (Vater Staat macht's möglich) und gleichzeitig zum nunmehr hauptamtlichen „Beauftragten für Sekten und Weltanschauungsfragen" ernannt.

Den Schuldienst lässt er wenig später fallen – und die Zurückhaltung bezüglich seiner Zuständigkeit auch. Denn mit rein innerkirchlichen Fragen – was tun wir, wenn in einer lutherischen Familie jemand einer Sekte beitritt – wollte sich Haack nicht zufrieden geben. Nicht umsonst hatte er Publizistik studiert – er wollte auf die Bühne der Öffentlichkeit und dort offensiv gegen die religiösen Abweichler kämpfen. In seiner Schrift „Sekten" schrieb er 1974: „Nicht aus Konkurrenzneid und nicht aus Haß, weder aus theologischer Rechthaberei noch aus Machtgründen, sondern allein wegen der geistlichen Gefahren muß die Kirche auch heute den Sekten entgegentreten ..."

Verräterisch sind die zwei Worte: „auch heute". Heißt das nicht: „wie früher"? Doch um keine unerwünschten Assoziationen zu wecken, fährt Haack fort: „ ... Sie wird es, wie zu den Tagen der Apostel, mit geistlichen und geistigen Waffen tun."

Eine beiläufige Geschichtsfälschung – denn die Auseinandersetzung zwischen Kirche und christlichen Häresien begann nicht zur Zeit der Apostel, sondern später. Entscheidend ist aber: Ein solches offensives „Entgegentreten" der Kirche gegen andere Glaubensgemeinschaften ist in den Statuten der Kirche bis dahin gar nicht vorgesehen. Deshalb bereitet Haack schon den nächsten Schritt vor. Um die Öffentlichkeit „heiß" zu machen, darf man nicht religiös argumentieren (was ihm als Spontan-Theologen ohnehin schwer gefallen wäre). Man muss soziologisch, gesellschaftlich argumentieren. Und man muss positive Begriffe in ihr Gegenteil verkehren – etwa den der Toleranz. In einem Vortrag führt er 1982 aus: „Nun ist Toleranz gegenüber Ideen dann ein Unding, wenn diese Ideen beispielsweise lebensgefährdend sind. Was würde man einer Religion gegenüber sagen, die Menschenopfer bringen will? Auf ihre Weise tun dies die Ersatzreligionen tausendfach ... Toleranz kann sich gar nicht gegen Ideen richten, sondern nur gegenüber Menschen, auch dann, wenn diese Träger zerstörerischer Ideen sind. Dann allerdings wird es auch Sache der Toleranz sein, das Leben der Gefährdeten zu bewahren und diese Menschen an der Ausübung ihrer zerstörerischen Ideen zu hindern."[176]

Das muss man zweimal lesen, um die ganze inquisitorische Hinterlist und Perfidie darin zu erkennen. Erst werden mit dem Begriff „Menschenopfer" Emotionen geweckt. Dann werden diese auf die neuen Religionsgemeinschaften übertragen: Die „Ersatzreligionen" – ein von Haack erfundener Begriff – tun dies angeblich „tausendfach". Sie bringen also alle „Menschenopfer", sind alle „Träger zerstörerischer Ideen". Und deshalb müssen sie bekämpft werden, indem man diese „Ersatzreligionen" beseitigt, ihre Ausübung verhindert. „Toleranz" wird auf diese Weise zu einem Kampfbegriff gegen religiöse Minderheiten umgedeutet – Orwells „Doppelsprech" lässt grüßen.

Diese Argumentationslinie hat Modellcharakter – alle „Sektenbeauftragten", und es sollte bald viele davon geben, übernehmen sie. Fast 20 Jahre später wird Haacks Nachfolger Wolfgang Behnk in einem Vortrag in Landau (Niederbayern) die Abschaffung des Religionsprivilegs im deutschen Vereinsrecht begrüßen, denn, so fasst es die *Passauer Neue Presse* zusammen: „Letztlich könne nur der Staat, dem die Verfassung das Gewaltmonopol verliehen hat, gegen die Gewalttätigkeit mancher religiöser sektiererischer Systeme etwas unternehmen. ... Das Grundgesetz gehe dabei soweit, dass zum Beispiel die Zeugen Jehovas glauben dürfen, dass es besser sei, ihre Kinder verbluten zu lassen als sie mit einer Bluttransfusion zu retten. Sie dürfen es jedoch nicht an ihren Kindern real durchsetzen ... Die Grenze der Toleranz ist für den Redner genau dort, wo ihr mit Mitteln der Unterdrückung, der Manipulation, der Gewalt und des Terrors systematisch der Kampf angesagt wird. Die Notwendigkeit einer solchen Toleranzgrenze hätten die Terroranschläge religiös-ideologischer Fanatiker in New York und Washington dramatisch vor Augen geführt. ‚Es kann von den Demokratien dieser Welt nicht kampflos hingenommen werden, dass religiös-ideologischer Fanatismus sektiererischer Prägung sich unter dem Deckmantel der Religion als blindwütiger Terrorismus austobt'."[177]

Behnk, der nach Haacks Tod monatelang dessen Archiv durchforstete, erweist sich hier als gelehriger Schüler seines Verleumdungsmeisters. Man halte sich einmal vor Augen: Die schrecklichen Terroranschläge des 11. September 2001 werden hier auf eine Stufe mit den Glaubensüberzeugungen und -praktiken religiöser Minderheiten wie der Zeugen Jehovas gestellt – wobei jeder unvoreingenommen Forschende mühelos erkennen kann, dass die Zeugen Jehovas bezüglich der Bluttransfusion durchaus nach Alternativen, etwa Blutplasma oder Eigenblut, suchen und mit Kliniken intensiv zusammenarbeiten. Doch darum geht es der modernen kirchlichen Inquisition nicht: Auf dem Terror, der die Welt in Atem hält, kocht ein mit Verleumdung beauftragter Kirchenvertreter schamlos sein Verfolgungssüppchen. Er kann dabei darauf vertrauen, dass keiner seiner Zuhörer im Geschichtsunterricht etwas davon gehört hat, welch ein perfektes Terrorsystem die Kirche während der Inquisition und der Hexenverfolgungen gegen die eigenen Gläubigen aufbaute.

Zurück ins Mittelalter

Behnk steht in der direkten Nachfolge Haacks, der innerhalb seiner Kirche die fast in Vergessenheit geratene Disziplin der *Apologetik* (griech. Verteidigung [des Glaubens]) wieder aktiviert hatte. „Bei Gesprächen mit dem Gegenüber", so schrieb Haack 1970 in einem Tätigkeitsbericht an die Landeskirche, „geht es nicht nur darum, Informationen zu erhalten und gegenseitige falsche Vorstellungen abzubauen. Richtig verstandene Apologetik hat immer auch das Ziel, vorhandene Grenzen aufzuzeigen, und sie will letzten Endes Mission sein. ‚Der Andere' ist uns auch als Andersgläubiger ans Herz gelegt. Es besteht heute keine besondere Vorliebe für den Ausdruck ‚Irrgläubiger'. Verstehen wir unseren Glauben richtig, dann haben wir kein Recht, den ‚Anderen' in ‚seinem Glauben zu lassen'."

Anfangs scheint es tatsächlich Widerstände gegen seine Arbeit gegeben zu haben. „Hier zeigen sich Befürchtungen, dass die apologetische Arbeit wieder auf die Gleise der Inquisition zurückverfallen könnte, bzw. es zeigt sich ein Niederschlag des Vulgärglaubens ‚Religion ist Privatsache'", beklagte er sich in demselben Bericht. Und auch hier reibt sich Haack an der Toleranz und er schreibt: „Häufig hindert ein falscher Toleranzbegriff Christen (auch Pfarrer), apologetischen Fragen nachzugehen." Wie er selbst über Toleranz dachte, kommt dann entlarvend in einem Interview zum Ausdruck, das er der „Bayerischen Landeszentrale für politische Bildungsarbeit" gab: „Ich glaube, dass wir da auf die Dauer diesem abendländisch-aufklärerischen Gebilde, das auch in ‚Nathan der Weise' von Lessing zu finden ist, nicht folgen können."[178]

Wie kommt es, dass ein studierter Mitteleuropäer des 20. Jahrhunderts die Errungenschaften der Aufklärung so einfach wegwischt? Ist er mit einer solchen Denkweise überhaupt im 20. Jahrhundert zu Hause? Oder führt nicht eine direkte Linie von dieser Art des Denkens zu Augustinus („Liebet die irrenden Menschen; doch bekämpft mit tödlichem Hass den Irrtum!" [179]), zu

Innozenz III., zu Luther? War nicht auch Luther in seinem Fanatismus völlig desinteressiert an Erkenntnissen der Vernunft, wie seine Hasstiraden gegen Erasmus von Rotterdam beweisen[180] – so wie Haack oder Behnk kein Interesse daran haben, Forschungsergebnisse oder Klarstellungen zur Kenntnis zu nehmen, die von ihnen angegriffene Glaubensgemeinschaften entlasten könnten?

Man muss kein Anhänger des Reinkarnationsgedankens sein, um festzustellen, dass so mancher „Sektenbeauftragter" direkt aus dem Mittelalter oder der Reformationszeit entsprungen sein könnte. Immerhin schrieb Haack einmal in einem Brief an einen Vertreter einer von ihm verfolgten religiösen Minderheit ganz offen: „Wenn Sie bei mir auf Inquisition tippen, liegen Sie natürlich richtig."[181]

Um seine Art der Inquisition besser durchführen zu können, erfand Haack in den siebziger Jahren den Begriff der „Jugendreligion" – obwohl Kennern der Szene bewusst war, dass allenfalls junge Erwachsene den Schritt in eine solche Gruppierung taten und dass dort von Anfang an Menschen aller Altersstufen vertreten waren. Diese „Jugendreligionen" bezeichnete Haack dann als „'religiöse Multis', die gefährlicher seien als etwa die mörderische, aber örtlich begrenzte ‚Manson-Familiy' [die für einen grauenhaften Massenmord in Kalifornien verantwortlich war, Anm. d. A.] und auch gefährlicher als alle extremen politischen Gruppierungen. Sie seien ‚die einzige Form der Sklaverei, in der die Sklaven auch noch für ihre Arbeit, ihr Essen und für ihre Bewachung bezahlen müssen'."[182]

Wer weiß schon heute noch, dass die Kirche selbst zu den größten Sklavenhaltern der Geschichte zählt und dass der Vatikan zu den letzten europäischen Staaten gehörte, die die Sklaverei offiziell ächteten?[183]

Auch die Psychologie muss für die Diffamierung herhalten: „Jugendliche, die mehrere Jahre in einer solchen Gemeinschaft gelebt haben, seien ‚psychische und physische Wracks. Die Gehirnwäsche in sowjetischen Gefängnissen ist nichts dagegen'. ... Bei Mitgliedern neuer religiöser Bewegungen handle es sich um ‚Opfer der Seelenwäsche', die sich ‚als Zombies der Heiligen Meister missbrauchen lassen'".[184]

„Gehirnwäsche" und andere Schimären

Die psychologische Forschung hat längst festgestellt, dass es für das Funktionieren einer sogenannten „Gehirnwäsche" keinerlei empirische Belege gibt.[185] Vielmehr stehen den Werbern für eine neue religiöse Bewegung lediglich dieselben Möglichkeiten offen wie jedem Wirtschaftsbetrieb: Sie müssen versuchen, ein vorhandenes Bedürfnis anzusprechen (oder ein neues zu wekken) und dann dessen Befriedigung in Aussicht zu stellen.[186] Es lässt sich auch nicht nachweisen, dass Mitglieder neuerer Glaubensbewegungen häufiger unter seelischen Störungen litten als Kirchenmitglieder[187], eher im Gegenteil: **Was ein kirchliches Gottesbild des strafenden, willkürlichen, ja grausamen Gottes in den Seelen vieler Menschen anrichten kann, belegen Forschungen über die sogenannten „ekklesiogenen" (kirchenbedingten) Neurosen.**[188]

Auch zu Haacks Zeiten waren keinerlei Belege für seine Behauptungen vorhanden – doch seit wann fragt ein Inquisitor schon nach Belegen, wenn er seine Rundumschläge durchführt, etwa: „Die Jugendreligionen stellen eine Bedrohung unserer Welt dar", oder: „Die wirkliche Gefahr der Jugendreligionen für den einzelnen und die Gesellschaft ist ihre Existenz."[188] Dass es ihm nicht um Objektivität ging, brachte Haack ganz offen zum Ausdruck: Am besten wäre es aus seiner Sicht, „wenn der Begriff Sekte in möglichst großer Unbefangenheit gebraucht werden könnte", auch wenn damit „eine Wertung, ja vom jeweiligen Standpunkt aus auch eine Abwertung verbunden" ist.[190] Es ging ihm um sensationelle Berichterstattung, zu der auch gezielte Übertreibungen gehören. So sprach auch Haacks Kollege aus Berlin, Pastor Gandow, im Jahre 1984 von „7 bis 12

Millionen Menschen im Land", die „möglicherweise von den Gruppen beeinflusst" werden könnten.[191] Eckart Flöther von der AGPF („Aktion für geistige und psychische Freiheit") sprach im selben Jahr von „300 Gruppen und Grüppchen"[192] – eine Zahl, die sich in den neunziger Jahren plötzlich verdoppelte, weil sich alle möglichen „Sektenbeauftragten" von Kirchen, Behörden und Parteien gegenseitig mit dem überbieten, was Sozialwissenschaftler als „Populärstatistik" (folk statistics) bezeichnen, als wissenschaftlich nicht belegte Zahlen, die aber in den Medien ständig wiederholt werden „und politische Maßnahmen nach sich ziehen können". Sie werden benutzt, um „moral panics", übertriebene Ängste, auszulösen, „gesellschaftlich konstruierte soziale Probleme, die in der Darstellung der Medien und in der Behandlung durch die Politik Reaktionen auslösen, die in keinem Verhältnis zu einer tatsächlichen Gefahr stehen".[193]

Natürlich blieb es unabhängig und nüchtern denkenden Zeitgenossen nicht verborgen, mit welchen Methoden hier gearbeitet wurde. „Der liebe Gott im Gruselkabinett ... Haack scheint unter starkem Zeitdruck geschrieben zu haben", so der österreichische Theologe Adolf Holl über ein Buch von Haack. „Es darf gefragt werden, wie leicht (oder schwer) sich ein mehrbändiger Schocker über religiöse Skurrilitäten wohl ‚herstellen' ließe, wenn schon dieser eine Band eine fundamentale Armut an Sachlichkeit, wissenschaftlicher Einfühlung, interpretierender Diagnostik verrät."[194]

Der Religionswissenschaftler Prof. Röhr aus Frankfurt kam zu dem Schluss: „Wir mussten feststellen, dass das meiste, was von den ‚Sektenpäpsten', allen voran Haack ... gesagt und geschrieben worden ist, gelinde gesagt, mit Vorsicht zu genießen ist."[195] Doch wer hört schon solche Stimmen? Viele Journalisten ziehen sensationelle „Stories", plakative Aussagen und Übertreibungen einer nüchternen Analyse allemal vor.

Wie macht man erfolgreiche Lobbyarbeit?

Um den neuen Konkurrenten der Volkskirche, der das Volk immer mehr davonläuft, richtig das Wasser abgraben zu können, reichte aber die penetrante Desinformation und Verleumdungsarbeit über die Medien nicht aus. Wie schon die Inquisition im Mittelalter, so spannte auch die Kirche des 20. Jahrhunderts den Staat für ihre Zwekke ein, um zum Ziel zu kommen. Auch hier war Haack der Vorreiter. Er gründete 1975 in München eine „Elterninitiative gegen psychische Abhängigkeit und religiösen Extremismus e.V." Außer dem Vorsitzenden der Initiative und seiner Frau gehörten dem Kreis keine betroffenen Eltern an, sondern hauptsächlich Pfarrer. 1977 gab Haack auch dieses Feigenblatt auf und übernahm die Leitung der Initiative selbst; Stellvertreter wurde der katholische Theologe Löffelmann. Die Initiative fand bald Nachahmer im ganzen Bundesgebiet – immer spielten Pfarrer die Hauptrolle, leiteten oder steuerten die meist nur aus einer Handvoll Personen bestehenden „Bürgerinitiativen". Das Ziel war klar: Um Politiker zu beeindrucken, musste man eine scheinbar von der Kirche unabhängige „Interessenvertretung" aufbauen, die dann öffentlichen Druck auf Medien und Politik ausüben sollte.

So forderte der Vorstand der Münchner Initiative per Rundschreiben die Mitglieder dazu auf, fleißig Lobbyarbeit zu betreiben durch

„– Gespräche mit Abgeordneten ...
– Briefe an Bischöfe, Kirchenleitungen
– Briefe an Ministerien ... Beschwerden über Belästigungen in Fußgängerzonen
– Leserbriefe an Zeitungen bei jedem sich bietenden Anlaß."[196]

Die Elterninitiative diente Haack nicht nur als Instrument einer scheinbar kirchenunabhängigen Öffentlichkeitsarbeit, sondern auch als Informationsbeschaffungs-Agentur. Ende 1984 verlangte Haack von „seinen" Eltern gezielte Berichte über die Vereinigungskirche: „Liebe Mitglieder, wir brauchen Ihre Hilfe ... Eine Stadt [es handelte sich um Regensburg, Anm.d.A.] will den südländischen Munies [man beachte den geschickten Appell an fremdenfeindliche Ressentiments, Anm.d.A.] die Aufenthaltserlaubnis entziehen. Dazu sind neuere Berichte über Erlebnisse mit der Mun-Sekte vonnöten. Bitte schreiben Sie kurz und eindringlich, was Sie ... erlebt haben: Ausbildungsabbruch, psychische Störungen bis hin zu Selbstmordversuchen und Selbstmord, Geldforderungen, Erbschaftsforderungen, gesundheitliche Schäden usw. Die Namen der Berichte werden nicht weitergegeben."[197] Ein Vorstandsmitglied werde dann an Eides Statt versichern, solche Berichte erhalten zu haben. Doch welchen Wert können „Berichte" haben, deren Schwerpunkt bereits vorgegeben wird und deren Verfasser anonym bleiben können? **Es ist das Prinzip der anonymen Denunziation, das wie im Mittelalter ganz selbstverständlich wieder angewendet und flexibel an die heutigen rechtlichen Gegebenheiten „angepasst" wird.**

Verschiedene „Elterninitiativen", Anti-Sekten-Einrichtungen und sonstige „Experten" gründeten dann 1977 einen Dachverband, die „Aktion für geistige und psychische Freiheit" (AGPF). Mit von der Partie waren neben Haack die Evangelische Zentralstelle für Weltanschauungsfragen (Dr. Reimer) aus Stuttgart, Pfarrer Rüdiger Hauth aus Witten, die Katholische Sozialethische Arbeitstelle in Hamm, Pfarrer Eimuth aus Frankfurt, Pfarrer Keden aus Bonn.[198] Als Sprecher traten ein Ministerialrat im Bundesfinanzministerium, Dr. Karbe, und der CSU-Bundestagsabgeordnete Friedrich Vogel auf. Karbe war so etwas wie ein Glücksgriff für Haack, denn seine 22jährige Tochter schloss sich 1976 der Vereinigungskirche an – und wurde mit Gewalt daraus wieder „befreit": „Nach einem Besuch bei ihrer Familie wurde sie gewaltsam eingesperrt und wochenlang gezwungen, sich Kritik an ihrer Mitgliedschaft in der Vereinigungskirche anzuhören. ... ‚Sie machte zwei Fluchtversuche, die dramatisch verliefen.'"[199] Schließlich verließ die Tochter notgedrungen die „Moonies", blieb aber aufgrund der schweren Auseinandersetzungen psychisch nur begrenzt belastbar. Dr. Karbe gab, wie in solchen Fällen üblich, natürlich der „Sekte" die Schuld. Entscheidend war nun, dass er sich in der Bonner Ministerialbürokratie bestens auskannte und über „Insider-Informationen über das Funktionieren des Bonner Apparates“[200] verfügte. Karbe wusste, wie man Kongresse veranstalten, wen man dazu einladen, wie man anschließend Zuschüsse für bestimmte Projekte oder „Forschungsaufträge“ beantragen konnte. Es gelang der Clique um Haack und Karbe, nicht nur die Arbeit der AGPF weitgehend aus Steuermitteln zu finanzieren, sondern auch die Verleumdungsarbeit ähnlicher Einrichtungen: in Berlin, wo der Senat die „Elterninitative“ des Pastor Gandow mitfinanzierte – oder in Essen, wo die Stadt Essen das „Sekten-Info“ der Frau Cammans unterstützt. Cammans widmet sich auf Kosten des Steuerzahlers schon bald der Lieblingsbeschäftigung jedes „Sektenjägers“: dem Denunzieren. Als 1982 ein Anhänger Bhagwans an der Volkshochschule Essen Psychologiekurse gibt, ruft sie dort an und der Mann wird entlassen.[201] Sie arbeitet auch mit der Kriminalpolizei zusammen und erreicht es, dass Behörden und Stadtparlament auf straff kirchlichen Anti-„Sekten“-Kurs gehen. „Wir werden jedweder Jugendsekte solche Schwierigkeiten machen, wie es überhaupt möglich ist“, sagt der SPD-Ratsherr Andreas Andor im Jugendwohlfahrtsausschuss.[202]

Aber auch auf höherer Ebene gelang es den „Sektenjägern“, an Behörden und Politiker heranzukommen. Der Abgeordnete Vogel (später im Kanzleramt tätig) reichte 1977 eine erste Anfrage über die Gefährlichkeit von „Jugendreligionen“ im Bundestag ein. Von Anfang an war auch ein Vertreter des Bundesministeriums für Jugend, Familie und Gesundheit, Oberregierungsrat Heimann, bei den Sitzungen der AGPF dabei[203]. Dieses Ministerium erhielt 1978 die Zuständigkeit für die „Neuen Jugendreligionen“. Dabei wäre für Kirchen und Religionsgemeinschaften eigentlich das Bundesinnenministerium zuständig gewesen. Doch dieses konnte „trotz sorgfältiger Untersuchungen ein angeblich rechtswidriges Verhalten neuer religiöser Bewegungen nicht belegen“.[204] Auch das Bundeskriminalamt, das bei einer interministeriellen Arbeitsgruppe mitgearbeitet hatte, konnte hierzu nichts Einschlägiges beitragen. Doch das brachte die Lobbyisten der Religionsverfolgung keineswegs in Verlegenheit. „Nachdem", so Oberregierungsrat Heimann, „sich schon bald die Erkenntnis durchsetzte, dass der Sektenproblematik vor allem durch präventive Maßnahmen (Aufklärung, Jugend- und Bildungsarbeit, Forschung etc.) begegnet werden muß, konzentrierten sich die Erwartungen der Kirchen, Verbände und Elterninitiativen in erster Linie auf den BMJFG", also das Bundesfamilienministerium.[205] Im Klartext: **Wenn es das Problem vom Standpunkt der nüchternen Zahlen her nicht gibt, muss es eben durch entsprechende Wühl- und Verleumdungsarbeit herbeigeredet werden.** Das Bundesinnenministerium war nur zu gern bereit, die heiße Kartoffel abzugeben – statt sich auf die Hinterfüße zu stellen und eine derartige Zweckentfremdung des Behördenapparates einer Demokratie für einen Feldzug der Großkirchen gegen die religiöse Konkurrenz zu verhindern.

Die Katholiken hinken hinterher

Inzwischen hatten die Kirchen den neuen Trend, der von einer kleinen, radikalen Minderheit von Religionsverfolgern vorgegeben wurde, aufgegriffen. Alle lutherischen Landeskirchen benannten sogenannte „Sektenbeauftragte", die man besser „Verleumdungsbeauftragte" oder „Rufmordbeauftragte" nennen sollte. Die katholischen Diözesen folgten etwas später, zu Beginn der achtziger Jahre. Weshalb der zeitliche Unterschied? Zum einen ist es wohl das „Vorbild" Martin Luthers als fanatischem Kämpfer gegen Andersdenkende, das vielen lutherischen Pfarrern förmlich in den Genen zu sitzen scheint. „Mit Ketzern braucht man kein langes Federlesen zu machen", sagte Luther einmal bei Tisch, „man kann sie ungehört verdammen. Und während sie auf dem Scheiterhaufen zugrunde gehen, sollte der Gläubige das Übel an der Wurzel ausrotten."[206] Zum anderen könnte es mit einer größeren Gelassenheit der älteren katholischen Kirche zu tun haben, die es in der Regel zunächst mit Totschweigen der neuen Konkurrenz versucht und dann lieber die „Evangelischen" sich die Finger dreckig machen lässt – ihre eige-

Haacks, bei dem er sich für dessen Hilfe bei der Erstellung einer „Dokumentation" über „die neuen Jugendreligionen" sehr herzlich bedankt. Sackmann wird uns später als Landtagsabgeordneter und eifriger „Ketzer"-Bekämpfer wieder begegnen (S. 357, 361).

Haack und seinen Kollegen gelingt es also, junge, ehrgeizige Politiker auf ihre Linie zu bringen – und das kann sich noch nach Jahren für sie auszahlen, auch wenn z.B. Sauter wiederum einige Jahre später als „Bauernopfer" für die Versäumnisse seines Ministerpräsidenten Edmund Stoiber wegen der Verluste des Freistaats bei Grundstücksgeschäften in den neuen Bundesländern zum Rücktritt gezwungen wird. Andere stehen schon bereit, den Staat auf Kurs gegen religiöse Minderheiten – also gegen die eigenen Bürger – zu bringen. „Der Staat dürfte nicht zuletzt deshalb dem kirchlichen Ansinnen so willfährig entgegenkommen", so der Religionssoziologe Prof. Neumann, „weil er glaubt, er müsse seine Autorität ‚transzendent' begründen, da sie sonst nicht (mehr) durchsetzbar sei. Eine *wahrhaft voraufgeklärte Sicht*, die jedoch bezeichnend für die politische Kurzsichtigkeit und verzagte Uneinsichtigkeit der heutigen politischen Klasse zu sein scheint."[210]

Geballte Staatsmacht gegen religiöse Minderheiten

Bereits in den achtziger Jahren bringen fast alle deutschen Bundesländer sogenannte „Sektenberichte" heraus, meist mit konkreter Nennung von „gefährlichen" Gruppen. Auch wenn dann im Text über eine einzelne Gruppe inhaltlich kaum etwas Konkretes vermerkt wird, so genügt bereits die offizielle Nennung von staatlicher Seite, um eine Gruppierung zu brandmarken: „Die stehen ja auch im Sektenbericht!" In Berlin geht man noch einen Schritt weiter: Damit nicht jemand – aus Versehen – doch einer solchen Gruppe einen Saal vermietet, beschließt das Berliner Abgeordnetenhaus im Sommer 1999, dass „konfliktträchtige religiöse beziehungsweise weltanschauliche Organisationen oder Psychomarktanbieter" in der Hauptstadt keine öffentlichen Räumlichkeiten mehr anmieten dürfen. Und wer als „konfliktträchtig“ gilt, das bestimmt Vater Staat aufgrund kirchlicher Einflüsterungen. Auslöser war ein Kongress der Zeugen Jehovas, der 1998 im Olympiastadion stattfinden sollte. Als man feststellte, dass die rechtlichen Voraussetzungen für eine Verweigerung nicht ausreichten, da es ja den Grundsatz der weltanschaulichen Neutralität gibt, zog man eine einfache Konsequenz: „Wenn die rechtlichen Voraussetzungen nicht ausreichen, einer Religionsgemeinschaft Räumlichkeiten zu verweigern, müssen sie eben geschaffen werden“, so der Kirchenhistoriker Gerhard Besier in der *Welt* (8.8.99). Besier weist darauf hin, dass die Zeugen Jehovas seit den zwanziger Jahren ihre Kongresse in öffentlichen Einrichtungen Berlins abhielten. „Nur während der NS-Diktatur war ihnen dies verboten.“

Lässt man den Begriff „konfliktträchtig“ einmal auf sich wirken, so wird man sich der ganzen Heimtücke bewusst, die sich dahinter verbirgt. Dem unbefangenen Zeitungsleser wird ja von offizieller Seite der Eindruck vermittelt, es handle sich um Gruppierungen, die ständig gegen Recht und Gesetz verstoßen und dadurch „Konflikte“ hervorrufen. Dabei wollen die allermeisten nur in Frieden nach ihrem Glauben leben, sonst nichts. In Wirklichkeit ist es die kirchliche und in ihrem Gefolge die staatliche Seite, die gegen die Regeln der Verfassung verstößt und dadurch den Konflikt erst hervorruft. Die Richterin Dorothee Osterhagen stellt dazu fest, „dass sich die Konfliktträchtigkeit der alternativen Gruppen schlicht darin erschöpft, dass sie einem kirchlich definierten Christentum und einem marxistisch inspirierten Gesellschafts- und Menschenbild widersprechen.“[211] Sie meint mit letzterem ein Menschenbild, in dem Religion generell als etwas Rückschrittliches, als „Opium für das Volk“ angesehen wird.

„Konfliktträchtigkeit“ könnte auch heißen: Je mehr Gläubige die Volkskirchen verlassen und nach einer religiösen Alternative suchen, desto mehr Menschen wird bewusst, dass zwischen dem christlichen Anspruch der Großkirchen und ihrer unchristlichen Realität eine Diskrepanz, ein Konflikt, besteht.

Bleiben wir noch einen Moment in der neuen deutschen Hauptstadt, die eigentlich bezüglich der Rechtsstaatlichkeit ein Vorbild für andere Städte sein sollte. Dort hat jedoch Pastor Gandow die staatlichen Stellen offenbar voll im Griff. Als 1997 ein „Sektenbericht" mit dem Titel „Sekten – Risiken und Nebenwirkungen" erschien, teilte die zuständige Senatorin Ingrid Stahmer (SPD) dies der Presse erst dann mit, als bereits 5000 Stück an pädagogische Beratungsstellen, soziale Hilfsdienste und Schulen verschickt worden waren. Und dieser Umstand wurde auf der Pressekonferenz keineswegs verheimlicht, sondern die „Sektenfachfrau" Anne Rühle erklärte, man habe sich damit „vorsorglich gegen juristische Blockaden" gewappnet.[212] Juristische Einsprüche von betroffenen Gruppen, die mit Recht befürchten müssen, einmal mehr öffentlich diskriminiert zu werden, betrachtet man also als „Blockaden", die man durch flinkes Handeln zu verhindern sucht. Dass man sie vorher, wie in einer Demokratie üblich, anhören könnte oder müsste, bevor man über sie etwas Herabsetzendes sagt, kommt offensichtlich weder in Berlin noch anderswo einer staatlichen Stelle in den Sinn. (Aber so schrieb es eine mittelalterliche Regel der Inquisition auch vor: Mit einem Ketzer *darf* man gar nicht reden!) Dabei hatte Berlin gar nichts zu befürchten. Drei Jahre zuvor, beim vorhergehenden „Sektenbericht", hatte es zwar Einsprüche gegeben, darunter einen des *Universellen Lebens*, das es nicht hinnehmen wollte, dass in diesem Bericht von 1994 einfach eine Reihe von Verdächtigungen über diese Glaubensgemeinschaft referiert wurden – wobei in der Einleitung alle aufgeführten Gruppen mit geschickter Suggestion als „Ungeheuer", als „antidemokratisch und sozial unverträglich" hingestellt wurden. Doch das Berliner Oberverwaltungsgericht lehnte einen Eilantrag, mit welchem der Stadt Berlin die Nennung des Universellen Lebens untersagt werden sollte, ab und lieferte eine Begründung mit, die blanker Hohn ist: Die Glaubensgemeinschaft werde ja durch einen solchen Bericht nicht daran gehindert, „ihre Tätigkeit, so wie sie es nach ihrem Glauben für richtig" hält, „fortzusetzen".

Wir werden im dritten Kapitel im einzelnen sehen, wie „einfach" das für eine Gruppe von „Unberührbaren" ist. Der Fall Berlin zeigt nicht nur, dass auch die Justiz, zumindest zum Teil, die alte Liaison von Kirche und Staat bereitwillig deckt – was allerdings weniger verwundert, wenn man weiß, dass Verleumdungsbeauftragte der Kirchen auf Richterakademie-Tagungen stundenlang über die „gefährlichen Sekten" referieren dürfen und danach mit den Richtern fröhliche Abende verbringen. In Berlin, in der Stadt der Filz-Skandale, kann man auch die personelle Verfilzung von Staat und Kirche beobachten: Der Senator für Familie und Jugend, der 1994 den Berliner „Sektenbericht" herausgab, war Thomas Krüger (SPD) – ein lutherischer Pfarrer. Krüger ließ sich anschließend für vier Jahre in den Bundestag wählen, wurde während dieser Zeit auch Präsident des Deutschen Kinderhilfswerks, ebenfalls mit Sitz in Berlin. Doch auch in dieser Eigenschaft vergaß der gelernte Pfarrer sein Lieblingsthema „Sekten" nicht. So forderte er im Herbst 1996 gemeinsam mit dem Frankfurter Rufmordbeauftragten Kurt-Helmuth Eimuth vom Staat „gezielte Aufklärungsmaßnahmen über die Beeinflussung von Kindern und Jugendlichen in Sekten". Es sollten „umfassende Aufklärungsmaterialien für Kindergärten und Schulen" bereitgestellt werden und man solle in den Schulen „Sektenkontaktlehrer" ernennen. Außerdem sei zu überlegen, „inwieweit Eltern, die Mitglieder einer Sekte sind, nicht in konkreten Fällen das Sorgerecht für ihre Kinder begrenzt werden müsse".[213]

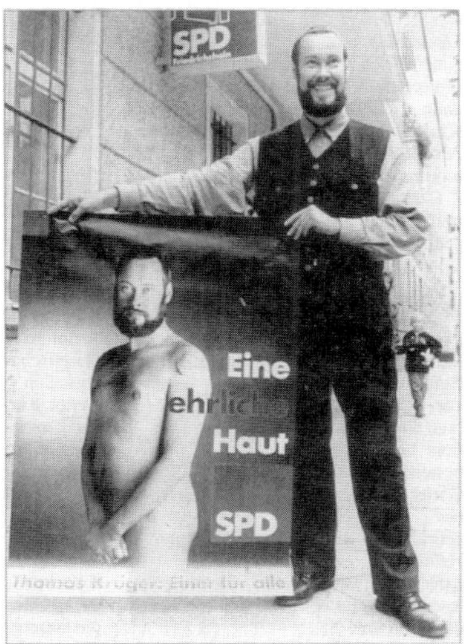

Thomas Krüger (ev. Pfarrer und Berliner Jugendsenator) präsentiert sein Wahlplakat für die Bundestagswahl 1994

Wer weiß als Zeitungsleser schon, dass der Herr Präsident, der sich hier für wehrlose Kinder einsetzt, ein Pfarrer ist, der gegen die religiöse Konkurrenz seiner Kirche kämpft? Wer kann solche Biographien über die Jahre hinweg verfolgen? Vor allem aber ist erstaunlich, mit welcher Selbstverständlichkeit ein Mann, der noch in der DDR in der „Kirche von unten" mitgearbeitet hat, jetzt vom Staat Maßnahmen fordert, die auf eine religiöse Gleichschaltung der Schulen und auf eine Bespitzelung der Eltern hinauslaufen würden. Denn was unterscheidet einen „Sektenkontaktlehrer" noch von einem schulischen „Blockwart"?

Doch Krügers Karriere geht weiter. Im Jahr 2000 wird er zum Leiter der Bundeszentrale für politische Bildung ernannt – und will dort vor allem den Rechtsradikalismus bekämpfen.[214] Wie er Rechtsradikale von den Vorzügen der Demokratie und der Toleranz überzeugen will, während er selbst mit Vorliebe religiöse Minderheiten verfolgt, bleibt sein Geheimnis – und das derjenigen, die ihn in dieses Amt gehoben haben.

Sektenjagd als karriereförderndes Element oder als Thema für Politiker, die sonst keines finden, bei dem sie sich profilieren können – da gibt es in Berlin noch Krügers Parteifreundin Renate Rennebach, ebenfalls Bundestagsabgeordnete und „Sektenbeauftragte" der Bundestagsfraktion der SPD. Rennebach ist zwar als gelernte Friseuse weder Theologin noch Pfarrerin, doch sie betätigt sich in der evangelischen Kirche in Berlin-Zehlendorf als gewählte Laienvertreterin.

Berlin wurde etwas ausführlicher dargestellt – aber es ist kein Einzelfall. Politiker, die sich längerfristig oder auch nur gelegentlich mit dem „Sekten"-Thema zu profilieren versuchen, gibt es in allen Bundesländern – und in allen Parteien. Etwa der spätere Forschungsminister Jürgen Rüttgers, der 1994 als Geschäftsführer der CDU-Bundestagsfraktion ein „schärferes Vorgehen gegen Sekten verlangt" und „die Beobachtung einzelner Sekten durch den Verfassungsschutz"[215]. Oder der spätere Generalsekretär der SPD, Franz Müntefering, der ebenfalls 1994 als Sozialminister von Nordrhein-Westfalen „alle politisch Verantwortlichen" aufruft, „dem wachsenden Sektenunwesen ‚den Nährboden zu entziehen'", das „inzwischen zu einem ‚gesellschaftlichen Problem' geworden" sei.[216] In Rheinland-Pfalz fordert 1993 Sozialminister Ulrich Galle die Bevölkerung auf, das Ministerium „über alles zu informieren, was Sie in Rheinland-Pfalz an Aktivitäten, Veranstaltungen, Zeitungsannoncen, Informationsständen, Behandlungsangeboten, Wirtschaftsunternehmen und anderes beobachten und das im Zusammenhang mit neureligiösen Gruppen steht." Eine Antwortkarte liegt dem schriftlichen Aufruf gleich bei. In Schleswig-Holstein ändert man gar das Landesdatenschutzgesetz, um „Sekten" von staatlicher Seite besser überprüfen zu können.

Die Hysterie greift um sich

Einige Bundesländer haben sogar eigene staatliche „Sektenbeauftragte" ernannt, bei Parteien gibt es sie auch schon, und selbst bei einigen Polizeidienststellen, so in Leipzig, Sindelfingen, München. Die Schüler der Landespolizeischule Wertheim wurden nach eigenem Bekunden „über die Sekte" – gemeint ist in diesem Fall das Universelle Leben – „schon eingehend informiert", ehe sie sich Anfang 2000 ins Gästebuch der evangelischen Pfarrei Michelrieth eintrugen, deren „zusätzliche Informationen" – gemeint ist eine Sammlung von Gerüchten und Verleumdungen – den Polizeischülern „gerade recht" kamen. In zahlreichen Kommunen haben Religionsgemeinschaften, die Säle anmieten oder Informationstische beantragen wollen, äußerst schlechte Karten – man nimmt lieber Gerichtsprozesse in Kauf, als ihnen ihr verfassungsmäßiges Recht freiwillig zu geben. Dass dies weiter um sich greift, dafür sorgen eifrige Politiker auf Landesebene wie der hessische Sozialminister Clauss, der 1978 das Landesjugendamt anwies, von der evangelischen Kirche herausgegebenes „Informationsmaterial" über „Sekten" an sämtliche Jugendämter des Landes zu verteilen.[217] Auch in den neuen Bundesländern, in denen Kirchenmitglieder eine verschwindende Minderheit sind, wird zur Jagd auf „gefährliche Sekten" geblasen. Wenn dann mal einer aus der Reihe tanzt wie der Mitarbeiter der thüringischen Landesarbeitsgemeinschaft für Kinder- und Jugendschutz, der im August 1999 erklärte, er sei „für Religionsfreiheit“ und mache „keinen Unterschied zwischen Kirchen und Sekten“ – dann wird er in der Presse als „ahnungslos“ bezeichnet, und Institutsleiterin Christa Herwig von der Lehrerfortbildungsanstalt in Bad Berka reagiert „mit Unverständnis ob solcher Naivität“ und weist darauf hin, dass man in den vergangenen zwei Jahren „auf Beschluss der Landesregierung ... insgesamt 30 Pädagogen zu Ansprechpartnern in Sektenfragen für Kollegen, Schüler und Eltern qualifiziert“ hat.[218] Alle, die sich mit diesem Thema beschäftigen, sei es als Politiker, als Behördenvertreter, als Wissenschaftler an einem aus Steuergeldern bezahlten „Forschungsprojekt“ oder als ausgebildeter „Sekten-Lehrer“, haben natürlich ein Interesse daran, dass die „Gefahr“, auf die sie sich „spezialisiert“ haben, in der Öffentlichkeit möglichst intensiv „wahrgenommen“ wird. Deshalb werden sie Tatsachen, die religiöse Minderheiten entlasten, bestreiten und nicht zur Kenntnis nehmen. Das gilt bis in die höchste Ebene: Auch auf Bundesebene warnten sowohl die damalige Familienministerin Angela Merkel – inzwischen CDU-Vorsitzende – als auch ihre Nachfolgerin Claudia Nolte vor den „Sekten“, die, so Nolte 1995, „in bedrohlichem Maß angewachsen“ sind. Ihre Verbreitung habe inzwischen fast die Form einer „Unterwanderung“ angenommen.[219] Frau Nolte fand es seinerzeit „höchst ärgerlich“, dass eine bereits 1992 geplante „Sekten-Broschüre“ noch immer nicht herausgegeben werden konnte, weil sie durch juristische Einsprüche blockiert sei. Keine der sich zur Wehr setzenden Gruppen war aber vor Erstellung des Reports angehört worden.

Man muss sich einmal klar machen, was es bedeutet, wenn über drei Jahrzehnte hinweg, also fast eine Generation lang, die Diffamierung religiöser Minderheiten immer wieder in die Köpfe hineingebracht wird: im Religionsunterricht, im Sozialkundeunterricht, in der Lehrer- und Erzieherausbildung, auf Richterakademien, auf Jugendämtern, in den Medien, von den Kanzeln, auf Parteitagen. Hier werden Vorurteile instituti-

onalisiert, sie werden in das Unterbewusstsein eingraviert. Wie lange wird es dauern, diese Vorurteile wieder aufzulösen, wenn der äußere Einfluss der Kirchen einmal geschwunden sein wird?

Doch davon kann ohnehin noch keine Rede sein. Im 21. Jahrhundert, 30 Jahre nachdem Haack den Begriff „Jugendsekten“ in die Welt gesetzt hat, dessen Unwissenschaftlichkeit längst bewiesen ist, werden mit diesem Kampfbegriff noch immer die Gehirne von Schülern bearbeitet. Das Darmstädter Echo meldet am 23. November 2001: „Ein äußerst sensibles Thema griffen drei Schüler des Michelstädter Gymnasiums auf, sie beleuchteten die Jugendsekten: Seit rund 25 Jahren häufen sich schockierende Nachrichten über die Tätigkeiten der so genannten Jugendsekten. Einige Gruppen genießen dabei zum Teil unter dem irreführenden Titel einer Kirche das Privileg der Gemeinnützigkeit. ... Viele Sektenanhänger sind von ihrem Führer abhängig, nirgendwo sozial- oder krankenversichert und erbetteln Millionen für den Luxus ihres Führers ...“ Da sind sie immer noch, die grellen Klischees, ohne jeglichen Tatsachenbezug, wie am Tag, an dem Haack sie erfand. Und sie werden so lange durch die Gehirne geistern, wie die Eltern, die Erzieher und der Staat es zulassen, dass Kirchenvertreter unter dem Deckmantel der Gemeinnützigkeit Zwietracht und Konflikte säen und junge Menschen gegen ihre Mitbürger aufhetzen.

Wie um dem hier entstandenen Irrsinn die Spitze aufzusetzen, vereinbarten im Oktober 2001 die Universität Bayreuth und die evangelische Landeskirche in Bayern, gemeinsam ein „Institut zur Erforschung der religiösen Gegenwartskultur“ einzurichten. In einer zweijährigen „Probephase“ habe man bereits eng mit dem lutherischen „Beauftragten für religiöse Strömungen“, Bernhard Wolf, zusammengearbeitet, der nun eigens seinen Dienstsitz nach Bayreuth verlegen werde. Wolf nannte die neue Einrichtung „eine zukunftsträchtige Investition“ – für die Landeskirche „könnten die Erkenntnisse wertvolle Einblicke in neue geistige und religiöse Entwicklungen in den bayerischen Regionen geben".[220] Im Klartext: Unter dem Deckmantel der Wissenschaft werden religiöse Minderheiten ausgeforscht – und der Staat bezahlt für diese „Investition".

Die angebliche Gefahr ... gibt es gar nicht

Aber haben die vielen Minister, Politiker, Behördenvertreter nicht vielleicht doch recht, wenn sie immer vor den „Sekten" warnen? Ist da nicht vielleicht doch was dran? Können so viele verantwortungsvolle Amtsträger irren?

Sie können. Oder vielleicht müsste man sagen: Sie **wollen** es so. Denn wenn sie gewollt hätten, dann hätten sie die Forschungsergebnisse, die ihre Befürchtungen entkräftet hätten, nur zur Kenntnis zu nehmen brauchen.

Schon im April 1981 lagen die Ergebnisse einer Studie der CSU-nahen Hanns-Seidel-Stiftung vor. Demnach hatte eine Umfrage bei sämtlichen deutschen Staatsanwaltschaften und Landgerichten ergeben, dass alle Anzeigen wegen Betrugs, Freiheitsberaubung, Nötigung, Körperverletzung gegen neue religiöse Bewegungen eingestellt worden waren. Geahndet werden mussten allenfalls „minderkriminelle Delikte oder bloße Ordnungswidrigkeiten peripheren Charakters" wie Verstöße gegen das (Spenden-)Sammlungsgesetz oder gegen steuerliche Vorschriften. „Mit Nachdruck" wiesen die Autoren darauf hin, „dass die bestehende Rechtsordnung ausreicht, um Mißbräuchen und Auswüchsen, die unter dem Deckmantel der Religionsfreiheit geschehen, entgegenzutreten."[221]

An der Tatsache, dass die Gesetze unseres Staates ausreichen, um eventuelle Missbräuche oder Vergehen im Zusammenhang mit Glaubensgemeinschaften zu ahnden, hat sich bis heute nichts geändert.

Schon 1979 hatte Staatssekretär Ruder aus Baden-Württemberg erklärt, dass den „Jugendreligionen" strafbare Handlungen „nicht nachzuweisen“ sind. „Anzeigen besorgter Eltern verlaufen im Sande, weil der ‚Geschädigte' meist unwiderlegbar behauptet, sich aus freien Stücken der Sekte angeschlossen zu haben.“[222] Auch die bayerische Staatsregierung kam 1980 zu dem Schluss: „Nach den bisherigen Erkenntnissen kann nicht davon gesprochen werden, daß von diesen Gruppen eine allgemeine ernste Gefährdung der öffentlichen Sicherheit und Ordnung ausgeht..“[223]

Doch wie war das noch: Sind diese Sektierer vielleicht einfach zu raffiniert, als dass man ihnen so leicht etwas nachweisen kann? Ist nicht gerade die Tatsache, dass man ihnen nichts Konkretes nachweisen kann, ein starkes Indiz dafür, wie gefährlich eben die angebliche „Gehirnwäsche“ ist, die „Persönlichkeitsveränderung“, der sich ihre Anhänger unterziehen müssen?

Mit fast der gleichen „Logik“ hat man übrigens während der Hexenverfolgungen argumentiert: Schreit die „Hexe“ während der Folterung vor Schmerzen, so muss sie schuldig sein. Schreit sie aber nicht, so muss sie erst recht schuldig sein – denn wie könnte sie das sonst aushalten, wenn nicht mit Hilfe des Teufels?

Doch auch zu der Behauptung der angeblich manipulativen und negativen Veränderung der Persönlichkeit von Mitgliedern einer neuen religiösen Bewegung gibt es schon frühzeitig nüchterne Forschungsergebnisse. So musste der Bundesminister für Jugend, Familie und Gesundheit bereits 1979 einräumen: „Der Nachweis, dass eine Jugendreligion allgemein gezielte Methoden und Techniken anwendet, die die Willens- und Entscheidungsfreiheit der Betroffenen einschränken oder gar völlig ausschalten, konnte bisher nicht erbracht werden.“[224]

Aber damit konnten sich die neuen Inquisitoren nicht zufrieden geben. Die Bundesregierung gab für 300 000 Mark eine Grundlagenstudie in Auftrag, die 1982 als „Wiener Studie“ fertiggestellt wurde. Hier wurden Anhänger von vier neuen religiösen Bewegungen mit

Tiefeninterviews untersucht: Vereinigungskirche, Ananda Marga, Scientology und Divine Light Mission. Das Ergebnis:

„Aufgrund der Auswertung der Tiefeninterviews und der psychologischen Testverfahren konnte nicht festgestellt werden, daß die NRB (Neue Religiöse Bewegungen) pathologische Syndrome in der psychischen Struktur ihrer Mitglieder hervorbringen. Psychisch labile Personen erfahren häufig durch den Anschluß an eine NRB eine gewisse Stabilisierung. So konnten viele eine frühere Drogenabhängigkeit überwinden. Bei der Ablösung von einer NRB treten zweifellos unterschiedlich schwere psychische Belastungen auf, die bei solchen, die schon vor ihrem Beitritt zur NRB psychische Störungen aufwiesen, zu schweren Krisen führen können. Die Mitglieder der NRB erfahren deutliche Veränderungen ihrer Persönlichkeit und ihrer Verhaltensweisen. Die Mitglieder beurteilen das ausschließlich als positiv, da sie ihrer Ansicht nach an Orientierung, Selbstsicherheit, Beziehungsfähigkeit, Ausgeglichenheit etc. gewonnen haben. Auch die Ehemaligen erwähnen diese Aspekte immer wieder und sehen in der Zeit der Mitgliedschaft meist eine konstruktive Phase ihres Lebens, über die sie jetzt hinausgewachsen sind. ... In keinem Fall konnten wir Hinweise auf eine sogenannte Psychomutation finden.“[225]

Der Hinweis auf psychische Belastungen, die am ehesten noch bei einem Ausscheiden aus einer religiösen Gruppe auftreten können, ist in zweifacher Hinsicht bemerkenswert. Zum einen wird angemerkt, dass dies meist dann geschieht, wenn die betreffenden Personen „schon vor ihrem Beitritt ... psychische Störungen aufwiesen“. Dies deckt sich mit den Ergebnissen des Heidelberger Psychiaters Lang, der in einer kleineren Studie zu dem Ergebnis kam, dass „die Zugehörigkeit zu Jugendreligionen vor dem Hintergrund vorgegebener Persönlichkeitsdefizite zu einem Auslöser für die pathologische Entwicklung in Form von psychotischen Entgleisungen werden kann“.[226] Ein Auslöser ist etwas anderes als die Ursache. Auslöser für eine pathologische Entwicklung kann bei einer vorbelasteten Person so gut wie alles Neuartige sein, jede Veränderung ihrer Lebensumstände.

Zum anderen ist ein Teil der bei einem Ausscheiden auftretenden Störungen des seelischen Gleichgewichts womöglich darauf zurückzuführen, dass auf die Mitglieder solcher Bewegungen von außen ein massiver Druck ausgeübt wurde. Zu diesem Ergebnis kommt jedenfalls Wolfgang Kuner in einer Studie, die bei Mitgliedern der Kinder Gottes, der Vereinigungskirche und Ananda Margas durchgeführt und die im September 1981 in *Psychologie heute* veröffentlicht wurde: „Die Hauptursache für die im Zusammenhang mit der Mitgliedschaft in einer der neuen religiösen Bewegungen aufgetretenen ‚psychischen Schäden' dürfte im Herausreißen/Hinauswurf der entsprechenden Mitglieder zu suchen sein, also in einer von außen aufgezwungenen Auflösung der intensiven psycho-sozialen Bindung an die Gruppe. Auch scheint eine Mitgliedschaft bei ‚psychopathischer Vorbelastung' negative Folgen nach sich ziehen zu können."[227]

Sogar eine Studie des Psychologen Petermann, für die man unter Federführung der AGPF nur negative Beispiele auswählte, bestätigt die schwerwiegenden Folgen des Herausreißens – und natürlich auch des gewaltsamen „Deprogrammierens". Dr. Karbe, Sprecher der AGPF, schreibt über diese Studie: „Um die Gruppe der Unfreiwilligen ist es am traurigsten bestellt. ... Diese Gruppe von Jugendlichen wirft die schwierigsten psychologischen und psychiatrischen Probleme auf."[228]

Respektiert man hingegen den freien Willen, so kann ein Glaubenswechsel auch bei psychisch Labilen durchaus positive Seiten haben. Prof. Ottoson aus Stockholm kam 1975 in einer epidemiologischen Studie zu dem Ergebnis, „dass psychische Erkrankungen in weltanschaulich alternativen Gruppen 150-200mal weniger vorkommen als im Bevölkerungsdurchschnitt".[229] Das wäre dann das genaue Gegenteil von dem, was die Inquisitoren uns weismachen wollen.

Natürlich existieren neue religiöse Bewegungen nicht im luftleeren Raum. Auch bei ihnen kann es einzelne Mitglieder geben, die einmal straffällig werden oder vielleicht auch unter seelischen Störungen leiden. Eine seriöse Beurteilung wird den Prozentsatz solcher Einzelfälle immer in Bezug zum entsprechenden Prozentsatz in der Gesamtgesellschaft setzen und erst dann Rückschlüsse ziehen. Dies tut z.B. Kuner in der genannten Studie – und er kommt zu dem Ergebnis:

„ ... 4. Eine Untersuchung von Mitgliedern dreier neuer religiöser Gruppen zeigt, daß ihre psychischen Profile, insgesamt betrachtet, im Normalbereich liegen.

5. Die Zahl ‚psychopathischer Fälle' in den Gruppen entspricht in etwa derjenigen in einer studentischen Vergleichsgruppe und liegt in einem Fall sogar niedriger. ...

7. Ein Vergleich der nach Mitgliedschaftsdauer differenzierten Profilwerte läßt vermuten, daß Langzeitmitgliedschaft resozialisierende und ‚therapeutische' Wirkung hat.

8. Ein einheitlicher Persönlichkeitstyp des ‚Sektenmitglieds' war nicht vorhanden. Es fanden sich jedoch unterschiedlich starke, gemeinsame narzißtische Persönlichkeitszüge.

9. Eine in etwa entsprechende narzißtische Persönlichkeit kann auch bei einem Teil der betroffenen Eltern angenommen werden, womit sich deren ‚Engagement' für die Rückgewinnung ihrer Kinder und gegen die neuen religiösen Bewegungen erklären läßt."[230]

Auch in neue religiöse Bewegungen eingetretene junge Menschen spiegeln (wie alle Menschen) teilweise die psychische Struktur ihrer Eltern wider. Der Eintritt in eine neue Glaubensbewegung erfolgt in vielen Fällen aus dem Wunsch heraus, diese Struktur und damit die eigene Persönlichkeit zu verändern. Die Veränderung der Persönlichkeit kann ja durchaus auch etwas Positives sein – und letztlich ist das Ziel jeder Religion eine Veränderung der Persönlichkeit des Menschen, hin zu bestimmten ethischen Zielen, zu einer Hingabe an Gott, zum Frieden mit den Mitmenschen, mit der Natur, mit Gott. Es ist bezeichnend für den geistigen Zustand der Kirchen, dass sie Persönlichkeitsveränderung offenbar nur noch als etwas Negatives, Gefährliches wahrzunehmen vermögen.

Je mehr nun Eltern oder andere bisherige Bezugspersonen Einfluss zu nehmen versuchen, desto schwieriger kann für den Betroffenen die seelische Situation werden – je nachdem, wie unabhängig er innerlich ist. Dabei besteht die Gefahr, dass beispielsweise die Eltern den Kampf gegen die angeblich gefährliche „Sekte" unbewusst zum Vorwand dafür nehmen, eigene Erziehungsdefizite, eigene Anteile an einem Zerwürfnis mit ihren Kindern nicht zur Kenntnis nehmen zu müssen.

Genau dies scheint allgemein ein wichtiger Aspekt beim Verhalten von Kirche und Staat gegenüber neuen religiösen Bewegungen zu sein: Anstatt eigene Defizite wahrzunehmen und anzugehen, wird lieber ein Sündenbock gesucht. Es ist nämlich auffallend, dass die von Verleumdungsbeauftragten immer wieder angegebenen Kriterien für „Sekten" bei näherer Betrachtung samt und sonders auf Defizite der Kirchen selbst hindeuten, also psychologisch gesehen *Projektionen* sind: Der eigene Fehler wird verdrängt und auf andere projiziert. Der „Guru", der sich mit Personenkult feiern lässt, könnte z.B. auch der Papst sein; den „Absolutheitsanspruch" besitzt keine Religionsgemeinschaft so ausgeprägt wie die katholische Kirche; das „rettende Rezept" ist eigentlich ein Grundmerkmal jeglicher Religion, wird aber von den Amtskirchen kaum noch glaubwürdig vermittelt; welche innerlichen und äußerlichen „Schwierigkeiten" beim Ausstieg aus einer totalitären Gruppe wie der Romkirche entstehen, können viele aus ihr Ausgetretene aus eigener Erfahrung bestätigen – und so geht es weiter. Es gehört zu den eindrucksvollsten Beispielen für das Verdrängungsvermögen der menschlichen Psyche, dass sowohl Kirchenvertreter als auch Politiker und Journalisten immer wieder mit Inbrunst diese „Sekten-Kriterien" herunterbeten – aber dass weder sie selbst noch ihr Publikum merken, dass diese Kriterien am ehesten auf die Kirche selber zutreffen.

Nur selten gibt es Ausnahmen. Zu ihnen gehört Oberkirchenrat Michael Mildenberger, ein früherer Mitarbeiter der Evangelischen Zentralstelle für Weltanschauungsfragen und als solcher „auch nicht frei von apologetisch-polemisch-tendenziösen Charakterisierungen der ‚Sekten-Gefahr'"[231], der jedoch 1979 in seinem Buch „Die religiöse Revolte" schrieb:

„Die Gruppierungen der neuen Religiosität sind inzwischen so pauschal in die Ecke des Abseitigen und Kriminellen gerückt worden, daß nicht nur sie selbst sich mit einigem Recht als Opfer einer allgemeinen Hexenjagd vorkommen, sondern daß tatsächlich der Eindruck entstehen muß, hier werde ein Strohmann aufgebaut. Die These hat einiges für sich, daß die ‚Jugendreligionen' in einer breiten Öffentlichkeit wieder einmal als Sündenbock herhalten müssen, den man, mit eigenen Sünden und Versäumnissen beladen, in die Wüste schickt."[232]

Sekten sind also etwas sehr Praktisches. „Sekten", so der Sozialpsychologe Philip Jenkins, „üben eine praktische integrative Funktion aus, indem sie einen gemeinsamen Feind darstellen, einen ‚gefährlichen Außenseiter', gegen den die Allgemeinheit sich sammeln und sich der gemeinsamen Normen und Glaubensinhalte versichern kann."[233]

Inquisition im Deutschen Bundestag

Die Suche nach einem Sündenbock zur Ablenkung von eigenen Defiziten ist auch unter Politikern beliebt. Mitte der neunziger Jahre, als das Thema Arbeitslosigkeit immer drängender wird, beschließt der deutsche Bundestag nicht etwa eine Enquete- (Untersuchungs-) Kommission zum Thema „Zukunft der Arbeit" (dieses Thema war als Alternative vorgeschlagen worden), sondern eine solche zum

Thema „Sogenannte Sekten und Psychogruppen“. Bereits der Einsetzungsbeschluss vom Mai 1996 zeigt, dass das Ergebnis der Untersuchung im Grunde vorweggenommen werden soll: Die Kommission soll in einer Analyse „die von diesen Organisationen ausgehenden Gefahren für den einzelnen, den Staat und die Gesellschaft erfassen“ sowie „die offenen und verdeckten gesellschaftspolitischen Ziele dieser Organisationen aufarbeiten“.

Wohlgemerkt: Die Kommission soll nach dem Willen des Parlaments nicht untersuchen, *ob* von den Organisationen, die untersucht werden sollen, Gefahren ausgehen, und, wenn ja, welche. Sie soll auch nicht untersuchen, *ob* diese Organisationen etwa überhaupt gesellschaftspolitische Ziele haben, womöglich sogar verdeckte. Nein, all dies wird als gegeben vorausgesetzt.

Aber auch die Auswahl der „Sachverständigen“ ließ klar erkennen, wer hinter der ganzen Aktion steckte: die kleine radikale Minderheit der Rufmordbeauftragten der Großkirchen – in Verbindung mit ihren Zuarbeitern unter den Parlamentariern, die sich selbst die meisten der den Parlamentariern vorbehaltenen Plätze in der Kommission reservierten. „Unter den zugewählten zwölf Sachverständigen“, so der Philosoph und Erziehungswissenschaftler Dr. Heiner Barz, „waren drei kirchliche und zwei staatliche Sektenbeauftragte, ein Mitglied stand der Verbandstätigkeit der Psychologen nahe, alle drei Juristen waren ausgewiesene Sektengegner.“ Damit hatten die Sektengegner unter den Sachverständigen eine Zweidrittel-Mehrheit. Barz fährt fort: „Ein faires Verfahren wäre unter diesen Vorzeichen schon fast einem Wunder gleichgekommen.“[234]

Das Verfahren verlief auch nicht fair. Zum einen hätte eine solche Kommission, wäre sie denn objektiv gewesen, auch untersuchen müssen, ob von den großen Kirchen Gefahren für deren Mitglieder und für die Gesellschaft ausgehen. Zum anderen wurden zu den untersuchten Glaubensgemeinschaften und Anbietern psychologischer Lebenshilfe fast ausschließlich sogenannte „Aussteiger“ eingeladen und hinter verschlossenen Kommissionstüren zu ihren Erfahrungen und Meinungen befragt. Die betroffenen Organisationen erhielten keine Möglichkeit, zu diesen Aussagen Stellung zu nehmen, ja sie erhielten nicht einmal Kenntnis davon, was da besprochen wurde. *Wenn* sie eingeladen und befragt wurden, dann ohne Bezug zu den Anschuldigungen und mit anderen Themen. Wohl aber erhielten mit den „Sektengegnern" in Verbindung stehende Journalisten unter der Hand Abschriften der bei den Aussteiger-Vernehmungen angefertigten Protokolle.[235]

„Es handelt sich um einen mehr als bedenklichen Vorgang", so die Anwälte Sailer und Hetzel, die als Vertreter der Glaubensgemeinschaft Universelles Leben auch von derlei Machenschaften betroffen waren. „Ein parlamentarisches Gremium, das über religiöse Gruppierungen den Daumen hebt oder senkt, weigerte sich, den elementaren Rechtsgrundsatz ‚audiatur et altera pars'[236], einen der Grundbestandteile europäischer Rechtskultur, auch für sich gelten zu lassen! Derartiges gab es nur bei der mittelalterlichen Inquisitionsbehörde, die an der Wahrheit nicht interessiert war, sondern in jedem Fall verurteilen wollte."[237]

Die Absurdität eines solchen Vorgehens wird spätestens dann deutlich, wenn man gedanklich den Spieß einmal umdreht: „Es war ungefähr so", schreibt Dr. Barz, „als hätte man einen staatlichen Untersuchungsausschuß über ‚die Gefährdung der pluralistischen Gesellschaftsordnung durch den organisierten Katholizismus' einberufen, in dem die Betroffeneninitiative ehemaliger Kleriker, die Selbsthilfegruppen mißbrauchter Meßdiener und ehemaliger Pfarrhaushälterinnen und der ‚Bund der Atheisten und Konfessionslosen' die Mehrheit hätten und als Experten Karlheinz Deschner (‚Kriminalgeschichte des Christentums'), Tilmann Moser (‚Gottesvergiftung') und Prof. Franz Buggle (‚Die Bibel propagiert den Genozid') zugezogen würden."[238] Wobei in einem solchen Fall wenigstens konkrete, weil belegbare Ergebnisse zu erwarten gewesen wären.

Dennoch ging die Rechnung der Kommissionsinitiatoren nicht auf. Die von der Kommission in Auftrag gegebenen begleitenden Forschungsprojekte, die empirische Daten über die tatsächlichen Gefahren der neuen Religionen erbringen sollten, bestätigten das im Vorhinein aufgebaute Negativbild nicht. Wie hätten sie es auch gekonnt – hatten doch schon die zu Beginn der achtziger Jahre zum gleichen Thema durchgeführten Untersuchungen zu einer Entwarnung geführt, die aber von den maßgeblichen Stellen ignoriert worden war.

Die Kommission hatte offensichtlich die Perfektion eines mittelalterlichen Inquisitionsgremiums nicht ganz erreicht. Vermutlich um dies zu kaschieren, veröffentlichte man die mit öffentlichen Geldern durchgeführten Studien[239] erst einige Monate nach dem Abschlussbericht der Kommission vom 9. Juni 1998. Dass die Ergebnisse dieser Studien dennoch gleichzeitig mit dem Abschlussbericht bekannt wurden, verdanken wir dem Restbestand an demokratischen Verfahrensregeln, der in diesem insgesamt alles andere als demokratisch-fairen Verfahren eingehalten wurde: Die Bundestagsfraktion der Grünen entsandte nämlich mit Angelika Köster-Loßack eine Abgeordnete in die Kommission, der die kirchlich geprägte Voreingenommenheit gegenüber neuen religiösen Bewegungen und auch gegenüber den Anbietern psychologischer Lebenshilfe offenbar befremdlich vorkam. Und als Sachverständigen hatte die grüne Fraktion den Leipziger Religionswissenschaftler Hubert Seiwert benannt, der – in diesem Umfeld wird Selbstverständliches bemerkenswert – gemäß den Regeln seiner Wissenschaft große und kleine Religionsgemeinschaften mit denselben Maßstäben zu messen entschlossen war. Köster-Loßack und Seiwert veröffentlichten parallel zum Endbericht der Kommission ein Sondervotum, in dem sie die Ergebnisse der begleitenden Forschungsarbeiten zusammenfassten und dadurch der Öffentlichkeit überhaupt erst zugänglich machten. Sie berichten über die Ergebnisse unter anderem folgendes:

- **Stichwort „Gehirnwäsche":** „Die oftmals unter dem Stichwort ‚Brainwashing'-These zusammengefassten Ergebnisse ... werden in der wissenschaftlichen Debatte sowohl methodisch als auch inhaltlich kritisiert und z.T. widerlegt."[240]
- **Stichwort „schwieriger Ausstieg":** „Die Mitgliedschaft in NRB (neuen religiösen Bewegungen, Anm. d. A.) ist in der Regel relativ kurz und kann unter Umständen als eine Durchgangsphase angesehen werden ... Der von praktisch allen Autoren berichtete hohe Durchlauf in NRB mit relativ geringen Zeiten der Mitgliedschaft spricht gegen die These, dass einmal gewonnene Mitglieder nicht mehr in der Lage sind, sich aus eigener Energie wieder zu lösen."[241]
- **Stichwort „Abhängigkeit und Ausbeutung":** „In allen sozialen Strukturen, die durch Abhängigkeitsverhältnisse und intensive emotionale Beziehungen gekennzeichnet sind, ist die Möglichkeit von absichtlichem Missbrauch ... gegeben. Es liegen entsprechende Erfahrungsberichte zu vielen Institutionen vor, z.B. zu den großen christlichen Kirchen, dem Schulwesen, der Psychiatrie, der Psychotherapie, dem Militär, der Ehe oder abhängigen Arbeitsverhältnissen. ... Der Kommission lagen keine empirischen Befunde vor, die die Annahme einer besonderen Form ‚psychischer Abhängigkeit' in neuen religiösen Bewegungen begründen würde. Es gibt keine Hinweise auf das Vorliegen von ‚religiöser Abhängigkeit'. Insbesondere lagen keine empirischen Belege vor, die es rechtfertigen würden, bei den Mitgliedern neuer religiöser Bewegungen Symptome wie ‚Willenlosigkeit, Realitätsverlust' oder ‚Aufhebung der für alle geltenden moralischen Grundsätze' zu konstatieren."[242]
- **Stichwort „Psychische Schäden":** „Es gibt keine Hinweise darauf, dass die psychischen Probleme, die bei einigen Mitgliedern neuer religiöser Bewegungen konstatiert wurden, durch die Mitgliedschaft ausgelöst wurden, wenngleich dies im Einzelfall nicht ausgeschlossen werden kann. ... Es ist in diesem Zusammenhang festzuhalten, dass sich keine allgemeinen Aussagen über die psychischen Folgen einer Mitgliedschaft in einer neuen reli-

giösen Bewegung machen lasen. Während einerseits negative Folgen wie die Verstärkung bestehender psychischer Probleme nicht ausgeschlossen werden können, kann andererseits auch auf positive Effekte verwiesen werden."[243]

- **Stichwort „Gesetzesverstöße":** „Der Kommission lagen keine Hinweise darauf vor, dass Gesetzesverstöße durch neue religiöse Bewegungen oder ihre Mitglieder häufiger vorkommen als in anderen sozialen Kontexten."[244]
- **Stichwort „Wirtschaftliche Betätigung":** „Bei den wirtschaftlichen Betätigungen neuer religiöser Gemeinschaften handelt es sich in der Bundesrepublik Deutschland um ein mit ökonomischen Kategorien nicht greifbares Randphänomen. ... Was als ‚Wirtschaftsimperium' apostrophiert wird, entspricht nach den üblichen ökonomischen Kategorien einem mittelständischen Betrieb. Wenn die wirtschaftlichen Betätigungen religiöser Minderheiten mit denen der Großkirchen verglichen werden, müssen sie ebenfalls als unbedeutend angesehen werden."[245]
- **Stichwort „Unterwanderung":** „Der Kommission lagen keine Informationen vor, die es nahe legen würden, dass Bürgerinitiativen und Bürger sowie Unternehmen, Verbände und Interessenvertretungen unbewusst in neue religiöse Bewegungen hineingezogen bzw. von diesen missbraucht werden. ... Es lagen der Kommission keine Informationen vor, die belegen würden, ‚daß neue religiöse und weltanschauliche Bewegungen gesellschaftliche Veränderungen anstreben, die mit dem demokratischen Rechtsstaat nicht vereinbar sind'." Ebenso gab es „keine Belege dafür, daß neue religiöse Bewegungen ‚die verfassungsmäßigen Rechte der Mitglieder einschränken oder beseitigen'".[246]

Natürlich konnte die Enquetekommission diese Forschungsergebnisse in ihrem offiziellen Mehrheitsvotum nicht völlig ignorieren. Auch im Mehrheitsvotum wird immerhin zugegeben, dass in der wissenschaftlichen Literatur teilweise „therapeutische Effekte durch die Mitgliedschaft" aufgezeigt werden, dass „in aller Regel freiwilliger Ausstieg ohne fremde Hilfe möglich ist", dass keine „generelle

Schädlichkeit“ der Mitgliedschaft behauptet werden kann, dass „Krisen bei einem Austritt „weniger ein Ausdruck von ‚Destruktivität' der vorherigen Mitgliedschaft“ als vielmehr „eine Begleiterscheinung (sind), die mit jedem emotional bedeutsamen Rollenwechsel verbunden ist“, dass das „psychische Empfinden der Mitglieder ... nach vorliegenden empirischen Studien in einem Normbereich (liegt), vergleichbar mit den Teilen der Bevölkerung, die nicht Mitglieder“ sind, dass es keine Zwangsbekehrung zu neuen religiösen Bewegungen gibt, also keine „'Sekten-Konversion' durch eigene ‚Psychotechniken' wie ‚Gehirn-, Seelenwäsche' oder ‚Psychomutation'“.[247]

Was insgesamt den Schluss nahe legte: **„Zum gegenwärtigen Zeitpunkt stellen gesamtgesellschaftlich gesehen die neuen religiösen und ideologischen Gemeinschaften und Psychogruppen keine Gefahr dar für Staat und Gesellschaft oder für gesellschaftlich relevante Bereiche.“**[248] Dies einfach so stehen zu lassen, hätte aber überdeutlich die Frage aufgeworfen, weshalb diese Kommission dann überhaupt mit so großem Aufwand an Steuergeldern (ca. 2,5 Mio DM) durchgeführt wurde und in wessen Interesse eigentlich. Also wurde diese klare Feststellung wieder vernebelt durch eine Reihe von Bemerkungen, die einer empirischen Grundlage entbehren. Da ist die Rede von „einigen Gruppen“, in denen es „totalitäre Machtverhältnisse“[249] gäbe – welche das sein sollen, wird nicht gesagt, so dass im Grunde wiederum alle verdächtigt werden. Es wird – entgegen der Tatsache, dass es hierfür keinerlei empirische Belege gibt – von „Formen massiver psychosozialer Abhängigkeit“ gesprochen, durch die es „durch bestimmte Techniken und Therapieformen“ kommen könne. „Gezielt kriminelles Handeln und Verhalten“ sei „feststellbar“ (wo bitte?) und „ein Teil“ (welcher?) „der neuen religiösen und ideologischen Gemeinschaften und Psychogruppen ist massiv konfliktträchtig“.[250] Da ist es wieder, das neue Zauberwort, das gesellschaftliche „Un-Wort“: „konfliktträchtig“. Zur „Begründung“ all dieser Vorwürfe verweist man allgemein auf Berichte von „Aussteigern“ – als ob es nicht Hunderttausende „Aussteiger“

aus den Kirchen gäbe, die allerlei Negatives über ihre ehemalige religiöse Heimat zu berichten hätten.

Es wäre aber auch verwunderlich gewesen, wenn die Drahtzieher der Kommission nach all der apologetischen Vorarbeit so einfach das Feld geräumt hätten. „Wird die Arbeit der Kommission fachlich kritisiert und ein Handlungsbedarf von Staats wegen verneint“, so der Jurist Prof. Martin Kriele, „entfallen gut bezahlte Jobs.“[251]

Der gläserne homo religiosus

Dass die Kommissionsmehrheit nicht bereit war, von ihrer ideologisch vorgeprägten Einseitigkeit abzurücken, wird vollends deutlich, wenn man die **Handlungs-Konsequenzen** ansieht, die nach ihrer Ansicht aus den Ergebnissen gezogen werden sollten. Denn hier werden nun Forderungen erhoben, die zu den erbrachten Forschungsergebnissen in geradezu eklatantem Widerspruch stehen: Es soll eine staatliche **„Informations- und Dokumentationsstelle“** eingerichtet werden, die Material über neue religiöse Bewegungen sammeln, auswerten und dieses dann Behörden und öffentlich-rechtlichen Körperschaften – also auch den Kirchen! – zur Verfügung stellen soll. Diese mit Steuergeldern zu errichtende Dokumentationsstelle – eine Art „Glaubens-TÜV“[252], so der ehemalige Bundesverteidigungsminister Hans Apel (SPD) – soll auch die Öffentlichkeit über „die Gefahren im Bereich neuer religiöser und ideologischer Gemeinschaften und Psychogruppen aufklären“ – über Gefahren also, die es doch offensichtlich gar nicht gibt oder jedenfalls nicht in höherem Maße, als sie in der Gesellschaft allgemein zu beobachten sind. Denn wenn man schon von „totalitären Organisationen“ spricht, so müsste man, wie der Soziologe Prof. Erwin Scheuch anmerkt, dabei auch „Klöster, Kutter für Hochseefischfang oder Gefängnisse“[253] im Auge behalten. Und wenn der Staat vor den Gefahren psychosozialer Abhängigkeit bei neuen religiösen Bewegungen warnt, wie es die Enquete-Kommission fordert, so würde er dabei von dem psychologisch nicht fassbaren Idealbild eines „psychosozial autonomen Menschen“ ausgehen: „Die Erziehungsarbeit des Staates hat hier noch gewaltige Aufgaben vor sich“, bemerkt der Leipziger Religionswissenschaftler Prof. Seiwert nicht ohne einen gewissen Sarkasmus. „Ehe, Familie, Liebe, Freundschaft: Überall lauert die Gefahr psychosozialer Abhängigkeit. Wie viele Krisen und soziale Konflikte könnten vermieden werden, wenn der Staat seine Schutzpflicht ernster nähme! Wo bleibt die Aufklärung über die psychischen Gefahren der Ehe und ihre Konfliktpotentiale? Wer warnt die Menschen vor den massiven psychosozialen Abhängigkeiten, die die Gründung einer Familie mit sich bringen kann? Wie lange noch will der Staat tatenlos dem Leid unzähliger gescheiterter Beziehungen zusehen? Liebe, Freundschaft und emotionale Bindungen müssen in unseren Schulen endlich als das vermittelt werden, was sie sind: Formen psychosozialer Abhängigkeit!“[254]

Ein Sammeln von Informationen über alle möglichen religiösen und weltanschaulichen Gruppierungen, so der Jurist Prof. Martin Kriele, ließe sich nur „durch ein flächendeckendes Netz von Beobachtern und Denunzianten“[255] bewerkstelligen – und das von Staats wegen! Es handelte sich dabei „nicht nur um ein Instrument zur Gedankenkontrolle und zur Einschüchterung, sondern auch zur Befriedigung eines religiösen Voyeurismus. Das sind Tendenzen, wie sie Aldous Huxley in seinem pessimistischen Zukunftsroman ‚Brave New World’ beschrieben hat.“[256] Doch die Kommissionsmehrheit, „die ganz augenscheinlich ein gestörtes Verhältnis zu unserem grundgesetzlich geschützten Recht auf Religionsfreiheit“[257] hat (Hans Apel), stellt weitere Forderungen auf, von denen man den Eindruck gewinnt, dass sie im Vorhinein feststanden und den eigentlichen Zweck der Einrichtung der Kommission bildeten. So wird die Einrichtung einer „Bund-Länder-Stiftung“ empfohlen, die in erster Linie zur finanziellen Unterstützung der „privaten Beratungs- und Informationsstellen“ zum Thema „Sekten“ dienen soll – wozu natürlich vor allem die kirchlichen Stellen zu rechnen sind. Da ist die Katze also aus dem Sack: Man will Steuergelder für die „Sektenverfolgung“ locker machen. Die Kirchen, die ohnehin die reichsten privaten Institutionen im Lande sind, wollen sich die Dezimierung ihrer Konkurrenten auch noch vom Staat bezahlen lassen. Die Kommission fordert die Finanzierung von Forschungsvorhaben zu diesem Thema – der erste Auftrag ist inzwischen bereits vergeben worden, allerdings nicht an die schärfsten Sektengegner, wie diese es sich erhofften. Der Staat scheint offensichtlich gemerkt zu haben, dass er sich auf die Dauer lächerlich macht, wenn er den fanatischen Bekämpfern nicht-kirchlicher Gruppierungen in vollem Umfang nachgibt. Doch zu einem klaren Bekenntnis gegen eine Aushöhlung des Rechtsstaats, die mit solchen Forderungen zwangsläufig verbunden ist, haben sich weder die Regierung noch das Parlament durchringen können – der Endbericht der Enquetekommission wurde von der Mehrheit des Bundestages verabschiedet. Darin enthalten sind weitere „Empfehlungen“ wie: „Aufklärungsveranstaltungen für Lehrer, Erzieher, Multiplikatoren ... Polizei.“ Nachdem es eine flächendeckende Kontrolle der Bevölkerung durch die Ortsgeistlichen und die Ohrenbeichte wie im Mittelalter nicht mehr gibt, muss man eben nach neuen Möglichkeiten suchen, um Vorurteile und Vorverurteilungen gegen Andersdenkende flächendeckend unter das Volk zu bringen. Weiter soll der Staat vor „dem Anspruch einer religiösen Gruppe auf die rigide Einhaltung von Lebensregeln“ warnen. „Das kann nur heißen“, so Prof. Kriele: „Der Staat soll Gruppenmitglieder zum Bruch der selbst eingegangenen Verpflichtungen, z.B. Mönche und Nonnen zum Verlassen ihrer Orden auffordern.“[258] Und, ein ganz wesentlicher Punkt, der Staat soll Justiz und Verwaltung „mit höherer Priorität“ über dieses Thema aufklären. Vorträge von „Sektenbeauftragten“ auf Richterakademien finden ja schon regelmäßig statt – doch offenbar ist man in kirchlichen Kreisen mit den Ergebnissen dieser intensiven „Aufklärung“ noch nicht zufrieden; noch nicht jeder Gerichtsprozess, in dem es um die Rechte religiöser Minderheiten geht, endet mit einem Urteil zugunsten der Kirchenvertreter.

Die rot-grüne Regierung (1998-2002) legte bei der Umsetzung der Forderungen der Enquete-Kommission zwar keinen sonderlichen

Arbeitseifer an den Tag. Doch man weiß aus Erfahrung, dass aufgeschoben für die Kirchen noch lange nicht aufgehoben bedeutet.

Für das Gebiet der psychologischen Beratung müssen sich die Kirchen allerdings eine neue Strategie überlegen. Ein Entwurf eines Gesetzes zur „gewerblichen Lebensbewältigungshilfe“ wurde Anfang 1998 wieder zurückgezogen, nachdem man offenbar gemerkt hatte, dass davon die Kirchen, die auf dem Gebiet der „Lebensberatung“ zunehmend auch gewerblich tätig sind, selbst betroffen wären. Ein kirchlicher Inquisitor wie der langjährige Mitarbeiter der Ev. Zentralstelle für Weltanschauungsfragen, Hans-Jörg Hemminger, von dem weite Teile des Abschlussberichts der Enquete-Kommission stammen sollen[259], war zeitweise selbst bei einer obskuren „Gesellschaft für Biblisch-Therapeutische Seelsorge“ tätig – obwohl er von seiner Ausbildung her gar kein Psychologe ist.[260] Hemminger und andere Kirchenvertreter gehen mit Verleumdungen und öffentlichen Kampagnen auch gegen Psychotherapeuten und Lebensberater vor. Gerhard und Maria Besier[261] berichten z.B. vom Fall des Nürnberger Gestalttherapeuten Sepp Schleicher, dessen Praxis vom katholischen Rufmordbeauftragten Ludwig Lanzhammer als „Psychosekte“ mit „totalitärer Gruppenstruktur“ bezeichnet wurde. Tatsache war lediglich, dass Schleichers Klienten gerne gemeinsame Wochenenden auf einem Reiterhof verbrachten und dabei in Reiterkleidung herumliefen. Schleicher und sein Kompagnon wurden durch den Rufmord in ihrer beruflichen Existenz vernichtet.

„Faschistische Züge“ der Sektenjagd

Kein Wunder, dass Prof. Martin Kriele von „faschistischen Zügen“ solcher Sektenjagd spricht. In einer Presseerklärung vom 24. August 1998 stellt er klar: „Ich werfe den Sektenjägern nicht vor, dass sie ‚Faschisten' seien. ... Es geht um bestimmte Elemente ihres Denkens und Agierens, die stark an die dreißiger Jahre erinnern.“ Kriele nennt unter anderem die „Aggressivität gegen wehrlose Minderheiten“, die „Rechtsfremdheit“ von Verfolgern, die immer wieder versuchen, die Rechtsregeln, die Minderheiten schützen sollen, zu durchlöchern, den „diffamierende(n), oftmals geradezu hysterische(n) Stil der Sektenjagd, der dem Stil der Nazipresse durchaus vergleichbar ist“, die „intellektuelle Primitivität“, die sich mit einfachsten Negativ-Etikettierungen begnügt sowie die Einschüchterung und das Mitläufertum, die dadurch bei vielen Zeitgenossen hervorgerufen werden, kurzum: „... ein Klima des Terrors und der Hysterie ...“[262]

Den Kirchen ist es auf diese Weise gelungen, die „Sekten“ zum „beliebtesten“ Feindbild unserer Tage zu machen. In einer Umfrage sprachen sich 80 Prozent der Befragten dafür aus, „die Sekten zu verbieten“[263] – und das, obwohl höchstens ein halbes Prozent der Bevölkerung neuen religiösen Bewegungen angehört.[264]

Auf diesem Hintergrund lässt sich auch verstehen, weshalb kirchliche Verleumdungsbeauftragte mit Parteivertretern sowohl des linken als auch des rechten Spektrums intensiv zusammenarbeiten. Das liegt wohl nicht nur an der Kirchenbindung der Politiker: der eher katholischen in der CSU und der eher protestantischen in der SPD. Es liegt möglicherweise auch daran, dass sowohl die Kirche als auch eine gewisse „linke“ Weltanschauung in einem Punkt übereinstimmen: Der Mensch als solcher ist schwach, ein „Sünder“, und das soll auch so bleiben; er braucht deshalb fürsorgliche „Betreuung“ von Kirche und Staat. Jegliche Ethik und Moral, die höhere Anforderungen an ihn stellt, ist von Übel, da sie ihn in der „freien Entfaltung“ seiner schwachen und sündhaften Persönlichkeit nur behindern würde. Ein geistig-religiöser Weg, der dem Menschen die Möglichkeit vor Augen stellt und das Ziel vorgibt, sich persönlich zum Besseren zu verändern, ist zu bekämpfen, da dies erstens unmöglich ist und zweitens zur Folge hätte, dass die Menschen sich am Ende einbilden, sie könnten besser wissen, wie sie ihr Leben gestalten wollen, als ihre religiösen und politischen Heilslehrer. Der Konstanzer Jurist Prof. Heinrich Wilms bescheinigt denn auch der Mehrheit der Enquete-Kommission „ein quasi-totalitäres Fürsorgeverhalten, das von dem Streben beherrscht wird, nicht-konformistische Glaubensüberzeugungen möglichst zu verhindern".[265] Und die Richterin Dorothee Osterhagen fügt hinzu: „Das hier transparent werdende Menschenbild eines weltanschaulich und bei der Sinnfindung staatlich konfliktgeschützten und dadurch in seiner Persönlichkeitsentwicklung degenerierenden Verbrauchers/Bürgers ist erschütternd."[266]

Auch Martin Kriele[267] konstatiert eine merkwürdige Koalition von linken mit kirchlichen Kräften. Ein militanter Atheismus, ein „fanatischer Eifer zur Ausrottung der Religion an sich" verbinde sich mit der kirchlichen Hierarchie gegen neue religiöse Strömungen. In der Theologie sei vieles an den Zeitgeist angepasst worden: ein „theologischer Rationalismus" habe Einzug gehalten, in dessen Rahmen Jesus Christus nicht mehr Gottes Sohn, sondern nur ein besonders moralischer Mensch gewesen sei usw. Doch viele Menschen fühlen sich in den Kirchen nicht zu Hause, sie suchen anderswo eine innere Orientierung. „Damit hatten die modernen Theologen nicht gerechnet. Sie sahen sich um ihren endgültigen Triumph gebracht ... Sie waren aufs Äußerste alarmiert und bliesen zum Kampf gegen ein religiöses und spirituelles Leben, das sich ihrer Kontrolle einfach entzog." Die Bekämpfer jeglicher Religion hingegen sahen für ihre Sache „nichts gewonnen, wenn die Kirchen schwinden und sich trotzdem ein neues religiöses Leben entfaltet. Dieses ist zunächst in die Kirchen zurückzutreiben, um dann zusammen mit ihnen unterzugehen."

Auch durchaus kirchenkritische Journalisten wie Peter Wensierski vom *Spiegel* werden plötzlich völlig unkritisch, wenn es gegen die „Sekten" geht – und übernehmen dann kirchliche Behauptungen, ohne sie zu überprüfen: „In Deutschland ist eine unüberschaubare Vielzahl von neuen religiösen und ideologischen Gemeinschaften und Psychogruppen entstanden. Rund 800 hat die Evangelische Zentralstelle für Weltanschauungsfragen bislang registriert ... In manchen dieser Zirkel sind Folter, Vergewaltigung und psychischer Terror üblich ... Eltern beklagen der Verlust ihrer Kinder, Freiheitsberaubung, Nötigung, Betrug, Urkundenfälschung und Wucher, Körperverletzung und Vergewaltigung. Kinder werden Opfer körperlicher Misshandlung oder sexuellen Missbrauchs."[268]

Wohlgemerkt: Der „kritische Journalist" spricht hier nicht von Fällen sexuellen Missbrauchs durch katholische Geistliche, die in großer Anzahl gerichtsbekannt sind. Er unterstellt dies den „Sekten", ohne irgend etwas davon nachzuprüfen – und ohne zu erfassen, dass es ja dann eine Flut von Aufsehen erregenden Prozessen geben müsste.

Den Koalitionären gegen die neue Religiosität kam es zugute, so Kriele weiter, „dass die liberale Tradition in Deutschland nie sehr gefestigt war". „Es ist, als bräuchten die Deutschen Ersatz dafür, dass sie sonst nicht mehr diskriminieren dürfen." Auf allen Gebieten werden in der Tat Diskriminierungen bekämpft: gegen die Ausgrenzung von Ausländern, Frauen, Juden, Behinderten, Farbigen wird mit Recht vorgegangen. Doch ausgerechnet „der Respekt vor Religion und Weltanschauung", so Kriele, ist für die Deutschen „das letzte, was sie begreifen". Das mag auch daran liegen, dass nirgendwo in Europa der Hexenwahn, die „Tradition des Grauens vor Magie und Esoterik", so intensiv wütete wie in Deutschland. Hier wurden „die Hexenrichter als Beschützer und Befreier empfunden, denen man so dankbar vertraute wie heute den Sektenbeauftragten. Dem Unrecht entgegenzutreten wäre nicht populär gewesen. Man wollte sich nicht exponieren ... Wie der Wind geht, so neigt sich der Halm."

Es wird von uns allen abhängen, ob es den Großkirchen gelingt, das Gift des Feindbilds „Sekte" immer tiefer in die Gesellschaft einzuträufeln – und dabei weiterhin ihre eigenen Privilegien abzusichern. Oder ob das „Ross Staat" den „Reiter Kirche" endlich abwirft, der immer noch das Ross lenkt und sich von ihm tragen lässt. Solange der Staat nicht dafür sorgt, dass alle Glaubensrichtungen gleich behandelt werden, so lange muss man sich um die Religionsfreiheit in diesem Lande (und auch in einigen Nachbarländern) Sorgen machen. Denn: „Nicht die neuen religiösen Bewegungen sind ein Problem, sondern der Umgang von Kirche und Staat mit religiösen Minderheiten."[269] Genau dieses Problem wird uns im folgenden Kapitel exemplarisch begegnen, wenn die Verfolgung *einer* religiösen Minderheit als ein Beispiel dargestellt wird.

Ross und Reiter ...

Kapitel 3

DIE VERFOLGUNG DER URCHRISTEN IM UNIVERSELLEN LEBEN

Abschnitt 1

NEU-BEGINN MIT HINDERNISSEN: DAS HEIMHOLUNGSWERK JESU CHRISTI (1981-1984)

„Bin ich also euer Feind geworden, weil ich euch die Wahrheit sage?“ (Gal 4, 16)

Es begann am 6. Januar 1975 – wohl nicht zufällig an dem Tag im Jahreslauf, an dem die alte Kirche der Geisttaufe Jesu im Jordan gedachte. Die 41jährige Würzburger Hausfrau Gabriele Wittek macht eine nicht nur für ihr Leben einschneidende Erfahrung, über die in einer Publikation des Universellen Lebens folgendes zu lesen ist: „Im Bewußtsein der demütig Betenden öffnete sich ein Spalt, durch den ihr – zunächst nur kurzzeitig – die unmittelbare Kommunikation mit der geistigen Welt möglich wurde. Es meldete sich ein Geistwesen, das sich als ihr geistiger Lehrer vorstellte und ihr erklärte, was in ihr und um sie in der geistigen Welt vor sich geht. Sie erschrak und war zunächst skeptisch. Doch die Kommunikation mit dem Geistbruder wurde intensiver, und er bereitete sie allmählich auf die Begegnung mit einem anderen vor: Christus.“ *

* Christian Sailer, „Der Feldzug der Schlange und das Wirken der Taube“, Verlag DAS WORT, Marktheidenfeld, 1998, S. 114 f. Dieses Buch stellt eine vorzügliche Einführung in die geistesgeschichtlichen Hintergründe dieses Geschehens und die Entwicklung des Universellen Lebens dar.

Prophetie: Gott spricht zu den Menschen

Ein solches Geschehen ist in der Geistesgeschichte der Menschheit nichts Einmaliges. Immer wieder sprach Gott – nach der Überzeugung vieler Religionen – zu den Menschen durch Propheten, durch erleuchtete Menschen, die der göttlichen Welt als Instrumente dienten. Immer wieder berief Gott, etwa im alten Israel, solche Wortträger des Geistes – und immer wieder sträubten sich die so Angesprochenen zunächst gegen die übermenschliche Bürde dieser gewaltigen Aufgabe.[270] Auch Gabriele wehrt sich zunächst gegen den Auftrag, der ihr übertragen wird: sich zunächst selbst unter der inneren Führung Christi von allem Allzu-Menschlichen zu befreien, um dann das Gotteswort allen Menschen, die dafür ein offenes Herz haben, geben zu können. Doch die Liebe zum Ewigen in Gabriele siegt.

Schon bald scharen sich Menschen um sie – erst ein kleiner Kreis, dann entstehen in einigen Städten Süddeutschlands erste Zellen einer neuen Bewegung, die einen Namen erhält: „Heimholungswerk Jesu Christi". In Nebenzimmern von Gasthäusern und in schlichten Versammlungsräumen offenbaren sich Christus und andere Wesen der Himmel durch Menschenmund. Nach Überzeugung der Menschen, die sich hier versammeln, wird nun wahr, was Christus als Jesus von Nazareth ankündigte: „Noch vieles habe Ich euch zu sagen, aber ihr könnt es jetzt noch nicht fassen. Wenn aber der Geist der Wahrheit kommt, so wird er euch in alle Wahrheit führen" (Joh 16, 12f). Die Fülle der Offenbarungen, die von dieser Anfangszeit bis heute durch Gabriele ausgesprochen und niedergeschrieben wurden und werden, geht tatsächlich weit über das hinaus, was uns von Jesus von Nazareth überliefert ist. Es geht bei den Offenbarungen um die Überwindung der Trennung des Menschen von Gott, um seine Rückkehr in die ewige Heimat, aus der jeder Mensch und jede

---

* vgl. hierzu: „Der Allgeist, GOTT, spricht unmittelbar durch Seine Prophetin in unsere Zeit hinein. Er spricht nicht das Bibelwort", Verlag DAS WORT, 2000, sowie: „Das ist Mein Wort. A und Ω. Das Evangelium

Seele im innersten Wesenskern stammt.* Es geht um die geistigen Ursachen von Krankheiten und die Möglichkeiten einer Heilung oder Linderung durch Selbsterkenntnis, Gebet und Glauben, wobei die Hilfe eines Arztes niemals ausgeschlossen wird.** Die geistige Welt offenbart den Aufbau der himmlischen Welten, die Struktur der Seele, das Geschehen nach dem irdischen Tod und die Möglichkeit der Wiederverkörperung der Seele in weiteren menschlichen Körpern.*** Doch die zentrale Botschaft ist der Weg nach Innen: Der Gott suchende Mensch wandert nach innen, um den Reichtum seiner Seele zu entdecken und zu entfalten, um sein Bewusstsein zu erschließen, um wieder bewusst zu dem kosmischen, freien, glücklichen Wesen zu werden, das er im Innersten schon ist und immer war. Dazu ist es notwendig, die Belastungen der Seele, die uns von Gott und dem Nächsten trennen, zu erkennen und mit der Hilfe Christi abzulegen. Der Innere Weg ist die gelebte Bergpredigt.****

Hier wird das geistige Fundament für das spätere Universelle Leben gelegt. Die Kreise, die rasch im gesamten deutschsprachigen Raum und darüber hinaus entstehen, erhalten einen Namen: „Innere Geist=Christus-Kirche". Der Name ist Programm: Es entsteht keine äußere Kirche mit Riten und Zeremonien, mit Dogmen und Sakramenten, sondern eine Kirche des Inneren. Es gibt keine festgefügten Abläufe, keine Priester, keine Kirchenmitglieder und keine Kirchensteuer. Nicht in Tempeln aus Stein soll der Mensch Gott suchen und finden, sondern im Tempel seines Inneren – denn in jedem von uns wohnt Gott.

Jesu. Die Christus-Offenbarung, welche inzwischen die wahren Christen in aller Welt kennen", Verlag DAS WORT

** vgl. hierzu: „Ursache und Entstehung aller Krankheiten" oder „Glaubensheilung – die Ganzheitsheilung", beide erschienen im Verlag DAS WORT

*** vgl. hierzu: „Dein Leben im Diesseits ist Dein Leben im Jenseits", Verlag DAS WORT, 1992

**** vgl. hierzu: „Der Innere Weg", Gesamtausgabe, Verlag DAS WORT

Dies war es auch, was der Geist Gottes durch Gabriele den kirchlichen Obrigkeiten zu sagen hatte. Im November 1980 wurde durch die Prophetin Gottes dem Oberhaupt der katholischen Kirche, Papst Johannes Paul II., ein Gesprächsangebot gemacht, in dem es hieß:

„Jesus Christus ist nicht mehr der Träger dieser äußeren Kirche, da die Theologen nicht mehr nach den Worten des Herrn leben. ... So tragen die Theologen wohl ihre Bibelwerke unter dem Arm, das Wort Gottes jedoch nicht in ihren Herzen. ... Wir sind alle Brüder und Schwestern und unseres Herrn Kinder. Somit bist du auf Erden dieser Gottesprophetin gleichgestellt. Bedenke, du bist vor Gott nichts anderes als ihr Bruder. Welche Titel und Ämter bekleidete Jesus Christus in dieser Welt? Er war des Zimmermanns Josefs Sohn. ... Oh Bruder, steige von deinem hohen Roß herab. Lege die prunkvollen Gewänder und die Krone ab ... Denn der durch den Staub dieser Erde wandelte, hatte keine golddurchwirkten Gewänder und keine Krone aus Gold und Edelsteinen. Er war ein einfacher Mann des Volkes ...“

Im Januar 1981 folgte ein ähnlicher Brief an die Bischöfe der katholischen und evangelischen Kirche in Deutschland:

„Der Heilige Geist weht, wo Er will, und ergießt sich in die Herzen jener, die Ihn mehr lieben als diese Welt. Wenn du Jesus Christus mehr liebst als deine Titel und Würden, so höre, was dir der Herr zu sagen hat, und komme als Bruder zu Brüdern und Schwestern.“

Auf diese Briefe kam nie eine Antwort – oder war die Antwort das, was die Kirchenoberen gegen die Urchristen wenig später vom Zaune brachen?

Der Prophet – ein Ärgernis

Ein Prophet ist für viele seiner Zeitgenossen ein Ärgernis. Das war bereits bei den großen Propheten des Judentums so – weshalb soll es im 20. Jahrhundert anders sein? Schon die Propheten der Israeliten sprachen im Auftrag Gottes die unverblümte Wahrheit aus – gleich, ob kirchliche und staatliche Obrigkeiten diese gerne vernahmen oder nicht. Die Propheten prangerten die Ungerechtigkeit und die Prunkliebe der Hochgestellten an, sie sprachen sich gegen Unterdrückung, Heuchelei und die Opferung von Tieren aus – und stießen damals schon auf den erbitterten Widerstand der Priesterkaste. Die Priester, die sich als scheinbar unentbehrliche Mittler zwischen Gott und den Menschen schieben, bekämpfen die Prophetische Rede, durch die der Mensch in eine unmittelbare innere Beziehung zu Gott hineingeführt wird, die keiner äußeren Vermittlung bedarf. Der Theologe Prof. Walter Nigg bezeichnete daher in seinem Werk „Prophetische Denker" die Priesterkaste als den „Feind der Propheten".[271]

Anfangs bleibt die neue Bewegung weitgehend unbehelligt. „Ein neuer Zirkel, wie die alte Kirche schon viele hat kommen und gehen sehen, vielleicht einige Schwärmer, die sich mit sich selbst beschäftigen", so mag man in den Amtsstuben der kirchlichen Hierarchie gedacht haben. Denn: Wer nur redet und betet, ist für die etablierten Kirchen kaum eine Gefahr.

Doch der Kreis wächst. Als die rührigen Urchristen in der tiefkatholischen Bischofsstadt Würzburg für ihre wöchentlichen Treffen aus dem Hinterzimmer einer Nebenstraße in einen Saal im Hauptbahnhof umziehen, macht man sich offenbar doch langsam Gedanken, ob da nicht zu viele von der Fahne gehen könnten. Man kann der neuen Bewegung auch nicht mit dem gängigen Klischee eines aus dem Ausland importierten Gurus begegnen: Es ist im Sprachgebrauch der Kirchen eine „deutsche Sonderentwicklung".

Telefonterror

Was nun folgt, ist eine typisch katholische Reaktion: Der erste Angriff erfolgt „hinten herum". Gabriele, ihr Mann und ihre Tochter lebten damals in einem Reihenhaus am Stadtrand von Würzburg. Ein Augenzeuge und Freund der Familie erinnert sich an diese Vorgänge:

„Zu Weihnachten 1981, am Abend des 24. Dezember, erfolgten gegen 18 Uhr in der Wohnung unserer Schwester in der Bergstraße mehrere Anrufe des gleichen Sprechers, auch mit den gleichen Stimmen im Hintergrund. Der Sprecher sagte, bei ihm sei ein Suizidgefährdeter; dieser möchte am heutigen Weihnachtsabend zu unserer Schwester kommen. Es wurde ihm erklärt: Wenn er zum Gebet um 20 Uhr kommen möchte, dann ist er herzlich eingeladen, mehr kann unsere Schwester nicht für ihn tun. Man hörte im Hintergrund Stimmen, dann legte der Sprecher auf – der ‚Suizidgefährdete' erschien nicht. Wir hatten den Eindruck, dass es ein fingierter Anruf war.

In der Folgezeit erfolgten immer wieder Drohanrufe im Haus unserer Schwester. Diese Anrufe wurden zu einer Selbstverständlichkeit. Noch nachts um 2 Uhr wurden Verwünschungs- und Verfluchungsdrohungen ausgesprochen. Kurz nachdem der Telefonhörer aufgelegt war, erfolgte der nächste Anruf, mit dem die Verfluchung fortgesetzt wurde, dann ein dritter, mit dem sie abgeschlossen wurde. Im Hintergrund hörte man ebenfalls Stimmen."

Die erste Verleumdungswelle rollt

Nachdem dieser Telefonterror kein Nachlassen der Aktivitäten des Heimholungswerkes zur Folge hatte, erfolgte ein erster öffentlicher Angriff im Sommer 1982. Zunächst benutzt die katholische Kirche ihre eigenen Medienkanäle – hauptsächlich das Würzburger *Katholische Sonntagsblatt*. Am 20. Juni 1982 erscheint dort ein Artikel mit der Überschrift: „Für Schäden keine Haftung!" Die Botschaft des Heimholungswerkes Jesu Christi wird darin als „verfälschte Botschaft" bezeichnet. Und schon taucht das erste falsche Zitat auf: Dem Heimholungswerk wird in den Mund gelegt, es behaupte, „die einzig wahre Kirche Jesu Christi" zu sein. Tatsache ist: In den Schrif-

Für Schäden keine Haftung!

Gedanken einer Hausfrau über das „Heimholungswerk Jesu Christi“

Klärungshilfen für Katholiken

Würzburger Katholisches Sonntagsblatt, 20. Juni 1992

ten der Urchristen wird das Urchristentum als „die wahre Weltreligion“ bezeichnet. Das „einzig“ hat die als „Hausfrau“ bezeichnete Autorin des Artikels, eine katholische Journalistin namens Jutta Falke, hinzugedichtet. Ein typischer Fall von Projektion – denn die alleinseligmachende Kirche ist nach katholischem Dogma nun mal die katholische Kirche und sonst niemand.

Und schon kommt die nächste Lüge: Es werde im Heimholungswerk Heilung „versprochen“. Ein solches Versprechen wird jedoch bei der Heilung durch Gebet und Glauben, die die Urchristen, dem Vorbild des Nazareners folgend, praktizieren, *nicht* abgegeben. Der nächste Vorwurf: Man weise die Gläubigen an, keine andere Literatur zu lesen als die des Heimholungswerks – eine weitere Lüge und Projektion zugleich, denn einen Index verbotener Bücher, die Katholiken nicht lesen durften, gab es in der römischen Kirche bis in die 60er Jahre hinein. Die Gläubigen des Heimholungswerkes sollten „nicht nachdenken, sich keine eigene Meinung bilden“. Ihre Kritikfähigkeit werde „systematisch abgebaut oder gar zerstört und die Vernunft abgeschaltet“. Im Heimholungswerk würden die Menschen „hörig gemacht, in Abhängigkeit versklavt, verdummt, bis sie engstirnig nur das vertreten, was man ihnen sagt“. Besser hätte man die katholische Bildungspraxis der letzten 1500 Jahre nicht beschreiben können.

Dann erfolgen persönliche Angriffe auf die Prophetin: „Ein lieber, guter, harmloser Mensch, Hausfrau und Mutter wie du und ich, gründet eine ‚Kirche'“ ... Die Prophetin merke nicht, dass sie zu einer „willenlosen Marionette degradiert“ werde. Sie würde „Lügen verbreiten“ – welche dies sein sollen, wird jedoch nicht gesagt – und „Haß säen“ – indem die Urchristen auf Tatsachen aus der Kirchengeschichte hinweisen.

Die „Frau aller Völker“

Einen Hinweis darauf, wer hinter dieser Kampagne steckt, findet man in einem Kasten neben dem Artikel: „Weitere Klärungshilfen für Katholiken“, so heißt es da, könnten bei der Organisation *„Das große Zeichen – die Frau aller Völker“* im St.-Kilianshaus in Würzburg angefordert werden.

Zu einer Zeit, in der längst noch nicht alle katholischen Diözesen „Sekten“-Beauftragte – oder vielmehr Rufmord-Beauftragte – ernannt haben, fühlt sich in Würzburg besonders diese Organisation zur Abwehr alles nicht-katholischen Bösen berufen. Der Name lehnt sich an die Geheime Offenbarung des Johannes im Neuen Testament an, wo von einer „Frau aller Völker“ die Rede ist – welche von der Kirche in der Regel mit Maria gleichgesetzt wird. „Das große Zeichen – die Frau aller Völker“ ist jedoch eine sektenartige Gruppierung innerhalb der katholischen Kirche, die sich auf eine Marienerscheinung des 20. Jahrhunderts in Holland beruft und sich diesen Namen zugelegt hat. Besonders pikant ist, dass im Zusammenhang mit dieser angeblichen Marienerscheinung spiritistische Phänomene wie starker Geruch, Lärm und Schüsse auftraten.[272] Und eine solche Gruppierung will sich nun ein Urteil über das Prophetische Innere Wort anmaßen ...

Den deutschen Zweig dieser Mariensekte gründete 1968 in Würzburg der freie Journalist und Hobby-Großwildjäger Franz Graf von Magnis. Graf Magnis stammt aus schlesisch-katholischem Adel und wurde 1927 in der Nähe von Glatz (heute: Klodzko in Südpolen) geboren. Für seine Verdienste bei der Verfolgung religiöser Minderheiten bekam er 1987 von Papst Johannes Paul II. den päpstlichen Silverster-Orden verliehen.

Die Urchristen setzen sich zur Wehr

Die Urchristen setzen sich am 7. Juli 1982 gegen den *Sonntagsblatt*-Artikel mit einer großformatigen Anzeige in der *Main-Post* zur Wehr – Überschrift: „Sind wir von Gott verlassen?“ Sie weisen in dieser Anzeige mit wissenschaftlicher Sorgfalt auf die Widersprüche in der Bibel hin, zeigen die Gräuel einer blutigen Kirchengeschichte auf und stellen dazu die Frage: „Lebt die Kirche nach der Bibel?“ Daraufhin wird ihnen von der Pressestelle des bischöflichen Ordinariats „üble antichristliche, speziell antikatholische Propaganda“ vorgeworfen. Es sei ein „trübes Wasser, aus dem hier geschöpft wird“. Ein Alois Kemmer aus Ochsenfurt schreibt in einem Leserbrief, die *Main-Post* sei „mit dem Abdruck der Anzeige ... wirklich ganz von Gott verlassen gewesen“.

Die Kirche beabsichtigte wohl zunächst nur, ihre „eigene“ Klientel mit den Verleumdungen gegen die neuartigen Ketzer einzuschwören. Mit einer öffentlichen Auseinandersetzung hatte man offenbar nicht gerechnet. Doch welche Möglichkeit der Entgegnung bleibt einer Minderheit, die weder über ein auflagenstarkes eigenes Presseorgan noch über eine Presseagentur mit entsprechenden Kontakten zur Tagespresse verfügt? Eine bezahlte Anzeige.

Pfarrer Haack meldet sich zu Wort

Diese Anzeige ruft nun auch den lutherischen Pfarrer Haack aus München erstmalig auf den Plan. Am 12. Juli 1982 steht in der *Lohrer Zeitung* zu lesen, diese Anzeige habe ihn, Pfarrer Haack, „veranlasst, Christen vor dieser Sekte zu warnen“. Es handle sich hier „um eine neue spiritistische Sekte“, die „hinduistisches und christliches Gedankengut vermische.“

Auch dies ist eine Projektion – denn kaum eine Weltreligion hat so viel fremdes Gedankengut aufgenommen wie die römisch-katholische Staatskirche, von der sich auch die lutherische Kirche herleitet. Zudem ist es die Schuld der Kirche, dass das angeblich nur „hinduistische“ Gesetz von Saat und Ernte (oder: Karma-Gesetz) den Gläubigen meist unterschlagen wird, obwohl es an zahlreichen Stellen in der Bibel zu finden ist, so etwa im Galaterbrief: „Was der Mensch sät, das wird er ernten.“ Und das Wissen um die Reinkarnation findet sich vor allem in frühchristlicher Literatur außerhalb der Bibel und wurde erst im 6. Jahrhundert aus der kirchlichen Lehre verbannt.

Haack warnt vor dem „Absolutheitsanspruch solcher preudoprophetischer und pseudooffenbarerischer Bewegungen“ und vor einer Lehre, die nach seiner Meinung „oft sämtliche Lebensbereiche in Beschlag lege“.

Als ob das nicht das Ziel jeglicher Religion wäre: dem Menschen Anleitung für ein gottgewolltes Leben in allen Bereichen zu geben.

Warnung vor Andersgläubigen: Vorsicht – ansteckend!

Doch ansonsten überlässt Haack die Bearbeitung dieses „Falles“ vorläufig noch seinem Inquisitorkollegen Magnis in Würzburg. Der erklärt am Telefon gegenüber einem Mitarbeiter des Heimholungswerkes ganz offen, dass er sich wünschen würde, diese Bewegung innerhalb der Kirche zu sehen. (Ähnliches ereignete sich einige Jahre später.*) Doch dieser Umarmungsversuch bleibt ohne Reaktion.

---

* Einige Jahre später berief sich ein Magister aus Berlin in einem Brief an denselben Mitarbeiter des Heimholungswerks auf Kontakte zum Augsburger Bischof Stimpfle und deutete an, er könne den Weg zu einer Anerkennung des Werkes als innerkirchliche Gemeinschaft ebnen. Auch auf dieses Angebot wurde nicht eingegangen, um das Prophetische Wort Gottes nicht der Einflussnahme der Institution Kirche auszusetzen. (Die Kirche hat in ihrer Geschichte immer wieder versucht, alternative Bewegungen zu vereinnahmen, um sie dann in ihre Bahnen zu lenken.)

Kritische Stellungnahmen

zum angeblichen

»Heimholungswerk Jesu Christi«

oder auch

»Innere Geist-Jesu-Kirche«

Herausgegeben, Würzburg, 29. September 1982.
Verantwortlich:
Arbeitsgemeinschaft e. V. DAS GROSSE ZEICHEN – DIE FRAU ALLER VÖLKER
8700 Würzburg 11, Postfach 349

Die erste Schmähschrift

Magnis gibt im September 1984 eine Schrift der „Frau aller Völker“ heraus mit dem Titel: „Kritische Stellungnahmen zum angeblichen Heimholungswerk Jesu Christi oder auch Innere Geist-Jesu-Kirche“. Bereits im Titel offenbart sich der gräflich-sträfliche Umgang mit der Wahrheit: Nicht einmal den Begriff „Innere Geist=Christus-Kirche“ vermag er richtig abzuschreiben.

In dieser Schmähschrift wird die Prophetin Gabriele als eine „bedauernswerte, unserem Gebet anvertraute Frau“ hingestellt, so dass „... eine öffentliche Auseinandersetzung mit ihr uns grausam und unbarmherzig erschiene“. Die Lehre, die sie verkünde, sei ein „zusammengeflicktes Denkgebäude aus östlichen Weisheiten, christlichen Schriftstellen, alternativen Gesundheitsvorschlägen“ – hier wird ausgerechnet aus vielen Dutzend in der Schrift „Erkenne und heile dich selbst durch die Kraft des Geistes“ erwähnten Heilpflanzen die Stelle ausgewählt: „Weidenröschenduft stärkt die Prostata.“ (Was wohl ein Psychologe über die sexuellen Hintergründe dieser Auswahl sagen würde? Der Würzburger Bischof Scheele erhält jedenfalls in einem Antwortschreiben des Heimholungswerkes Fotokopien aus einem von einem katholischen Pfarramt gutgeheißenen Naturheilkundebuch, die diese Heilwirkung für die Prostata bestätigen.) Die Lehre des Heimholungswerkes, so Magnis weiter, baue „auf Haß gegen die Katholische Kirche“, es sei ein „falscher Geist“, der hier rede und sich „lügnerisch als Geist-Jesus“ ausgebe. (Wie unsauber Magnis arbeitet, sieht man bis in die Wortwahl hinein: Der Begriff „Geist-Jesus“ ist im Heimholungswerk unbekannt.) Gabriele wird unterstellt, sie würde sich selbst als „spiritistisches Medium Jesu“ bezeichnen – obwohl sie so etwas nie gesagt hat. Vor lauter Verleumdungseifer verheddert Magnis sich in Widersprüche: Einerseits sollen die Offenbarungen „so langweilig" sein, „dass Zuhörer in sanften Schlummer versinken". Andererseits ließen sich die „Schlichten, Gutgläubigen" durch die „magische Atmosphäre" verzaubern. (Zwischen diesen Polen bewegt sich ohne Zweifel ein normaler katholischer Gottesdienst.) Magnis spricht von einer „Gehirnwäsche-Programmierung" und behauptet: „Alles, was die Prophetin ihren Anhängern verkündet, muß kritiklos angenommen werden." So werde „das kritische Bewusstsein ausgeschaltet", die Anhänger würden „computerhaft mit den Lehren aufgeladen".

Als „Beleg" für solche Behauptungen führt Magnis lediglich an, dass es nach Auffassung der Urchristen keinen Sinn hat, über offenbarte Wahrheiten zu diskutieren, weil es sich dabei um Glaubensfragen handelt, die einer wissenschaftlichen Beweisführung unzugänglich sind. Man kann daran glauben oder auch nicht, aber man braucht darüber kein Streitgespräch zu führen. Der Graf unterstellt also seinen Lesern, dass sie zwischen der *Annahme* einer Lehre und der *Diskussion* darüber nicht unterscheiden können. Doch mit seinen Behauptungen über die angebliche „Gehirnwäsche", die nach wissenschaftlicher Erkenntnis gar nicht möglich ist[273], liegt er voll im Trend der damaligen Kampagnen gegen die „Jugendsekten". Magnis beweist jedoch auch eigene verleumderische Kreativität, indem er das Gottesbild der Urchristen auf einen „geistig-göttlichen Äther" verkürzt und diesem dann den „persönlichen Gott" der Kirche gegenüberstellt. In Wirklichkeit glauben auch Urchristen sehr wohl an einen persönlichen Gott – wenn auch nicht an den katholischen Gott der „ewigen Verdammnis". Der „unpersönliche Gott" ist demgegenüber der ewig fließende Gottesgeist, der alles Sein durchströmt. Doch einen Inquisitor interessiert nicht die Wahrheit, sondern die Verächtlichmachung der Andersgläubigen, nicht zuletzt durch Wortverdrehungen.

An dieser Stelle sei angemerkt, dass in diesem Buch auf eine ausführliche Einführung in den Glauben der Urchristen verzichtet wird.

Dem Leser wird sich ohnehin der urchristliche Glaube in wesentlichen Aspekten sozusagen indirekt erschließen – als Richtigstellung der Lügen kirchlicher Rufmordbeauftragter. Der Leser erhält zu den Behauptungen der Kirchenvertreter jeweils die Tatsachen gegenübergestellt, so dass er sich ein eigenes Bild machen kann.

Die Verleumdungswelle rollt weiter. Das Heimholungswerk wird im Herbst 1982 zu einer festen Rubrik im *Katholischen Sonntagsblatt* Würzburgs. Unter der Überschrift „Die fixe Idee" schreibt Jutta Falke am 3. Oktober über die „Verlockungen" des Heimholungswerks. Sie räumt zwar ein, dass auch die „echten Mystiker" von einem „inneren Wort" gewusst hätten. Doch es sei viel zu gefährlich, sich damit ohne die „Amtsautorität der Kirche" zu befassen. Das „Dämonische" lauere hier auf den Menschen und man könne in eine „Geisteskrankheit" fallen, wenn man es auf eigene Faust versuche.

Im Klartext: Solange so etwas im Schoß der Kirche erfolgt, kann man ja darüber reden. Aber außerhalb kann es nur „dämonisch" sein – so wie auch Jesus von Nazareth von den Schriftgelehrten als „teuflisch" verleumdet wurde, als sie Ihm z.B. unterstellten, dass Er mit Beelzebub Dämonen austreibe.

Noch ist die Argumentation stark auf den katholischen Leser abgestellt. Die Nicht-Anerkennung der Jungfrauengeburt durch das Heimholungswerk wird als „größte Lüge des HHW" bezeichnet – als ob man den Wahrheitsgehalt eines solchen Glaubens-Dogmas in irgendeiner Weise beweisen könnte. Die Gläubigen werden vor einem „bedingungslosen, blinden Gehorsam" gewarnt (und das ausgerechnet in einer katholischen Zeitung) und davor, dass ihr „Idealismus missbraucht" werden könne. Man habe das Recht, sich von „Menschen mit einer fixen Idee ... fernzuhalten", wenn die „Gefahr der Ansteckung besteht".

„Ansteckungsgefahr" – davor hatten auch die Inquisitoren des Mittelalters die Gläubigen gewarnt. Doch eine rein theologische Argumentationsweise beeindruckt den heutigen Menschen kaum mehr. Also legt man nach. Jutta Falke behauptet im November 1982, im Heimholungswerk würden „Familien zerbrechen", die Anhänger handelten „der eigenen Familie gegenüber herzlos, verlassen und zerstören sie dadurch oder tyrannisieren die Ihren mit ihren falschen Lehren". Besonders herzlos verhalte man sich gegenüber der katholischen Kirche, ja man verwende – der Höhepunkt des Frevels – bei seiner Kirchenkritik sogar die Aussagen atheistischer Autoren!

Eine Familie wird zerstört

Der Vorwurf der „Familienzerstörung" fällt aber auf die Kirche selbst zurück – schon allein, wenn man sich die Scheidungszahlen katholischer Ehepaare vor Augen hält. Er entpuppt sich zudem als zynische Heuchelei, wenn man weiß, was die kirchliche Rufmordarbeit allein bei der Familie der Prophetin bereits in dieser Anfangszeit angerichtet hatte.

Gabrieles Mann, erfolgreicher Leiter eines Konzernunternehmens, wurde von seinen Vorgesetzten vor die Entscheidung gestellt: Entweder er ist für den Betrieb, oder er unterstützt das Tun seiner Frau. Damit der Ernährer der Familie nicht arbeitslos auf der Straße landete, distanzierte er sich von seiner Frau. Gabriele selbst schrieb viele Jahre später in einem Brief an den lutherischen Rufmordbeauftragten Behnk über diese Zeit: „Mein Mann traute sich nicht mehr, sich mit mir sehen zu lassen, weil er seiner Firma das von ihr geforderte Versprechen gegeben hatte, sich von meinem Wirken zu distanzieren. ... Durch dieses von meinem Mann geforderte Verhalten trat nach einer geraumen Zeit eine andere Frau in sein Leben. Das bedeutet für mich, das Haus, das Heim und die Familie zu verlassen. ... Meine Familie trifft sich nicht einmal mehr. ... Ich bin eine Ausgestoßene geworden – durch die Hetzjagd der modernen Menschenjäger."[274]

Wir werden später sehen[275], dass der Verfolgungsfanatismus solcher Menschenjäger Gabriele auch in ihrer weiteren irdischen Familie, an ihrem Herkunftsort, zur Ausgestoßenen machte. Es ist der erste, aber nicht der letzte Fall, in dem die Kirche die Familie eines Urchristen zerstörte – und nicht umgekehrt dieser die Zerstörung verursachte, wie es von kirchlicher Seite frech und verleumderisch behauptet wird.

Und ein Weiteres wird dadurch deutlich: Die spätere Errichtung eigener, urchristlich geführter Betriebe war nicht nur ein wichtiger Schritt in Richtung eines gelebten Urchristentums – sie war auch für die Menschen, die sich offen für das Heimholungswerk bzw. das Universelle Leben einsetzten, bald eine existenzielle Notwendigkeit. Als Gabrieles Ehe durch Druck von kirchlicher Seite zerbrach, gab es solche Betriebe jedoch noch nicht.

Direkte Pression auf den privaten Bereich gehört offenbar zu einer echten katholischen Rufmordkampagne. Graf Magnis begann jedenfalls damit, Zeitungsausschnitte des Sonntagsblatts an verschiedene ihm offenbar bekannt gewordene Adressen von Mitarbeitern und Sympathisanten des Heimholungswerkes zu versenden. Als einige der auf diese Weise Belästigten dazu übergingen, die Annahme weiterer Zuschriften zu verweigern und sie mit dem Vermerk „Zurück an Absender“ zurückzuschicken, deutete dies Jutta Falke im nächsten Artikel prompt als: „Gespräche werden abgelehnt.“

Heilung wie im Urchristentum – das darf nicht sein!

Das erste Gift ist ausgestreut. Doch die Urchristen lassen sich nicht einschüchtern. Sie machen mit Handzetteln und Kleinanzeigen die Bevölkerung auf die neue Botschaft aufmerksam. Als eine Marketingfirma aus Limburg im März 1983 auf das Heimholungswerk zugeht und diesem vorschlägt, auf einem Plakat für „Krebsvorsorge“ eine Anzeige über „urchristliche Glaubensheilung“ zu veröffentlichen, stimmen die Angesprochenen zu. Das Plakat wird in vielen Arztpraxen ausgehängt. Prompt meldet sich die *Katholische Nachrich-*

tenagentur und verbreitet eine „Warnung“ des Bischöflichen Ordinariates Würzburg „vor Wunderheilern“. Darin heißt es, eine Prophetin spreche „in Trance“ und erteile Ratschläge zur Gesundheit. Man verspreche „Heilungen wie im Urchristentum“. „Wenn die Heilung bei dem gutgläubig hilfesuchenden Kranken ausbleibt, wird diesem gesagt, sein Glaube reiche nicht aus.“

Auch hier wird wieder ein ganzer Sack voll Lügen auf engstem Raum ausgeschüttet. Die Urchristen führen zwar tatsächlich Veranstaltungen durch, auf denen sie für heilungsuchende Menschen beten, so wie dies Jesus und Seine Jünger getan haben. Doch keinem wird eine Heilung versprochen. Es wird auch niemandem ein “mangelnder Glaube“ vorgeworfen. Es wird den Menschen lediglich erklärt, dass es zunächst um die Heilung der Seele geht. Reinigt sich diese von ihren Belastungen, so kann auch der Körper Linderung oder Heilung erfahren, so es für die Seele des Menschen gut ist.

Im Übrigen spricht die Prophetin Gabriele nicht in Trance, sondern im vollen Wachbewusstsein. Dieser Umstand ist keineswegs unwesentlich, sondern ein Kennzeichen wahrer Gottesprophetie. Es zeigt sich nämlich darin, dass Gott den freien Willen jedes Menschen respektiert. Was Er durch einen Propheten ausspricht, das soll dieser auch wissen.

Die Kirche reagiert nicht von ungefähr beim Thema „Heilung wie im Urchristentum“ so allergisch. Denn es handelt sich hier um einen der „uneingelösten Schuldscheine der Kirche“, wie es der Kirchenhistoriker Walter Nigg ausdrückte. Heilung durch Gebet und Glauben war im frühen Christentum selbstverständlich. Doch sehr bald ging sie verloren. Wer sie heute wieder belebt, muss offensichtlich von der Kirche bekämpft werden – zumindest, wenn er dies außerhalb der Institution Kirche tut. Hinter den Kulissen erstattete das Ordinariat Würzburg deshalb Strafanzeige gegen Gabriele wegen angeblichen Verstoßes gegen das Heilpraktikergesetz. Als die Urchristen jedoch nachwiesen, dass Jesus selbst in der Bibel den Auftrag zum

Heilen an Seine Jünger gab, dass es auch heute in zahlreichen Konfessionen – vor allem Pfingstkirchen – und auch innerhalb der Kirche in charismatischen Strömungen „Heilungsgottesdienste" und Handauflegen gibt, war dieser juristische Angriff vom Tisch.

Die Wahnvorstellungen des Pastor Keden

Aber publizistisch geht der Angriff weiter. Auch die lutherische Kirche mag von frühchristlicher Religionsäußerung nichts wissen. So etwas passt wohl nicht in die „aufgeklärt-rationalistische" Theologie unserer Tage. Der *Evangelische Pressedienst (epd)* übernimmt die erwähnte Meldung (S. 153) der *KNA*, die so in zahlreichen Tageszeitungen vor allem des süddeutschen Raumes abgedruckt wird. Als auch in Bonn zu Veranstaltungen mit Heilungs-Meditationen eingeladen wird, reagiert Pastor Keden, den wir bereits als Mitglied der bundesweiten Anti-Sekten-Seilschaft des Pfarrer Haack kennen gelernt haben.[276] Er greift als erstes die Stadt Bonn an, die es gewagt hat, dem Heimholungswerk Räume im Altstadtcenter zu vermieten. Die Stadt verteidigt sich zwar: Man lehne es ab, „die politische oder religiöse Überzeugung des Mieters zu prüfen", und aus dem Vertrag könne man nicht heraus. Doch man will auch keinen Ärger: Für weitere Veranstaltungen werde man keine Räume mehr zur Verfügung stellen.[277] Mehr auf Kedens Linie ist da schon Hermann Reifferscheidt, der Leiter des städtischen Jugendamtes: Er habe „keine Zweifel, dass die Stadt rechtliche Konsequenzen gegen das ‚Heimholungswerk Jesu Christi' ziehen wird, wenn sie davon überzeugt ist, dass es sich um eine jugendgefährdende Sekte handelt".[278] Welche „Konsequenzen" das sein könnten, will er der Presse jedoch nicht sagen. Für tiefere Griffe in die Verleumdungskiste ist ja der Pastor zuständig. Keden spricht von „Seelenfängern", durch die junge Menschen „in eine kritiklose Abhängigkeit" geraten könnten. Die Prophetin leide unter „religiösen Wahnvorstellungen", die Meditationen seien mit „okkultistischen Elementen gespickt".[279]

Das Heimholungswerk antwortet mit einer öffentlichen Veranstaltung, auf der die Urchristen zu den Verleumdungen Stellung beziehen. Es kommen 300 Bürger – doch wie berichtet die Presse? „Heimholungswerk kämpft gegen Pastor Keden“ lautet die Schlagzeile der *Bonner Rundschau* am 23.4.83. Man habe sich auf den Jugendpastor „eingeschossen“ und „gerichtliche Schritte angedroht“. Über die an diesem Abend ausführlich vorgetragenen Tatsachen und Richtigstellungen wird kein Satz geschrieben.

„Heimholungswerk“ kämpft gegen Pastor Keden

Warnung wird von der Kirchenleitung unterstützt — Bonn neuer Arbeitsschwerpunkt der synkretistischen Mischreligion

HRK Bonn. Eingeschossen auf Jugendpastor Joachim Keden hat sich das in Bonn aktiv tätige sogenannte „Heimholungswerk Jesu Christi“. Bei einer Abendveranstaltung am Donnerstag im Hotel Bristol, an der rund 300 Menschen teilnahmen, griff Harald Dohle vom Heimholungswerk Pastor Keden heftig an. Er warf ihm vor, das „Evangelisierungswerk“ mit einer abzulehnenden gefährlichen Jugendsekte gleichzusetzen. Für seine Warnungen vor dem Heimholungswerk habe der Pastor nicht einmal die Unterstützung seiner Kirchenleitung. Bereits vor Wochen war das Heimholungswerk in einer großen Anzeige gegen Pastor Keden zu Felde gezogen und hatte ihn aufgefordert, das Werk „nicht mehr als Sekte verächtlich zu machen“. In einem Brief an Keden wurden zusätzlich noch gerichtliche Schritte angedroht.

Nach Auskunft der katholischen Arbeitsgemeinschaft „Das große Zeichen, die Frau aller Völker" des Bistums Würzburg handelt es sich beim dem Heimholungswerk um eine sogenannte synkretistische Mischreligion, deren Botschaft, kurz ausgedrückt, ein Gemisch aus falschen Bibelzitaten, alternativen Lebensregeln und Lehren fernöstlicher Religionen zum Inhalt hat. Diese Botschaft, in den Schriften des Heimholungswerks ausgebreitet, gibt die Urkraft (Gott) an die Menschen weiter durch die „Prophetin der Jetztzeit“ Gabriele Wittek, eine 45 Jahre alte Hausfrau aus Würzburg mit einem "extrem hysterisch überzogenen Sendungsbewußtsein" (Arbeitsgemeinschaft Würzburg) und die sich von Jesus, der sich in Form einer Lichtglocke über sie stülpt, besessen weiß. Die Wurzeln dieser Prophezeiungen sind, so die Arbeitsgemeinschaft, „leicht aufzuzeigen“.

Tendenziöse Berichterstattung: Bonner Rundschau, 23.4.1983

Die Presse spielt genau die Rolle, die ihr die Kirche zugedacht hat – gute Voraussetzungen für Keden, das Feuer weiter zu schüren. Über den Arbeitskreis gegen destruktive Kulte in Bonn gibt er eine Broschüre über „Jugendsekten“ heraus, in der er dem Heimholungswerk unterstellt, es ginge ihm nur um Besitz und Vermögen seiner Anhänger. In seiner Darstellung der Lehre des Heimholungswerks reiht sich eine Lüge an die andere: Es werde gelehrt, dass man „auch im irdischen Körper ... mit den Geistern Verstorbener Kontakt aufnehmen“ könne – genau davor wird man dort aber im Gegenteil gewarnt. Es werde behauptet, es sei „nur durch die HHW-Meditationen Erlösung möglich“ – einen solchen Alleinvertretungsanspruch findet man jedoch nicht im Heimholungswerk, wohl aber in der Kirche. Die auf dem Weg nach Innen gelehrte Kontrolle der Gedanken sei eine „Unterdrückung“ negativer Gedanken – genau das ist sie nicht, denn um seine eigenen Gedanken erfassen und bewerten zu können, muss man sie zunächst einmal wahrnehmen und sich damit auseinandersetzen.

Immerhin weiß Keden 1983 noch, dass im Heimholungswerk eine „Wiedergeburt in tierischer oder mineralischer Form" abgelehnt wird. Drei Jahre später wird er auch diesen letzten Rest an Tatsachentreue noch in eine Lüge verwandeln und behaupten: „Ungläubige hingegen müssen damit rechnen, in ihrem nächsten Leben eine sehr viel niedrigere Wiedergeburt zu erfahren, etwa als Pflanze oder als Tier ... "[280]

Was tut eine „Sekte" mit einem Schwimmbad?

Doch egal wie dummdreist oder heimtückisch Kirchenvertreter wie Magnis oder Keden die Wahrheit verdrehen – ihre Behauptungen machen die Runde, zunächst in Kirchenzeitungen und Pfarrbriefen. Der Münchner katholische Rufmordbeauftragte Liebl wendet bei der Verleumdung eine besonders perfide Methode an. Im *Evangelischen Sonntagsblatt* vom 17.7.83 erwähnt er den Titel eines Flugblatts der Urchristen, das den Titel trägt: „Christ bleiben – Buddhist werden?" und schließt daraus eine „Affinität des Heimholungswerks zur fernöstlichen Religiosität". Doch der Inhalt des Flugblattes besagt das genaue Gegenteil: Es wird darin vor dem Eindringen östlicher Meditationsmethoden in das Kirchenchristentum gewarnt.

Der Sprung des Themas Heimholungswerk von der Kirchenpresse in die Tagespresse ist zu diesem Zeitpunkt noch eher selten. Am 29.11.83 gelingt er dem Leiter einer katholischen Sozialeinrichtung in Nürnberg, der in den Nürnberger Nachrichten behauptet, dass eine junge Frau „alle Bindungen an Freunde und Familie" abgeworfen habe. Die Familien seien verzweifelt, jede häusliche Diskussion ende im Streit. Es ist einer jener Fälle, die – wie in der mittelalterlichen Inquisition – anonym präsentiert werden, so dass eine Entgegnung gar nicht möglich ist: Wer soll hier gemeint sein? Es ist bezeichnend, dass es dem Caritasdirektor nicht in den Sinn kommt, seinen eigenen Neffen, der im Heimholungswerk aktiv ist, zu diesem Thema zu befragen, ehe er an die Öffentlichkeit geht. Statt dessen lobt er die gute Zusammenarbeit mit Pfarrer Haack in München.

Der wird im März 1984 mit seiner „Elterninitiative“[281] in Würzburg aktiv. Dort ist das Gerücht entstanden, das Heimholungswerk wolle ein Schwimmbad kaufen. Über die schwierige Frage, was eine Glaubensgemeinschaft mit einem Schwimmbad anfangen soll, denken die fleißigen Gerüchtemacher nicht nach. Auch in den kommenden Jahren werden die Gerüchteköche immer wieder in Aktion treten, wenn irgendwo im unterfränkischen Raum eine Immobilie zum Verkauf steht – und die Käufer und Verkäufer werden pflichtschuldigst erklären, dass sie mit dem Heimholungswerk nichts, aber auch gar nichts zu tun haben. Böse Zungen meinen sogar zu wissen, dass solche Gerüchte auch schon mal absichtlich ausgestreut werden – um die Preise dadurch in die Höhe zu treiben oder ein „günstiges“ Kaufklima zu schaffen, denn: Die „Sekte“ darf es nicht bekommen!

Junge Union und Elterninitiative greifen derlei Unsinn begierig auf, um „gegen das Vorhaben mobil“ zu machen und z.B. zu fordern: „Kein Sektenzentrum in das SV-05-Bad!“ Der JU-Aktivist Udo Schuster, ein gelehriger Schüler Haacks, sieht eine Möglichkeit, sich zu profilieren. Er warnt vor der „gefährlichen Psychosekte“, die „die Sehnsucht gerade junger Menschen nach Sinngebung und Geborgenheit schamlos für die finanziellen Interessen und die Machtgier ... ihrer Führungsclique“ ausnütze. „Würzburg dürfe nicht Frankens Sektenzentrum wer-

VOLKSBLATT W - Dienstag, 4. September 1984 - 15 WÜRZBURG

Junge Union und Elterninitiative machen gegen das Vorhaben mobil

Kein „Sektenzentrum“ in das SV-05-Bad

„Heimholungswerk“ eine neue Jugendreligion – Ein Brief an BM Felgenhauer

Berichten im Volksblatt, denen zufolge das „Heimholungswerk Jesu Christi“ plant, das Schwimmzentrum des SV 05 in der Mergentheimer Straße zu übernehmen, haben jetzt sowohl die JU Unterfranken als auch die Elterninitiative gegen seelische Abhängigkeit und religiösen Extremismus — EI — auf den Plan gerufen. In einer gemeinsamen Presseerklärung warnen der stellvertretende JU-Bezirksvorsitzende Peter Rogg und EI-Pressesprecher Udo Schuster vor dieser ihrer Meinung nach gefährlichen Psycho-Sekte. Das „Heimholungswerk“ wird von Experten dem Bereich der Neuen Jugendreligionen zugerechnet. Immer mehr häuften sich in letzter Zeit Berichte betroffener Eltern, die den Jugendsekten Ausbeutung ihrer Anhänger und schwere psychische Schädigung vorwerfen. Die Prophetin der Sekte, die von sich behauptet, durch sie spreche Jesus Christus, fordert von ihren Anhängern absoluten Gehorsam. Was Christus ihr offenbare, ist für die Mitglieder unumstrittenes Gebot. Durch sie wolle „Christus die Welt vor der Katastrophe“ retten.

„Hört man die Reden der Heimholungswerk-Prophetin, könnte man sich an dieser Stelle genauso den selbsternannten Mesias Mun oder den indischen Guru Bhagwan Shree Rajneesh vorstellen. Da wird viel versprochen und Hoffnungen geweckt, die dann nicht erfüllt werden können.“ Die Sekte nutzt nach Meinung von Rogg und Schuster die Sehnsucht gerade junger Menschen nach Sinngebung und Geborgenheit schamlos für die finanziellen Interessen und die Machtgier der selbsternannten Prophetin und ihrer Führungsclique aus.

Der SV 05 sei als Traditionsverein aus dem Leben der Stadt Würzburg nicht mehr wegzudenken. Gerade er habe weit über die Stadt- und Landesgrenzen hinaus immer wieder durch seine gute Jugendarbeit von sich reden gemacht. Es sei geradezu eine Perversion des Denkens, wenn hier schon in Kürze der Scharlatanerie und Jugendverführern Tür und Tor geöffnet werde.

An den derzeit amtierenden Rathauschef Erich Felgenhauer richten deshalb beide in einem Brief den dringenden Appell, hier seitens der Stadt alle Möglichkeiten auszuschöpfen, um die „Jesus Christus Klinik“ zu verhindern. Gerade Felgenhauer habe sich in Jugendbelangen immer engagiert gezeigt. Er sei deshalb aufgefordert, den geplanten „Geistheilungen“, in denen Rogg und Schuster einen ausgemachten Schwindel sehen, zu stoppen. Felgenhauer solle gegebenenfalls nicht nur bau- und gewerberechtliche Schritte einleiten, sondern auch dafür Sorge tragen, daß die Tätigkeiten der Sekte endlich auch auf Verstöße gegen Ärzte-, Heilpraktiker- und Therapiegesetzgebung überprüft werden. Des weiteren sehen Junge Union und Elterninitiative im Heimholungswerk in der Zwischenzeit einen religiös getarnten Wirtschaftsbetrieb. Die Sekte betreibe mindestens ein Restaurant, verkaufe Anteile an Sektenunternehmen und verfüge über einen schwunghaften Bücher- und Kassettenhandel. „Was hat dies alles noch mit Religion zu tun?“, fragen deshalb beide in ihrem Brief an Felgenhauer.

Würzburg solle ebenfalls so viel Mut wie die Münchner Verwaltungsbehörden im Fall der berüchtigten Scientology Sekte aufbringen und eine Streichung des „Heimholungswerks“ und dessen Förderverein aus dem Vereinsregister betreiben. Würzburg dürfe nicht Frankens Sektenzentrum werden. Es sei höchste Zeit, endlich einzuschreiten.

den."[282] Die Urchristen antworten mit einem Flugblatt: „Der Sektenwahn schlägt immer neue Kapriolen! Kauft das Heimholungswerk Jesu Christi demnächst ganz Würzburg auf?"

Die kirchlichen Hardliner setzen sich durch

Bekommen die Kirchen im „schwarzen" Würzburg doch langsam kalte Füße? Nun greift die lutherische Kirche das Thema „Sekten" auf und macht es zum Schwerpunkt der „17. Mainfränkischen Glaubenskonferenz" im März 1984. Als Referenten holt man Pfarrer Reimer von der Evangelischen Zentralstelle für Weltanschauungsfragen in Stuttgart. Reimer bleibt bei seinen Argumenten gegen das Heimholungswerk eher im theologischen Bereich, will die Offenbarungen an die „Prüfung durch die Gemeinde" gebunden sehen (wobei er unter „Gemeinde" natürlich die Kirche versteht), bezeichnet ansonsten die Urchristen als „eine Glaubensgruppe wie jede andere". Ein Jahr zuvor hatte man vier Mitarbeitern des Heimholungswerkes Gelegenheit gegeben, auf einer Tagung der Zentralstelle in Würzburg ihren Glauben in Kurzreferaten darzustellen. Das blieb übrigens in der gesamten Zeit von der Gründung des Heimholungswerkes bis zum heutigen Tag das einzige Mal, dass eine offizielle Kirchenstelle sich auf ein normales Gespräch mit den „Ketzern" einließ. Die Ergebnisse, auch das ist bezeichnend, behielt man dann aber doch lieber für sich.

Nun ist der evangelische Theologe Reimer, was den Kampf gegen religiöse Minderheiten angeht, kein unbeschriebenes Blatt. Doch hat er offenbar einen gewissen Ruf zu verlieren und hält sich zurück. Das scheinen die Katholiken geahnt zu haben. Denn nun geschieht etwas Bemerkenswertes: Am selben Wochenende, an dem Reimers Vortrag stattfindet, veranstalten die Domschule und das Bischöfliche Jugendamt eine „Akademietagung" in Würzburg – ebenfalls zum Thema „Sekten"! Und wen laden sie ein? Den lutherischen Pfarrer Haack! Die *Main-Post* nennt ihn sogleich den „besten Kenner der Okkultismus- und Sektenszene im deutschsprachigen Raum".

Der Kampf, der innerhalb der Kirchen um die „Lufthoheit" im Verleumdungskrieg gegen die „Sekten" stattfindet, wird sozusagen auf dem Rücken des Heimholungswerkes ausgetragen. Der Vorgang hat Symbolcharakter: Die Hardliner setzen sich durch. Sie pfeifen die schrilleren Töne, erfinden die griffigeren Verleumdungen, haben die bessere Rufmordstrategie, kommen eher in die Presse. So wie Pfarrer Haack am 20.3.84 in die *Main-Post.* Zunächst bereitet der Journalist Martin Vogler den Boden vor mit Sprüchen wie „Psycho-Gemischtwarenläden" oder „Guru-Bewegungen" mit „bonbonrosafarbenen Amphibien-Rolls-Royce", die man zwar in Unterfranken noch nicht gesichtet habe, aber man könne ja nie wissen ... Dann verkündet Haack, wie weiland die Inquisitoren bei ihrer ersten Predigt im Dorf, die bekannten „Kriterien", an denen man eine „Sekte" untrüglich erkennen könne: Ein „heiliger Meister", ein „rettendes Prinzip", eine Hierarchie, weltliche Geschäfte ... Dass dies in Wahrheit Merkmale der Kirche sind, wurde bereits erwähnt.[283] Dann – wie zufällig zwischendurch – der entscheidende Satz: „Ausdrücklich warnte Haack auch vor dem ‚Heimholungswerk Jesu Christi', dessen selbsternannte Prophetin in Würzburg lebt."

Damit das Eisen heiß bleibt, darf nun der selbsternannte Experte der eigenen Konfession, Franz von Magnis, gleich zu Ostern 1984 bei der Frühjahrsversammlung des katholischen Würzburger Diözesanrats sprechen. Er versucht einen Widerspruch zu konstruieren zwischen der Aussage des Heimholungswerkes, „ohne Priester, ohne Satzungen, ohne Zeremonien" auszukommen, und dem Leben der Urchristen. Er behauptet, Gabriele habe in einer Versammlung gesagt, es sei ein „eigener Pfarrer vom HHW eingesegnet" worden. Dies hat Gabriele nie gesagt; es widerspricht sowohl ihrem Sprachgebrauch als auch der durch sie gegebenen Lehre. In Wirklichkeit hatte lediglich einer der Christusfreunde in seiner Freizeit die Aufgabe übernommen, bei Beerdigungen (von ohnehin aus der Kirche ausgetretenen Menschen) einige Worte zu sprechen. Weiter gibt Magnis an, es seien „schwerste Familienkonflikte ... bekannt geworden, da, wo ein Ehepartner dem HHW verfallen ist".

Die Prophetin gestatte ihren Anhängern „das Stimmenhören". Und noch etwas Neues ließ sich der Inquisitor einfallen: „Aus der Praxis fernöstlich philosophischer Denkschulen ist bekannt, dass der Verzicht auf tierisches Eiweiß durch Schwächung des Eigenwillens Menschen fügsam, lenkbar und führbar machen kann. Zweifellos führt auch dieser Eiweißentzug die Anhänger des HHW zur totalen Bereitschaft, sich lenken zu lassen, sich den Lehren über den Weg meditativer Indoktrination zu öffnen." Der Widerstand der Anhänger werde „mittels Ernährungslehre, geschickter Didaktik, Emotionen und Meditation sanft abgebaut".[284]

Woher der Graf solch skurrile Ansichten über Ernährungsweisen bezieht, sagt er nicht. Erst drei Jahre später (S. 276 ff.) wird es bei einem Gerichtsverfahren herauskommen. Zu Beginn der 80er Jahre ist vegetarische Ernährung noch ein „alternatives" Thema, mit dem sich bei älteren Katholiken sicher Stimmung machen lässt, noch dazu in Verbindung mit fernöstlich-esoterischer „Geheimniskrämerei". Die gräflichen „Enthüllungen" erinnern in fataler Weise an Hexenzauber-Geschichten früherer Zeiten – auch damals musste man dafür keine Beweise antreten, konnte sich aber eines begierig lauschenden Publikums sicher sein.

Die Wahrheit wird siegen!

MEINE ANTWORT
an die Kirchen und ihre Vertreter
auf deren neueste Verleumdungen
des Heimholungswerkes
Jesu Christi
und meiner Person
als Dienerin Gottes

GABRIELE WITTEK

April 1984

Gemeinschaft zur Förderung
des Heimholungswerkes Jesu Christi e.V.
Postfach 5643 · D-8700 Würzburg · Telefon 0931/16392

„Die Wahrheit wird siegen!"

Im April 1984 entschließt sich Gabriele, eine Antwort auf diese und weitere Verleumdungen zu geben – auch wenn schon abzusehen ist, dass von dieser „Antwort an die Kirchen und ihre Vertreter" wiederum nichts in der Presse abgedruckt werden wird. Aus diesem Dokument mit der Überschrift „Die Wahrheit wird siegen!" seien einige wenige Sätze zitiert.

Zum Thema Ernährung schreibt sie:

„Es fällt auf, wie ‚ernsthaft' unsere Kritiker um unsere Ernährung besorgt sind. Es ist für Menschen, deren Seligkeit an Koteletts und Schinken hängt, natürlich unvorstellbar, darauf zu verzichten. Daß z.B. die Mehrzahl der 500 Millionen Hindus und Hunderttausende hochzivilisierter Europäer und Amerikaner ebenfalls Vegetarier sind, sollte eigentlich bekannt sein. Sind also diese alle ‚aus Eiweißmangel' nun ‚willensschwach' und womöglich denen fügig, die Fleischesser sind? – Da nach der Behauptung meiner Kritiker ich eine ‚totale Unterwerfung' ‚meiner Anhänger' fordere und auch erreiche, dürfte dies doch in Widerspruch dazu stehen, dass ich als Vegetarierin selbst auch willensschwach sein muß."

Zum Thema „Stimmen hören":

„Es geht nicht um ‚Stimmenhören', sondern um das Hören der Stimme Gottes. ... Auch Paulus bezeugt, dass in der Urgemeinde der Heilige Geist durch Menschenmund gesprochen hat. Wenn in den heutigen Kirchen niemand die Stimme Gottes hört oder die Gabe der Weissagung hat, dann liegt dies an der Kirche und nicht an Gott. Denn Christus lehrt uns, dass alle Menschen die Stimme ihres Vaters in sich hören sollen; wenn sie das jetzt noch nicht vermögen, dann sollten sie sich durch ein Leben nach Gottes Gesetzen reinigen ... Alle anderen Stimmen, vor denen zu Recht, auch bei uns, gewarnt wird, werden von noch sehr irdisch gebundenen Menschen gehört."

Gabriele greift an dieser Stelle eine Behauptung lutherischer Theologen aus Hessen auf, wonach das Heimholungswerk „in den Bereich des Offenbarungsspiritismus gehöre".[283] Dazu Gabriele:

„Diese Theologen sollten vorsichtiger sein mit ihren Zuordnungen. Sie gründen ihren Glauben auf Gottes Wort, das nach ihrer Überzeugung in der Bibel geoffenbart ist. – Wie hat sich nun aber Gott in der Bibel geoffenbart? An 2500 Stellen heißt es: ‚Und Gott sprach.' Der göttliche Geist hat sich immer geoffenbart, in einem Menschen, der Sein Wort dann verkündet hat; am stärksten in Jesus von Nazareth. Er hat sich in den letzten 2000 Jahren

immer wieder geoffenbart, indem Sein Geist durch Menschen sprach, von denen einige hinterher sogar von der Kirche heilig gesprochen worden sind. – Beim Wort genommen, ist demnach das gesamte Christentum spiritistisch fundiert, und die Kirchen sind die größten spiritistischen Vereinigungen. Wenn unsere Kritiker nicht in der Lage sind, zu unterscheiden zwischen Offenbarungen, die Christus durch mich gibt, und dem, was eine arme Seele beim Tischerücken im Vulgärspiritismus ‚offenbart', dann ist das ihr Problem, nicht unseres.“

Zum Thema „Familienkonflikte“:

„Die Vertreter der Institution Kirche werfen weiterhin dem Heimholungswerk vor, es würde die Ehen zerstören, ohne Rücksicht auf wirtschaftliche Folgen. Hierzu sei gesagt: Wer im Glashaus sitzt, sollte nicht mit Steinen werfen. Sind etwa alle Ehen in Ordnung, die die Kirche gesegnet hat? Wo keine Liebe ist, bewahrt der kirchliche Segen auch nicht vor Trennung. – Die Kirche hat durch alle Jahrhunderte hindurch die Intoleranz gegenüber nicht katholischen Ehepartnern gelehrt und geübt. Es überrascht mich nicht, dass sie dies auch jetzt gegenüber den Anhängern des Heimholungswerkes tut. Wer Unfrieden sät, sind die Priester, die den katholischen Ehepartner zur Intoleranz verführen. Entspricht das der Liebe, die Jesus gelehrt hat? ... Gott sieht keine Katholiken und Protestanten. Er liebt alle Seine Kinder gleich und will, dass sie in Eintracht zusammenleben. ... Wäre mehr Toleranz in den Familien, ja wäre mehr Toleranz in der Kirche, dann würde der Mann oder die Frau die erwachte Seele des Partners den Weg zur Wahrheit wandern lassen, wenn die rechte Liebe da ist.“

„Weshalb“, so fragt Gabriele, *„gehen die Vertreter der Institution gegen das prophetische Gotteswort und gegen unsere Aufklärungsvorträge vor? Weshalb wehren sie sich, verwerfen das Wort Gottes und verschweigen die heilige Botschaft? Weil sie Angst haben. Wer Angst hat, hat nicht die Wahrheit. ... Wären sich die Vertreter der Kirche sicher, dass sie die alleinseligmachende Gnade und Wahrheit haben, so könnten sie ruhig bleiben, da die Wahrheit siegen wird.“*

Wer oder was ist totalitär?

Erfahrene Inquisitoren wissen, dass der Verfolgungseifer ihrer Gläubigen immer wieder nachlässt, wenn man das Feuer nicht nachschürt. Ihre „naiven“ Schützlinge begegnen im Alltag den „Ketzern“ und finden sie ganz nett, ganz normal, lassen sich also täuschen und verbrüdern sich am Ende noch mit ihnen. Weil in Würzburg nun mal die Ketzerei ausgebrochen ist, hilft man sich in ökumenischer Eintracht: Im Juni 1984 verlegt Pfarrer Haack die Jahrestagung „seiner“ Elterninitiative nach Würzburg – ein „Zufall“, der sich in den darauffolgenden Jahren wiederholen wird. Sein Hauptschwerpunkt: „Gegen den Missbrauch der Religionsfreiheit – Experten und Eltern warnen vor den Psychokulten“, die „junge Leute in psychische Abhängigkeit“ bringen und Kinder „verführen“. Man suche nach Wegen, „wie man jemand wieder aus dem Glauben der Gurus befreien könne“. Doch viel wichtiger sei es, darüber zu sprechen, „wie man die Langzeitwirkung der Seelenwäsche abbauen könne, die von diesen totalitären Gesellschaften mit großem Geschick durchgeführt werden“.[286]

Hier taucht zum ersten Mal das Wort „totalitär“ auf. Mit untrüglichem Instinkt hat der Verleumdungsspezialist Haack erkannt, dass dieser Begriff in Deutschland besonderen Eindruck macht, weil er Assoziationen an die Hitlerzeit hervorruft. „Totalitär“ wurde ursprünglich ein Staat genannt, der all seine staatlichen Machtmittel dazu einsetzt, die Bürger mit Gewalt gleichzuschalten und bis in ihre Privatsphäre hinein zu kontrollieren. Nun wird dieses Wort plötzlich auf Glaubensgemeinschaften in einem freiheitlich verfassten Staat angewendet, in dem es Gesetze gibt, die die Freiheit des einzelnen schützen, in dem man eine Gemeinschaft verlassen kann, wenn man sich dort eingeengt fühlt. Was also soll dieser Begriff an dieser Stelle bedeuten? Wenn er sich auf ein totales Gewaltmonopol beziehen soll, ist er unsinnig. Wenn er ausdrücken soll, dass eine Konfession Macht und Geld hortet, um einen möglichst großen Einfluss auf die Gesellschaft auszuüben, dann sind die großen Kirchen dafür das beste Beispiel – katholische Theologen wie Küng, Greinacher oder Drewermann bezeichnen nicht ohne Grund ihre eigene Kirche übereinstimmend als „totalitär“. Soll er aber bedeuten, dass eine Religion Antworten und Anleitung für alle Bereiche des menschlichen Lebens zu geben versucht, dann war auch Jesus von Nazareth in Seiner Bergpredigt „totalitär“.

Doch welcher Zeitungsleser macht sich schon die Mühe, einen solchen Begriff zu hinterfragen? Wer hält es, trotz der ständig sinkenden Bedeutung der Kirchen, schon für möglich, dass ein Pfarrer verleumdet und lügt?

Um sich gegen die Verleumdungen zur Wehr zu setzen, blieb den Urchristen nur der Weg über Zeitungsanzeigen. Am 2. Juni 1984 erschien eine solche Anzeige in der *Süddeutschen Zeitung*. Pfarrer Haack wurde darin aufgefordert, zu beweisen, dass die evangelische Kirche die Wahrheit besitzt, dass insbesondere Martin Luther bei seinen Hetzreden gegen Juden und Bauern aus der göttlichen Wahrheit sprach. Denn wer nicht beweisen kann, dass er selbst aus der Wahrheit spricht, der kann auch anderen nicht die Wahrheit absprechen. Die Urchristen boten öffentlich an, sich gemeinsam mit Pfarrer Haack der Öffentlichkeit zu stellen.

Seite 6 Schwabinger Seiten

Sektenpfarrer Haack München

Soll in der Öffentlichkeit beweisen, daß seine nicht den Tatsachen entsprechenden Behauptungen über das Heimholungswerk Jesu Christi der Wahrheit entsprechen!

Freunde des Heimholungswerkes Jesu Christi sind bereit, sich mit Pfarrer Haack öffentlich in München einer neutralen Presse zu stellen!

Pfarrer Haack: Wenden Sie sich an Postfach 5643, 8700 Würzburg

Die Theologen drücken sich

Haack wird einer solchen Aufforderung nicht nachkommen – ebenso wenig wie irgendwelche anderen Rufmordbeauftragten, gleich welcher Konfession. Denn eine faire, gleichberechtigte Auseinandersetzung in der Öffentlichkeit würde für den unvoreingenommenen Beobachter sehr rasch die Unhaltbarkeit der kirchlichen Behauptungen erkennen lassen. Der Verleumder braucht den Hinterhalt, die unangreifbare Machtposition, die er in den von kirchlichen Rundfunkräten und kirchlich kontrolliertem Kapital durchsetzten Medien heute ohne weiteres genießt.

Was also tat Haack? Er flüchtete in eine neuerliche Verleumdung. Am 14. Juni 1984 war in der Süddeutschen Zeitung zu lesen:

Propheten-Wettstreit

Zu einem Wettprophezeien ist der Sektenbeauftragte der Evangelischen Kirche in Bayern, Pfarrer Friedrich-Wilhelm Haack, von dem in Würzburg ansässigen „Heimholungswerk Jesu Christi" aufgefordert worden. Wie Haack erklärte, habe ihn ein führender Vertreter der von ihm als „neuspiritistische Sekte" eingestuften Glaubensgemeinschaft schriftlich eingeladen, in einer gemeinsamen Veranstaltung mit der Prophetin des Heimholungswerkes sein Können auf dem Gebiet der Weissagung unter Beweis zu stellen. An den religiösen Vergleichstest seien bestimmte Auflagen wie vorheriges Fasten beider Teilnehmer und völliges Ruhighalten der Beine während der Prophezeiung gebunden gewesen. Haack, der eigenen Angaben zufolge nicht über Spezialfähigkeiten dieser Art verfügt, lehnte die Einladung ab. Solche Wettbewerbe, so der Sektenbeauftragte, eigneten sich „für den Zirkus oder den Zoo", nicht aber für eine ernsthafte Auseinandersetzung mit religiösen Fragen.

Wieder einmal eine nette, lustige Meldung, bei der man auf Kosten einer religiösen Minderheit grinsen kann? Hätte die Süddeutsche Zeitung sich die Mühe gemacht, beim Heimholungswerk nachzufragen, was wirklich vorlag, so hätte sich herausgestellt: Es gab tatsächlich eine Einladung, aber schon im September 1983. Und sie ging nicht nur an Pfarrer Haack, sondern an alle Theologen, die bis dahin das Heimholungswerk öffentlich in den Schmutz gezogen hatten. Die Theologen sollten freilich nicht „weissagen“ oder „prophezeien“ – sie sollten sich gemeinsam mit der Prophetin Gottes der Öffentlichkeit stellen und eineinhalb Stunden – auf ihre Art – über ein geistiges Thema sprechen, das ihnen erst kurz zuvor bekannt gegeben werden sollte. Denn auch die Prophetin erfährt bei großen Offenbarungen erst kurz zuvor aus ihrem Inneren, was das Thema sein wird. Die Theologen sollten auch nicht „fasten“, sondern unter den gleichen äußeren Bedingungen zu diesem Vergleich antreten wie Gabriele, also nur mit einem leichten Frühstück. Wie Gabriele sollten sie ohne Redekonzept vor den Zuhörern stehen und mit geschlossenen Augen, über lange Zeit erhobenen Händen und ohne Bewegen der Beine zu ihnen sprechen – so, wie dies Gabriele während großer Offenbarungen im In- und Ausland regelmäßig tat. Den Theologen wurde der Text einer Offenbarung des Christus Gottes mit übersandt, in der es hieß:

„Mein Wort und Meine Lehre in der Jetztzeit werden verworfen und Meine Prophetin, Mein Instrument, verleumdet. So biete Ich allen an, das nachzuvollziehen, was bei jeder Offenbarung in der Öffentlichkeit Meine Prophetin, Mein Instrument, durch die Kraft meiner Liebe vollbringt. All jene, die sich auf verwerfliche Art und Weise äußern, können sich nun Meinem Wort stellen unter den von Mir gegebenen Kriterien, die Mein Instrument ständig zu erfüllen hat. Alle Verleumder werden dann erkennen, woher die Kraft und das Wort Meines Instrumentes kommen. Sie selbst können sodann erfahren, wie weit ihre Kräfte reichen! Das soll geschehen vor einer großen Anzahl von Zuhörern! ... Jedermann kann selbst prüfen, wo wahrlich der Geist Gottes weht! ... Der Herr reicht allen Zweiflern, Verleumdern und all jenen, die spotten und Niederträchtiges über Sein Werk aussprechen, noch einmal die Hand. ... Prüfen Sie selbst! Wer hat den lebendigen Heiligen Geist in sich? Die Theologen, die vielen Verleumder des Heimholungswerkes Jesu Christi? Oder die Prophetin Gottes für die Jetztzeit?“

Diesem Angebot war noch der Zusatz beigefügt, dass es für unbegrenzte Zeit gelte, „so lange, bis einer der angesprochenen Theologen die Kraft und den Mut zur Annahme dieses Angebotes hat".

Auf dieses Angebot gab es, wie zu erwarten war, keine Reaktion, außer der oben zitierten aus der Süddeutschen Zeitung, ein dreiviertel Jahr später. Der Vorgang ist ein Beispiel dafür, dass die Öffentlichkeit immer nur einen Bruchteil dessen erfuhr, was wirklich mit dem Heimholungswerk geschah – und wenn, dann nur in völlig verzerrter Form durch die Brille von Kirchenvertretern.

Kapitel 3

Abschnitt 2

ERSTE BETRIEBE ENTSTEHEN – UND DAS UNIVERSELLE LEBEN (1984)

Mit Exkurs: Angriffe gegen Marktstände der Urchristen (1984-2003)

Das Heimholungswerk Jesu Christi war inzwischen zu beachtlicher Größe herangewachsen. In weit über hundert Treffpunkten, sogenannten Inneren Geist=Christus-Kirchen, im In- und Ausland versammelten sich Christusfreunde, Bücher wurden in die wichtigsten europäischen Sprachen übersetzt, Tausende von Menschen besuchten Kurse des Inneren Weges oder machten die Schulung zu Hause mit Hilfe von Cassetten oder Büchern. Gabriele fuhr nach Italien, Spanien, Frankreich, ja sogar bis nach Finnland und in die USA, um Großoffenbarungen zu geben. Das geistige Fundament war gelegt – und der nächste Schritt erfolgte: die Gründung des Universellen Lebens.

Am 8. April 1984 offenbarte sich Christus in der Mainzer Rheingoldhalle und sprach:

„Als Jesus von Nazareth versprach Ich das Reich des Friedens, das Reich der Einheit, das Reich der Liebe, in diesem Reich alle Menschen Brüder sind. ... Ich habe Mich aufgemacht, um Mein Wort, das Ich als Jesus von Nazareth sprach, wahrhaftig werden zu lassen. Ich habe, wie zu allen Zeiten, so auch in der Jetztzeit Menschen gerufen, die sich nach der Wahrheit sehnen. ... Sie stehen an Meiner Seite und sind bestrebt, das zu verwirklichen und zu erfül-

len, was Ich als Jesus von Nazareth verkündet habe ... Als Ich Mein Wort durch Mein Instrument erhob, nannte Ich dieses aufblühende Werk, das den Weg nach Innen, zur Freiheit, zur Wahrheit und zur Liebe lehrt, Heimholungswerk Jesu Christi. ... Und sie bauten mit Mir, sie gründeten mit Mir, sie beten und arbeiten und stehen an Meiner Seite, um das in die Welt zu tragen, was Ich angekündigt habe: ein Reich des Friedens und der Liebe. Doch dieses Friedensreich muss zuerst in jedem einzelnen von euch erschlossen werden. Denn wenn aus eurem Inneren nicht Liebe und Frieden strömen, wenn eure Seele nicht verwurzelt ist in dieser großen ewigen Pracht, dann kann aus eurem Inneren nicht Liebe und Frieden strömen ... Und in dieser Stunde rufe Ich in die Unendlichkeit hinaus, auch in die Herzen der hier anwesenden Theologen: Was Ich auf das Fundament des Heimholungswerkes Jesu Christi baue, ist das Universelle Leben, die Innere Religion, die wahre Weltreligion und das Friedensreich Jesu Christi. Wer es fassen kann, der fasse es! Ich werde wahrmachen, was Ich als Jesus von Nazareth versprach, denn Ich Bin der Weg und die Wahrheit, Ich Bin das Leben."

Das Universelle Leben ist also der Schritt vom Inneren zum Äußeren: Was im Inneren gewachsen ist, soll auch im Äußeren sichtbar werden. Dazu gehört auch, dass Menschen, die dabei mithelfen wollen, sich im Äußeren zusammenschließen, dass sie gemeinsam wohnen und Betriebe und Sozialeinrichtungen gründen. Wohlgemerkt: Diejenigen, die dies wollen. **Die Mehrzahl der Menschen, die vom Heimholungswerk und vom Universellen Leben erfahren, bleiben weiterhin an ihrem angestammten Wohnort, besuchen Veranstaltungen und Kurse, lesen Bücher; viele beschreiten den Weg zu Gott im eigenen Inneren. Dies ist bis heute so. Aber einige wenige begannen nun damit, Betriebe und Einrichtungen zu gründen, um zu beweisen, dass die Bergpredigt auch im Wirtschaftsleben in die Tat umgesetzt werden kann.** Die Bergpredigt als Grundlage der gemeinsamen Arbeit bedeutet: Es gibt kein Oben und Unten, sondern alle entscheiden gemeinsam, was getan werden soll. Es gibt auch keine nennenswerten Gehaltsunterschiede, es sei denn als Zulage für Kinder. Konflikte werden gelöst, indem jeder zunächst seinen eigenen Anteil sucht und bereinigt. Jeder bemüht sich, seine Fähigkeiten für das Wohl des Betriebes einzusetzen und sich mit seinen gedanklichen Kräften auf die Arbeit zu konzentrieren.

Wer diese Regeln bejaht, kann in einem Christusbetrieb mitarbeiten – auch wenn er den Glauben der Urchristen nicht teilt. Von Anfang an waren und sind in den von Urchristen aufgebauten Betrieben auch Mitarbeiter anderer Glaubensrichtungen beschäftigt. Man vergleiche dies mit der Praxis der kirchlich geführten Betriebe, wo meist streng auf die Kirchenzugehörigkeit der Mitarbeiter geachtet wird, auch wenn der Staat die Einrichtung – z.B. einen Kindergarten oder ein Krankenhaus – zu 90 bis 100 Prozent finanziert.

Die Betriebe und Einrichtungen der Urchristen wie Bauernhöfe, Handwerks- und Dienstleistungsbetriebe, Kindergärten, eine Schule, eine Klinik, eine Sozialstation und weitere werden uns alle noch beschäftigen – denn es gab keinen Betrieb und keine Einrichtung, die nicht von den Kirchen massiv angegriffen wurde. Im vorliegenden Abschnitt geht es zunächst um die Landwirtschaft und – in einem Exkurs – um die daran angeschlossenen Märkte.

Der erste Bauernhof – und der erste Verleumdungsangriff

Denn der erste Angriff erfolgte schon bald nach der Gründung des ersten Bauernhofes. Im Ortsteil Ruppertzaint in der Gemeinde Arnstein nordöstlich von Würzburg erwarben einige Urchristen einen kleineren Bauernhof, räumten ihn auf, renovierten die Gebäude und begannen, auf friedfertige Weise Gemüse und Getreide anzubauen. Der naturgemäße Anbau entspricht dem urchristlichen Gedankengut, wonach der Geist Gottes die gesamte Schöpfung durchströmt und alles von Ihm beatmet wird. Die Natur gilt es daher zu pflegen und zu erhalten. Tiere leben zwar auf dem Hof, werden aber nicht kommerziell genützt, vor allem nicht geschlachtet, denn

Urchristen sind Vegetarier. Sie verwenden auch keinen tierischen Dünger für die Felder, sondern pflanzlichen, z.B. Kleie, Laub, natürliche Mineralstoffe und dergleichen. Alle drei Jahre darf ein Feld sich ausruhen, liegt also brach.

Ihre Produkte verkauften die Landwirte, die zum Teil schon einschlägige Landbau-Erfahrung mitbrachten, auf dem nahe gelegenen Wochenmarkt von Würzburg. Das aber rief unweigerlich die kirchliche Obrigkeit auf den Plan: Menschen, die gemeinsam leben und arbeiten und sich dabei an religiösen Zielen orientieren? Die religiöse und wirtschaftliche Betätigung miteinander verbinden? Klöster dürfen das. Aber was ist mit Menschen, die außerhalb der Kirchen nicht nur von Religion sprechen, sondern die dabei sind, sich auch wirtschaftlich selbst zu organisieren und dadurch unabhängig zu machen? Auf die kann man ja keinen existenziellen Druck mehr ausüben, sie zum Beispiel bei ihren Arbeitgebern anschwärzen. Das darf nicht sein!

Der Hof Ruppertzaint (bei Arnstein)

„Gut zum Leben“ in der Bischofsstadt Würzburg - für manche eine Provokation

Die Kirche entschließt sich in dieser Situation, ihre Verleumdungen über den Kreis der „eigenen“ Medien hinaus in die Öffentlichkeit auszuweiten. Das Würzburger Bischöfliche Ordinariat veranstaltet am 16. Juli 1984 eine Pressekonferenz – mit großem Bahnhof. Nicht nur Graf Magnis tritt auf, sondern auch Domkapitular Heinz und Medienreferent Lutz. Magnis gibt die Richtung vor: Das Heimholungswerk sei eine gezielt konstruierte „Kunstreligion im Sinne von Bedürfnis und Angebot“, die zeitbedingte Bewusstseinslagen und Sehnsüchte von jüngeren und älteren Menschen „geschickt für eigennützige Zwecke zu nutzen scheint“. Das Heimholungswerk habe als „Innere Geist=Christus-Kirche“ ohne Institutionen, Satzungen und Zeremonien angefangen, stelle sich jetzt aber als „Wirtschaftsunternehmen“ dar. Das Heimholungswerk besitze „eine Villa im Millionenwert für Geistheilungen“, ein weiteres Haus für zwei Millionen und einen Bauernhof für eine Million. Hinzu komme ein vegetarisches Restaurant in Würzburg, zwei Bäckereien, eine Kosmo-Bio-Nahrungs-GmbH sei gegründet worden.

Einmal abgesehen davon, dass solche Summen im Vergleich mit dem Grund- und Immobilienbesitz der Kirche in Würzburg lächerlich sind – das Heimholungswerk besitzt all diese Einrichtungen gar nicht. Sie sind im Eigentum von Privatpersonen, die Christusfreunde sind. Doch es ist gezielt der Eindruck erweckt worden, bei den Urchristen ginge es nur ums Geld. Dass dies nur eine weitere Projektion kirchlicher Verhaltensweisen auf andere ist, bleibt den meisten Journalisten und Lesern verborgen. Die bayerische Tagespresse greift

Guck mal nach, was die da alles unter den Teppich gekehrt haben ...!

das Thema naiv und bereitwillig auf: „Anhänger werden für eigennützige Zwecke indoktriniert, Jugendliche ausgebeutet“ (*Saale-Zeitung*) – „Der Sektengott heißt Mammon – bereits Besitz mit Millionenwert angesammelt“ (*Nürnberger Zeitung*) – „Ordinariat warnt vor dubiosen Geschäften des Heimholungswerks“ (*Burghauser Anzeiger*) – „Netz des Heimholungswerks spannt sich über süddeutschen Raum“ (*Kitzinger Zeitung*) – „Das Ordinariat warnt vor Sekte“ (*Main-Post*) – „Mickriger Rettich als Beweis für Interessen – Ordinariat warnt vor Heimholungsbetrieben“ (*Münchner Merkur*) – „Ein mickriger Radi als Beweis für Geschäfte im Namen Jesu – Ordinariat: Verquickung von Religion und Kommerz!“ (*Donau-Kurier*) – so lauten die Schlagzeilen, wobei sich der „Radi“ auf einen halb verwelkten Rettich bezieht, den Graf Magnis einige Tage vor der Pressekonferenz am Würzburger Marktstand hatte erwerben lassen und den er nun stolz als „Beweis“ (wofür eigentlich?) vorzeigte.

Die Presse übernimmt ungeprüft die lächerlichen Vorwürfe des Würzburger Bischofs – also reagieren die Urchristen wieder mit einer großformatigen Anzeige. Sie erachten es jedoch nicht als erforderlich, auf die absurden Anschuldigungen der Kirche im einzelnen einzugehen – **denn was soll schon Böses daran sein, wenn man nicht nur sein Privatleben nach der Bergpredigt gestaltet, sondern auch das Arbeitsleben mit einbezieht?** So stellen die Urchristen am 28. Juli 1984 in der *Main-Post* („Wir sind wieder auferstanden!“) lediglich richtig, dass das Heimholungswerk keinen Besitz hat und dass „Möglichkeiten für selbstsüchtige und

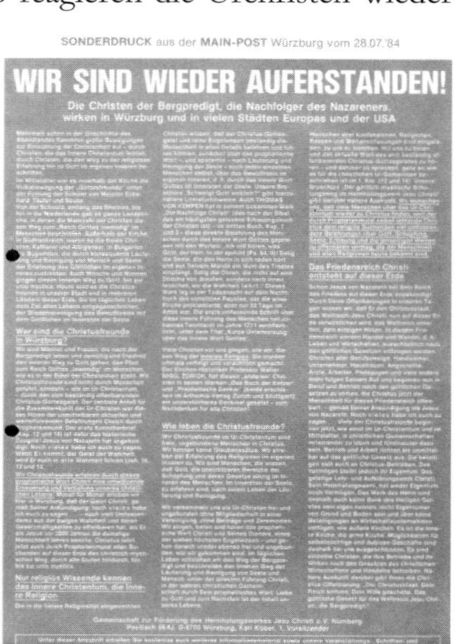
SONDERDRUCK aus der MAIN-POST Würzburg vom 28.07.'84

WIR SIND WIEDER AUFERSTANDEN!

Die Christen der Bergpredigt, die Nachfolger des Nazareners, wirken in Würzburg und in vielen Städten Europas und der USA

Wer sind die Christusfreunde in Würzburg?

Wie leben die Christusfreunde?

Das Friedensreich Christi entsteht auf dieser Erde

dubiose Geschäfte ... bei uns ausgeschlossen" sind. Sie weisen ansonsten auf die lange Tradition urchristlicher Bewegungen in der Geschichte hin und auf das entstehende Friedensreich, an dem Menschen unterschiedlicher Berufe mitarbeiten.

Wenn man Menschen aufhetzen will – das weiß die Kirche –, muss man an die niederen Instinkte appellieren – zum Beispiel an Konkurrenzangst und Neid. Im Herbst 1984 versucht man deshalb einen Keil in die Würzburger Naturkostszene zu treiben. Man lanciert am 26.10.84 einen Artikel in das *Fränkische Volksblatt* mit der Überschrift: „Naturkostläden sprechen von Existenzbedrohung – Marktwirtschaft unter ‚religiösen Einflüssen' – neue Marktstände arbeiten nicht nach Gesetzen der Marktwirtschaft." Angeblich gebe es auf den von Urchristen betriebenen Marktständen „Dumpingpreise", weil, wie Graf Magnis behauptet, Anhänger des Heimholungswerkes „für Gotteslohn" auf dem Hof arbeiten würden.

In Wirklichkeit erhalten alle Angestellten auf dem Hof – im Unterschied zu kirchlichen Nonnen und Mönchen – reguläre Gehälter und sind korrekt versichert. Und weshalb soll es gegen die Marktwirtschaft verstoßen, wenn ein Direktvermarkter ein Produkt günstiger anbieten kann als sein Konkurrent? Die Diskussion ist aber schon deshalb rein akademisch, weil das Preisgefüge bei einem Naturkost-Marktstand ohnehin etwas höher ist als bei einem konventionellen Anbieter.

Doch die Kirchen glauben hier einen Hebel entdeckt zu haben, um Urchristen in ihrer beruflichen Existenz zu treffen. Angriffe auf die von Urchristen geführten Marktstände und die dahinter stehenden Bauernhöfe gehören zu den Konstanten kirchlicher Verleumdungsarbeit seit nunmehr zwanzig Jahren. **Um die perfiden Methoden und die Häufigkeit solcher Angriffe darzustellen, verlassen wir an dieser Stelle kurz die chronologische Darstellung und schildern diese Vorgänge anhand ausgewählter Beispiele bis zum Zeitpunkt der Drucklegung des Buches.**

Exkurs: Kirchliche Angriffe gegen urchristliche Marktstände

„Kauft nicht beim Juden!", hieß es 1933 in den deutschen Städten. 50 Jahre später kann man nicht mehr ganz so unverhüllt zum Verkaufsboykott gegen eine religiöse Minderheit aufrufen. Doch dass es auf Deutschlands Marktplätzen und an seinen Straßen wohl katholische Karotten und lutherische Kartoffeln, aber keinesfalls urchristliche Zwiebeln zum Verkauf geben darf, das muss man den Gläubigen schon beibringen. Sie könnten sich ja sonst mit Ketzerei anstecken.

Als der Verkaufsfahrer Hans P. Ende September 1986 mit seinem Verkaufsfahrzeug, beladen mit Produkten des Betriebes „Gut zum Leben", durch den unterfränkischen Ort Bergrheinfeld bei Schweinfurt fährt, wird er 500 Meter nach dem evangelischen Pfarrhaus von der Polizei gestoppt und muss seine Verkaufsfahrt einstellen. Bisher konnte er mit seinem Reisegewerbeschein, also ohne zusätzliche Genehmigung, jede Woche in diesem Dorf Gemüse und Brot verkaufen. Doch drei Tage zuvor hatten der katholische und der evangelische Pfarrer gemeinsam im amtlichen Gemeindeblatt darüber „informiert", dass eben dieser Verkaufsfahrer „mit einer Sekte in Zusammenhang" stehe. Die Pfarrer fordern ihre Gläubigen auf: „Prüft alles, und das Gute behaltet!" Und für den Fall, dass jemand unter den Gläubigen den Wink mit dem Zaunpfahl nicht verstehen würde, hatte man vorsichtshalber die Polizei angerufen. Hans P. beantragte eine extra Verkaufsgenehmigung bei der Gemeinde, die ihm aber zunächst „aus verkehrstechnischen Gründen" verweigert wurde. Der Verkäufer bestand jedoch auf einer Prüfung der Rechtslage, und die Genehmigung musste dann doch erteilt werden.

Seine ersten Lorbeeren als Inquisitor verdiente sich der Theologiestudent und spätere lutherische Pfarrer und Rufmordbeauftragte Matthias Pöhlmann damit, dass er am 2.12.89 einen Leserbrief im *Fränkischen Tag* in Bamberg veröffentlichen ließ – Überschrift: „Biokost mit bitterem Nachgeschmack." Gemeint ist der Marktstand von „Gut zum Leben" auf dem **Bamberger** Markt. Soviel Einsatz gegen die Ketzer schon in der Ausbildungszeit muss natürlich belohnt werden. Pöhlmann wird später an der Universität Erlangen eine Assistentenstelle mit Schwerpunkt „Sekten" erhalten – und im neuen Jahrtausend dann zum hauptamtlichen Mitarbeiter der Evangelischen Zentralstelle für Weltanschauungsfragen in Berlin aufsteigen.

Die Pfarrer: Beim Verleumden immer vorneweg

Auch in **Coburg** ist es der Pfarrer persönlich, der den Marktstand gerne zum Abschuss freigeben würde. Der lutherische Pfarrer Michael Thein veröffentlicht – unter Weglassung seiner Berufsbezeichnung – in der *Neuen Presse Coburg* (2.5.95) und im *Coburger Tageblatt* (3.5.95) einen Leserbrief, der in der Forderung gipfelt, das Gut zum Leben müsse „auch dem uninformierten und flüchtigen Leser offen legen, dass es sich hier um Gedankenmaterial des ‚Universellen Lebens' handelt. Dann kann der mündige Bürger selbst entscheiden, ob er an diesem Stand sein Geld ausgeben will oder nicht." Pfarrer Thein hat sein Handwerk gelernt: Auch so kann man zum Boykott aufrufen. Ob der „mündige Bürger" gemerkt hat, dass der Herr Pfarrer hier im Grunde eine neue Form des Judensterns, diesmal für „Ketzer", gefordert hat? Man versucht – wie im Mittelalter – den „Ketzer" in eine ausweglose Lage zu manövrieren: Wie er es auch macht, ist es falsch. Offenbart er beim Brotverkauf seinen Glauben, wird ihm die Standlizenz entzogen, weil er „missioniert". Offenbart er ihn nicht, so verheimlicht er etwas und ist „gefährlich". Seltsam ist nur, dass katholische oder lutherische Bauern noch nie genötigt würden, ihren Taufschein an den Marktschirm zu hängen.

Ganz ähnliche Töne schlägt die Pröpstin Roswitha Alterhoff in **Bad Hersfeld** an. „Das ist Etikettenschwindel", äußert sie in der *Hersfelder Zeitung* (24.1.96) und fügt hinzu: „Vermutlich läuft das Geschäft besser, wenn die Kunden nicht wissen, bei wem sie kaufen."

Erinnern solche Worte nicht an die Agitation von Nationalsozialisten zu Beginn der 30er Jahre, die dafür sorgten, dass jeder wusste, wer ein jüdischer Geschäftsmann ist und wer nicht?

In **Simmerath** bei Aachen ist es der Aachener Rufmordbeauftragte Herbert Busch, der in Aktion tritt – weil dort zweimal im Jahr ein Marktstand von Gut zum Leben aufgebaut wird. In der *Aachener Volkszeitung*[287] fordert Busch, in „Schulen, Erwachsenenbildung, Verwaltungen und Presse" solle „die politische und soziale Auseinandersetzung gesucht werden" (welch moderne, eingängige Umschreibung für die alte kirchliche Inquisition), wenn man schon den Marktstand nicht verbieten könne. Gemeindedirektor Arnold Steins erklärt daraufhin am folgenden Tag, man wolle „noch einmal prüfen, ob die Sekte ‚Universelles Leben' die formellen gewerblichen Voraussetzungen erfüllt, um erneut beim Simmerather Markt in Erscheinung zu treten". (Wohlgemerkt: Das Universelle Leben betreibt den Stand gar nicht!) „So lange die Organisation sich auf dem Boden des Grundgesetzes bewege und es keine eindeutige Rechtssprechung gebe, könne er nichts unternehmen. ... ‚Ich bin Katholik, aber meine private Haltung darf hier keine Rolle spielen.'" Das ist also das Äußerste, was sich die urchristlichen Marktbetreiber in so einem Fall erhoffen dürfen: Ein verschämtes Rückzugsgefecht der Amtsträger, ganz nach dem Motto: Ich würde sie ja gerne verbieten, aber leider, leider: Es geht nicht. Angesichts der schrillen Begleitmusik, die dazu die *Aachener Volkszeitung* (3.7.93) spielt – mit der Überschrift „Muß Simmerath weiter mit der Sekte leben?" –,

Muß Simmerath weiter mit der Sekte leben?

Steins will prüfen

Simmerath. Gemeindedirektor Arnold Steins will noch einmal prüfen, ob die Sekte „Universelles Leben" die formellen gewerblichen Voraussetzungen erfüllt, um erneut beim Simmerather Markt als Standbetreiber in Erscheinung zu treten. „Wir schließen mit den Beschikkern immer Verträge für beide Märkte, im Frühjahr und im Herbst, zusammen ab", erklärte Steins. Die Sekte habe die Zusage für den Herbstmarkt also praktisch in der Tasche. So lange die Organisation sich auf dem Boden des Grundgesetzes bewege und es keine eindeutige Rechtssprechung gebe, könne er nichts unternehmen.

Der Verwaltungschef zitierte aus einem Urteil, wonach ein Kultusminister gezwungen worden sein soll, eine Grundschule in der Trägerschaft des „Universellen Lebens" zuzulassen. Der Bayrische Verwaltungsgerichtshof hatte unterdessen dem Münchner Sektenbeauftragten der katholischen Kirche erlaubt, die Behauptung aufrechtzuerhalten, diese Organisation sei totalitär und werde von einer Frau mit eiskalter Brutalität geführt.

Auch der Sektenbeauftragte des Bistums Aachen, Herbert Busch, warnte vor der religiösen Sondergemeinschaft (wir berichteten). Steins: „Ich bin Katholik, aber meine private Haltung darf hier keine Rolle spielen." (rus)

Aachener Volkszeitung, 3.7.1993

schimmert durch die Hinhaltetaktik des Beamten fast schon wieder so etwas wie ein Hauch von Zivilcourage.

Pfarrern und Pfarrerinnen gehen Verleumdungen und Lügen offenbar überall am leichtesten von den Lippen – so auch in **Pforzheim**, wo Pfarrer Hans-Peter Held Anfang 1997 glattweg und wahrheitswidrig behauptet, in den universellen Bio-Betrieben arbeiteten „die Leute ohne Bezahlung und Sozialversicherung". Im idyllischen **Tegernsee** macht Pfarrer Rigam in seinem Pfarrbrief auf einen neuen Laden aufmerksam, den „eine der gefährlichsten Sekten in Deutschland" angemietet habe. Die Heimatzeitung *Miesbacher Merkur* (9.1.98) fragt pflichteifrigst gleich beim Landratsamt, beim Bürgermeister, bei der Kriminalpolizei (!) und beim Direktor des Tegernseer Gymnasiums nach, ob es schon „Berührungspunkte" mit der „Sekte" gegeben hätte. Der lutherische Gemeindepfarrer Wolfgang Spengler holt seinen Kollegen, den Verleumdungsbeauftragten Behnk, aus München in den Ferienort, wo dieser vor 50 Tegernseern gegen die „gefährliche, sektiererische Organisation" vom Leder zieht (*Tegernseer Zeitung*, 8.5.98). Als Mitarbeiter der Firma Gut zum Leben einen Handzettel in Tegernsee verteilen, um sich gegen die Hetze zur Wehr zu setzen, schreibt der *Münchner Merkur* (12.5.98): „Universelles Leben greift Sektenpfarrer an" und zitiert aus dem Handzettel nur einen einzigen Satz: „Ein Pfarrer darf in Bayern alles sagen – auch wenn es gelogen ist."

Der Laden in Tegernsee muss daraufhin geschlossen werden. Als statt dessen im benachbarten **Rottach-Egern** ein Laden aufgemacht wird, lädt die Firma Gut zum Leben nach einiger Zeit die Bevölkerung zu einem Vortrag ein. Die Presse berichtet jedoch nicht über den Vortrag an sich, sondern vorab über den „Ärger", den er ausgelöst habe. „Es ist eine Schande, dass unser Bürgermeister in unserm Kursaal einen Vortrag von einer Sekte erlaubt", wird eine „empörte Rottacherin" in der Lokalzeitung (10.3.00) zitiert. Ihren Namen wolle die Frau nicht nennen, „weil sie Repressionen der Sekte befürchtet". Das ist ein ebenso beliebter wie hinterhältiger Trick von

Kirchenvertretern: Anonym verleumden – und die feige Anonymität gleich wieder in eine weitere Verleumdung umwandeln. Statt auf das Grundgesetz und die Meinungsfreiheit zu verweisen (die die Kirchen immer dann in Anspruch nehmen, wenn sie ihnen nützt), erklärt Bürgermeister Konrad Niedermaier eher zerknirscht: „Das ist mir alles nicht recht." In der Zeitung werden vorab Behauptungen der Berliner Senatsverwaltung über das Universelle Leben veröffentlicht wie: Das Ziel der Lehre sei eine „Umprogrammierung des Individuums zu einem Menschen, der sich von allen Diskussionen fernhält." Dass ein solcher Mensch dann nicht zu einem öffentlichen Vortrag mit Aussprache einladen dürfte, fällt offenbar niemandem auf.

Politiker bei der Schmutzarbeit

Lieber ist es den Kirchenvertretern natürlich, wenn andere ihre Rolle als Denunzianten übernehmen – z.B. Politiker. Der CSU-Rechtsaußen und damalige Staatssekretär im bayerischen Innenministerium, Peter Gauweiler, findet es im Mai 1990 „haaresträubend", dass Gut zum Leben auf dem **Münchner** Viktualienmarkt einen Stand unterhalten darf – obwohl Gauweiler als Mitglied der Landesregierung für die Angelegenheiten der Stadt München gar nicht zuständig und überdies als Regierungsvertreter an das Gebot der weltanschaulichen Neutralität gebunden ist. Der stellvertretende CSU-Fraktionsvorsitzende des Münchner Stadtrats, Hans Podiuk (der 2002 zum OB-Kandidaten gemacht wird), empört sich gar: „Die Stand-Lizenz muß rückgängig gemacht werden. Die Stadt sollte einen Musterprozeß anstreben."[288] Die Stadt ist so klug, es nicht zu tun – denn sie hätte den Prozess verloren. Das hindert aber die Journalistin Ilse Mathow nicht daran, in der Münchner Szene-Zeitung *Prinz* (5/94) erneut gegen den Stand zu hetzen: „Sekte unterwandert Münchens Öko-Szene." Im Jahr darauf sind es dann zur Abwechslung die Jungsozialisten, die sich „empört" über den Stand zeigen: „Unverständlich", so Juso-Chef Hannes Gräbner, „dass die Sekte überhaupt eine Genehmigung erhielt."[289] In seinem Brief an Parteifreund und Oberbürgermeister Ude („mit sozialistischen Grüßen") offenbart Gräbner allerdings einen für Nachwuchspolitiker beschämenden Mangel an juristischen Grundkenntnissen: Er übernimmt – natürlich ohne eigene Nachforschungen anzustellen – Zitate des Inquisitors Behnk (übrigens auch SPD-„Genosse"), die dieser sich von Gerichten als durch das Recht auf Meinungsäußerung gedeckt hat bestätigen lassen. Doch Gräbner schreibt: „Diese Äußerungen sind durch etliche Beschlüsse ... als den Tatsachen entsprechend für rechtmäßig erklärt worden." Genau das – ob diese Behauptungen den Tatsachen entsprechen – haben die Gerichte aber gar nicht untersucht. Als auch die CSU mit einer erneuten Stadtratsanfrage den Marktstand vertreiben will, stellt der Münchner Kommunalreferent Georg Welsch im November 1995 klar: Die Jahre zuvor von der Stadt getroffene Einschätzung, dass die Firma Gut zum Leben „ein leistungsfähiger Anbieter eines wirklich umfassenden Sortiments aus biologisch kontrolliertem Anbau" sei, habe sich „voll bestätigt". Die Firma betreibe keinerlei weltanschauliche Werbung, „sie hält sich strikt an die Marktordnung und kommt ihren Zahlungsverpflichtungen pünktlich nach ... Dem Kommunalreferat sind keine Umstände bekannt, die vor diesem Hintergrund den Widerruf der Zuweisung rechtfertigen würden."

„Naturfreunde" – oder Kirchenhörige?

Doch in der Zwischenzeit wird ein Verkaufsboykott längst auf **überregionaler** Ebene propagiert: Im Juni 1992 veröffentlicht Birgit Schumacher in der Zeitschrift *Öko-Test* einen Artikel mit der Überschrift: „Falsche Propheten im Bioladen – Sekten sichern sich im Biobereich zunehmend wirtschaftliche Macht." Schumacher äußert sich abfällig über eine Offenbarung, an der sie teilgenommen hat. Sodann behauptet sie, das Universelle Leben habe „ein Wirtschaftsimperium mit über hundert Betrieben" aufgebaut. Auf dem Inneren Weg müsse man sich „von Verstand und Intellektualität lösen". Die nächste Lüge: „Nur wer sich der Gemeinschaft anschließt, wird gerettet." Schumacher redet wahrheitswidrig von „Abgabe der Ersparnisse", das Universelle Leben gehöre zu den „Gemeinschaften, die mit scheinbar religiösen Hintergründen autoritäre Systeme aufbauen, die Menschen nicht nur das Geld wegnehmen, sondern ihnen auch den freien Willen absprechen und sie unmündig machen". Wieder eine Projektion: Martin Luther spricht in seiner Lehre dem Menschen eindeutig den freien Willen ab[290] – für die Urchristen ist hingegen die Beachtung des freien Willens ein zentrales Gebot.

Birgit Schumacher erweckt mit geschickter Polemik sogar den Eindruck, als ob die von Urchristen betriebenen Höfe gar nicht ernsthaft ökologisch wirtschaften würden: Der Bioland-Verband habe „schon schlechte Erfahrungen" mit den Gut-zum-Leben-Höfen gemacht, der Vorgang fülle „einen ganzen Aktenordner" (als ob man am Papier-Umfang eines Vorgangs irgendeine Wahrheit ablesen könnte). Anfang 1989 sei „Zugekauftes ... als Bioland-Ware verkauft" worden. „Schon wenig später wurden neue Falschdeklarationen bekannt." Gut zum Leben sei dann mit seiner eigenen Kündigung der Kündigung durch den Anbau-Verband nur um wenige Tage zuvorgekommen.

Diese „Story" wird in den darauf folgenden Jahren bis heute immer wieder aufgewärmt werden. Die Wahrheit ist: Einen Konflikt mit dem Bioland-Verband gab es seinerzeit tatsächlich. Doch die Auslöser waren denkbar harmlos: Bei der zugekauften und versehentlich nicht korrekt deklarierten Ware handelte es sich um Produkte des Anbauverbandes „Demeter", *also auch um kontrolliert-ökologisch angebaute Artikel.* Ansonsten wurde lediglich beanstandet, dass ein Feld vier Wochen zu früh als „voll umgestellt" bezeichnet wurde. Nach Aussagen der betroffenen Gut-zum-Leben-Landwirte (aber die wollte ja keiner hören) hatten seinerzeit maßgebliche Funktionäre bei „Bioland" eine Art ideologischen Vorbehalt gegen größere Höfe, also auch gegen einen gemeinschaftlich erworbenen und bewirtschafteten wie den der Urchristen. Darüber hinaus existierten auch religiöse Vorbehalte. So erklärte ein Angehöriger des Bioland-Verbandes im März 1989 auf einem Landwirte-Treffen in Neumarkt (Oberpfalz), man werde diese Leute in nächster Zeit wegen „Rufschädigung“ aus dem Verband hinauswerfen, denn es sei „eine Sekte, in die man nicht hineinschauen kann“, außerdem seien sie „schon so stark – über 100 Mann und machen uns die Preise kaputt“. Und es bestehe der Verdacht, dass sie konventionelle Tomaten zugekauft hätten. Letzteres ist die Lüge eines katholischen Denunzianten (S. 264).

In einem freien Land hat jeder Gewerbetreibende das Recht, sich im Rahmen der jeweiligen Auswahlmöglichkeiten einen Berufsverband frei zu wählen. Einem Ketzer jedoch wird sofort Übles unterstellt, wenn er es wagt, von dieser Freiheit Gebrauch zu machen. Die Gut-zum-Leben-Höfe wechselten seinerzeit zum ökologischen Anbauverband ANOG[291], wo sie ebenso genau bezüglich der Einhaltung ökologischer Kriterien kontrolliert wurden wie zuvor.

Für den 3. Januar 1993 wird in der Programmzeitschrift *TV Hören und Sehen* eine Fernsehsendung zum Thema „Öko-Sekten – dubiose Geschäfte mit der Umwelt“ angekündigt. Die Zeitschrift *FF-aktuell* kündigt für dieselbe Sendung einen Bericht über das Universelle Leben an: „Die Sekte ‚Universelles Leben’ verkauft angeblich Produkte aus kontrolliertem Anbau, doch beim ‚Bioland’-Verband Bayern wird gegen sie ermittelt.“ Birgit Schumacher hat ihr Verleumdungsziel erreicht: Das Wörtchen „angeblich“ reicht schon für den Rufmord. Hinzu kommt die dreiste Lüge einer „Ermittlung“ – der Konflikt mit „Bioland“ war drei Jahre zuvor bereits abgeschlossen worden. Doch es geht weiter im Text: Die Verbraucher sollten davor gewarnt werden, „gutgläubig in alternativen Ökoläden“ einzukaufen – „denn manchmal stecken dahinter Sekten-Gurus, die jetzt auch auf der Öko-Welle reiten“. Dann wird ein „Markus D.“ erwähnt, der vom Universellen Leben „bitter enttäuscht“ worden sei. Man habe ihm dort sein Sparbuch abgenommen, ihm Sex verboten und „Gehorsam bis zur Selbstaufgabe“ verlangt. Doch diesen „Markus D.“ gibt es nicht; Nachforschungen bleiben ergebnislos. So klagt das Universelle Leben gegen die Zeitschrift, die solchen Unsinn abdruckt, auf Unterlassung – diese versichert, so etwas nie wieder behaupten zu wollen, das Verfahren wird eingestellt. Aber die Lügen sind in der Welt. Wer wird sie rückgängig machen?

Immerhin ist der Bayerische Rundfunk gewarnt – entgegen der Ankündigung kommt das Universelle Leben in der fraglichen Sendung nicht vor. Doch das dazugehörige Begleitheft *Globus* (2/93), herausgegeben vom Bund für Umwelt- und Naturschutz Baden-Württemberg, war offenbar schon im Druck. Hier kommt wieder Birgit Schumacher zu Wort: Das Universelle Leben mache ein „Geschäft mit der Apokalypse". Seine Lehre habe „Arche-Noah-Charakter: Nur wer sich der Gemeinschaft anschließt, wird gerettet". Es sei an dieser Stelle angemerkt, dass diese „Arche-Noah-Aussage" typisch für die katholische Kirche ist: „Außerhalb der Kirche gibt es kein Heil." Im Universellen Leben werden solche Aussagen ausdrücklich *nicht* gemacht – dort wird vielmehr gelehrt, dass eine wie auch immer geartete religiöse Mitgliedschaft dem Menschen kein Heil bringen kann, sondern einzig eine Lebensweise entsprechend den göttlichen Gesetzen. Doch Schumacher schert sich nicht um diese Tatsache. Die „Abgabe der Ersparnisse", so heißt es wiederum, sei „Grundvoraussetzung für ein Leben in der Gemeinschaft". (Auch dies ist unrichtig: Im Gegensatz zum Eintritt in ein katholisches Kloster muss jemand, der in einem Betrieb der Urchristen mitarbeitet, nichts abgeben.) Am Ende des „Naturschutz"-Heftes darf noch Beate Seitz-Weinzierl, Diplom-Theologin und Ehefrau des BUND-Vorsitzenden Hubert Weinzierl, ihren Beitrag leisten. Sie findet es „bedenklich, dass an sich positiv besetzte Bestandteile der Ökologiebewegung ... als Vehikel benutzt werden, um obskure Glaubenslehren unters Volk zu bringen. ... Es ist auch für die Umweltbewegung schädlich, wenn das ganze ökologische Katastrophen-Repertoire vom Waldsterben über Ozonloch und Klimaveränderung bis zur Gentechnik ... für eine Heilslehre herhalten muß."

Vielleicht würde es der Umweltbewegung nicht schaden, sich einmal Gedanken darüber zu machen, weshalb die Großkir-

chen auf keine der schwerwiegenden Umwelt-Herausforderungen eine klare Antwort gegeben haben: Sie haben sich weder klar gegen die Atomkraft noch gegen Tierversuche, weder gegen Gentechnik noch gegen industrielle Landwirtschaft und Massentierhaltung ausgesprochen; sie haben nie ein klares Bekenntnis etwa für den ökologischen Landbau abgegeben, von einem Eintreten für die gequälte Tierwelt ganz zu schweigen. Wenn nun eine Glaubensbewegung wie das Universelle Leben nicht nur zu all diesen Fragen klar Stellung bezieht, sondern auch beginnt, danach zu handeln, werden ihr von professionellen „Umweltschützern" unlautere Motive unterstellt ...

Im Oktober 1997 setzt die Frauenzeitschrift *Amica* die überregionale Kampagne fort. Werner Paczian veröffentlicht dort einen Hetzartikel mit der Überschrift „Die miesen Tricks der Öko-Sekte". Die miesen Tricks von *Amica* lernten die Urchristen bereits am 25. Mai 1997 kennen, als mitten in einer ihrer sonntäglichen Veranstaltungen in Würzburg der Fotograf Wolfgang Gressmann aus Hamburg aufstand, einen bis dahin versteckten Fotoapparat hervorzog und wie wild zu knipsen begann. Als er auf wiederholte Aufforderung hin damit nicht aufhörte, wurde er des Saales verwiesen und aufgefordert, die Bilder herauszugeben, die ohne Einverständnis der Besucher aufgenommen worden waren. Als Gressmann und ein Begleiter, vermutlich Paczian, daraufhin wegliefen, wurde die Polizei gerufen. Im Beisein der Beamten übergab Gressmann einem Vertreter des Universellen Lebens zwei Filme, die aber nicht die im Veranstaltungsraum aufgenommenen Bilder enthielten. Der Anwalt der Urchristen erreichte zwar vor dem Verwaltungsgericht Hamburg, dass der Zeitschrift *Amica*, für die die beiden arbeiteten, die Verwendung der Bilder untersagt wurde – doch Paczian rächte sich mit einer Flut von Schmähungen: „Sekten-Konzern", „Greuel-Imperium", „die Qualitätskontrolle der Lebensmittel ist zweifelhaft" (obwohl die Kontrollen bei allen anerkannten Bio-Verbänden äußerst streng sind).

Druck auf Stadtverwaltungen

Mit solcher Munition wird dann wiederum Druck auf Stadtverwaltungen ausgeübt. In der ***Hanauer*** *Zeitung* vom 6.4.94 steht zu lesen, dass sich „im Rathaus immer wieder Marktkunden beschweren" – über den Stand von Gut zum Leben, der dort seit fünf Jahren steht. Welche „Marktkunden" das sind, ist unschwer zu erraten. Der Journalist Joachim Haas-Feldmann versäumt es nicht, die neusten Verleumdungen von kirchlicher Seite mit anzufügen. Um die Perfidie eines solchen Vorgehens zu erfassen, genügt es, sich den analogen Fall vorzustellen: Was wäre, wenn ein Jude oder ein Ausländer einen Marktstand in Hanau oder anderswo betreiben würde – und wenn sich dann ständig bestimmte Personen mit entsprechenden antisemitischen oder ausländerfeindlichen Parolen bei der Stadtverwaltung „beschweren" würden? Wie würden die Beamten, die Politiker, die Unternehmer reagieren, was würden die Zeitungen schreiben?

Bei „Ketzern" braucht man da als Politiker nicht lange nachzudenken. Als Stefan Bahn von der Jungen Union **Hanau** 1997 die Stadt zur „Überprüfung" des Marktstandes auffordert, antwortet Oberbürgermeisterin Margret Härtel fast devot, „dass sie alles versuchen werde, bei einem Nachweis irgendeiner Verbindung des Marktstandes mit der Sekte diesem die Standgenehmigung zu entziehen. Weiter betont die Oberbürgermeisterin, dass sie alles tun werde, um eine Festsetzung einer Sekte in Hanau zu verhindern."[292] Seit wann ist es Aufgabe von auf die Verfassung vereidigten Stadtoberhäuptern, religiöse Minderheiten aus ihren Städten zu vertreiben? Dass Hanau einmal eine Stadt war, in der eine verfolgte religiöse Minderheit, die Hugenotten, Aufnahme fand, scheint im historischen Gedächtnis keinerlei Spuren hinterlassen zu haben.

Dadurch und durch das Beispiel ihrer Parteifreunde aus Neu-Isenburg (s.u. S. 189) ermutigt, wiederholt die Junge Union ihre „Warnung" im April 1998 und fügt hinzu: „Mit einem Boykott träfe man die Sekte an ihrer empfindlichsten Stelle."[293] Also, könnte man hinzufügen: Schlagt die Ketzer, wo ihr sie treffen könnt!

Kirchlich gesteuerte Medien

Im Februar 1994 schießt sich im **Frankfurter** Raum eine Koalition von Kirchenvertretern und kirchlich gesteuerten Medien auf die Marktstände von Gut zum Leben ein. Den Auftakt macht der *Hessische Rundfunk*. In seiner Sendung „In Hessen unterwegs" (1.2.94) wird von einem Kunden gesprochen, der „großen Ärger" verspürt habe, weil er „wohl eine Sekte direkt mitfinanziert" habe – in der Frankfurter Kleinmarkthalle. Dem Universellen Leben werfe man „knallharte Verfolgung Andersdenkender" vor. Im Raum Würzburg sei man dabei, „ganze Dörfer aufzukaufen und zu unterwandern". Mit dieser Lüge versucht man offenbar, die Vertreibung der Urchristen aus dem Dorf Hettstadt bei Würzburg (s.u. S. 236 ff.) zu rechtfertigen. Am 25. Februar übernimmt *Radio FFH* die Stafette. Doris Rummel interviewt in der Kleinmarkthalle Kunden, die sie vorher über die angebliche Gefahr des Verkaufsstandes „aufgeklärt" hat. Dementsprechend sind die Antworten, aus denen man unschwer herauslesen kann, welche Verleumdungen Frau Rummel jeweils verbreitet hat: „Wenn das tatsächlich eine Sekte ist, das kann ich einfach nicht unterstützen" – „Ich möchte niemand unterstützen, der dann andere Leute diskriminiert" – „ ... dann möchte ich nicht mehr hingehen, weil da musst du ja damit rechnen, dass sie irgendwann wissen wollen, wo ich wohn."

Als Gut zum Leben im Februar 1994 einen neuen Laden in der Frankfurter Altstadt eröffnet, lässt der evangelische Rufmordbeauftragte Kurt-Helmuth Eimuth über den Evangelischen Pressedienst eine „Warnung vor Bio-Sekte"[294] verbreiten. „Die Verbraucher und Verbraucherinnen sollten wissen, wen sie mit dem Kauf solcher Produkte fördern", so Eimuth. Der „religiöse Wahn" dieser Leute sei nach seiner Einschätzung „in den letzten Jahren immer schlimmer geworden". In der *Frankfurter Neuen Presse* (24.2.94) fügt Eimuth seiner Warnung vor dem neuen Laden noch die bekannte Lüge hinzu, im Universellen Leben werde ein „Weltuntergang“ prophezeit, den „nur die Geretteten“ überleben würden.

Und damit es auch der letzte kapiert, was ein braver Staatskirchenbürger zu kaufen oder nicht zu kaufen hat, bringt Martin Kessler in der öffentlich-rechtlichen Fernsehsendung „Trend“[295] die Rede auf die „obskure Sekte“ Universelles Leben und zählt ihre Stände auf.

Die Kampagne zeigt zumindest teilweise die gewünschte Wirkung: Im März 1994 teilen einige Stammkunden den Verkäufern des Gut-zum-Leben-Standes in der Kleinmarkthalle mit, dass sie „aufgrund der Fernsehsendungen“ nicht mehr dort einkaufen wollen. Im nahen Darmstadt schreit am 5. März eine Frau vor dem dortigen Marktstand von Gut zum Leben: „Aufhängen sollte man euch!“ – und sie erwähnt die Fernseh-Sendung. Noch im Mai 1996 wird eine Kundin am Marktstand in der *Frankfurter Neuen Presse* zitiert: „Ja, das ist so eine Gemeinschaft, die sich religiös nennt, aber ganze Dörfer in der Nähe von Würzburg in Schrecken versetzt.“ So also wirkt Volksverhetzung. Denn in Schrecken werden die Bewohner dieser Dörfer nicht durch die Urchristen versetzt, sondern allenfalls durch die Verleumdungen von Kirchenvertretern (s. u. S. 286 ff.).

Im November 1995 hetzt Hans-Peter Jourdan in der Zeitung der Fachhochschule Frankfurt (*Nordwestwind*) gegen den Gut-zum-Leben-Stand im Frankfurter Nordwestzentrum. Die lutherischen Pfarrer Andreas Goetze und Bernd Durst fordern in ihrem Pfarrbrief, dem *Praunheimer Auferstehungsboten*, die Gläubigen dazu auf, „keine Früchte religiösen Wahns“ zu kaufen. Die Pfarrerin Ines Fetzer aus **Maintal**-Dörnigheim bei Frankfurt macht es ihnen nach: Im *Maintal-Tagesanzeiger* (24.5.96) verbreitet sie das Gerücht, es bestünden „Zweifel daran, dass die Produkte wirklich aus biologischem Anbau stammen. In der Vergangenheit hätten Untersuchungen ergeben, dass das verkaufte Obst keineswegs biologisch angebaut worden ist.“ Man erinnere sich an die Affäre „Bioland“: Eine einmal ausgestreute Verleumdung („falsch deklariert“ hatte es damals geheißen, aber es war kontrolliert-ökologische Demeter-Ware) entwickelt ihr Eigenleben und verbreitet sich in immer neuen Varianten wie von selbst.

Boykottaufruf in Neu-Isenburg

Am 28.10.1997 greift dann Kai Cezanne von der *Frankfurter Neuen Presse* den Laden von Gut zum Leben im Einkaufszentrum von **Neu-Isenburg** bei Frankfurt an und verwendet dabei unverkennbar die Verleumdungsmunition Werner Paczians (s.o. S. 185). Unter der Überschrift „IG City kämpft gegen Handel der totalitären Sekte“ zitiert Cezanne einen Sprecher der „Interessengemeinschaft City“, die den Laden vermietet und sich schon lange bemühe, „die Sekte wieder vom Wochenmarkt zu verbannen“. „Wir wären froh, wenn sie wieder weg wäre“, sagt ein Sprecher. Die Junge Union Neu-Isenburg bemüht sich offenbar, die historische Tradition der Grafen von Ysenburg fortzusetzen, die im 17. Jahrhundert vor allem in ihrem Residenzort Büdingen zu den schlimmsten Hexenbrennern des protestantischen Raumes gehört hatten. Sie will die Situation durch ihren Vorsitzenden Thorsten Klees zur Profilierung nützen und „ruft ... die Bürger zu einem Boykott der ‚Gut zum Leben'-Händler auf“, so die *Frankfurter Neue Presse* (30.10.97). Das Universelle Leben strebe einen „totalitären Staat“ an und habe das Ziel, „die demokratische Rechtsordnung abzuschaffen“. Die Bürger werden aufgefordert, „keinen einzigen Pfennig“ in die Läden zu tragen. Der Boykott-Aufruf wird im *Neu-Isenburger Anzeigenblatt*, im *Dreieich-Spiegel* und in der *Offenbach-Post* wiederholt. Wenige Tage später erklären sich auch die Neu-Isenburger Grünen mit ihrem Ortsverbandsvorsitzenden Günther Marx „solidarisch“ mit der Jungen Union beim Kampf gegen die „vorgeblich ökologischen Landwirtschaftsprodukte“. „Informationen aus dem Hessischen Landtag hätten bestätigt, dass diese Sekte totalitär sei, ihre Mitglieder ausbeute und Aussteigewillige verfolge“[296]. **Man sieht hier, wie kirchliche Lügen und Verleumdungen erst von der Politik übernommen und dann wieder als „Bestätigung“ in die Öffentlichkeit zurückgespielt werden.**

Durch ihren Anwalt fordert die Firma Gut zum Leben die Junge Union auf, den Boykott-Aufruf zurückzunehmen. „Sie verunglimpfen dadurch Menschen, denen keinerlei Gesetzesverstöße anzulasten sind ... Im Zeitalter der Massenarbeitslosigkeit handelt es sich um eine beispiellose Rücksichtslosigkeit, mit solchen Parolen Firmen in den Ruin zu treiben", schreibt der Anwalt. Das Landgericht Darmstadt untersagt am 8.1.98 der Jungen Union jedoch lediglich die Behauptung, in den Geschäften werde „für eine Hungerlohn gearbeitet". Alles andere seien „kritische Meinungsäußerungen" und daher zulässig. Auch die Hauptsacheklage wird am 15.10.98 mit derselben Begründung zurückgewiesen. Erst das Oberlandesgericht Frankfurt untersagt im Januar 2000 (!) den Jungpolitikern die Behauptungen, wer bei Gut zum Leben einkaufe „müsse wissen, dass er damit eine Organisation finanziell unterstütze, die einen totalitären Staat anstrebe", und „bei den Verkaufstellen der Klägerin handele es sich um eine wirtschaftliche Aktivität, die das klare Ziel habe, die demokratische Rechtsordnung abzuschaffen". Und die Richter – eine seltene, um so erfreulichere Ausnahme – schreiben den übereifrigen Ketzerjägern ins Stammbuch: „Es wäre dem Problemverständnis bei der Beklagten [der Jungen Union] förderlich, wenn sie sich der Erkenntnis öffnen würde, dass ein Boykottaufruf etwa gegen einen qualitativ hervorragend und legal arbeitenden Betrieb nicht zu rechtfertigen ist, nur weil er ausschließlich schiitische Moslems als Mitarbeiter beschäftigt, und weil die fundamentalistische Geistlichkeit dieser Spielart des moslemischen Glaubens dem hiesigen Demokratieverständnis fremd und sogar feindlich gegenübersteht, oder dass man gegen einen eigenwirtschaftlichen Betrieb etwa der katholischen Kirche nicht deshalb mit einem Boykott zu Felde ziehen darf, weil deren ‚Oberhirte' bei Entscheidungen in religiös-dogmatischen Fragen Unfehlbarkeit für sich in Anspruch nimmt."

Abgesehen davon, dass das Demokratieverständnis der Urchristen nichts mit den Auffassungen des fundamentalistischen Islam oder der katholischen Kirche zu tun hat: **Es ist bezeichnend für unse-**

ren Staat, dass solche Nachhilfe in Sachen Staatsbürgerkunde erst nach einem über zweijährigen Rechtsstreit vor den Schranken eines Gerichtes erfolgen muss, weil Elternhaus, Schule und die älteren „christlichen" Parteifreunde (selber in peinliche Skandale verwickelt) in diesem Punkt versagt haben. Sie setzen der Indoktrination der Pfarrer nichts entgegen, im Gegenteil, sie übernehmen sie vielmehr häufig.

Dass bei den jungen Politikern weder Einsicht noch Umkehr erfolgt ist, sieht man nicht nur daran, dass sie bis zur Drucklegung dieses Buches – drei Jahre später – noch keinen Pfennig an Gerichtskosten bezahlt haben. (Einem „Ketzer" braucht man nichts zu bezahlen – das weiß man doch seit dem Mittelalter!) Man sieht es auch an der Reaktion nach dem Urteil. Nach einer Meldung der *Frankfurter Neuen Presse* (11.2.00) wollen sie „an ihren Hauptkritikpunkten" festhalten. Bemerkenswert ist diese Zeitungsmeldung auch deshalb, weil daran deutlich wird, wie unterschiedlich man über ein Urteil berichten kann. Während die *Frankfurter Rundschau* (11.2.00) schreibt, dass der Jungen Union ein Boykottaufruf gegen Gut zum Leben untersagt wurde, bringt die *Neue Presse* das Ganze unter der Überschrift „Junge Union darf Sekte weiter kritisieren". Hier werden als erstes die wenigen Punkte aufgeführt, die *nicht* untersagt wurden (z.B. „totalitäre Führungsstruktur"), weil sie nach Ansicht des Gerichtes gerade noch zulässige Meinungsäußerungen darstellen. Die untersagten Äußerungen werden dann mit der Floskel „Lediglich von der Formulierung ... müsse die JU Abstand nehmen" eingeleitet. Und am Ende wird gar – wahrheitswidrig – behauptet, der Boykott-Aufruf der Jungen Union sei „gar nicht Gegenstand der Verhandlung gewesen". Wenige Tage später (16.2.00) muss die *Frankfurter Neue Presse* eingestehen, dass sie diese peinliche Falschmeldung aus einer Pressemitteilung der Jungen Union abgeschrieben hatte ...

Ihre Kirchenhörigkeit bringt die *Frankfurter Neue Presse* am 26.9.00 in einem weiteren Artikel schon in ihrer Wortwahl zum Ausdruck – nämlich mit der Überschrift „Sekte macht sich in der Markthalle breit". Es geht um die Frankfurter Kleinmarkthalle. Die „Glaubensschwestern und -brüder" hätten bereits drei Marktstände „fest in ihrer Hand". Stadtrat Andreas Laeuen von den Grünen offenbart ebenfalls, dass er keine Ahnung hat, wovon er spricht. „Viel Geld würden sie wahrscheinlich nicht für ihre Arbeit an den Marktständen bekommen, unter dem Deckmantel der Gemeinnützigkeit hätten sie mehr Möglichkeiten." **Hätte der Stadtrat sich erkundigt, so hätte er erfahren, dass das Grundgehalt eines Gut-zum-Leben-Verkäufers bei 2600 Mark brutto liegt – zuzüglich Kinderzuschläge (1000 DM pro Kind) und Essensmarken (300 DM).** Die Gemeinnützigkeit hingegen hat Gut zum Leben als Gewerbebetrieb nie besessen – und auch das Universelle Leben hatte bereits Jahre zuvor darauf verzichtet (s.u. S. 395 ff.).

Trotz ihres juristischen Erfolgs gegen die Junge Union sind die Tage des Gut-zum-Leben-Geschäfts im Neu-Isenburger Einkaufszentrum gezählt. Anfang 2002 wird der Firma mitgeteilt, dass im Zuge eines Umbaus alle Läden nacheinander vorübergehend das Gebäude verlassen müssen, um dann in das umgebaute Zentrum wieder einzuziehen. Alle – bis auf einen: Gut zum Leben. Wegen des „Sektenimages" will die Geschäftsleitung des ECE-Konzerns in Hamburg die Firma nicht wieder hineinlassen. Auch ein anderer bundesweiter Betreiber von Einkaufzentren, die Firma ICM, versperrt den Urchristen ihre Gebäude. In Aschaffenburg z.B. darf Gut zum Leben nicht in die City-Galerie. Die Macht der Kirche, wird den Antragstellern mitgeteilt, sei hier „so stark".[297]

Keine Parteien – nur noch Ketzerjäger!

„Ich kenne keine Parteien – ich kenne nur noch Deutsche!" hatte Wilhelm II. beim Ausbruch des Ersten Weltkrieges gesagt, weil sich gegen seine Kriegspolitik kaum noch Widerstand regte. Ähnlich könnten die Kirchen heute sagen: „Wir kennen keine Parteien – nur noch brave Ketzerjäger!" Wenn irgendwo in Deutschland eine „Sekte" auftaucht, ist jedenfalls kaum eine Parteirichtung von ideologischen Scheuklappen gegenüber einer religiösen Minderheit gefeit. Die Stadtratsfraktion der Grünen in **Darmstadt** fordert im Dezember 1994, dem Marktstand der Firma Gut zum Leben die Standgenehmigung zu entziehen. Es sei den Grünen „nicht geheuer", dass „sich diese Sektierer jetzt unter Umständen auch in Darmstadt ausbreiten wollen".

Auch in **Karlsruhe** sind es Monika Storck und Sabine Just-Höpfinger von den Grünen, die im März 1999 wegen eines Gut-zum-Leben-Marktstandes eine Anfrage an das Bürgermeisteramt richten. Bemerkenswert ist die Antwort: Das Amt für Bürgerservice und Sicherheit hält das Universelle Leben für „eine Organisation mit totalitären Strukturen". Das Wort Religion werde dort „nur als Deckmantel benutzt, um in Wirklichkeit zu Geld und Macht zu kommen" (*Badische Neueste Nachrichten*, 21.4.99). In diesem Amt sitzt nämlich ein besonders fanatischer „Sekten"-Jäger, der Polizeibeamte Dieter Behnle. Als die Firma Gut zum Leben auf dem Karlsruher Weihnachtsmarkt aktiv werden will, erklärt Behnle, man wolle eine solche „Sekte", bei der „schlimme Machenschaften" liefen, auf dem Karlsruher Bahnhof nicht haben. Bereits Anfang 1997 hatte Behnle in einem Vortrag in Karlsruhe öffentlich erklärt, er würde „denen" am liebsten den Marktstand „zumachen". Als Scharfmacher gegen Gut zum Leben betätigt sich in Karlsruhe außerdem der Journalist Achim Winkel.[298]

In **Rheinland-Pfalz** übernimmt sogar der SPD/FDP-regierte Staat die Rolle des Denunzianten. Kulturministerin Rose Götte (SPD) warnt landesweit vor den Marktständen von Gut zum Leben, denn es sei, so die Ministerin in der *Rheinpfalz* (11.10.96), „nicht auszuschließen, dass das ‚Universelle Leben' über die Marktstände versuche, neue Mitglieder zu werben". Nur seltsam, dass niemand auf die Idee kommt, etwa vor einem Kloster zu warnen, dessen Mönche, wie die der Benediktinerabtei Plankstetten in Nürnberg, in schwarzer Kutte einen Marktstand betreiben.[299]

Die Wahrheit ist uninteressant

Die lutherische Pfarrerstochter und SPD-Kommunalpolitikerin Ele Schöfthaler greift am 4. Juni 1997 mit einem Leserbrief im *Schwabacher Tagblatt* den Marktstand in **Schwabach** bei Nürnberg an. Sie behauptet, wer „in die Fänge der Sekte geraten" sei, müsse sich „von den eigenen Kindern und dem Partner" lossagen. Sie fordert die Schwabacher Verwaltung auf, „ebenso mutig" wie diejenige in Ansbach zu sein, wo man den Stand wieder vertrieben habe. Die Verwaltung hatte dann auch Mut – und widersprach öffentlich den Behauptungen von Frau Schöfthaler. In einem Leserbrief vom 12.6.1997 antwortet die Pressestelle der Stadt, man habe Frau Schöfthaler darüber aufgeklärt, dass der Schwabacher Markt – im Gegensatz zu dem in Ansbach – öffentlich-rechtlich geregelt sei und daher dem Standbetreiber keine „weltanschauliche Gesinnungsprüfung abverlangt werden" könne. Es sei „nicht nachvollziehbar", weshalb die Leserbriefschreiberin „wider besseres Wissen mit ihren Darlegungen der Leserschaft dennoch suggeriert, dass es der Stadt Schwabach lediglich am notwendigen Mut fehle, um den Verkaufsstand zu verbieten".

Doch die Stimmungsmache geht weiter. Es wird nun klar, dass der Marktstand nur der Einstieg zu einer größeren Verleumdungskampagne war. Ele Schöfthaler stellt im September 1997 in einem öffentlichen Vortrag in einem lutherischen Gemeindehaus weitere Behauptungen über das Universelle Leben auf: Den Kindern werde verboten, mit andersgläubigen Kindern zu spielen (in Wirklichkeit sind lediglich umgekehrte Fälle glaubhaft bezeugt), Arbeitskräfte müssten in urchristlichen Betrieben „für einen Apfel und ein Ei" arbeiten, es gebe „Familientragödien", Außenstehende würden als „Untermenschen" angesehen und weiteres mehr. Im Zuge einer einstweiligen Anordnung werden ihr vom Oberlandesgericht Nürnberg alle diese Äußerungen untersagt, hauptsächlich da die meisten von ihnen, wie sich herausstellt, nicht auf direkten Beobachtungen beruhen, sondern auf allgemeinen Verdächtigungen Dritter, die als „Tatsachen" weitergegeben wurden. Im Hauptsacheverfahren jedoch vertritt das Gericht in veränderter Besetzung plötzlich eine andere Rechtsauffassung: Das Universelle Leben sei gar nicht klagebefugt (womit die meisten strittigen Behauptungen in der Luft hängen) – und „für einen Apfel und ein Ei" sei eine „relativ substanzlose Aussage", also nicht ehrenrührig (!). Lediglich die Behauptung, eine Lehrerin der urchristlichen Schule würde Kindern verbieten, mit anderen Menschen zu sprechen, bleibt untersagt. Bezeichnend ist die Reaktion der Presse: „Sekte stoppt Gegnerin"[300] heißt es nach der Untersagung, „Meinungsfreiheit siegt"[301] nach dem Hauptsacheverfahren. Dass (durch unsere Rechtssprechung gedeckte) Meinungen auch bewusste Unwahrheiten und Verleumdungen sein können, interessiert offenbar weder Journalisten noch Kirchenvertreter. Frauen aus allen möglichen kirchlichen Gruppen erklären sich im Laufe des Prozesses mit Schöfthaler „solidarisch", ohne auch nur eine Sekunde zu überprüfen, ob die Behauptungen überhaupt stimmen.[302]

Immer dieselbe Platte

Das interessiert aber auch die meisten Journalisten nicht, wenn es gilt, die „Sensation" eines angeblich geheimnisumwitterten „Sektenstandes" für die Lokalseiten auszuschlachten. Eine Zeitung schreibt von der anderen ab – und die Strickmuster ähneln sich. Nach einem einleitenden Satz, etwa: „Der Laden in **Heilbronn** ist hell und freundlich, Probierstände laden zum Testen ... ein", folgt unweigerlich: „Aber nur wenige Kunden wissen, dass sie mit ihren Einkäufen ... ein totalitäre Sekte unterstützen." So Stefan Mesch in der *Rhein-Neckar-Zeitung* (8.8.01). Die Artikel sind fast austauschbar. Am 13.4.93 schreibt die ***Pforzheimer*** *Zeitung* über „Bioware im Sektenzwielicht", am 14.5.93 die ***Nürnberger*** *Nachrichten* über „Brot mit Botschaft". Nahezu jeder Marktstand der Urchristen wird irgendwann in der Lokalpresse als „Sektenstand" diskriminiert, ob in **Sindelfingen**[303], **Böblingen**[304], **Reutlingen**[305], **Tübingen**[306], **Marktredwitz**[307], **Konstanz**[308], **Gelnhausen**[309] – um nur einige Beispiele zu nennen. In letzterem Ort wies ein Leserbriefschreiber immerhin darauf hin, dass sich Gelnhausen 1938 „als erste Gemeinde judenfrei" gemeldet habe. Der versteckte Tenor: „Gelnhausen – sektenfrei!" ängstige ihn.

In **Ingolstadt** lässt man sich etwas ganz Besonderes einfallen: Der lokale Fernsehsender *IN-TV* schickt am 20. Januar 1994 ein Kamerateam auf den Marktplatz, das vor dem Gut-zum-Leben-Marktstand demonstrativ seine Geräte aufbaut, die Kunden filmt und sie vor laufender Kamera anspricht, ob sie gewusst hätten, dass sich eine „Sekte" hinter diesem Stand verbirgt. Die Methode zeigt sofort den gewünschten Erfolg: „Jetzt kann ich leider keine Gemüsebratlinge mehr kaufen", sagt eine Kundin ins Mikrophon, „das ist schon vielleicht ein Argument". Wobei sie offen lässt, ob das „Argument" im „Sekten"-Vorwurf besteht oder im Gefilmt-Werden in Großaufnahme für die lokalen Abendnachrichten.

Auch in **Bad Neustadt** an der Saale stellt sich am 2.12.94 eine Journalistin, diesmal von der *Main-Post*, demonstrativ vor den Gut-zum-Leben-Marktstand und befragt Kunden, ob sie wüssten, dass sie hier „beim Universellen Leben" einkaufen.

Im ***Wiesbadener** Kurier* steht am 12.6.92 zu lesen: „Über Bio-Gemüse und Vollwertbrot Zugang zur Seele? Auf dem Wiesbadener Wochenmarkt macht ein Stand des Universellen Lebens mit Naturkost Geschäfte." Bezeichnenderweise sind es solche Artikel, die auf den religiösen Hintergrund der Standbetreiber überhaupt erst hinweisen. Der Kunde am Stand wird in keiner Weise missioniert, was auch in Leserbriefen immer wieder bestätigt wird.

In **Offenbach** betätigt sich die *Offenbacher Zeitung* (3.12.94) als Denunziant und macht den Direktor eines Kaufhauses, vor dem Gut zum Leben seine Waren verkauft, auf die „totalitäre Sekte" aufmerksam. „Von der Sektengeschichte hatten wir keine Ahnung", diktiert der Direktor in den Journalistenblock. Im August 2000 erfährt der Zeitungsleser[310], dass es 1996 eine „politische Anfrage" im

Stadtrat gegeben habe und dass sich der städtische Amtsleiter Jürgen Amberger beim „Sektenbeauftragten der Diözese Würzburg" erkundigt habe. Graf Magnis habe geantwortet, er „könne sich nicht vorstellen, gewerbliche Aktivitäten aus weltanschaulichen Gründen zu verbieten". Hier schließt sich in gewisser Weise der Kreis. Zwölf Jahre, nachdem er eine Lawine losgetreten hatte, die noch immer rollt, war endlich auch der katholische Graf über die Rechtslage informiert. Auf ein Wort der Entschuldigung von ihm über die Geschäftsschädigung und den nicht berechenbaren Schaden für rechtschaffene Bürger, der in all den Jahren entstanden ist und weiter entsteht, wird man wohl vergeblich warten.

Als im Frühjahr 2002 in Frankenthal ein Ökoladen von *Lebe gesund!* und eine Filiale des Second-hand-Möbelhauses *Das Karussell* eröffnen, zieht Thomas Brückelmeier von der *Rheinpfalz* (6.3.02) alle Verleumdungsregister. Er zitiert vom Berliner Senat[231] über die Landesregierung von Rheinland-Pfalz[312] bis zum katholischen Rufmordbeauftragten Bussen, was er nur an Verunglimpfungen finden kann. Bussen und sein protestantischer Kollege Ziegert halten Vorträge in dem Städtchen – der Umsatz in den Läden sinkt. Der FDP-Landtagsabgeordnete Peter Schmitz versucht aus dieser Diskriminierung noch politisches Kapital zu schlagen, indem er im April 2002 eine Landtagsanfrage einbringt: Ob es zutreffe, dass die Landesregierung von Rheinland-Pfalz vor dem Universellen Leben gewarnt habe und warum? Wohlgemerkt: Er fragt nicht, was man den Urchristen konkret vorwerfen kann, was sie also nachweisbar Unrechtes tun. In ihrer Antwort (11.4.02) stellt Sozialministerin Dreyer fest, „umfangreiche juristische Verfahren" hätten das Ministerium in seiner Einschätzung „bestätigt". An konkreten Fakten kann man aus der nebulösen Antwort jedoch nur herausdestillieren, dass die Urchristen ab und an Flugblätter verteilen. Rechtfertigt das etwa eine staatliche Warnung?

Stolz ist auch der *Südkurier* (14.12.01), dass, „nachdem der SÜDKURIER im Bauernmarkt deswegen vorstellig wurde“, die Produkte von Gut zum Leben aus den Regalen des **Radolfzeller** Bauernmarktes „verschwanden“. Hier bekommt die „Sekten“-Hysterie unfreiwillig satirische Züge: „Mit Schrecken“, so der *Südkurier*-Journalist Gerald Jarausch, „wurde am Dienstag ... festgestellt, dass auch hier Produkte der Sekte vertrieben und verkauft werden“. Fast sieht man bei diesen Worten schon einen Exorzisten aufmarschieren, der die Regale mit Weihwasser von der möglicherweise gefährlichen Ansteckung bei Berührung mit den ketzerischen Produkten desinfiziert. Wer weiß, ob nicht irgend ein Hexen-Zauber darauf liegt, der bewirkt, dass sie so verdammt gut schmecken? „Die sind eigentlich überall vertreten und sehr freundlich“, sagt eine Einkäuferin. (Vielleicht ein Liebeszauber?) Man sieht an diesem Beispiel, wie tief mit-

SÜDKURIER

RADOLFZELL

„Gut zu leben“ ist nichts für den Bauernmarkt

Unternehmen wirft Produkte der „UL“-Sekte aus dem Regal

Radolfzell - Die Sekte „Universelles Leben“ wird von Fachleuten als totalitäre Organisation eingestuft (der SÜDKURIER berichtete darüber in seiner Ausgabe vom Mittwoch auf der Seite „Baden-Württemberg“). Sie betreibt hauptsächlich landwirtschaftliche Unternehmen, versucht aber auch über andere Bereiche Profit zu erwirtschaften. Mit Schrecken wurde am Dienstag im Radolfzeller Bauernmarkt festgestellt, dass auch hier Produkte der Sekte vertrieben und verkauft werden.

VON SÜDKURIER-MITARBEITER GERALD JARAUSCH

Gar nicht erfreut zeigten sich am Dienstag Mitarbeiter des Bauernmarktes in Radolfzell, als bekannt wurde, dass Produkte der Sekte Universelles Leben (UL) bei ihnen verkauft werden. Der Brotaufstrich „IBI“ und Kräutersoßen in verschiedenen Geschmacksrichtungen aus der Produktlinie „Gut zum Leben“ verschwand just aus dem Regal, nachdem der SÜDKURIER im Bauernmarkt deswegen vorstellig wurde.

Der Vorstand der fünf Bauernmarkt-Betreiber Gerhard Hausler zeigte sich erstaunt: „Das war uns neu, solche Geschäftspartner sind nicht in unserem Sinn“, stellte er gegenüber dem SÜDKURIER klar. „Wir legen Wert auf die Seriosität unserer Lieferanten, aber man kann nicht jeden überprüfen“, führt Gerhard Hausler aus.

Seit rund zwei Jahren sind die Produkte aus dem nordbayrischen Raum in der Angebotspalette des Bauernmarktes. Einkäuferin Lydia Hägele erinnerte sich noch an das angenehme Auftreten der Verkäufer auf einer Messe. „Das waren nette Leute“, erinnert sie sich. Auch sie beteuert, von den Drahtziehern im Hintergrund nie etwas gehört zu haben. Ihre Reaktion auf die Vorwürfe kam pontan: „Ich werde das Regal sofort ausräumen.“

In Singen soll die Sekte ihre Produkte vor allem auf dem Wochenmarkt vertreiben und mit einem großen Stand vor Ort sein. Dort gilt das Gleiche wie auf der Messe: „Sie sind eigentlich überall vertreten und sehr freundlich. Allerdings kennt sie niemand und sie suchen auch nicht den Kontakt“, sagt Lydia Hägele.

Universelles Leben

Die Stuttgarter Aktion Bildungsinformation (ABI) hat eine auf zehnjähriger Beobachtung fußende Dokumentation über UL vorgelegt. Sie belegt etwa 100 miteinander vernetzte Wirtschaftsunternehmen, so genannte Christusbetriebe. Die Sektenführerin Gabriele Wittek nennt sich selbst das „Sprachrohr Gottes“. Die Sekte betreibt hauptsächlich landwirtschaftliche Unternehmen, sie ist aber auch in der Auto- und Elektronindustrie sowie der EDV-Branche vertreten. Die Produkte der Reihe „Gut zum Leben“ werden inzwischen auf vielen Wochenmärkten verkauft.

Verschwanden ganz schnell aus dem Regal: Die Produkte „Gut zum Leben“ von der Sekte Universelles Leben wurden auch in Radolfzell verkauft.

Foto: Gerald Jarausch

telalterliche Denkmuster („Mit Ketzern Geschäfte zu machen, kann uns alle den Kopf kosten!") noch im kollektiven Unterbewusstsein stecken können. Vier Tage später (18.12.01) hat der *Südkurier* auch den Marktstand im benachbarten **Singen** im Visier.

Verleumdung mit Schutzgeld-Erpressung?

Auch der *Mannheimer Morgen* hetzt am 26.11.92 mit Zitaten der Verleumdungsbeauftragten Bussen (Speyer) und Behnk (München) gegen den Marktstand auf dem **Mannheimer** Marktplatz („Gläubige beißen bei Körnerbrot an"). Die Grünen beten die Verleumdungen in ihrer Hauszeitung *Grüne Liane* (Febr. 93) nach. Als zusätzlich ein neuer Laden eröffnet wird, ist es Helga Lerchenmüller von der *Aktion Bildungs-Information* (ABI) aus Stuttgart, die im *Mannheimer Morgen* (10.3.94) Stimmung gegen Gut zum Leben macht: Die Praktiken seien ähnlich wie bei der „Scientology-Sekte". In Wirklichkeit ist die ABI selbst eine höchst zwielichtige Unternehmung: Sie maßt sich an, die Qualität verschiedener Bildungseinrichtungen zu bewerten, obwohl sie zu diesen quasi in Konkurrenz steht – ABI veranstaltet nämlich selbst Kurse für Schüler. Mit Vorliebe verbreitet der Verein Gerüchte über diverse Unternehmen, indem er sie z.B. öffentlich anschwärzt, sie stünden einer „Sekte" – bevorzugt: Scientology – nahe. Die ABI-Vertreter lassen aber andererseits sehr rasch wieder von ihren Opfern ab, wenn diese sich etwa zum Kauf einer mehrere tausend Mark teuren „Namensliste" angeblicher Scientologen in der Wirtschaft bereit erklären.[313] Auch so kann man Geld verdienen – und nebenbei noch staatliche Zuschüsse des Landes Baden-Württemberg in Höhe von DM 200 000 jährlich einstreichen.

Obwohl sich solche Praktiken allmählich herumgesprochen haben sollten, benutzen Kirchen, Medien und Politiker des „Ländle" die ABI nach wie vor als willkommenen „Sekten-Bello", der im Experten-Habitus zur gegebenen Zeit religiöse Minderheiten „ankläffen" darf. Man macht sich ja nur ungern selber die Hände schmutzig.

Die ABI war im September 1994 auch in **Stuttgart** zur Stelle, als der Journalist Ulrich Pick in der *Stuttgarter Zeitung* (12.9.94) den Marktstand von Gut zum Leben in der dortigen Markthalle angriff („Menschenfang“, „Wolf im Schafspelz“). Wer da mitarbeite, so Helga Lerchenmüller, der sei „für seine Familie verloren“ – obwohl gerade die Urchristen sich mit Hilfe der Bergpredigt des Jesus von Nazareth dafür einsetzen, dass es in den Familien und Ehen friedlich zugeht. Der lutherische Rufmordbeauftragte Walter Schmidt fügte hinzu, es handle sich um eine Organisation, die „ein eiskaltes Management steuert und vermarktet“. Wirtschaftsbürgermeister Blessing verkündete in den *Stuttgarter Nachrichten* (15.9.94), er wolle sich dafür stark machen, „dass die Sekte nicht in der Markthalle bleiben darf“. Gegen Minderheiten vorzugehen war schon immer etwas für „starke Männer“. Und für schwache Journale wie die Stuttgarter Szene-Zeitung *Lift*, die im März 1995 und im Mai 1996 über die „totalitären Urchristen“ und ihren Marktstand herzieht: Steter Verleumdungstropfen höhlt den Stein. Marktamtsleiter Lothar Breitkreuz äußert bei dieser Gelegenheit ganz ungeniert, dass er es „bedauert“, dass die Gut-zum-Leben-Mitarbeiter ihre Waren ordnungsgemäß verkaufen und daher keinen Anlass zum „Einschreiten“ liefern.

ABI meldete sich auch 2001 wieder zu Wort, als es galt, der Stadt Stuttgart gegen einen „gefährlichen“ Marktstand der von Urchristen geführten Firma *Lebe Gesund!* beizustehen. Am 14.7.01 hatte der „Internationale Ausschuss des Stuttgarter Gemeinderats“ noch einen Preis der Theodor-Heuss-Stiftung bei einem Wettbewerb für „neue Bündnisse für Demokratie“ erhalten – Oberbürgermeister Wolfgang Schuster lobte das „gegenseitig Verständnis und die Toleranz“ in der Stadt. Doch wenig später kündigte die Stadt den *„Lebe-Gesund!*-Stand in der Markthalle unter dem Vorwand, man habe dort „Propaganda“ für die „Sekte“ gemacht. In Wirklichkeit war lediglich in einer am Stand ausliegenden Informationsbroschüre am Ende eine Anzeige des urchristlichen Verlages *DAS WORT* enthalten. Die im Stuttgarter Stadtrat vertretenen Parteien und ein Teil der Stuttgarter Medien rissen sich förmlich um die „Ehre", den „Ketzern" jetzt endlich den wirtschaftlichen Garaus machen zu dürfen. Stadtrat Andreas Reißig[314] von der SPD forderte in einem Antrag, den Stand aus der Markthalle zu werfen und warf CDU-Ordnungsbürgermeister Beck vor, „bei der Sektenbekämpfung total versagt" zu haben (*Stuttgarter Zeitung*, 23.6.01). Der Journalist Michael Ohnewald von der *Stuttgarter Zeitung* bezeichnet den CDU-Mann als „schlafmützig" – woraufhin dieser in derselben Zeitung seine negative Einstellung zu religiösen Minderheiten durch die Worte bekundet, er wundere sich „sowieso darüber, wie viele Leute da kaufen, obwohl man seit Jahren weiß, wer hinter diesem Laden steckt" (*Stuttg. Zt.,* 26.6.01), ein „boykottähnlicher Aufruf", wie *Lebe Gesund!*-Anwalt Christian Sailer feststellt (*Stuttg. Zt.,* 28.6.01). Auch Werner Wölfle von den Grünen fordert ein Verbot des Marktstandes. Den Vogel schießt jedoch der CDU-Fraktionsvorsitzende Föll ab. Er schreibt am 19.7.01 im *Amtsblatt Stuttgart* (das eigentlich ein weltanschaulich neutrales Forum sein sollte!), es handle sich hier um eine „verachtenswerte Organisation", die man „ächten" müsse – und beruft sich bei diesem Urteil auf die Verleumdungsbeauftragten der Kirchen. Föll wird daraufhin vom Anwalt der Firma *Lebe Gesund!* wegen Volksverhetzung angezeigt. Eberhard Kleinmann von der ABI geht nun als „Beobachter" des Universellen Lebens an die Presse, spricht (weit übertrieben) von „mehr als 100 Wirtschaftunternehmen", die dem „fundamentalistischen Endzeitkult"[315] Universelles Leben nahe stünden, und lügt wiederum, man werde dort „weit unter Tarif bezahlt"[316] – was zu behaupten ihm prompt gerichtlich untersagt wird.

Doch in Stuttgart ist man entschlossen, den bei den Kunden beliebten, aber von den Kirchen auf den Index gesetzten Biostand loszuwerden. Um den religiös-inquisitorischen Hintergrund des Rauswurfs zu kaschieren, ersetzt man die erste Kündigung – „Begründung": angebliche religiöse Werbung – durch eine zweite, die gar keine Begründung mehr enthält. Die Stadt beruft sich darauf, es handle sich bei der Markthalle um keine öffentliche Einrichtung, weshalb sie ohne Angabe von Gründen kündigen dürfe. Die Firma *Lebe gesund!*

wehrt sich gerichtlich gegen den Rauswurf, erhält jedoch in den ersten beiden Instanzen nicht recht, da die Gerichte dieses leicht durchschaubare Manöver durchgehen lassen. Dass die Kündigung ganz offensichtlich aus Glaubensgründen geschah, interessiert die Richter nicht. Auch der Bundesgerichtshof weigert sich, der Firma zumindest bis zur endgültigen gerichtlichen Entscheidung vorläufigen Rechtsschutz zu gewähren – der Stand muss Ende August 2002 geräumt werden. Wann der Bundesgerichtshof verhandeln und entscheiden wird, dann wohl auch über einen immensen Schadenersatz durch die Stadt Stuttgart, ist bei Drucklegung dieses Buches noch nicht absehbar.

Es bleibt immer etwas hängen

Es ist angesichts der Vielzahl von Angriffen auf von Urchristen betriebene Marktstände ein Wunder, dass die Mehrzahl von ihnen noch immer tagtäglich ihre Produkte anbieten kann. Wie viele Kunden durch die ständige Verleumdungsarbeit dauerhaft vom Kauf abgeschreckt worden sind und welcher finanzielle Schaden dadurch entstanden ist, kann niemand ermessen. Und dies ist nur *ein* Teilbereich der wütenden Angriffe von kirchlicher Seite auf von Urchristen betriebene Einrichtungen und Unternehmungen. Fest steht, dass die Kampagne ungebremst weiter läuft: Während dieses Kapitel geschrieben wird, im Januar 2002, erscheint im *Stern* (3/02) eine Notiz: Es habe sich herausgestellt, dass über die Internetseite des Landwirtschaftsministeriums eine Verbindung zum „Lebe Gesund!"-Versand hergestellt worden war. Dadurch habe die „totalitäre Christen-Sekte" Universelles Leben „am Bio-Boom nach BSE" kräftig verdient. Der Werbe-Link sei inzwischen „gekappt" worden. Das Ministerium wird daraufhin vom Lebe Gesund!-Versand aufgefordert, die Verknüpfung wieder herzustellen und tut dies auch – doch die Verleumdungen sind einmal mehr in der Welt. Denn Verleumder setzen auf die alte Maxime: Semper aliquid haeret – es bleibt immer etwas hängen, auch wenn man die Diskriminierung zurücknimmt.

Kapitel 3

Abschnitt 3

ERFUNDENE „SENSATIONEN“

oder:

Wie Rufmordbeauftragte arbeiten

(1984-1998)

Ein Aufsehen erregender Skandal, zur rechten Zeit aufgedeckt, hat schon so manchen Politiker in arge Verlegenheit gebracht. Rufmordbeauftragte und bestimmte Journalisten legen es darauf an, auf ähnliche Weise auch „Sekten“ in Verruf zu bringen. Doch was tut man, wenn keine Sensationen zu vermelden sind? Man konstruiert eben welche.

Am 5. September 1984 erscheint in mehreren deutschen Tageszeitungen[317] ein Bericht der Würzburger dpa-Korrespondentin Maria Speck, in dem unter anderem zu lesen steht, das „Sekten-Info Essen“ habe nach dem Tod eines 42jährigen „Sektenanhängers“ Strafanzeige gegen das Heimholungswerk wegen fahrlässiger Tötung erstattet. „Offensichtlich sei der Christusheiler an der vom Heimholungswerk propagierten Ernährungslehre gestorben, nach der immer weniger gegessen und getrunken werden sollte, um wie ein ‚göttliches Geistwesen‘ zu leben.“ Bereits im August 1984 haben westdeutsche Zeitungen ähnliche Meldungen verbreitet, so die *Bildzeitung* Essen (10.8.84): „Nur Früchte, Körner, Wasser – hungerte sich Sektenheiler zu Tode?“ Hier wird eine „Verwandte aus Bochum“ zitiert, die gesagt haben soll: „Vlado ist an Unterernährung, Eiweiß- und Fettmangel gestorben.“ Heidmarie Cammans vom „Sekten-Info“ fügt hinzu: „Ein erschütterndes Beispiel, wohin die Zugehörigkeit zu Sekten führen kann. Wir schalten die Staatsanwaltschaft ... ein.“

Die *Westdeutsche Allgemeine* schrieb (10.8.84): „Sekten-Info: Heiler verhungert", die Ruhr-Nachrichten: „Sektenmitglied starb an Unterernährung", der Bonner Express gar: „Wunderheiler hungerte sich für Sekte zu Tode – ‚Heimholungswerk hat ihn umgebracht'" (11.8.84).

Man muss an dieser Stelle, gerade im Blick auf die letzte ungeheuerliche Unterstellung, wissen, dass die Urchristen zu diesem Zeitpunkt noch kaum Erfahrung mit den Pressegesetzen hatten. Doch selbst wenn sie gerichtlich gegen diese ungeheuerliche Lüge vorgegangen wären – der Verleumdungs-Paukenschlag war bereits in den Köpfen angekommen.

Was war wirklich geschehen? Der aus Jugoslawien stammende Vladmir P., der in Korbach in Mittelhessen zusammen mit seiner Frau einen Imbissstand führte und beim Heimholungswerk als Gebetsheiler mitarbeitete, starb am 4.8.1984 an einer ausgedehnten Tuberkulose vor allem im Darm- und Bauchfellbereich. Bis 31.7.1984 war er wie gewohnt seiner Arbeit nachgegangen und hatte sich wohl gefühlt. Dann wurde er krank, hielt es aber zunächst für eine Erkältung. Als er ins Krankenhaus kam, war es bereits zu spät. Die Tuberkulose war, wie die in Marburg durchgeführte Obduktion ergab, eingekapselt gewesen – man hätte sie anderenfalls auch zuvor bei den Routineuntersuchungen, die ein Imbissstand-Betreiber regelmäßig durchführen muss, gefunden.

Und wie stand es um seine Ernährung? Nach einer eidesstattlichen Versicherung seiner Frau ernährte sich Vlado bis kurz vor seinem Tod völlig normal und natürlich mit ausreichender Menge an Nahrungsmitteln. Er war bereits fünf Jahre, bevor er das Heimholungswerk kennen gelernt hatte, Vegetarier geworden. Bei der „Verwandten", die das Heimholungswerk öffentlich für seinen Tod verantwortlich zu machen versucht, handelt es sich um eine gewisse Angelika Skara – eine Mitarbeiterin des „Sekten-Infos" Essen! Frau Skara ist zwar tatsächlich entfernt mit Vlado verwandt – die Ehefrau eines

Cousins von Vlados Frau. Sie hat jedoch nach Aussage von Frau P. diesen niemals in der gemeinsamen Wohnung besucht und ihn etwa acht Monate vor seinem Tod zum letzten Mal gesehen – für ungefähr zehn Minuten! Bei dieser Gelegenheit habe Frau Skara versucht, ihn „wie hysterisch" zu überzeugen, dass er einem „Irrglauben" folge ... Obwohl sie seither überhaupt keinen Kontakt zu ihm gehabt hatte, behauptete Skara gegenüber der Presse, Vlado habe in den letzten Monaten seines Lebens nur noch von „Wasser und Körnern" gelebt – was seine Frau dementiert.

Es ist unglaublich, aber wahr: Um eine Sensationsstory gegen eine religiöse Minderheit in die Boulevard-Presse zu lancieren, opfert die Mitarbeiterin eines mit Steuergeldern unterstützten Verleumdungsbüros sogar den Ruf der eigenen Verwandten! Man stelle sich die Skrupellosigkeit vor, mit der hier einer Frau, die soeben ihren Mann verloren hat, auch noch ein Rufmord zugefügt wird. Sogar der Versuch der Frau, den plötzlichen Schicksalsschlag durch ihren Glauben an ein Weiterleben der Seele nach dem Tode zu bewältigen, wird zum Anlass für weitere Verleumdung: „Die Witwe ihres Cousins trauere nicht. Angelika Skara: ‚Sie ist auch Anhängerin des Werks und überzeugt, dass er gar nicht wirklich tot ist.'"[318] So viel Hass und Fanatismus gegen Verwandte war bisher nur aus dem Mittelalter bekannt – man erinnere sich an die Ketzergesetze Friedrichs II.: Nachkommen von verurteilten Ketzern bis ins zweite Glied waren nur dann vom Verlust der Bürgerrechte ausgenommen, wenn sie ihre Eltern selbst angezeigt hatten ...[319]

Das Sekten-Info Essen erstattete sogar Strafanzeige bei der Staatsanwaltschaft Kassel gegen das Heimholungswerk und gab dabei an, Vlado P. sei „laut ärztlicher Aussage an Unterernährung, Eiweißmangel und Fettentzug bedingt durch die vom Heimholungswerk verkündete Ernährungslehre ... verstorben". Diese schwerwiegende Behauptung ist völlig aus der Luft gegriffen – jeder Arzt weiß, dass Tuberkulose nicht durch eine bestimmte Ernährung verursacht wird, sondern eine Infektionskrankheit ist. In den Vermerken des

Krankenhauses Korbach ist denn auch davon keine Rede, es wird lediglich von einem „extrem untergewichtigen Zustand“ Vlados gesprochen, wie er mit Schwindsucht im Endstadium nun einmal einhergeht. Die Strafanzeige verlief folgerichtig im Sande.

Doch die Verleumdungen machten die Runde. Die ersten Zeitungsmeldungen gingen auf eine Pressekonferenz des „Sekten-Info“ zurück, auf der Cammans ihre angebliche „Zeugin“ vorstellte. Skara wiederum stand in Kontakt zu Graf Magnis – und Maria Speck stützte sich auf „Sekten-Info“ und Magnis. Graf Magnis berief sich seinerseits später immer wieder auf die dpa-Meldung, die er offenbar selbst mit kreiert hatte – denn die Idee mit dem angeblichen „Hungertod“ trägt unverkennbar seine Handschrift. **Auf diese Weise entsteht ein regelrechtes „Zitier-Karussell“, das mit Hilfe leichtgläubiger Journalisten in Schwung gehalten werden kann.**

In diese Richtung weist auch die Tatsache, dass die katholische Zeitschrift *Weltbild* (17.8.84) als erste – schon vor dpa – die Story bundesweit verbreitete, mit langen Zitaten von Magnis über den „Verzicht auf tierisches Eiweiß“, der angeblich den „Eigenwillen schwächt“ ...

Der Fall der Gerda Emma D.

Ein Jahr später gab es die nächsten Schlagzeilen: „Sektenmitglied tot gefunden“ [320] – „Tote Frau in Feldscheune war Mitglied einer Sekte“[321] – „Frau lebte für Sekte in totaler Armut – tot – 55jährige Kulmbacherin hatte alles aufgegeben“ [322] – Kulmbacherin lag tot in Feldscheune“ [323] – „Ist Bettlerin erfroren?“ [324] – „Sektenmitglied in Feldscheune tot aufgefunden“ [325] – und schließlich die *Bild-Zeitung*: „Frau in religiösem Wahn erfroren“. [326] Eine Frau habe „im religiösen Wahn alles verschenkt“ und sei „für die Sekte Heimholungswerk Jesu Christi betteln gegangen“.

Was war wirklich geschehen? Gerda Emma D. hatte im Herbst 1984 einige Male Veranstaltungen des Heimholungswerkes in Kulmbach besucht und zu diesem Zeitpunkt noch einen normalen und wohlgenährten Eindruck gemacht. Anfang 1985, nachdem sie bereits mehrere Monate zuvor den Kontakt zu den Urchristen abgebrochen hatte, kündigte sie ihren Arbeitsplatz, verließ ihren Wohnort und begann ein Landstreicherleben in Süddeutschland. Nach Aussage von Bekannten litt sie an Wahnvorstellungen, die dem Bereich der Psychiatrie zuzuordnen sind. Das Heimholungswerk hatte sie nach eigener Aussage nur als „Durchgangsstation“ betrachtet – sie müsse „ihren eigenen Weg weiter gehen“. Bis zu ihrem Tod war sie Mitglied der evangelischen Landeskirche.

Bild
UNABHÄNGIG · ÜBERPARTEILICH
90 32 6 75
29 46 5 86
Gold-regen 7. Spiel
Goldene ★ Zahl ★
Frau in religiösem Wahn erfroren
Sie war eine Schönheit: Emma Dettelbacher. Durch ihr karges Leben für die Sekte magerte die 46-Kilo-Frau auf 35 Kilo ab

Wie kommt es nun zu einer derartigen Falschmeldung? Wer die Urchristen kennt, der weiß, dass sie das Gesetz „Bete und arbeite“ einhalten und schon von daher eine Landstreicherexistenz für sie nicht in Frage kommt. Die Behauptung, dass ausgerechnet das Heimholungswerk am Tod der Frau schuld sei, wurde von den Hinterbliebenen in die Welt gesetzt und von Polizeidienststellen ungeprüft an die Presse weitergegeben. So behauptete etwa der *Münchner Merkur*, das Heimholungswerk schreibe seinen Anhängern „ein Leben in Armut“ vor.

Den Urchristen, damals noch wenig erfahren mit derartigen Verleumdungskampagnen, gelingt es lediglich, in einigen Zeitungen die Zugehörigkeit der Frau zum Heimholungswerk zu dementieren und statt dessen über ihre Mitgliedschaft in der evangelisch-lutherischen Kirche zu informieren. Aber diese Richtigstellungen sind klein im Vergleich zur ersten Meldung – und zu den Meldungen, die auf überregionaler Ebene noch erscheinen. Die Illustrierte *Quick* (2.1.86) stellt unter der Überschrift „Die falsche Prophetin – Im Sog eines religiösen Wahns" Gerda D. als „verhungerte Frau" dar, die „dem Heimholungswerk verfallen" gewesen sei und die „als Bettlerin leben wollte, um dem Sektenziel der ‚inneren Läuterung' schneller näher zu kommen. Emma D. ... verkündete ihre religiösen Ansichten, lebte asketisch nach den Vorstellungen der Sekte und übernachtete im Freien." Auch über Vlado P. fügt die *Quick* gleich noch ein paar Lügen hinzu: Er habe „offene TBC aufgrund mangelnder Ernährung" gehabt und sich gegen die Einlieferung in ein Krankenhaus gewehrt. Auch hier wird – was wohl Rückschlüsse auf die dahinter steckende Person zulässt – Graf Magnis zitiert.

Einen ähnlichen Hetzartikel bringt im Februar 1986 die Illustrierte *Praline*: „Religiöser Wahn trieb sie in den Tod". *Praline* behauptet über Vlado P., er sei „als sogenannter Christusheiler durch das Ruhrgebiet" gezogen, während seine Frau „die Familie mit einer Würstchenbude" ernährt habe – wiederum eine Lüge, denn Vlado arbeitete bis kurz vor seinem Tod ganz normal. Laut Angelika Skara sei er drei Monate zu Hause krank im Bett gelegen, ohne sich untersuchen zu lassen – eine weitere Lüge.

„Geweint, gestritten, gefleht"

Wieder ein Jahr später ist es ein dritter Fall, der im ostbayerischen Raum für Schlagzeilen sorgt. In der *Passauer Woche* und einigen angeschlossenen Zeitungen erscheinen im November 1987 groß aufgemachte Artikel, in denen zwei Ehemänner angegriffen werden, die angeblich ihre Familien vernachlässigen, weil sie dem Universellen Leben nahe stehen. Überschrift: „Geweint, gestritten, gefleht". Der Passauer Rufmordbeauftragte Martin Göth behauptet in dem Artikel, durch das Universelle Leben hätten schon viele „Haus und Hof verloren". Die „Sekte" habe „schon viele in den religiösen Wahn getrieben", indem sie „Alkohol, Nikotin und Sex verboten" habe.

Jeder, der die Bücher des Universellen Lebens über den „Weg nach Innen" liest, erkennt sofort, dass hier etwas nicht stimmen kann: Dort wird nämlich vor Fanatismus und Verdrängung ausdrücklich gewarnt. Doch das ist nicht alles: In Wahrheit sind beide Familien finanziell abgesichert. Es liegen „normale" Eheprobleme vor, die nicht in der Lehre des Universellen Lebens gründen. Allenfalls ist auffällig, dass sich die Schwierigkeiten eines der Ehepaare massiv verstärkten, als katholische Geistliche auf die Ehefrau Einfluss nehmen, um zu verhindern, dass sie „auch noch" in diese „Sekte" gerät. Die Frau steht später in Kontakt mit Graf Magnis und Pfarrer Haack. Auch hier ist festzustellen: Nicht das Universelle Leben verursacht Eheprobleme, sondern umgekehrt die Intoleranz der Kirche gegen jegliche „Abweichung". Noch sechs Jahre später wird aber die Behauptung in der Fernsehsendung „ZAK"[327], im Universellen Leben würden „Ehen zerstört", auf Aussagen dieser Ehefrau zurückgeführt. In einer anschließenden Gerichtsverhandlung fällt diese Aussage jedoch in sich zusammen, weil die – falsche! – eidesstattliche Aussage der Frau (die nach einer Trennung heute wieder bei ihrem Mann lebt) durch drei andere eidesstattliche Erklärungen widerlegt wird.

„In den Selbstmord getrieben ..."

Nun dauert es fünf Jahre, bis die kirchliche Denunziations-Maschinerie wieder einen „Fall" gefunden hat, den sie dem Universellen Leben anhängen kann. Am 29.4.1992 erscheint im *Stern* ein reißerischer Artikel mit der Überschrift: „Satanische Sekten – sie predigen Heil und führen ins Verderben – Wunderheiler und falsche Propheten haben in Deutschland Zulauf wie nie zuvor". Hier wird unter anderem die Geschichte von Michaela S. geschildert, die sich selbst mit Benzin übergoss und verbrannte. Sie sei, behaupten die Journa-

listen Daniela Horvath und Joachim Rienhardt, „in die Fänge einer der gefährlichsten – so die Meinung namhafter Experten – deutschen Sekten geraten: des Universellen Lebens. In deren Klinik ‚Haus der Gesundheit' in Michelrieth bei Würzburg hatte sie sich mehrfach behandeln lassen." Hans-Walter Jungen aus Hettstadt bei Würzburg behauptet laut *Stern*: „Die sind so gefährlich, weil sie Schwerkranke vom Gang zum Arzt abhalten. Manche Kranke werden direkt in den Wahnsinn getrieben", und der Stern ergänzt: „ ... wie Michaela S., die sich selbst verbrannte ... Die Anhänger solcher Scharlatane kommen in Strömen und nicht nur zum Universellen Leben." Unter einem Bild von Michaela steht als Unterschrift: „In den Selbstmord getrieben: Michaela S.."

Die junge Frau war im Jahr 1988 tatsächlich zur Behandlung in der Naturklinik gewesen, hat sich aber mit der Lehre des Universellen Lebens nicht beschäftigt. Man hatte in der Klinik zunächst versucht, ihr aus ihren Schwierigkeiten herauszuhelfen, die offenbar vorher noch niemandem aufgefallen waren, sie aber dann, weil offenbar massive psychische Probleme vorlagen, an einen Facharzt für Nervenkrankheiten überwiesen. Dieser hatte sie jedoch als nicht suizidgefährdet entlassen. Kurz darauf erfolgte der Suizid, wobei die Angehörigen Michaelas an diesem Tag nichts ahnten und einen positiven Eindruck von ihr hatten. In den daraufhin durchgeführten Ermittlungen wurde bei den behandelnden Ärzten der Naturklinik keinerlei Schuld festgestellt. Rienhardt stützte sich bei seinen Verleumdungen auf die persönliche Interpretation der Ereignisse, die ein Bekannter der Verstorbenen, offenbar auf der Suche nach einem

Sündenbock, an kirchliche Stellen weitergeleitet hatte, die diese Version dann an die Presse weitergaben.

Die Geschichte ist tatsächlich ein Skandal – nämlich was die Art und Weise angeht, wie ein Schmierenjournalist das Drama um eine kranke junge Frau einer religiösen Minderheit in die Schuhe schiebt. Die Urchristen setzten sich diesmal zur Wehr – und bekamen recht, wenn auch erst nach neun Monaten. Am 11.1.1993 **untersagte das Oberlandesgericht Bamberg** in zweiter Instanz dem *Stern* die Behauptungen, Michaela S. sei in den Selbstmord getrieben worden und: Kranke würden in den Wahnsinn getrieben. Außerdem darf der *Stern* nicht mehr unter der Überschrift „Satanische Sekten“ über das Universelle Leben berichten.

Trotz dieses Erfolges und einer im *Stern* abgedruckten Gegendarstellung (2.7.92) – die Auswirkungen eines solchen Artikels sind enorm. Etliche Zeitungen und Zeitungsverlage[328] verweigern seit diesem Artikel dem Universellen Leben den Abdruck von Anzeigen. In einer Telefonzelle in Kredenbach, einem Nachbarort von Michelrieth, hängt wenige Tage nach Erscheinen des Artikels eine vergrößerte Kopie davon mit der Aufschrift: „Wie lange lasst ihr euch das gefallen?“

Das Gerichtsurteil von Bamberg hat vermutlich dazu geführt, dass man in Zukunft Verleumdungen noch geschickter verpackt und sich meist gar nicht mehr auf konkrete „Fälle“ bezieht.

Und so dauert es weitere sechs Jahre, ehe man ein weiteres Mal versucht, dem Universellen Leben die Verantwortung für einen Todesfall anzuhängen. Diesmal ist es Günter Z. aus Norddeutschland, der sich, so behaupten seine Angehörigen in Focus-TV (24.5.98) „zu Tode gehungert“ haben soll. Günter Z. hatte die Angst, mit dem Essen Gifte aufzunehmen und magerte deshalb ab. Er war bereits mit hypochondrischen Neigungen und fanatischen Zügen zum Universellen Leben gestoßen – und man unterstützte diese Züge dort nicht, im Gegenteil: Vor Fanatismus und Verdrängung wird, wie bereits erwähnt, im Universellen Leben ausdrücklich gewarnt. Doch die Situation wurde durch seine Familie verschärft, die ihn ständig von seinem „Irrweg“ abbringen und „bekehren“ wollte. Bekanntlich reagieren schwierige Charaktere auf solchen Druck meist mit noch größerer Verschlossenheit und Beharrlichkeit. Und da bietet es sich an, die böse „Sekte“ für alles verantwortlich zu machen.

Doch selbst wenn nur einer der Todesfälle tatsächlich ursächlich mit dem Universellen Leben in Verbindung gestanden hätte – unter den Mitgliedern jeder religiösen Gemeinschaft, wie in der Gesellschaft insgesamt, gibt es Selbstmorde, Kriminalität und menschliches Versagen. Kein Mensch kann garantieren, dass dies nicht auch auf Menschen zutrifft, die sich dem Universellen Leben zuwenden.

In Deutschland sterben jährlich ca. 12 000 Menschen durch Selbstmord, die Mehrheit von ihnen sind Katholiken und Protestanten. Gerade das katholische Würzburg gilt statistisch gesehen als eine „Hochburg der Selbstmörder“ – mit bis zu 29 Prozent höheren Suizidraten als im Bundesdurchschnitt.[329] Wissenschaftler führen das auf das „konservative, stark katholisch geprägte Milieu“ zurück, das „Absteigern das Leben schwer, manchmal unmöglich macht“.[330] Täglich missbrauchen Katholiken und Protestanten Kinder, bringen ihre Familie um – doch in keiner Zeitung steht zu lesen: „Katholik verursachte Familiendrama“ oder: „Protestant in den Tod getrieben“. Bei religiösen Minderheiten jedoch wird sofort ein Zusammenhang hergestellt – oder konstruiert. Selbst wenn die Abendzeitung darüber berichtet, dass ein Mitarbeiter der evangelischen Landeskirche Bayerns durch Mobbing in den Tod getrieben worden sein soll[331], so kommt niemand auf die Idee, die lutherische Kirche als „Mobbing-Sekte“ zu bezeichnen. Obwohl es dazu durchaus Anlass gäbe – denn was betreiben die Großkirchen, gesamtgesellschaftlich betrachtet, gegenüber religiösen Minderheiten anderes als „Mobbing“: Sie wollen die Andersgläubigen aus Städten und Gemeinden herausekeln. Zum Beispiel aus dem unterfränkischen Wallfahrtsort Dettelbach.

Kapitel 3

Abschnitt 4

LIEBER STEUERGELDER VERSCHWENDEN ALS DIE „KETZER" REINLASSEN

Die verhinderte Christusklinik im fränkischen Dettelbach

(1984)

Man müsse verhindern, so Bürgermeister Reinhold Kuhn in der Stadtratssitzung, „dass die Stadt Zentrum einer Sekte wird". Man müsse „aus der Erfahrung mit Jugendsekten heraus besonders besorgt sein ... um die Heranwachsenden". Und der Bürgermeister kam auch „auf das Sektenmitglied zu sprechen ..., das nach Zeitungsberichten angeblich an Untererernährung gestorben sein soll" – mit diesem Hinweis „ging der Stadtvordere auf Heilmethoden ein, die ... vom Heimholungswerk angewandt werden".[332]

Der Bürgermeister der Stadt Dettelbach hat seinen Part gut gelernt. Der beschauliche Weinort im Landkreis Kitzingen liegt auch nahe genug an Würzburg, so dass man „einschlägige" Argumente vom bischöflichen Ordinariat geliefert bekam. Das gewichtigste „Argument" wird der Bürgermeister aber wenige Tage später auf höherer Ebene, im Kitzinger Kreisausschuss, vorbringen. Dort macht er „Bedenken aus Dettelbacher Sicht gegen die eventuelle Christusklinik geltend, zumal da die Kleinstadt bekannter Wallfahrtsort ist".[333] Dazu hatte schon Stadtrat Lothar Voltz in der Stadtratssitzung gesagt: „Solche Dinge können wir uns in Dettelbach nicht auferlegen."[334]

Die Amtsträger waren in der Klemme – denn sie selbst hatten bereits längst vollendete Tatsachen geschaffen. Sowohl die Stadt Det-

Klinik für Krebsnachsorge soll ins Krankenhaus Dettelbach kommen

DETTELBACH (lrs). Das Dettelbacher Krankenhaus ist so gut wie sicher verkauft. Nach Informationen der KITZINGER ZEITUNG stehen Vertragsverhandlungen kurz vor dem Abschluß. Eine Ärztegruppe, die eine Krebsnachsorgeklinik im ehemaligen Krankenhaus errichten will, erwirbt das Hospital, das seit dem Umzug ins neue Kitzinger Kreiskrankenhaus Anfang dieses Jahres leer steht.

Dettelbachs Vizebürgermeister Oskar Dauenhauer freut sich darüber, d[illegible]ich die Ärztegruppe um die Weite[illegible]wendung des Krankenhauses bemühte und dieses auch zu erwerben gedenkt. »Damit ist gesichert, daß es in unserem Sinne weiter betrieben werden kann«, meint Dauenhauer auf Anfrage der KITZINGER ZEITUNG. Den Medizinern wünscht er Erfolg und sichert ihnen die Hilfe Dettelbachs soweit wie möglich zu. Natürlich könne eine Unterstützung nicht auf der Basis von finanziellen Zuwendungen erfolgen, sondern sie erstrekke sich darin, daß die Stadt den neuen Betreibern Kontakt zu allen Gremien schafft und der Gruppe aufgeschlossen gegenüber steht.

Muß der Medizin dienen

Die Ärztegruppe, die sich in Dettelbach niederlassen möchte, beabsichtigt nach bisher vorliegenden Auskünften, in Sachen Krebsnachsorge andere Wege zu beschreiten, wie dies die »Schulmedizin« tut. Wie weiter in Erf[illegible]ung zu bringen war, wird vertra[illegible]h festgelegt, daß das Haus medizinisch genutzt wird. Anderenfalls sei gesichert, daß es wieder in den Besitz des Kreises zurückgeht. »Dies war auch das Bestreben des Krankenhausausschusses im Stadtrat gewesen, der sich vor einigen Jahren konstituiert hat«, gibt zweiter Bürgermeister Dauenhauer zu verstehen.

Weitere Interessenten

Wie weiter verlautete, hätte es in Dettelbach außer besagter Ärztegruppe andere Interessenten gegeben, die sich um das Krankenhaus bemühten. Verhandlungen diesbezüglich scheiterten aber.

Nur noch die notarielle Beurkundung fehlt, dann ist das Krankenhaus in Dettelbach im Besitz einer deutschen Ärztegruppe. Diese möchte eine Krebsnachsorgeklinik im ehemaligen Kreiskrankenhaus einrichten. lrs/Foto: Archiv

Damit wird, wenn Landkreis und die Ärztevereinigung alles unter Dach und Fach gebracht haben, ein neues Kapitel Dettelbacher Krankenhausgeschichte aufgeschlagen. Bei der Stadt vertritt man die Ansicht, daß die Ärztegruppe ihre Art Privatklinik so bald wie möglich beziehen wird und rechnet damit, daß noch heuer im Herbst eventuell erforderliche Umbaumaßnahmen über die Bühne gehen können.

Lange Geschichte

Das Krankenhaus in Dettelbach wurde vor über 75 Jahren errichtet. Nach dem Zweiten Weltkrieg bekam die Landkreisverwaltung das Haus 1949 wieder frei, nachdem drei Jahre davor Amerikaner dort eingezogen waren. 1958 erweiterte der Kreis sein Krankenhaus in Dettelbach mit einem Aufwand von einer Million DM. Zuletzt war bis zur Auflösung Mitte Januar dieses Jahres unter anderem die gynäkologische Belegabteilung in der Mainstadt eingerichtet. Was soll aus dem Dettelbacher Haus werden? Diese Frage warf die KITZINGER ZEITUNG in einem Beitrag am 4. Januar, als die vorläufig letzte Station der Krankenhausgeschichte beendet wurde, auf. Sie ist nun so gut wie geklärt.

Weiteres Krankenhaus verkauft

Nachdem das Krankenhaus Dettelbach im Besitz des Landkreises ist, hat

Fortsetzung Seite 2 links unten

Kitzinger Zeitung, 14.6.1984

telbach als auch der Landkreis (der eigentliche Besitzer) hatten wenige Wochen zuvor freudestrahlend einem Verkauf des leerstehenden ehemaligen Kreiskrankenhauses Dettelbach an eine deutsch-schweizerische Ärztegruppe zugestimmt. In dem Gebäude sollte vor allem Nachsorge für Krebskranke durchgeführt werden. Landrat Siegfried Naser lobte sich selber, „man" habe bei der Suche nach einem neuen Verwendungszweck des Krankenhauses eine „glückliche Hand" gehabt. Spätestens Anfang 1985 werde der Betrieb mit 50 Betten aufgenommen werden. Auch der Kaufpreis von 1,2 Millionen Mark entspreche „durchaus unseren Vorstellungen".[335] Und nun mussten sie auf Druck der Kirche wieder zurückrudern – denn es war durchgesickert, dass es sich bei den Ärzten und Heilpraktikern um Menschen handelt, die dem Heimholungswerk nahe stehen.

„Kirchen bedrängen den Landrat"

Und warum konnte man es nicht so lassen, wie es war? Die *Main-Post* (28.9.84) ließ daran keinen Zweifel. Unter der Überschrift „Kirchen bedrängen den Landrat" stand dort zu lesen: „Landrat Dr. Siegfried Naser, so hieß es aus gut unterrichteter Quelle, machte in der Sitzung hinter verschlossenen Türen deutlich, dass ihn die beiden Amtskirchen bedrängten, wonach er den Verkauf des Hauses wieder rückgängig machen müsse." Wenige Tage zuvor hatte der Landrat sich noch alle Türen offen gehalten. Gegenüber der *Main-Post* (22.9.84) hatte er „klipp und klar“ festgestellt, die Ärzte hätten seine „volle Unterstützung“, wenn sie „nach den Vorstellungen arbeiten, wie sie in dem Vertrag angesprochen sind, und ein ordentliches Krankenhaus führen.“ Wenn aber „durch die Hintertüre ein Zentrum des Heimholungswerks“ in der Klinik entstehen solle, werde er „alle juristischen Möglichkeiten ausschöpfen, das Dettelbacher Krankenhaus zurückzubekommen.“ Hier zeigt sich die Einstellung vieler Politiker: Zunächst sind sie ganz pragmatisch an neuen Unternehmungen und neuen Arbeitsplätzen interessiert – doch wenn ihnen der Wind der Kirche ins Gesicht bläst, rudern die meisten schnell zurück und machen gehorsam ihre eigenen Beschlüsse rückgängig. Zum Rückzug blies auch der Kreisrat und Krankenhausreferent des Kreistages, Albrecht Fürst zu Castell-Castell, Sproß einer einflussreichen protestantischen Fürstenfamilie, für den „kein Zweifel“ besteht, „dass sich die Klinik zu einem Zentrum des Heimholungswerkes entwickeln wird, das nicht in diese Landschaft paßt“.[336]

Kirchen bedrängen den Landrat

Bedenken gegen Christusklinik in Dettelbach – Klinik-Verkauf rückgängig machen

KITZINGEN. (Eig. Ber./zi) In der nichtöffentlichen Sitzung des Kitzinger Kreisausschusses wurde am späten Mittwochnachmittag auch über das Thema „Verkauf des ehemaligen Dettelbacher Kreiskrankenhauses“ gesprochen. Wie berichtet, ist am 9. Juli das Hospital an die „Gemeinnützige Sozialwerk Dettelbach GmbH“ für 1,1 Millionen DM vom Landkreis Kitzingen veräußert worden. Über die künftigen Inhaber und Betreiber des Hauses wird gesagt, sie stünden dem Heimholungswerk Jesu Christi nahe.

In einem sechsseitigen Rundschreiben des Heimholungswerks vom Juni dieses Jahres war davon die Rede, daß nahe Würzburg „gemäß dem Wunsch des Herrn“ in landschaftlich schöner und ruhiger Lage Nordbayerns am Rande einer Kleinstadt, gemeint ist Dettelbach, eine Christusklinik in Betrieb genommen wird. Dieses Schriftstück wurde in der nichtöffentlichen Sitzung an alle Kreisräte verteilt. Erschienen war dazu auch Dettelbachs Stadtoberhaupt, Bürgermeister Reinhold Kuhn. Er machte Bedenken aus Dettelbacher Sicht gegen die eventuelle Christusklinik geltend, zumal die Kleinstadt bekannter Wallfahrtsort ist. Landrat Dr. Siegfried Naser, so hieß es aus gut unterrichteter Quelle, machte in der Sitzung hinter verschlossenen Türen deutlich, daß ihn die beiden Amtskirchen bedrängten, wonach er den Verkauf des Hauses wieder rückgängig machen müsse.

Wie weiter verlautete, wollten die Mitglieder des Kreisausschusses in der nichtöffentlichen Sitzung am Mittwoch keinen Beschluß fassen. Doch waren sie sich darin einig, daß über das Thema Dettelbach und Christusklinik eine größere Debatte stattfinden muß. Am 17. Oktober will das Gremium dann in der nächsten Kreisausschußsitzung eine Entscheidung fällen.

Das Plenum äußerte die Ansicht, daß sich der Landkreis im Augenblick zwar in einer schwächeren Position befindet. Doch soll versucht werden, die Käufer dahingehend zu bewegen, freiwillig den Vertrag mit dem Kreis Kitzingen rückgängig zu machen.

Gestern nachmittag trafen sich aus diesem Grund Landrat Dr. Siegfried Naser und sein Stellvertreter Nikolaus Arndt zu einer Unterredung mit dem Gesellschafter und Projektleiter des „Gemeinnützigen Sozialwerks“, Diplom-Ingenieur Walter Frisch (Weilheim). Über ein Ergebnis des Gesprächs war bis Redaktionsschluß jedoch nichts zu erfahren.

MAIN-POST,
28.9.84

Wie absurd das „Argument“ von der Errichtung eines „Zentrums der Sekte“ ist, wird bei folgendem Vergleich deutlich: **Hätte man beim Verkauf des Gebäudes an einen katholischen oder lutherischen Krankenhausträger wohl auch davor gewarnt, hier entstehe vermutlich ein katholisches oder evangelisches „Großsekten-Zentrum“?**

Außerdem hatten die Ärzte auf einer Pressekonferenz eigens darauf hingewiesen, dass in der Klinik niemand indoktriniert werden solle, sondern dass die ärztlichen Leistungen ohne Rücksicht auf

Weltanschauung und Religionszugehörigkeit und ohne jeglichen Missionsversuch angeboten würden.[337]

Rückzug mit formalen Tricks

Doch die Politiker interessiert jetzt nur noch eines: Wie kommt man aus dem Kaufvertrag wieder heraus? Mit einem formellen Trick: Der Kaufvertrag muss – normalerweise reine Formsache – noch von der Aufsichtsbehörde, der Regierung von Unterfranken mit Sitz in Würzburg, bestätigt werden. Diese verweigert jetzt ihre Zustimmung, weil der Verkauf „weit unter dem Schätzpreis“ von 3 Millionen Mark erfolgt sei[338] – angesichts der Zufriedenheit aller Beteiligten noch wenige Wochen zuvor ein leicht zu durchschauender Vorwand. Und eine „Willkürmaßnahme“ des Staates, wie Rechtsanwalt Gottfried Niemietz in einem Gutachten später feststellen wird. Doch die Behörden fühlten sich offenbar weniger dem deutschen Grundgesetz als den Gesetzen der mittelalterlichen Inquisition verpflichtet, wonach Rechtsgeschäfte und Rechtshandlungen Exkommunizierter grundsätzlich ungültig sind.[339]

Vollends unglaubwürdig wird das Vorgehen der Regierungsbehörde, wenn man weiß, dass der Landkreis Kitzingen kurz zuvor ein zweites ehemaliges Kreiskrankenhaus verkauft hatte: das in Marktbreit, und zwar für nur 800 000 Mark an die Arbeiterwohlfahrt. Auch hier lag der Schätzpreis erheblich höher – doch die Regierung von Unterfranken hatte den Vertrag anstandslos passieren lassen ...

Dass es diesmal anders kam, dafür hatten sich eine knappe Woche vor dieser merkwürdigen Entscheidung die Dettelbacher Kirchengemeinden beider Konfessionen stark gemacht – in einem Brief, in dem sie an die „verantwortlichen Politiker“ appellierten, „alles in ihren Kräften Stehende zu unternehmen, den Verkauf wieder rückgängig zu machen“, weil es sich bei der Glaubensgemeinschaft des Ärzteteams um eine „Kunstreligion aus fernöstlichen und christlichen Gedanken“ handle – und weil es „den Kindern und Jugendlichen auf die Dauer nicht zuzumuten" sei, „ständig einer möglichen pseudoreligiösen-ideologischen Infiltrierung ausgesetzt zu sein". Wie skurril solche Worte ausgerechnet in einem katholischen Wallfahrtsort klingen, der ja einer ständigen „Infiltrierung" ganz anderer Art ausgesetzt ist, fiel den frommen Schreibern offenbar gar nicht auf. Der Kreistag jedenfalls forderte nur vier Tage später die Verwaltung auf, mit den Ärzten über die Rückgängigmachung des Kaufvertrages zu verhandeln. Was die unterfränkische Regierung wiederum zwei Tage später mit ihrem Votum überflüssig machte.

Die Ärzte bestehen jedoch auf der Einhaltung des Vertrages, bekunden gleichzeitig ihre Bereitschaft, über einen höheren Preis zu verhandeln. Sie wenden sich mit einer „Proklamation" an die Öffentlichkeit[340], in der es unter anderem heißt: „Wir wollen krebskranken Menschen, die von Ärzten aufgegeben wurden, auch den Heimgang in die jenseitigen Welten erleichtern. ... Nachdem wir die Klinik gekauft hatten, begann die Kirche um einen Steinhaufen zu streiten, für den sie bislang kein Interesse gezeigt hatte. Es geht also darum, die der Kirche unliebsamen Ärzte zu vertreiben. Der Kaufpreis wird nun hochgetrieben. Hierbei geht es nicht um die Hilfe für die Kranken. ... Kann es sich ein Volk, das sich christlich nennt, noch einmal leisten, wie im Mittelalter Glaubensunterschiede zum Beweggrund seines Handelns zu machen? ... In welcher Zeit leben wir? Muß Christus sich wieder der Amtskirche beugen wie in der Zeit, in der Seine Wortträger, die Propheten, verbrannt wurden? Muß Christus sich wieder den Finanzen der Kirche und deren Einflussnahme auf die staatlichen Organe beugen? Wir haben nicht das Geld, um jeden Preis zu bieten."

Unrecht Gut gedeihet nicht

Doch es ist längst beschlossene Sache, das Angebot der urchristlichen Ärzte nicht mehr zu beachten. Nur muss man dann einen Käufer finden, der freiwillig noch mehr zahlt. Wie realitätsfern in Bezug auf die tatsächlichen Marktverhältnisse die Ausrede der staatlichen

Behörden ist, erweist sich in der skurrilen Provinzposse, die nun anhebt und sich über Jahre hinzieht.

Der Kreistag bringt zunächst das katholische St.-Josefs-Stift ins Gespräch, dem man ein Angebot von 1,36 Millionen unterbreiten will. Daraus aber wird nichts. Man kommt auf private Altenheimbetreiber aus dem Landkreis Würzburg zurück, die man ursprünglich nicht haben wollte, weil man schon genug Altenheimplätze hat und ein Überangebot womöglich zu ungenutzten Kapazitäten und damit zu höheren Kosten führen würde, was wiederum die Pflegesätze im Landkreis in die Höhe treiben könnte. Nun verkauft man die Klinik für 1,5 Millionen Mark an Petronella Bausenwein aus Güntersleben, die dort ein „Haus Sorgenruh" einrichten will. Um dem Ärzteteam, das (bis zur Grundbucheintragung eines neuen Käufers) nach wie vor rechtmäßiger Besitzer (wenn auch nicht mehr Eigentümer) des Gebäudes ist, den weiteren Zutritt zu verwehren, werden bei Nacht und Nebel die Schlösser ausgetauscht. Doch Dettelbach kommt nicht zur Ruhe; auch dieser Verkauf erweist sich als Flop: Das zugesagte Geld geht nicht ein. Das Haus steht – auf Kosten des Steuerzahlers – weiter leer, obwohl zwischenzeitlich die Urchristen noch mehrmals ihre Kaufbereitschaft bekundet hatten, und wird dann im Sommer 1988 an die evangelische Diakonie vermietet. Nach wenigen Wochen, gerade nachdem die Umbauarbeiten für ein Ausweichquartier für Senioren begonnen haben, wird der Mietvertrag wieder gekündigt: Man habe einen Käu-

Unterfranken

Dettelbacher Krankenhaus

Diakonie zieht den kürzeren

Mietvertrag nach erheblichen Investitionen annulliert

Würzburg/Kitzingen. Das Diakonische Werk kann die über 50 Bewohner eines dringend sanierungsbedürftigen Würzburger Altenheims nun doch nicht im ehemaligen Dettelbacher Kreiskrankenhaus unterbringen.

Nach hektischen kommunalpolitischen Aktivitäten beschloß der Kitzinger Kreistag am vergangenen Montag, einen bereits unterzeichneten Mietvertrag mit dem Diakonischen Werk rückgängig zu machen. Das seit vier Jahren leerstehende Gebäude, in dem unter anderem Sektenanhänger („Heimholungswerk") eine „Christusklinik" einrichten wollten, geht für 200 000 Mark an einen Kölner Immobilienhändler. Dieser wiederum will das Gebäude abreißen und 12 Millionen Mark in ein neues Seniorenwohnheim gehobenen Stils investieren.

Anhänger des „Heimholungswerks" hatten die Klinik 1985 für 1,3 Millionen Mark erworben. Diese Transaktion mußte auf Anordnung der Regierung von Unterfranken rückgängig gemacht werden, da der Preis ihrer Auffassung nach unter dem Wert lag. Um einem neuerlichen Einspruch der Rechtsaufsichtsbehörde zuvorzukommen, will der Kreis Kitzingen jetzt das Gebäude der Stadt Dettelbach übereignen. Die Stadt wiederum wird es für 200 000 Mark veräußern, der Landkreis – als dann zuständige Rechtsaufsichtsbehörde – dem Verkauf zustimmen.

Die 200 000 Mark werden im wesentlichen zur Abfindung für das Diakonische Werk Würzburg benötigt, das für die Instandsetzung der Dettelbacher Klinik bereits erhebliche Ausgaben hatte. Die Diakonie wollte das Gebäude bis Ende September für 250 000 Mark instandsetzen und anschließend für etwa 1½ Jahre bei einem monatlichen Mietpreis von 5000 Mark nutzen.

Der Vorsitzende des Diakonischen Werks Würzburg, Dekan Prof. Martin Elze, erklärte gegenüber dem „Sonntagsblatt", daß die Vorstandschaft „unter Druck und schweren Herzens" von dem Mietvertrag zurückgetreten sei. Landrat Siegfried Naser habe ihm gegenüber auf die Bedeutung der in Aussicht stehenden Millioneninvestition für den strukturschwachen Raum Kitzingen und 40 neue Arbeitsplätze hingewiesen. Die Mietvereinbarung selbst sei so abgefaßt gewesen, daß eine juristische Auseinandersetzung nur begrenzte Aussicht auf Erfolg gehabt hätte.

Das Diakonische Werk Würzburg, das mit der 3,3 Millionen Mark teuren Sanierung seines Matthias-Claudius-Heims wegen termingebundener Zuschüsse und vergebener Bauaufträge unter erheblichem Zeitdruck steht, wird nun voraussichtlich auf das ebenfalls leerstehende Krankenhaus in Iphofen ausweichen. Gegen den Umzug nach Iphofen wehren sich jedoch die Bewohner und die Mitarbeiter des Matthias-Claudius-Heims, da die Anfahrtswege wesentlich weiter seien und nicht alle derzeitigen Heimbewohner dort untergebracht werden könnten. Bei Redaktionsschluß war ein Demonstrationszug gegen den Klinikverkauf in Kitzingen geplant. *-glz*

Ev. Sonntagsblatt, 24.7.88

fer gefunden. Es ist der „Burgenkönig“ Hillebrand aus dem Rheinland, der die Immobilie für den Spottpreis von ca. 240 000 Mark erwirbt und gleich wieder weiterverkauft – für 12 Millionen Mark an eine schwedische Aktiengesellschaft, die unter derselben Anschrift residiert wie Hillebrand selbst. Man will dort ein „Seniorenwohnheim gehobenen Stils“ errichten.[341]

Nun wird der Leser sich fragen: Wie kann das sein? Der Verkaufspreis von 240 000 Mark liegt ja um eine Million Mark unter dem, was die urchristlichen Ärzte gezahlt hatten. Hat das die Regierung von Unterfranken genehmigt? Sie hat es nicht – denn der schlaue Landrat hat ein Umgehungsgeschäft eingefädelt: Er verkauft das Gebäude erst an die Stadt Dettelbach, die es dann an den Immobilienmakler Hillebrand veräußert, der hier fast wie ein „Arisierungsgewinnler“ unseliger Zeiten die Früchte einer religiösen Diskriminierung einstreichen kann. Bezüglich der Stadt ist nun aber der Landkreis selbst die Prüfungsbehörde ... Unter dem Strich hat der Landkreis aber gegenüber dem ursprünglichen Angebot der Ärztegruppe etwa eine Million (an öffentlichen Geldern!) verloren. Und die 200 000 Mark dürften wohl für die Abfindung der brüskierten Diakonie gerade gereicht haben.

„Unrecht Gut gedeihet nicht“, lautet ein Sprichwort. Seit die Urchristen auf Betreiben der Kirche (und auf Kosten des Staates) hinausgeworfen wurden, ist das weitere Schicksal der Immobilie wie „verhext“. Um das Maß voll zu machen, ließ der Landkreis in den Kaufvertrag die Klausel einfügen, der Käufer versichere, nicht „an das Universelle Leben oder ähnliche Institutionen zu verkaufen“[342] – ein weiterer Verstoß gegen das Grundgesetz, welches staatlichen Behörden eine Diskriminierung aus religiösen Gründen ausdrücklich untersagt. Die evangelische Kirche wiederum (in Gestalt der Diakonie) hätte noch einmal die Chance gehabt, zu erkennen, dass sie im Bedarfsfall von Katholiken selbst nicht besser als eine Sekte angesehen und behandelt wird. Doch, wie man sehen wird: Die Sorge um die eigenen Pfründe ist stärker.

Abschnitt 5

KESSELTREIBEN AUF DEM HEUCHELHOF

(1985)

Während in der Presse noch die Auseinandersetzung um das Objekt in Dettelbach ihre Kreise zog, blieben die Urchristen nicht untätig.

Wenige Tage vor Weihnachten 1984 trat der 48jährige Unternehmer Jens von Bandemer (Knorr-Bremse) an die Öffentlichkeit: Er stehe dem Universellen Leben nahe und habe vor, mit seinem Privatvermögen eine Siedlung mit Wohnungen und mittelständischen Handwerksbetrieben zu errichten, eine Gemeinde, „die nach den Gesetzen der Bergpredigt leben soll".[343] 300 bis 500 Menschen sollten dort auf umweltfreundliche Weise Güter herstellen und Dienstleistungen anbieten, welche die Grundbedürfnisse des Lebens decken: Nahrung, Kleidung, Obdach. „Aber auch geistig-seelische Bedürfnisse werden berücksichtigt, die so lange vernachlässigt worden sind: Bedürfnisse nach Frieden und Harmonie sowie nach geistiger Entwicklung." Von Bandemer sprach auch von „Schulen, Kindergärten und Kliniken, in denen die Bergpredigt verwirklicht wird. ... Ich möchte Menschen, die guten Willens sind, Arbeitsplätze bieten."

Jens von Bandemer überreichte dem Oberbürgermeister von Würzburg und dem Bürgermeister der Nachbargemeinde Höchberg jeweils ein gleichlautendes Schreiben, in dem er um den Verkauf eines geeigneten Geländes bat, um mit diesen Plänen zu beginnen. Der Würzburger Oberbürgermeister Zeitler (SPD) empfing ihn daraufhin zu einem ersten Gespräch und besichtigte mit ihm ein in Frage kommendes Gelände im Stadtteil Heuchelhof am Rande Würzburgs mit Trabantensiedlungen und (zu diesem Zeitpunkt) viel freier Gewerbefläche.

Zeitler, dessen Partei im Würzburger Stadtrat in der Minderheit ist, hat das Projekt im Ältestenrat des Stadtrates erwähnt. Noch am gleichen Tag, an dem die Main-Post über die Neuigkeit berichtet, bringt der Vorsitzende der CSU-Fraktion und Bürgermeister Erich Felgenhauer im Würzburger Stadtrat eine „Anfrage" ein, die in Wahrheit eine Ansammlung von Verleumdungen darstellt: Ob der Stadtverwaltung bekannt sei, dass diese „religionsähnliche Gemeinschaft ... sehr viel Leid und Tragödien" ausgelöst habe, dass dort durch „fragwürdige Heilmethoden" Menschen „physisch-psychisch kaputtgemacht und materiell zu Boden" geworfen würden? Das Heimholungswerk stelle eine „geistig-seelische Umweltbelastung" dar – daher fordere er „eine ausführliche Erörterung im Stadtrat".[344]

OB Dr. Zeitler kontra BM Erich Felgenhauer

In Würzburgs Stadtrat: Ärger um das „Zentrum"

Initiative des millionenschweren Unternehmers für das „Heimholungswerk" wird geprüft

WÜRZBURG. (Eig. Ber./Hö.) Der spektakuläre, doch hierzulande keineswegs unumstrittene Entschluß des millionenschweren Unternehmers Dr. Jens von Bandemer (Knorr-Bremse KG), sich in Würzburg oder im näheren Umkreis der Mainfrankenmetropole um ein geeignetes Areal für ein sogenanntes „geistiges Zentrum der christlichen Erneuerung" zu bemühen, schlug gestern nachmittag auch im Würzburger Stadtrat Wellen.

Trotz eines für die Baukonjunktur sicherlich „erfreulichen" Impulses wollte Bürgermeister Erich Felgenhauer in einer Anfrage wissen, ob

- der Stadtverwaltung und OB Dr. Klaus Zeitler bekannt seien, daß diese „religionsähnliche" Gemeinschaft (gemeint: das „Heimholungswerk") – wie Felgenhauer sich ausdrückte – „sehr viel Leid und Tragödien" ausgelöst, sowie
- neben seinen „fragwürdigen Heilmethoden" auch manche Menschen „physisch-psychisch kaputtgemacht und materiell zu Boden" geworfen habe?

Erich Felgenhauer, Dritter (ehrenamtlicher) Bürgermeister der Stadt Würzburg, sprach in dem Zusammenhang von einer „geistig-seelischen Umweltbelastung" durch das sogenannte „Heimholungswerk" und forderte vor einer endgültigen Entscheidung über die Grundstücksanfrage des Unternehmers eine ausführliche Erörterung im Stadtrat.

Für OB Dr. Klaus Zeitler indes war die Felgenhauer-Initiative Anlaß, sofort auf „Distanz" zum Fragesteller zu gehen: zu seinen „grundsätzlichen Prinzipien" zählte es das Würzburger Stadtoberhaupt, sich „erst einmal vor jeden Bürger zu stellen, der mit irgendwelchen Sekten in Zusammenhang gebracht wird". Und mit unüberhörbarer Ironie fügte Dr. Zeitler hinzu: „Wenn da ein Zentrum des Geistes entsteht", könne man dagegen kaum etwas haben ... Im übrigen, so der Würzburger OB, sei der Unternehmer an ihn herangetreten: in einer pluralistischen Gesellschaft müsse jeder Bürger das Recht haben, „zumindest angehört, ernst genommen und darüber hinaus angemessen behandelt zu werden."

Dr. Klaus Zeitler sagte allerdings zu, die Planungsunterlagen, die Dr. von Bandemer eingereicht habe für ein solches „Zentrum" (entweder im Würzburger Stadtteil Heuchelhof, oder in der Stadtrandgemeinde Höchberg) „sachgerecht" zu prüfen – und zwar nicht nur im Aufsichtsrat der Heuchelhofgesellschaft, sondern auch in den zuständigen Gremien des Stadtrats. Dr. Zeitler wörtlich: „Die Maßstäbe von Dettelbach sind für mich als Oberbürgermeister von Würzburg nicht verbindlich."

Volksblatt, 20.12.84

Dem „Volkstribun" Felgenhauer, der hier zum Volksverhetzer wird, kommt es zupass, dass ihn die in Rechtsdingen noch unerfahrenen Urchristen nicht vor Gericht zitieren, um den Beweis für seine bösen Behauptungen anzutreten. Immerhin gebietet ihm OB Zeitler Einhalt: Es gehöre zu seinen „Prinzipien", sich „erst einmal vor jeden Bürger zu stellen, der mit irgendwelchen Sekten in Zusammenhang gebracht wird". Ironisch fügt er hinzu: „Wenn da ein Zentrum des Geistes entsteht", könne man dagegen kaum etwas haben ... In einer pluralistischen Gesellschaft müsse jeder Bürger das Recht haben, „zumindest angehört, ernst genommen und darüber hinaus angemessen behandelt zu werden“. Die „Maßstäbe von Dettelbach“, so Dr. Zeitler, „sind für mich als Oberbürgermeister von Würzburg nicht verbindlich.“[345] Die Grundstücksanfrage, so fügt er wenige Tage später hinzu, werde behandelt wie jede andere: „Wir fragen niemand, wie hältst du’s mit dem Nachtgebet.“[346]

Damit gehört Dr. Zeitler zu den ganz wenigen Stadtoberhäuptern, die es bis heute wagten, dem Machtanspruch der Kirchen gegenüber den Urchristen öffentlich die Stirn zu bieten und wenigstens ein Minimum an demokratischer Fairness gegenüber einer Minderheit einzufordern.

Da die Weihnachtstage sich für polemische Angriffe auf Andersgläubige nicht sonderlich gut eignen – man will ja den frommen Schein wahren –, bleibt es für einige Wochen auffallend ruhig. Während über die Ankündigung von Bandemers weiterhin in zahlreichen Zeitungen Deutschlands berichtet wird, verlautet aus den Kirchen, man müsse noch Einzelheiten sammeln, um Stellung nehmen zu können.

Anfang Februar ist die „Denkpause“ zu Ende. Graf Magnis gibt eine neue Schrift heraus mit dem Titel: „Ist das sogenannte ‚Heimholungswerk Jesu Christi’ ein Heimholungswerk Satana Luzifers?“ Magnis behauptet, „mittels intensiver suggestiver Meditationsindoktrination“ würden Menschen diesen „verworrenen Lehren ... total hörig gemacht“. Es gebe „Anweisung“, die Meditationen „täglich mehrere Male stundenlang zu meditieren“. (Die Meditationen zu Beginn des Inneren Weges dauern in Wahrheit nicht länger als etwa 20 - 30 Minuten.) Die Erlösungslehre sei „eindeutig dämonisch-satanisch“, die Ehelehre „menschenfeindlich ... schwerste Ehekonflikte geradezu programmiert“. Eine neue „Welle von Ehetragödien“ sei zu befürchten. Die Ernährungslehre sei „abstrus und geradezu lebensgefährlich“. Das Projekt Heuchelhof nennt Magnis ein

„Kuckucksei“ und befürchtet dort „soziale Folgelasten“ bei einem vorzeitigen Ende, gleichzeitig aber „unfaire Konkurrenz“.

Fast zehn Jahre später wird der Zürcher *Tagesspiegel*-Journalist und fanatische Ketzerjäger Hugo Stamm die Verleumdungen des Grafen fast wörtlich nachbeten: „Für den Experten Franz Graf von Magnis ist das Universelle Leben eine gefährliche Sekte, denn suchende Menschen würden mit intensiver suggestiver Meditationsindoktrination von den verworrenen Lehren einer ‚Prophetin' abhängig gemacht.“[347]

Kirchenvertreter und kirchenhörige Politiker spielen sich nun gegenseitig die Bälle zu. Die Junge Union Würzburg findet die Vorstellung „unerträglich“, dass die Stadt Gelände an eine Organisation verkaufen könnte, „die von ihrem Selbstverständnis her die Zerstörung der Familie zu Ziel“ habe und eine „gefährliche Jugendsekte“ sei. Die Stadt dürfe „keinen Quadratmeter Grund“[348] verkaufen, so JU-Vorsitzender Rainer Beckmann und JU-Landesgeschäftsführer Udo Schuster (der in engem Kontakt zu Pfarrer Haack steht). Ursula Weschta von der Frauen-Union übt Kritik an den offiziellen Kirchenvertretern, weil diese sich „so in Zurückhaltung“ übten.[349] Die Urchristen fordern daraufhin sowohl die Junge Union als auch die Frauenunion auf, zu beweisen, dass ihr Ansinnen, nur demjenigen Grund und Boden zu verkaufen, der ihnen genehm ist, dem Grundgesetz entspricht. Was die angebliche Zerstörung von Familien angehe, so solle die Öffentlichkeit prüfen, wie viele Ehen unter den Mitgliedern der Jungen Union und ihrer Mutterpartei gestört sind und wie viele im Vergleich

Christen müssen auf das Grundgesetz pochen, um christlich leben zu können

Offener Brief an den Stadtrat und den Oberbürgermeister der Stadt Würzburg

Sehr geehrter Herr Oberbürgermeister Dr. Zeitler!
Sehr verehrte Damen und Herren des Stadtrates!

Die Erklärung der CSU-Frauen-Union (Beitrag „Frauen-Union übt an den Kirchen Kritik“ vom 7. Februar 1985 in der Main-Post, Würzburg) macht es notwendig, unserem Schreiben vom 6. Februar 1985 an Sie folgendes hinzuzufügen:

Wir bitten Sie, nicht nur von der Jungen Union, sondern auch von der Frauen-Union der CSU **Beweise** für die Behauptungen zu fordern, die sie über uns aufstellt und die wir als unfaßbar empfinden müssen.

Es ist uns Ernst damit, nach der Bergpredigt leben zu wollen und Christus nicht nur im Wort, sondern auch und vor allem in der Tat nachzufolgen – so wie Er es fordert und wie es jeder vollziehen müßte, der sich „Christ“ nennt. **Die Frauen-Union soll beweisen, daß die Bergpredigt „nichts mit der christlichen Lehre gemeinsam hat“.** Sie möge bitte die „Dokumente“ des Grafen von Magnis, auf die sie sich beruft, vorlegen und einer öffentlichen Prüfung zugänglich machen. Wir haben Graf von Magnis öffentlich aufgefordert, in unserem Beisein vor der Presse den Beweis für seine unzutreffenden Behauptungen anzutreten. Das ist bis heute nicht erfolgt.

Wir fragen: Soll mit uns so verfahren werden, wie das oft im unseligen Mittelalter unliebsamen Kritikern und Andersdenkenden gegenüber geschah? **Im ersten Schritt ließ man sie damals in der Öffentlichkeit verleumden, unglaubwürdig machen.** Dann folgte im 2. und 3. Schritt die Denunziation bei Behörden und schließlich das Inquisitionsverfahren.

Die Inquisition gibt es in unserem Rechtsstaat nicht mehr. Wir fordern Sie als die den Rechtsstaat in unserer Stadt repräsentierende Instanz auf, Denunziationen nicht hinzunehmen. **Jene, die unzutreffende Behauptungen aufstellen, werden sich selbst entlarven, wenn Beweise von ihnen abgefordert werden.**

Wir sind Bürger eines freiheitlichen Rechtsstaates mit Rechten und Pflichten wie jeder andere. „Vogelfreie“ gibt es bei uns nicht mehr, auch nicht solche, denen man das Recht auf den Ankauf öffentlich ausgeschriebener Grundstücke einfach verweigern kann. Dagegen ist heute jedermann geschützt. Wieso sollen wir uns schlechter behandeln lassen müssen als jedermann sonst? Nur weil wir endlich Ernst machen wollen mit der Lehre der Nächstenliebe, mit dem Weg zum Frieden?

Muß es nicht besorgt machen, daß wir uns gegenüber einer sich christlich nennenden Partei auf unser Grundgesetz („Niemand darf wegen ... seines Glaubens, seiner religiösen oder politischen Anschauungen benachteiligt oder bevorzugt werden“) berufen müssen, um tatsächlich christlich leben zu können? Wo ist der Geist des Würzburger CSU-Abgeordneten Prof. Dr. Laforet geblieben, dessen Weisheit und Toleranz ihn zu einem der unvergessenen Väter unseres Rechtsstaates gemacht haben? **Wir bitten den Rat der Stadt zu erkennen, daß die heutige Junge Union in ihrem Aufruf den Stadtrat in aller Öffentlichkeit zu etwas auffordert, was nicht im Einklang mit dem Grundgesetz stünde.**

Mit freundlichen Grüßen!

Gemeinschaft zur Förderung des Heimholungswerkes Jesu Christi e.V. Nürnberg, Postfach 5643, 8700 Würzburg, gez. Robert Leser

Anzeige MAIN-POST, 20.2.85

dazu bei den Urchristen. Die Junge Union solle „uns den Jugendlichen zeigen, der unter 18 Jahren mit uns den Inneren Weg geht“ – denn die vorbereitenden Meditationskurse für diesen Weg sind für Jugendliche unter 18 Jahren gar nicht zugänglich. Die Polit-Organisationen sollten außerdem beweisen, „dass ihre Politik, ihr Glaube und vor allem ihr Tun der Lehre Christi entspricht“.[350]

Klärendes Wort
des katholischen Stadtdekanates
und des
evang.-luth. Dekanates
Würzburg

zum

„HEIMHOLUNGSWERK“

Ein „klärendes Wort“, das keines ist

Die Urchristen erhalten keine Antwort. Statt dessen erscheint Mitte Februar ein „Klärendes Wort“ der Würzburger Dekane Helmut Bauer (katholisch) und Prof. Martin Elze (lutherisch) gegen die Urchristen. Darin unterstellen sie dem Heimholungswerk „massive wirtschaftliche Interessen“. Das Heimholungswerk sei „nicht christlich“. Nach „Überzeugung der Christenheit“ habe die „Offenbarung Gottes in Jesus Christus ihren unüberbietbaren Höhepunkt und Abschluß gefunden“. Die Gottesvorstellung sei auf eine „persönliche Urkraft“ beschränkt;[351] „eine positive Einstellung zur Schöpfung ist nach der Lehre des Heimholungswerks nicht möglich“. (Weshalb betreiben dann Urchristen friedfertigen Landbau, während die Kirchen zu diesem Thema schweigen?) **Kurzum: Die Dekane bringen keine „Klärung“, sondern Unterstellungen, Verdrehungen, falsche Zitate.** So erwecken sie durch Anführungszeichen den Anschein, also ob die Urchristen in Bezug auf ihre Lehre selber von „Selbsterlösung“ sprächen – in Wahrheit ist nach Überzeugung der Urchristen eine Erlösung nur mit Hilfe Christi möglich. Oder sie behaupten, das Heimholungswerk verspreche „Geistheilungen“ – obwohl Urchristen von „Gebets“- oder „Glaubensheilung“ sprechen und eine solche niemals *ver*sprechen. Als die Dekane auf die offensichtlich falschen Zitate aufmerksam gemacht werden, ändern sie nicht etwa den falschen Inhalt, sondern lassen bei einer Neuauflage einfach die Anführungszeichen weg ...

„Christen" entlarven sich

OFFENER BRIEF an

Katholisches Stadtdekanat Würzburg
Evangelisch-lutherisches Dekanat Würzburg

Betrifft: Gemeinsame Presseerklärung der beiden großen Kirchen zum Heimholungswerk Jesu Christi, erschienen u. a. in der MAIN-POST am 22. 2. 1985 unter der Überschrift: „Warnung vor Heimholungswerk ausgesprochen" und im Volksblatt am 21. 2. 1985 unter: „Heimholungswerk ist keine kirchliche Gemeinschaft"

Sehr geehrte Damen und Herren!

Wir sind tatsächlich keine kirchliche Gemeinschaft im Sinne einer äußeren, veräußerlichten Religion. Wir sind eine innere Religion und wollen dem Nazarener mit all unserer Kraft nachfolgen. Wir wollen, daß endlich alle Menschen Brüder werden. Wir sind auf dem Weg, das zu verwirklichen, was uns der Nazarener lehrte und vorlebte. **Wir wollen der Welt den Nachweis erbringen, daß ein Leben nach der Bergpredigt tatsächlich möglich ist.** Nur das führt zum Frieden, nach dem die Menschheit dürstet.
Bevor jedoch die Saat des Guten zu sprießen beginnen kann, stehen Vertreter der Institutionen Kirche auf, um den Keimling zu zertreten.
Was befürchten Sie? Warum hindern Sie uns an diesem Nachweis?
Ihre Furcht zeigt letztlich an, daß Sie in der Tiefe Ihrer Seele ahnen, daß es tatsächlich Christus ist, der Sich jetzt wieder durch einen prophetischen Mund offenbart.
Beharrlich pochen Sie jedoch auf Ihren Standpunkt, den Sie auch in der oben genannten Presseerklärung wiederholen: „Nach dem Zeugnis der Heiligen Schrift und der gemeinsamen Überzeugung der Christenheit hat die Offenbarung Gottes in Jesus Christus ihren unüberbietbaren Höhepunkt und Abschluß gefunden."
Wir stellen dazu der Christenheit die Frage: Ist auch sie überzeugt, daß die Offenbarung Gottes mit Jesus von Nazareth ihren Abschluß gefunden hat? Wenn das so wäre, dann müßte ein Großteil des Neuen Testamentes Menschenwerk sein. Zum Beispiel könnte die Geheime Offenbarung des Johannes, die dieser erst viele Jahre nach Jesu Tod aus dem Geiste empfangen hat, dann niemals eine Offenbarung Gottes sein. Aus welcher Quelle kam sie?
Dann dürfte auch Paulus nicht den Ruf des Herrn vernommen haben. Wer rief ihn und lenkte ihn nach seiner Bekehrung und sprach durch ihn, wenn die Offenbarungen mit dem Tod Jesu zu Ende gewesen sind?
Nach den Aussagen der Vertreter beider Kirchen könnte dann auch das Urchristentum mit seinen vielzähligen Propheten nicht göttlich gewesen sein. Welcher Geist sprach in den Urgemeinden, wenn das direkte Wort Gottes mit Jesu von Nazareth seinen Abschluß gefunden hat?
Und welcher Geist spricht heute in den charismatischen Gruppen?
Die Vertreter der beiden Kirchen stellen die Glaubwürdigkeit ihres Kollegen Prof. Dr. Walter Nigg, Theologe und Kirchenhistoriker an der Universität Zürich, in Frage, der in seinem Buch „Prophetische Denker" überzeugend dargelegt hat, daß der prophetische Geist zu allen Zeiten sprach und heute noch spricht. Sind seine Darlegungen falsch, dann müßten seine Bücher aus den kirchlichen Bibliotheken entfernt werden.
Kirchliche Vertreter sind demnach untereinander uneins und stehen ihrer eigenen Lehre mißtrauisch gegenüber, ja auch der Bibel, von der sie behaupten, sie allein wäre Gottes Wort.
Was aber steht in der Bibel zur Prophetie? Ein paar von vielen Zitaten: „Welchen der Propheten haben eure Väter nicht verfolgt?" rief Stephanus den Juden zu (Apostelgeschichte 7,52). Sie „wurden auf die Folter gespannt ..., erfuhren Spott und Schläge, dazu Bande und Kerker. Sie wurden gesteinigt, zersägt, gefoltert, fielen dem Mordstahl zum Opfer, gingen darbend, geängstigt, mißhandelt umher ... in Wüsten und auf Bergen, in Höhlen und in Klüften der Erde (Hebr. 11,35–38). Den Propheten des Neuen Bundes verhieß Jesus ein ähnliches Schicksal, als Er sprach: „Ich sende zu euch Propheten ... von ihnen werdet ihr die einen töten und kreuzigen, die anderen in eueren Bethäusern geißeln und von Stadt zu Stadt verfolgen" (Matt. 23).
Nach der oben zitierten Aussage der Kirchen, die Offenbarung Gottes habe mit Jesus ihren Abschluß gefunden, können diese angeblichen Jesu-Worte in der Bibel nicht stimmen.
Mit der gleichen Aussage sprechen Sie auch Hildegard von Bingen (1098–1179) die prophetische Gabe ab, die bekanntlich als „Deutsche Prophetin" in die Kirchengeschichte einging. Wir stellen Ihnen die Frage: Wenn das Gotteswort mit Jesus von Nazareth seinen Abschluß gefunden hat, wer sprach dann durch Hildegard von Bingen?
Wir wissen es: Christus offenbart sich heute wieder. Er lehrt uns erneut die Bergpredigt und führt uns auf den Weg nach innen, zum Königreich des Inneren, von dem Er sinngemäß sprach: „Mein Reich ist nicht von dieser Welt, Mein Reich ist ein Reich des Inneren, ein Reich des Friedens und der Liebe." Die Bergpredigt ist das Fundament der christlichen Lehre.
Können Sie behaupten und beweisen, daß die Bergpredigt mit der christlichen Lehre nichts gemeinsam hat?
Wir Menschen in der Nachfolge des Nazareners wollen nichts anderes, als die Bergpredigt verwirklichen und nicht nur darüber reden! Warum hindert man uns durch bewußt falsche Darstellungen an diesem Beweis?
Kann die Kirche beweisen, daß Menschen, die die Bergpredigt verwirklichen wollen, keine Christen sind?
Wir wollen endlich die Beweise für diese ständigen Anschuldigungen!
Was ist falsch daran, wenn unsere christlichen Betriebe auf der Grundlage der Bergpredigt aufgebaut und geführt werden? Auch im wirtschaftlichen Bereich wollen wir die Lehre des Nazareners befolgen. Was ist falsch daran? Wollen Sie das Mittelalter wieder auferstehen sehen?
Wir appellieren an die Christenheit: Wir wollen endlich beweisen können, daß Christen die Lehre Jesu, die Bergpredigt, in ihrem praktischen Leben zu verwirklichen vermögen.
Wir sind ein Teil des Volkes und rufen die Bevölkerung auf, zur Frage Stellung zu nehmen, ob sie die Verleumdung derer bejaht, die Christus nachfolgen wollen.
Wir rufen es laut in die Öffentlichkeit hinaus: Wo sind die Beweise für die falschen Anschuldigungen der kirchlichen Vertreter?
Wir wollen jetzt endlich verwirklichen, was uns der Nazarener vorlebte, die Bergpredigt! Wir wollen endlich den Frieden!

Gemeinschaft zur Förderung des Heimholungswerkes Jesu Christi e. V.
Postfach 5643, 8700 Würzburg
gez. Karl Köbler und Robert Leser

Mit falschen Zitaten und Verdrehungen gegen Andersgläubige vorzugehen, ist eine uralte Praxis der Kirche. Jan Hus z.B. wurde vom Konzil in Konstanz verurteilt, weil er angeblich bestimmte Zitate aus der Lehre des John Wycliff vertreten haben soll, was Hus aber bestritt ...

Die Urchristen reagieren wieder in einer Zeitungsanzeige – Überschrift: „'Christen' entlarven sich". Darin heißt es: „Wir wollen der Welt den Nachweis erbringen, dass ein Leben nach der Bergpredigt tatsächlich möglich ist. ... Bevor jedoch die Saat des Guten zu sprießen beginnen kann, stehen Vertreter der Institution Kirche auf, um den Keimling zu zertreten. ... Was befürchten sie? ... Ihre Furcht zeigt letztlich an, dass sie in der Tiefe ihrer Seele ahnen, dass es tatsächlich Christus ist, der Sich jetzt wieder durch einen prophetischen Mund offenbart." Wenn, so die Urchristen weiter, die Offenbarung Gottes tatsächlich in Jesus ihren „Abschluß" gefunden hätte, so könnten Teile der Bibel, etwa die Geheime Offenbarung des Johannes oder die Paulusbriefe, niemals eine Offenbarung Gottes sein. Dann hätte auch Jesus nicht sagen können: „Ich sende zu euch Propheten ... von ihnen werdet ihr die einen töten und kreuzigen, die anderen in eueren Bethäusern geißeln und von Stadt zu Stadt verfolgen" (Mt 23) – denn dann hätte es nach Jesus von Nazareth keine Prophetie mehr geben dürfen. Und zu den Unterstellungen der Dekane: „Wir wollen endlich die Beweise für diese ständigen Anschuldigungen! Was ist falsch daran, wenn unsere christlichen Betriebe auf der Grundlage der Bergpredigt aufgebaut und geführt werden? ... Wir sind ein Teil des Volkes und rufen die Bevölkerung auf, zur Frage Stellung zu nehmen, ob sie die Verleumdung derer bejaht, die Christus nachfolgen wollen. Wir rufen es laut in die Öffentlichkeit hinaus: Wo sind die Beweise für die falschen Anschuldigungen der kirchlichen Vertreter?"[352]

Die Medienkampagne setzt ein

Die Urchristen appellierten nicht von ungefähr an die Öffentlichkeit. Denn dort spielte sich die nächste, entscheidende Phase des kirchlichen Kampfes zur Vertreibung der „Ketzerei" ab. Bis dahin hatte die Tagespresse relativ objektiv über den erstaunlichen Vorgang berichtet, dass ein Grundstückskauf plötzlich zum Gegenstand eines Glaubenskampfes wurde, und beide Seiten zu Wort kommen lassen. Lediglich die Boulevardpresse war auf die kirchliche Verhöhnungswelle aufgesprungen: „Bremsen-Bandemer: 30 Mio für ‚Engel Emanuelle'" lautete eine Schlagzeile der *Bild-Zeitung* (8.2.85) – wobei der sich im Heimholungswerk offenbarende Cherub mit Namen Emanuel kurzerhand zu einer Engelsfrau gemacht wurde. Oder das *Goldene Blatt* (30.1.85): „Für eine Hausfrau wurde Konzernchef Sektenjünger."

Nun zogen die Kirchen, die über erheblichen Einfluss auf die Presse verfügen*, alle Register. Die katholische Tageszeitung *Deutsche Tagespost* mit Sitz in Würzburg bringt am 8.3.85 eine ganze Seite

* Nach einer Meldung des Nachrichtenmagazins Focus (29.12.97) herrschen die Kirchen über 3 Nachrichtenagenturen, 55 Zeitungen, 289 Zeitschriften, 38 Hörfunkredaktionen, 17 TV-Produktionsfirmen und geben jährlich 300 Millionen Mark für Massenmedien aus. Zum Reichtum der Kirchen allgemein vgl. das Buch „Finanzen und Vermögen der Kirchen in Deutschland", 2002

über die Urchristen im Universellen Leben, Überschrift: „Die Sekte hat sie zu verklärten Masken gemacht". Für Chefredakteur Harald Vocke sind die Offenbarungen „dämonische Inspirationen". Mittelalterlicher Hass auf alles Nicht-Katholische spricht aus jeder Zeile.

Auch *Bild der Frau* (18.3.85) zieht über Gabriele her, „die Sektenführerin, für die ein Millionär alles aufgab". Die *Bunte Illustrierte* (18.4.85) bringt eine Reportage mit der Überschrift: „Sekten – mit Kontakten zum Jenseits ein Vermögen auf Erden – das blühende Geschäft einer Sekte und warum immer mehr darauf reinfallen". Über die Lehre des Universellen Lebens heißt es nur: „Und wer glaubt diesen Unfug?" Das *Bayerische Fernsehen* (4.4.85) bringt einen Bericht, in dem Graf Magnis, Dekan Elze und Dekan Bauer ausführlich zu Wort kommen, Vertreter des Heimholungswerkes aber nur am Rande. Der *Spiegel* (6.5.85) veröffentlicht ausgerechnet in der heißen Phase der Stadtratsentscheidung einen hämischen Artikel: „Göttliche Kraft am Steißbein". Die Behauptungen des Ordinariats Würzburg über „meditative Indoktrination", „gesteigerten Messianismus" sowie „modernste Werbe- und Marketingstrategien", womit man in eine „emotionale Marktlücke" vorstoße, werden genüsslich aufgegriffen. Der Spiegel übernimmt auch ungeprüft die Falschmeldung des Sekten-Infos, wonach Vlado P., der „die Lehren offenbar allzu wörtlich nahm", an „Unterernährung, Eiweiß- und Fettentzug" gestorben sei. Der Journalist Heinz Höfl macht sich seitenlang in arroganter *Spiegel*-Manier über eine religiöse Bewegung lustig, geht aber in keiner Weise darauf ein, wie diese Bewegung von der mächtigen Amtskirche und von staatlichen Stellen diskriminiert wird. Dennoch hat gerade dieser arrogante Artikel – eine kleine Fußnote – unter anderem zwei namhafte Juristen erstmalig auf das Universelle Leben aufmerksam gemacht, die es genau wissen wollten: Wenn der *Spiegel* etwas *so* durch den Kakao zieht, dann muss ja wohl etwas Positives dran sein! Beide[353] schlossen sich später der Bewegung an.

Kurz vor dem *Spiegel*-Artikel hatten die beiden Pfarrer des Stadtteils Heuchelhof, Ulf Claussen (lutherisch) und Erwin Kuhn (katholisch), ihren Kollegen Pfarrer Haack aus München (s. S. 95 ff.) in die Turnhalle der Heuchelhofschule geladen. Schon die Überschrift des katholischen *Volksblatts* (26.4.85) gibt die Richtung vor: „Besorgnis: Einfluß auf Kinder durch HHW". Haack legt los: „Religion ist gleich einem Messer: Man kann damit zum Guten wie zum Bösen wirken. Khomeini ist dafür nur ein Beispiel!" Derartige Gemeinschaften (wie das Universelle Leben) seien für ihn „Notgemeinschaften von Verantwortungsflüchtigen". Er, Haack, befürchte „vor allem die Gefahr der Indoktrination von Kindern in den vorgesehenen Kindergärten und Schulen".[354] (Als ob es nicht ungezählte kirchliche Schulen und Kindergärten gäbe – Schulen und Kindergärten waren im übrigen von Jens von Bandemer erst für die weitere Zukunft genannt worden, hatten also mit der aktuellen Planung nichts zu tun.) Die Kinder, so Haack weiter, könnten dort „geistig dressiert"[355] werden. Wer vorgebe, nach der Bergpredigt leben zu können, der „überziehe sein Konto". (Womit der Pfarrer ziemlich genau die Position der Kirchen zur Bergpredigt des Jesus von Nazareth umschrieben hat.)

Die ach so liberale *Main-Post* schreibt in einem Kommentar, man mache sich auf dem Heuchelhof Gedanken, „ob die Integrationsfähigkeit des Stadtteils nicht überfordert wird, wenn eine – eigenen Lebensregeln unterworfene – Gemeinschaft von mehreren hundert Menschen ganz neue soziale, gesellschaftspolitische und wirtschaftliche Strukturen schafft". Solche „Gedanken" wären wohl auch formuliert worden, wenn man auf dem Heuchelhof ein Asylbewerber-Heim hätte errichten wollen. Doch der Unterschied ist: Dann hätte man diese Einstellung wenigstens bedauert und „betroffen" danach gefragt, woher diese Ausländerfeindlichkeit kommt – denn die „Integrations*fähigkeit*" ist ja in Wirklichkeit die Integrations*willigkeit* der Mehrheit gegenüber der Minderheit. Bei „Sektierern" braucht man sich jedoch solche Mühe erst gar nicht zu machen – man hat offenbar, durch Jahrhunderte programmiert, ein gutes Gewissen, wenn man sie ausgrenzt.

Unterschriftenlisten im Dom

Gottesdienstordnung

der Dompfarrei Würzburg

Sonntag, 19.5. - 7.Sonntag der Osterzeit — Woche vom 19. - 26. Mai 1985

7.00 Uhr	Singmesse f. verst. Franz u. Else Heer	Neumünster
8.45 Uhr	Hl. Amt f. d. Pfarrgemeinde	Dom
10.00 Uhr	Hl. Amt mit Chorgesang	Dom
11.30 Uhr	Singmesse	Dom
14.00 Uhr	Andacht der Kreuzbruderschaft	Neumünster
17.45 Uhr	Vesper	Anbet.Kap.d.Neum.
18.30 Uhr	Abendgottesd. f. verst. d.Fam. Schittig / Scharf	Dom
19.30 Uhr	Maiandacht	Neumünster

In der Marienkapelle täglich um 10.00 Uhr Gottesdienst

Montag, 20. 5. - Montag der 7. Osterwoche

6.30 Uhr	Hl. Messe f. St.Kiliansbruderschaft	Anbet.Kap.d.Neum.
7.15 Uhr	Hl. Messe f. verst. Angeh. d.Fam. Bader	Neumünster
9.00 Uhr	Singmesse f. Martin Hock	Dom
17.30 Uhr	Abendgottesd. f. Konrad / Warmuth	Dom
19.30 Uhr	Maiandacht	Neumünster

Dienstag, 21.5. - Dienstag der 7. Osterwoche

6.30 Uhr	Hl. Messe f. Georg u. Hanna Rosenberger	Anbet.Kap.d.Neum.
7.15 Uhr	Hl. Messe z. Jahrestag v. Prälat Dr.Kramer	Neumünster
9.00 Uhr	Singmesse f. Heinrich Gessner u. Angeh.	Dom
17.30 Uhr	Abendgottesd. n. Meinung Wegstein	Dom
19.30 Uhr	Maiandacht	Neumünster

Mittwoch, 22.5. - Mittwoch der 7.Osterwoche

6.30 Uhr	Hl. Messe f. d. Armen Seelen	Anbet.Kap.d.Neum.

Oben: Vorderseite; unten: Rückseite

zu Übernehmen. Wir weisen auf die Plakate hin.

HEIMHOLUNGSWERK

Die beiden Pfarreien vom Heuchelhof bitten uns, ihre Unterschriftenaktion gegen das Großprojekt des Heimholungswerkes zu unterstützen. Wir bitten unsere Pfarrangehörigen, ihre Unterschrift im Pfarramt zu geben. Unsere im Dom aufliegenden Unterschriftenlisten wurden leider sehr schnell immer wieder weggenommen.

H I N W E I S E:

So 19.5. 9.00 Uhr Wandertag d.Familienkreises II
Mo 20.5. 20.00 Uhr Familienkreis III im Pfarrheim
Do 23.5. 18.45 Uhr Familienkreis I besucht das Reha-Zentrum (Treffp. Residenzplatz)

Damit die Vorreiterrolle der Kirchen bei dieser Ausgrenzung nicht gar zu offensichtlich wird, gründet man eine „Bürgerinitiative zur Verhinderung der Ansiedlung des sogenannten Heimholungswerkes auf dem Heuchelhof". Das Wörtchen „sogenannt" ist eine Übernahme aus den Schriften von Graf Magnis gegen das Heimholungswerk – und auch sonst kommt die sogenannte Bürgerinitiative nicht ganz ohne die Hilfe ihrer Drahtzieher aus: Die Unterschriftslisten der „Verhinderer" werden unter anderem im Würzburger Dom ausgelegt; die Gottesdienstbesucher werden auf der Gottesdienstordnung noch einmal gesondert aufgefordert, ihre Unterschriften im Pfarramt abzugeben. Als die Urchristen Bischof Paul-Werner Scheele zu einer Podiumsdiskussion einladen, lässt er aber absagen. Dagegen hält es der lutherische Landesbischof Johannes Hanselmann aus München für geboten, seine Gläubigen zu Pfingsten im *Evangelischen Sonntagsblatt* (26.5.85) unter der Überschrift „Laßt euch nicht verführen!" „kräftig" zu bitten: „Du aber bleibe bei dem, was du gelernt hast und dir anvertraut ist" (2 Tim 3,14) und „Laßt euch von niemandem verführen, in keiner Weise" (2 Thess 2,3). Ist die Kirche durch eine Handvoll Urchristen wirklich so verunsichert?

Die katholische Seite spannt derweil noch einen ehemaligen Würzburger Oberbürgermeister aus der Nachkriegszeit ein, Michael Meißner, der in einem Brief an den Stadtrat unverhohlen „an die Tradition Würzburgs als Bischofsstadt" erinnert, für welche „die Vergabe eines so großen Geländes an eine Sekte ... einen falschen und unpassenden Akzent" darstellen würde.[356]

Die Stimmungsmache der Kirchen zeigt Wirkung. Auf einer Podiumsdiskussion des Bürgervereins Heuchelhof äußern Teilnehmer, die Pläne seinen ein „Wolkenkuckucksheim“, eine „Gefährdung von Arbeitsplätzen“ (dabei würden im Gegenteil Arbeitsplätze geschaffen!). Eine Mutter hat Sorgen, dass Jugendliche „einer massiven Beeinflussung ausgesetzt werden“. Da hilft es nichts, dass Oberbürgermeister Zeitler darauf hinweist, dass „wir in einer pluralistischen Gesellschaft leben, in der jeder, auch Minderheiten, das Recht haben, ihre persönliche Art zu leben, darzustellen“.[357] Plötzlich hat auch Dr. Zeitler „wachsende Bedenken gegen HHW-Pläne“.[358]

Dem Realpolitiker ist sicher nicht entgangen, dass sich inzwischen auch mehr und mehr politische Kräfte zur Verhinderung der Ansiedlung bekennen. Der CSU-Ortsverband Heuchelhof fürchtet „um guten Ruf“ des Stadtteils[359], der SPD-Ortsverein wählt zwar wesentlich zurückhaltendere Formulierungen, hat aber „bei dem derzeitigen Planungsstand“ ebenfalls „Bedenken, ... eine Grundstücksvergabe zu befürworten“.[360] Die Bayern-Partei führt am 1.6.85 eine „Volksbefragung“ auf Würzburgs Straßen durch („Scherbengericht“ nannten so etwas die Athener); der Bürgerverein Heuchelhof fürchtet eine „Gettobildung“[361] – ohne darüber nachzudenken, wer denn im Mittelalter die Gettos für die Juden eingeführt hat: die Juden sicher nicht!

... eigentlich bin ich ja recht tolerant, solang' jemand katholisch oder a weng evangelisch is"...

MAIN-POST, 26.6.85

Da nützt es auch nichts, dass die Urchristen den bayerischen Ministerpräsidenten Franz-Josef Strauß bitten, ihnen, „bei der Wahrung unserer verfassungsmäßigen Rechte zu helfen“. Sie sprechen von einer

„breit angelegten Kampagne", die zum Ziel habe, dass Menschen „wegen ihres Glaubens benachteiligt werden".[362] Derweil setzen die Kirchen genau diese Kampagne fort. Pfarrer Erwin Kuhn schreibt in seinem Pfarrbrief, er finde es „erschreckend", dass viele Heuchelhofbewohner noch nicht von der „neuen Sekte" gehört hätten (das hätte ein mittelalterlicher Inquisitor nicht besser ausdrücken können) und zitiert die Bibel: „Sie kommen zu euch wie harmlose Schafe, in Wirklichkeit aber sind sie reißende Wölfe."[363] Elze und Magnis halten in den Dörfern rund um Würzburg Vorträge gegen die Urchristen. Der gebürtige Schlesier Graf Magnis spielt sich in einer von den Urchristen veranstalteten Diskussion zum Verteidiger des Frankenlandes auf und ruft: „In unserem geliebten Frankenland mögen wir keine Stänkerer."[364] (Ein anwesender Würzburger Stadtrat sagte daraufhin: „Wenn das der offizielle Vertreter der katholischen Kirche war, dann tut es mir leid um jede Mark, die ich gezahlt habe."[365])

Wenige Tage vor der entscheidenden Sitzung des Stadtrates hält Pfarrer Haack – wie schon im Jahr zuvor – die Jahrestagung seiner „Elterninitiative gegen seelische Abhängigkeit und religiösen Extremismus"[366] in Würzburg ab. Haack nimmt für sich das Monopol in Anspruch, den Begriff Religionsfreiheit richtig deuten zu können – hier liege nämlich ein „Missverständnis" vor: „Religionsfreiheit meine im Gegensatz zur Praxis der Sekten immer die Freiheit des Individuums vor der religiösen Bevormundung durch übermächtige Organe. Es sei wie eine Parodie auf den Begriff Religionsfreiheit, wenn Sekten diese für sich in Anspruch nehmen würden."[367] Er, Haack, sei „betroffen darüber", dass Würzburg zu einem „Sekten-Rom"[368] zu werden drohe. (Hier zitiert ihn das katholische Volksblatt aus naheliegenden Gründen falsch und schreibt: „Sekten-Home".) Das Universelle Leben sei eine „Prophetendiktatur"; Religionsfreiheit bedeute nicht, „dass eine Sekte machen könne, was sie wolle".[369]

Nachdem der Teufel einmal mehr an die Wand gemalt war, sprach Bürgermeister Felgenhauer (CSU) vor der Elterninitiative von einer

„glücklichen Entwicklung in Würzburg“: „Nach anfänglichen Sympathien wurde ein geordneter Rückzug eingeleitet“ – nachdem am Anfang die Dinge „recht oberflächlich“ beurteilt worden seien. Doch es habe ein „großer Aufklärungsprozeß stattgefunden“.[370] Felgenhauer bedankt sich ausdrücklich bei Haack für die „Unterlagen“, ohne die ihm die „Sensibilisierung“ (ein Lieblingswort aller Rufschädiger) des Bürgermeisters und des Stadtrates nicht gelungen wäre.

Der Stadtrat lehnt ab

Wenige Tage später lehnt zunächst der Hauptausschuss, dann das Plenum des Würzburger Stadtrates in nicht-öffentlicher Sitzung den Grundstücksverkauf an die Urchristen ab. Dem Vernehmen nach war es zu einer Kampfabstimmung gekommen, in der die angeblich christliche Seite obsiegt hatte. Oberbürgermeister Zeitler fiel die Aufgabe zu, die Absage des Stadtrats gegenüber der Presse zu begründen – mit den scheinbar sachlichen Argumenten der Stadtrats-Mehrheit: Die Pläne seien zu vage gewesen, man habe teilweise Wohnungen statt Gewerbebetriebe bauen wollen (das hatte von Bandemers Projektleiter längst zurückgenommen); die Grundstükke wären weiter verpachtet worden, was „Abhängigkeitsverhältnisse“ zur Folge gehabt hätte; schließlich sei die Stadt an einer „Gewerbeansiedlung“ interessiert, „keinesfalls an einem religiösen Unternehmen“.[371]

Die Frage bleibt, ob solche Ausflüchte am Ende auch geäußert worden wären, wenn die Ansiedlungswilligen nicht durch ein monatelanges Kesseltreiben von Kirchenvertretern, kirchenhörigen Journalisten und Politikern gezielt zu Aussätzigen erklärt worden wären, die angeblich für Kinder und Jugendliche eine Gefahr darstellen.

In einer Zeitungsanzeige[372] legten die Urchristen dar, wie sie das Ergebnis sahen: „Dem ewigen Geist gehört nicht nur eine kleine Parzelle wie auf dem Heuchelhof. Sein ist das Universum ... Wenn

Christen Christen ablehnen, ihre Türen vor ihren Nächsten verschließen, dann werden diese den Staub von ihren Füßen schütteln. Wir Christen in der Nachfolge des Nazareners lassen uns von Christus zu weit größeren Taten führen. Wahre Christen öffnen uns Tür und Tor ..." Urchristliche Betriebe und Einrichtungen würden entstehen, so teilten sie der Presse mit – wenn auch nicht an einem einzigen Ort.[373]

Würzburger Nachlese

Wenn auch das Projekt in Würzburg gescheitert war – die Ankündigung von der geplanten urchristlichen Gemeinde der Bergpredigt hatte die Urchristen auch überregional bekannt gemacht. Andererseits hatten die Großkirchen sich auf das Universelle Leben „eingeschossen". Obwohl die Verdrehungen und falschen Zitate des „Klärenden Wortes" wiederholt richtig gestellt worden waren, wurde diese Falschdarstellung Jahre lang weiter verbreitet und in kirchlichen Pfarrbriefen abgedruckt.[374] Noch am 11.2.93 verteilte der damalige lutherische Militärgeistliche Braun sie bei einem Anti-"Sekten"-Vortrag in Güntersleben bei Würzburg. Im April 1988 hatten die beiden Dekane ein zweites „Klärendes Wort" nachgeschoben, in dem wieder neue Verdrehungen enthalten waren. Wieder wurde behauptet, im Universellen Leben werde gelehrt, man könne „sich selbst erlösen"; es wurde den Urchristen unterstellt, nach ihrer Lehre sollten „die Gesetze dieser Welt, also auch die des Staates, ... nicht weiterentwickelt, sondern von Grund auf verändert werden" – obwohl Urchristen immer wieder betonen, dass man dem Kaiser geben solle, was des Kaisers ist. Es wird behauptet, nach urchristlicher Lehre würde Christus sein eigenes Wort berichtigen – obwohl in dem Buch „Das ist Mein Wort" klar nachzulesen ist, dass Er dort ein teilweise fehlerhaftes Evangelium erklärt, berichtigt und vertieft. Es sind oft Details, die zu einer gezielten Sinnentstellung benutzt werden – etwa wenn den Urchristen unterschoben wird, sie würden behaupten, verfolgt zu werden „wie einst die Juden im Dritten Reich". Tatsache ist jedoch, dass die Urchristen Parallelen aufzeigen zwischen dem

Beginn der Verfolgung der Juden in der *Weimarer Zeit* und heute. Es geht also um das *System* einer Verleumdung, mit dem spätere Verbrechen vorbereitet wurden. Aus ihren Entstellungen der urchristlichen Lehre ziehen die Dekane dann wieder das Fazit, das Universelle Leben zeige sich „als eine gefährliche Bewegung", die es sich „selbst zuzuschreiben" habe, wenn sie „von Katholiken und Protestanten mit Sorge und wachsendem Unmut beobachtet wird". (Der „gerechte Volkszorn" der aufgewiegelten Masse wurde von Ehrabschneidern zu allen Zeiten gern den Opfern in die Schuhe geschoben ...)

Besonders einer der Dekane, der lutherische Martin Elze, erwies sich auch in der Folgezeit als ein Meister der spitzfindigen Verdrehung der Wahrheit. So behauptete er in zahlreichen Vorträgen bis weit in die 90er Jahre hinein in verschiedenen Orten des Bundesgebietes, das Wort „Christus" sei aus dem Universellen Leben verschwunden – obwohl der Christusschlüssel mit der Unterzeile „Christus, der Schlüssel zum Tor des Lebens" bis heute weithin das Erkennungszeichen der Urchristen ist. Besonders gerne stellte er die Behauptung auf, in das Universellen Leben seien immer bestimmte Lehrinhalte erst durch bestimmte Menschen oder „Modeströmungen" hineingebracht worden – etwa die Wiederverkörperungslehre durch Prof. Walter Hofmann, die Bergpredigt durch die Bücher von Franz Alt[375], der Vater-Mutter-Gott durch die feministische Theologie, die vegetarische Ernährung erst, als die Urchristen Bauernhöfe besaßen usw. Einige Urchristen machten sich die Mühe, Elze im Detail nachzuweisen, dass all diese Dinge schon von Anbeginn an (1978-1980) in der Lehre des Heimholungswerkes enthalten waren. Daraufhin ließ der Kirchenmann einige dieser Behauptungen weg – wenn er wusste, dass im Saal Urchristen anwesend waren. Waren keine anwesend, brachte er die alten Lügen wieder aufs Tapet.

Während Elze 1992 in den Ruhestand ging, wurde sein katholischer Kollege Helmut Bauer befördert – zum Weihbischof von Würzburg. Oberbürgermeister Dr. Zeitler hingegen sah, nach seinem Ausscheiden aus dem Amt 1990, im etablierten Parteienspektrum keine politische Heimat mehr und wechselte in der Euphorie der Wiedervereinigung zu den „Republikanern“, denen er 2002 wieder den Rükken kehrte. Erich Felgenhauer überwarf sich ebenfalls mit seiner Partei, der CSU, und versuchte vergeblich, als Einzelgänger zum Oberbürgermeister gewählt zu werden. Jens von Bandemer wiederum verließ die Urchristen einige Jahre später wieder – *mit* seinen Millionen. Dass Millionäre kamen und wieder gingen, geschah im Laufe der Jahre noch einige Male. Denn bei den Urchristen gilt der Grundsatz: „Geist vor Geld“. Wer als Gleicher unter Gleichen mitarbeiten und auch mit entscheiden will, ist willkommen. Wer jedoch aus seinen Mitteln Vorrechte abzuleiten versucht, der wird sich wieder abstoßen. Oder, wie es Jesus von Nazareth ausdrückte: „Eher geht ein Kamel durch ein Nadelöhr, als ein Reicher in das Reich Gottes.“

Kapitel 3

Abschnitt 6

DIE VERTREIBUNG DER URCHRISTEN AUS HETTSTADT

(1985-1993)

„Niemand darf wegen seines Geschlechtes, seiner Abstammung, seiner Rasse, seiner Sprache, seiner Heimat und Herkunft, seines Glaubens, seiner religiösen oder politischen Anschauungen benachteiligt oder bevorzugt werden."
Grundgesetz der Bundesrepublik Deutschland, Art. 3, Abs. 3

„Stehen Sie dem Heimholungswerk nahe?" Gemeinderat Hermann Freund (SPD) stellte diese Frage dem Architekten Walter Frisch – und dies blieb auch die einzige Frage, die ihm an diesem 12. November 1985 im Fraktionsausschuss des Gemeinderats in Hettstadt (Landkreis Würzburg) gestellt wurde. Nachdem der Architekt die Frage, die nach dem Grundgesetz eigentlich gar nicht hätte gestellt werden dürfen, wahrheitsgemäß bejaht hatte, wurde er auch schon wieder entlassen – der Ausschuss beriet ohne ihn weiter.

Und beschloss, die bereits zugesagte Erschließung eines Baugebietes am Dorfrand auf unbestimmte Zeit zu verschieben. Dass diese „unbestimmte Zeit" acht Jahre dauern würde, ahnte damals wohl keiner der Anwesenden.

Walter Frisch hatte im Auftrag zahlreicher Urchristen und unter tatkräftiger Mithilfe der Gemeindeverwaltung Grundstücke erworben. Die Gemeinde hatte bereits einen Erschließungsvertrag vorgelegt – im letzten Moment jedoch nicht unterschrieben.

Lag also ein Fall wie in Dettelbach vor: Man wusste angeblich nicht, mit wem man es zu tun hatte und wollte das Geschäft nun rückgängig machen? Das ist jedenfalls die Version, die hinterher Bürgermeister Waldemar Zorn der Öffentlichkeit immer wieder präsentierte: Ein „Strohmann“ habe die Grundstücke aufgekauft; er, der Bürgermeister, habe von nichts gewusst.

Einmal abgesehen davon, dass einen Bürgermeister, der seinen Amtseid auf die Verfassung geleistet hat, der Glaube seiner Mitbürger bei Amtsgeschäften nicht zu interessieren hat: Diese Version ist, gelinde gesagt, äußerst unglaubwürdig.

Bereits im Juli 1985 hatte ein Würzburger Architekt namens Groh mit Walter Frisch Kontakt aufgenommen – drei Tage, nachdem in der Main-Post zu lesen stand, dass die Urchristen – nach Ablehnung des Heuchelhof-Projekts – ihre Vorhaben nun Stück für Stück im Umkreis Würzburgs verwirklichen wollten. Dass Frisch bereits im Falle Heuchelhof als „Projektleiter“ für die Urchristen tätig war, konnte man ebenfalls den Zeitungen entnehmen. Groh bot daraufhin als Vermittler dem Kollegen Frisch fast das gesamte Hettstädter Baugebiet Grundweg-Herrenäcker zum Kauf an – und motivierte gleichzeitig die dortige dörfliche Verwaltung unter Leitung seines Schulfreundes Waldemar Zorn, etwas Bewegung in das brachliegende Baugebiet „Grundweg/Herrenäcker“ zu bringen. Die Gemeinde Hettstadt mit damals etwas über 2000 Einwohnern hatte nämlich drei Jahre zuvor ein überdimensioniertes Baugebiet ausgewiesen und wartete noch immer auf den großen Käufer-Ansturm.

Es war landkreisweit bekannt, dass die Urchristen nach der Ablehnung ihrer Pläne auf dem Heuchelhof an anderer Stelle fündig zu werden versuchten – und dass ein Architekt namens Frisch dabei als „Projektleiter“ auftrat. Nur Bürgermeister Zorn, mit seiner Gemeinde gerade einmal zehn Kilometer vom Würzburger Stadtzentrum entfernt, will von all dem nichts mitbekommen haben – auch nicht durch seinen ehemaligen Schulfreund?!

Im ersten Moment reagieren wohl alle Politiker ähnlich, wenn Kaufinteressenten auf sie zukommen: Sie wittern eine Chance, ihren Ort oder Landkreis wirtschaftlich weiterzuentwickeln. Vieles deutet darauf hin, dass Waldemar Zorn die lang herbeigesehnten Grundstücksverkäufe und die dazugehörige Erschließung unter Dach und Fach bringen wollte, ehe der Gemeinderat davon Wind bekam. Als dieser Plan nicht aufging, musste er blitzschnell den Kurs ändern – und mit den kirchlichen Wölfen heulen, um seine Karriere zu retten. *Wer* nun Waldemar Zorn klargemacht hat, dass er, entgegen seinem politischen Instinkt – von Verfassung und dergleichen wollen wir gar nicht reden – diese Chance nicht nützen durfte, wird wohl sein Geheimnis bleiben. Fest steht, dass der „Kolping-Bruder" (und spätere Vorsitzende der katholischen Kolping-Familie in der Diözese Würzburg) Waldemar Zorn – zudem Cousin eines katholischen Pfarrers – über den „Bürgermeister" Waldemar Zorn sehr rasch die Oberhand behielt.

Hatte Zorn wenige Wochen zuvor noch Grundstücksbesitzer persönlich motiviert, an Frisch zu verkaufen, lud er nun teilweise dieselben Bürger aufs Rathaus, um ihnen von einem Verkauf abzuraten. Für alle Fälle schickte er ein Rundschreiben an alle Grundstücksbesitzer im fraglichen Gelände:

Hettstadts Bürgermeister Waldemar Zorn

„Sehr geehrte Grundstückseigentümer! In den letzten Wochen verdichtet sich bei der Gemeinde der Verdacht, dass im Bereich des Bebauungsplanes ‚Grundweg-Herrenäcker' Grundstückskäufer unterwegs sind, hinter denen möglicherweise das ‚Heimholungswerk Jesu

Christ' (bzw. ,Universelles Leben') oder eine ähnlich religiöse Sekte steht. Die Gemeinde ist sich sehr wohl bewusst, daß es ausschließlich Sache des Grundstückseigentümers ist, an wen er seinen Grundbesitz verkauft. Die Gemeinde ist sich auch bewusst, daß nach dem Grundgesetz unserer Bundesrepublik Religionsfreiheit garantiert wird. Daß es sich hierbei um eine Religionsgemeinschaft handeln könnte, stört insoweit die Gemeinde auch nicht. Wir warnen vor dem Verkauf ausschließlich aus gesellschafts- und sozialpolitischen Gründen. Haben Sie bitte Verständnis, wenn wir auf diese Gründe im einzelnen in dieser Form nicht eingehen. Sollte sich jemand an Sie wegen des Verkaufs Ihres Grundstücks bzw. Ihrer Grundstücke herantreten, empfehlen wir Ihnen deshalb, sich zunächst mit der Verwaltung oder mit mir in Verbindung zu setzen. Mit freundlichen Grüßen, Zorn, Bürgermeister."

Dieser Brief offenbart das Verfassungsverständnis vieler Politiker: Das Grundgesetz ist dazu da, dass man es bei Bedarf kurz erwähnt – um im nächsten Atemzug um so besser dagegen verstoßen zu können. Allein der kirchliche Kampfbegriff „religiöse Sekte" zeigt, welcher Geist hier am Werke ist.

Gegenüber der *Main-Post* (26.11.85) erklärte Zorn, er sei „nicht bereit, dem Heimholungswerk eine mögliche Heimstatt zu bieten". Für dieses Vorgehen habe er „das rechtliche Plazet des Innenministeriums" in München. Hat er am Ende auch bei der Abfassung des zitierten Briefes von dort „Amtshilfe" eingeholt?

Ähnlich wie im Fall Dettelbach ist auch in Hettstadt eine Lage entstanden, die fast allen Beteiligten nur schadet: Die Grundstückskäufer haben ihr Geld ausgegeben in dem guten Glauben, dass eine Erschließung baldmöglich erfolgt. Die Grundstückseigentümer, die noch nicht verkauft haben, können ihre Grundstücke nicht mehr landwirtschaftlich nützen, weil die Umlegung bereits erfolgt ist, die Trassen der neuen Straßen schon geschoben wurden. Die Gemeinde, die aufgrund ihrer Verschuldung dringend Neubürger bräuchte, blockiert sich selbst. Nutzen bringt die Situation nur den Kirchen, die keine religiöse Konkurrenz dulden wollen. Doch wo sollen die Urchristen hin, nachdem man sie schon in den großstädtischen Trabantenstadtteil Heuchelhof nicht hineingelassen hat?

Rechtsweg ohne Ende ...

Diesmal ziehen die 49 Siedler, die nicht bauen dürfen, vor Gericht. Sie bieten der Gemeinde an, die Erschließung auf eigene Kosten durchzuführen, was erwartungsgemäß abgelehnt wird. Vor dem Verwaltungsgericht Würzburg (1989) und, in zweiter Instanz, vor dem Bayerischen Verwaltungsgerichtshof (1991) bekommen die Urchristen recht: Die Gemeinde wird verurteilt, die Erschließung durchzuführen. Doch Hettstadt geht ein weiteres Mal in Revision – und vor dem Bundesverwaltungsgericht in Berlin werden Anfang 1993 die zuvor erlassenen Urteile plötzlich wieder aufgehoben und der Prozess an die zweite Instanz zurück verwiesen: Angeblich, so befinden die Richter Prof. Dr. Weyreuther, Dr. Kleinvogel, Prof. Dr. Driehaus, Dr. Honnacker und Sailer, wurde in den Vorinstanzen nicht geprüft, ob der Bebauungsplan überhaupt gültig ist. Daran hatte in den vorhergehenden elf Jahren, in denen dieser Plan existierte (lange bevor ein Urchrist ihn zu Gesicht bekam) in der Tat noch niemand gezweifelt. Aber so ist es eben mit der „unabhängigen" Justiz: Wenn man will, findet man immer irgendein Argument, mit dem man ein Urteil begründen kann – und sei es ein Formalismus.

Das Ende dieses Rechtsstreits war nun nicht mehr absehbar. Den Grundstückskäufern ging auch die finanzielle Puste aus – und sie verkauften ihre Grundstücke Ende 1993 an die Gemeinde Hettstadt. Kaum war dies unter Dach und Fach, begann die Gemeinde unverzüglich mit der Erschließung des Baugebiets – in Zusammenarbeit mit dem Katholischen Familienbund!

Der Leser kennt nun die Rahmenhandlung des Ringens um die „Hettstädter Heimaterde", von der eben möglichst wenig in nicht-katholische Hände fallen sollte. Denn Hettstadt gehörte in seiner Geschichte Jahrhunderte lang zum nahe gelegenen Kloster Oberzell. Ganz konnte das Eindringen der „Ketzer" aber nicht vermieden werden: Einige von Urchristen erworbene Grundstücke waren bereits erschlossen, und es entstanden etwa zwei Dutzend Häuser. Doch auch dies ging nicht ohne Schikane ab: In einem Fall sperrte die Gemeinde Ende Februar 1988 kurzerhand die provisorische Zufahrtsstraße zur Baustelle – die Öffnung musste daraufhin vor Gericht erkämpft werden. Am 3. Februar 1988 erlässt die Gemeinde Hettstadt sogar eine eigene Gestaltungs-Satzung für Neubauten, in der Grundrisse „auf der Grundlage eines eindeutigen Rechteckes ohne abgerundete oder einer Rundung entsprechend abgeschrägte Außenecken" vorgeschrieben werden. „Kegel- und kuppelartige Dachformen sowie Zeltdächer sind nicht zulässig." Man muss dazu wissen, dass Urchristen abgerundete Bauformen bevorzugen, weil runde Formen auch in der Natur vorherrschend sind. Bauanträge für einige solcher Häuser lagen dem Hettstädter Bauausschuss am 3.11.87 vor*, als Bürgermeister Zorn plötzlich von einer „Verschandelung des gesamten Siedlungsraumes"[376] sprach, man sei das in der Gemeinde so „nicht gewohnt", diese „archaischen Rundbauten" erinnerten ihn „an die Jungsteinzeit, als es noch Laub- und Holzhütten gab".

Einige Häuser mit runden Bauformen konnten trotz der Blockade gebaut werden

* Einige wenige Baugenehmigungen für Häuser mit Rundformen waren zuvor bereits erteilt worden.

„Negerkrale“,* so äußerte er sich später, „passen nicht ins Frankenland.“ [377] Als einer der Bauherren dagegen eine Normenkontrollklage erhob, rechtfertigte die Gemeinde ihr Vorgehen mit der „fränkischen Bauweise“, die geschützt werden müsse. Durch ein unabhängiges Gutachten musste sie sich allerdings belehren lassen, dass es eine solche einheitliche Bauweise in Franken gar nicht gibt und dass die Gemeinde – hauptsächlich aufgrund von Kriegszerstörungen – auch kein einheitliches und daher schützenswertes Ortsbild aufzuweisen hat. Runde Bauformen seien eine „belebende Bereicherung“ und in der Nähe der Barockhochburg Würzburg durchaus vertretbar. Das Würzburger Szenemagazin *Herr Schmidt*** stellte denn auch fest, eine solche Beurteilung von Rundbauten bestehe erst, „seit bekannt ist, *wer* darin wohnen will“.

Der Bayerische Verwaltungsgerichtshof gibt der Normenkontrollklage recht und erklärt die Gestaltungssatzung für nichtig – allerdings erst im Hauptsacheverfahren am 25.6.1990, also nach zweieinhalb Jahren. Da diese Satzung ohne jede Übergangsfrist und Entschädigungsregel erlassen worden war, mussten einige Bauherren, die nicht so lange warten wollten, umplanen. Auch eine Entschädigung hierfür muss wiederum eingeklagt werden. Der Würzburger Rechtsanwalt Kammhuber, der die Gemeinde Hettstadt vertritt, bezeichnet die Rundhäuser in seinen Schriftsätzen als „Iglus“.

Jedes normale Bürgerrecht, jede Selbstverständlichkeit musste in Hettstadt auf dem Klageweg erfochten werden: So etwa die Geneh-

---

* Es ist bemerkenswert und bezeichnend zugleich, dass diese rassistische Äußerung in der Öffentlichkeit unbeanstandet blieb. Hätte man sie kritisiert, hätte man gleichzeitig kritisieren müssen, dass Urchristen in Deutschland als „Neger“ diskriminiert werden.

** 2/88; Herr Schmidt (später Schmidt Würzburg, vormals Pupille) berichtete auch sonst bemerkenswert unabhängig über das Universelle Leben und machte den Verleumdungskampf der Kirchen gegen eine Minderheit immer wieder zum Thema. Die Zeitschrift erhielt später dann aber zu wenig Anzeigen und musste ihr Erscheinen einstellen.

migung für einen Informationsstand im Dorf, mit dem die Urchristen der Bevölkerung ihre Sicht der Dinge erläutern wollten. Gemeinderat Helmut Fuchs nannte es ein „öffentliches Ärgernis“ [378], dass die urchristlichen Siedler auf dem Rathausplatz einmal für ein paar Stunden einen Stand aufbauen würden. Der Rechtsweg für eine solche Genehmigung dauerte zwei Jahre. Oder die Möglichkeit, im Gemeindeblatt Hettstadt – wie jeder andere Ortsverein – zu einer Versammlung der „Siedlergemeinschaft im Universellen Leben“ einzuladen – diese Klage nahm vier Jahre in Anspruch!

Einen Randstreifen des noch unerschlossenen Baugebietes trennte die Gemeinde ab, erschloss ihn und errichtete dort ein neues Feuerwehrhaus. Anschließend stellte man dort ein riesiges Kruzifix mit einem fast lebensgroßen Korpus auf – genau gegenüber den bereits errichteten Häusern von Urchristen. Man wusste nämlich, dass Urchristen zwar das schlichte Kreuz als christliches Symbol schätzen, nicht aber die Darstellung des Körpers des leidenden und sterbenden Jesus, die auch im Urchristentum unbekannt war.*

Urchristen verwenden als Symbol das Kreuz ohne Korpus – deshalb setzt man ihnen in Hettstadt ein besonders großes Kruzifix vor die Nase.

* Aus urchristlicher Sicht stellt das Kreuz m i t Korpus den angeblichen Sieg der Dunkelheit über das Licht dar, das Jesus der Menschheit brachte, ist also ein Symbol des Gegenspielers Gottes.

Verleumdungen aus dem katholischen Waffenarsenal

All diese über Jahre hinweg fortgesetzten großen und kleinen Nadelstiche und Schikanen gegen eine religiöse Minderheit bedurften natürlich einer ideologischen Rechtfertigung. Und die lieferten von Anfang an die Kirchen. Bereits die erste Schutzbehauptung Bürgermeister Zorns, man warne vor dem Universellen Leben ja nur „aus gesellschafts- und sozialpolitischen Gründen", stammt aus dem Munitionskasten von Graf Magnis. Der katholische Rufmordbeauftragte wird auch rasch nach Hettstadt eingeladen und hält im katholischen Pfarrheim einen Vortrag gegen die Urchristen. Er wirft den Urchristen vor, „einen fanatischen Kirchenhaß"[379] zu haben – und er hält die *Bildzeitung* in die Höhe, in welcher der Tod von Gerda D.[380] dem Heimholungswerk in die Schuhe geschoben wird – nach dem Motto: So geht es einem, der dort mitmacht. Die *Main-Post* bescheinigt Magnis eine „oftmals polemische Art" und bemerkt, es sei im Pfarrsaal „regelrecht der Teufel los" gewesen – die Reaktionen der Hettstädter auf die Ausführungen des Grafen „reichten von tosendem Beifall über Gelächter bis zu Mitleidsbekundungen". Bürgermeister Zorn äußert auf dieser Veranstaltung – „und da wird er von Graf Magnis bestärkt"[381] – die „Befürchtung", in von Urchristen geführten Betrieben würden die Beschäftigten weit unter Tarif entlohnt. Dadurch „käme es zu einem ungleichen Konkurrenzkampf mit normalen Handwerksbetrieben, zudem würde unser Sozialstaat ausgehöhlt".

Katholische Kirche klärte Hettstädter über Heimholungswerk auf

Sektenbeauftragter der Diözese: „Die haben einen Kirchenhaß"

Hettstadt (Eig. Ber./rl) – **Zeitweise war am Donnerstag abend im vollbesetzten Pfarrsaal der Gemeinde Hettstadt (Lkr. Würzburg) regelrecht der Teufel los, als Franz Graf von Magnis, Beauftragter des Bischofs in Sachen Heimholungswerk Jesu Christi e. V. (HHW), auf seine oftmals polemische Art über die Sekte informierte.**

Viel Positives war da nicht zu vernehmen: „Das HHW versucht eine Doktrin durchzusetzen, die zum Ziel hat, den Gesellschaftsvertrag zu unterlaufen", war nur eine negative Auskunft von vielen. Eine weitere: „Alles ist verschlüsselt, was aus dem Heimholungswerk kommt. Die haben einen fanatischen Kirchenhaß."

Der Hintergrund für die vom katholische Pfarramt der Gemeinde organisierten Aufklärungsveranstaltung: Ein Mitglied der Sekte hatte versucht, im Gewerbegebiet des Ortes Grundstücke zu kaufen (wir berichteten). Dies verhinderte ein Gemeinderatsbeschluß.

Auch auf der Informationsveranstaltung hielt Hettstadts Bürgermeister Waldemar Zorn (CSU) an seiner Absicht fest, alles gegen eine „massive Ansiedlung" des Heimholungswerkes zu tun. Zorn wörtlich: „Die Dinge, die in Hettstadt hätten laufen sollen, können wir so nicht hinnehmen." Der Bürgermeister befürchtet – und da wird er von Graf von Magnis bestärkt –, daß die „Geschwister" in den Betrieben der Sekte weit unter Tarif entlohnt würden. Deshalb, so folgert Zorn, käme es zu einem ungleichen Konkurrenzkampf mit „normalen" Handwerksbetrieben. Zudem würde unser Sozialstaat ausgehöhlt.

Die Vertreter des Heimholungswerkes bestritten dies zwar, wichen aber einer Antwort nach der in ihren Betrieben üblichen Entlohnung aus. Dies galt auch für Behauptungen, mit denen Graf von Magnis ihre Lehre kennzeichnete. Ihm ging es vor allem darum, zu beweisen, daß die Sekte nicht christlich sei. Gott sei Person, bestehe also nicht, wie von der Glaubensgemeinschaft behauptet, aus Schwingungen und sei auch nicht aus einem sogenannten „Allgeist" entstanden. Die Ehelehre der Würzburger „Prophetin" bewirke, so der Sektenbeauftragte, daß im Heimholungswerk ein reger Wohnungstausch stattfinde.

Die Vertreter des Heimholungswerkes sahen die Reaktionen der Hettstädter – sie reichten von tosendem Beifall über Gelächter bis zu Mitleidsbekundungen – als Folge einer „polemischen Hetze" und „Manipulation" durch Franz Graf von Magnis an. Den Grund für die dauernde Ablehnung ihrer Vorhaben sehen die Heimholer nicht in wirtschaftlichen Überlegungen. Ihre Deutung formulierte einer von ihnen so: „Sie verweigern uns die Grundstücke wegen unserer Glaubenseinstellung."

MAIN-POST, 14.12.85

Einmal abgesehen davon, dass es sich bei den Planungen für Hettstadt fast ausschließlich um Wohnhäuser handelte*: Die Urchristen, das wurde in den darauf folgenden Jahren auch gerichtlich mehrfach aktenkundig, entlohnen die Beschäftigten in ihren Betrieben meist sogar übertariflich – vor allem, wenn man die großzügigen Leistungen für Kinder (1000 Mark pro Kind) mit einbezieht.

Wie schon im Fall Heuchelhof, so präsentiert Magnis auch für Hettstadt zwei sich eigentlich logisch widersprechende Horror-Szenarien. In einer 1988 erschienenen Schrift[382] spricht er einerseits von einer „erschreckend großen Finanzmacht", mit der eine „Gruppe eiskalter Wirtschaftskarrieristen" einen „Wirtschaftsbereich" aufbaue, „der immer stärkere Ausmaße annimmt". (Er meint damit nicht die katholische Kirche, sondern eine Hand voll kleiner mittelständischer Betriebe!) Andererseits befürchtet er, dass „im Falle eines Sektenzerfalls, der durchaus denkbar ist ..., einer Gemeinde schwerste Soziallasten entstehen" könnten.

Dieses „Argument" ist besonders perfide, da ja derjenige, der es ausspricht, alles unternimmt, um einen solchen „Zerfall" durch seinen Vernichtungskampf gegen unbescholtene Bürger auch tatsächlich herbeizuführen.

„Hettstadt", so behauptet Graf Magnis in seiner Schrift weiter, „ist das erklärte Ziel des HHW-UL für die Verwirklichung einer Niederlassung des Christusstaates." Wie alle Inquisitoren versucht er, die Täter zu Opfern zu machen – und umgekehrt die Opfer der Ausgrenzung zu Tätern: „Das Baurecht gibt der Gemeinde keine rechtliche Handhabe, um sich gegen eine mittels Täuschung erschlichene Errichtung geschlossener, polit-wirtschaftlich-religiös ausgerichteter Gruppensiedlungen zu wehren. ... Nach unserer Ansicht ist im Fall Hettstadt der Gesetzgeber gefordert, um diesem Rechtsnovum

* Ein Kindergarten war ebenfalls geplant, konnte aber aufgrund der Erschließungssperre nicht errichtet werden.

per Gesetz gerecht zu werden, der Gemeinde ihre Planungshoheit zu sichern und der Errichtung solch totalitärer, polit-wirtschaftlicher Theokratien den Boden zu nehmen." (Weshalb beginnt der Katholik Magnis mit seinem angeblichen Kampf für die Demokratie eigentlich nicht bei der letzten noch verbliebenen absolutistischen Monarchie Europas: dem Vatikan?)

Magnis malt das Bild weiter aus: „Eine Ortsgemeinde mit insgesamt 2500 Einwohnern – davon etwa 1500 Wahlberechtigte – erhält auf einen Schlag zwischen 800 bis 900 Neubürger, die als Gruppe nur ihre eigenen radikalen ‚Geist-Gesetze' verwirklichen wollen. So entsteht ein mächtiges Wählerpotential."

Magnis rechnet – bewusst? – falsch: Selbst wenn seine (in Wirklichkeit überhöhten) Zahlen über die möglichen Neubürger gestimmt hätten – auf diese Weise hätte man noch immer keine Mehrheit im Gemeinderat gewinnen können. Seit 1990 beteiligen sich die Urchristen in Hettstadt tatsächlich mit einer eigenen Liste („Urdemokraten – Bürger für Recht und Gerechtigkeit") an den Gemeinderatswahlen – womit sie diejenigen widerlegen, die ihnen vorwerfen, sich „abzuschotten". Seither sind sie mit *einer* Stimme im inzwischen 16köpfigen Gemeinderat vertreten.

Für Graf Magnis ist dies alles jedoch „eine schauerliche Perspektive für die Bürger der Gemeinde und der bisher zugezogenen Wohnbürger, die ihr Leben in einer normal-bürgerlichen Umwelt ohne weltanschauliche Konflikte verbringen und ihre Kinder in einer normalbürgerlichen Umwelt aufwachsen sehen wollen". Und „normal bürgerlich" ist nun mal aus seiner Sicht katholisch und ketzerfrei!

Magnis stellt in seinem Pamphlet auch die These auf, die später hundertfach von kirchlichen Verleumdern und von Politikern verschiedenster Parteien wiederholt werden wird: „Die Gruppe verfolgt eigentlich politisch-wirtschaftliche Ziele." Das hatte übrigens auch der nationalsozialistische *Stürmer* (12.9.40) über die Juden behauptet: „Die Juden sind nämlich gar keine Glaubensgemeinschaft, sondern ein Bund zur Vertretung wirtschaftlicher und politischer Interessen." Und Adolf Hitler hatte in „Mein Kampf" geschrieben: „Die Juden sind keine Religionsgemeinschaft."

Zorn und Magnis: Die „Argumente" sind die gleichen

„Hinter der ganzen Sache stehen mehr wirtschaftliche Interessen denn religiöse Intentionen", hatte Bürgermeister Zorn sein Vorgehen gegen die urchristlichen Grundstückskäufer begründet.[383] Dahinter steckt System: Man versucht, der religiösen Minderheit die Religion abzusprechen, um den im Grundgesetz vorgeschriebenen Minderheitenschutz nicht anwenden zu müssen.

Auch sonst sind die „Argumente" von Zorn und Magnis in vielen Fällen austauschbar. Magnis behauptet, auf die Urchristen werde in den Betrieben „diktatorischer Druck" ausgeübt, der „sehr bald als Terror zur Harmonie empfunden werden kann". Zorn spricht auf einem Seminar der Europa-Union am 18.2.89 von einem „Zwang zur permanenten Harmonie", der „einfach unmenschlich" sei. Am 19.7.89 sagt er im Würzburger Lokalfernsehen *TV Touring*, wobei er nebenbei noch eine Liste mit 20 namentlich genannten Christusbetrieben einblenden lässt: „Wenn es außer Harmonie im Grund genommen nichts mehr geben darf, wenn es z.B. die Konfliktsituationen, die zu einer Entwicklung im Betrieb notwendig sind, nicht mehr geben darf, dann ist Harmonie ja fast etwas Tödliches."

Weshalb ein Kirchenvertreter und ein der Kirche höriger Politiker sich „Harmonie" offenbar nur in Verbindung mit „Zwang" vorstellen können, wäre eine Frage an einen Psychoanalytiker. Vermutlich liegt es daran, dass ein offenes, partnerschaftliches Gespräch zur Klärung eines Konfliktes, bei dem jeder zunächst seinen Anteil sucht und dafür um Vergebung bittet, in der Kirche nicht gelehrt und vorgelebt wird – schon allein, weil es aufgrund der überall gegenwärtigen Hierarchie keine Gleichberechtigung gibt. Die Urchristen – bei denen es durchaus auch Konflikte gibt – pflegen und üben ein solches Gespräch in ihren Betrieben – sie nennen es „Harmonie-Gespräch". Wo Solches oder Ähnliches unterbleibt, gibt es entweder die bekannte Ellbogengesellschaft – oder eine Scheinharmonie, die an die Stelle verdrängter Aggressionen tritt.

„Hängt sie auf!" - Haacks demagogische „Meisterleistung"

Der eigentliche Urheber dieses Hirngespinsts von der „Zwangsharmonie" ist aber möglicherweise weder Magnis noch Zorn, sondern Pfarrer Haack. Bei einem Vortrag in Marktheidenfeld im Juni 1986 meinte der Luther-Nachfolger, in der Aufforderung zur Harmonie liege „geradezu ein Zwang, ja Terror zur Harmonie". Bei der Vorstellung eines Buches über das Universelle Leben spricht er im März 1985 auch von einem „Anspruch" des Universellen Lebens, im kommunalen Bereich „ein streng theokratisches Weltreich Christi errichten zu wollen".

Als ob nicht gerade die Errichtung eines Weltreichs immer schon das Ziel *beider* Großkirchen gewesen wäre ...

Auch Haack wird nach Hettstadt eingeladen. Er spricht am 4. Januar 1988 im von Bierdunst und Zigarettenrauch geschwängerten katholischen Pfarrsaal. Es wird der Höhepunkt seiner Karriere als Volksverhetzer sein.

Die Urchristen beteiligen sich nicht an der Veranstaltung – es stehen lediglich einige vor der Halle, die sich als Vertreter des Universellen Lebens zu erkennen geben, um für Fragen zur Verfügung zu stehen.

Haack geht sofort in die Vollen. Er spricht von „massiven Versuchen", das „gewachsene Dorf zu erobern". Er behauptet, eine „zunehmende Radikalisierung und Aggressivität der Christusfreunde" feststellen zu können. Die Prophetin sei „vollkommen unberechenbar mit ihren Hauruckentscheidungen" – „ein Problem, über das Psychiater kompetenter reden sollten". Die Anhänger seien „zu keiner rationalen Abwägung der Dinge mehr fähig und deshalb unkalkulierbar". Das Universelle Leben sei „von seiner Struktur antidemokratisch und diktatorisch". Ein normales und tolerantes Zusammenleben mit der Dorfgemeinschaft wäre „von der Glaubensideologie der Christusfreunde her schon gar nicht möglich, weil diese blinden Gehorsam auf ihre Fahnen geschrieben" hätten.

Heute, über zehn Jahre später, kann man feststellen, dass seit vielen Jahren weit über hundert Urchristen in Hettstadt leben, ohne dass auch nur das kleinste Detail von dem eingetreten wäre, was Haack hier an die Wand gemalt hat. Für andere Gemeinden gilt dasselbe. Aber durch solche demagogische Reden werden subtile Ängste geschürt und Aggressionen geweckt: Die sind unberechenbar, aggressiv ... da dürfen und müssen wir uns doch wehren!

Haack malt sein Verleumdungsbild weiter: Es werde „geballte Probleme" geben, „soziale und gesellschaftliche Probleme ungeahnten Ausmaßes". Ein „innerer Stacheldraht" werde „durch den Ort gehen". Das Universelle Leben werde bald im Gemeinderat „das ganze politische Geschick von Hettstadt in den Händen halten können". Der Inquisitor spricht nun mit einem weiteren geschickten Schachzug das mögliche Selbstmitleid der Dorfbewohner an, indem er sie zu leidenden und gleichzeitig bedeutenden Opfern stilisiert: Hettstadt „leidet jetzt stellvertretend für viele Gemeinden in der Bundesrepublik". „Rechnen Sie damit, dass Sie hier in Hettstadt vielleicht ein stellvertretendes Leid für unser ganzes Volk mitmachen. Was Sie hier durchleiden, ist, ein Stück Stellvertreter zu sein für unsere ganze Gemeinschaft." Auch mit anderen Gruppen habe es nämlich „immer Spannungen gegeben", „Aggressionshandlungen" bis hin zu „regelrechten Kriegszuständen". Denn Religion sei nun mal immer „ein Konfrontationsereignis". (Auch so kann man von sich auf andere schließen.)

Aufwertung und Schmeicheleien für die Zuhörer, gleichzeitig Abwertung und beißender Spott für die Gegner – ein simples und bewährtes Rezept aller Demagogen. Haack bezeichnet die Urchristen als eine „besondere Spezies von Menschen“, die eher „Anteilnahme“ verdienten, ein „seelsorgeintensives Potential“ darstellten, erst einmal „seelisch gesunden“ müssten. Es seien Menschen mit „eher geringen moralischen Qualitäten“, bei denen es „vor Aggression nur so wabert“, bei denen man einen „Höchstpegel an Aggressivität und Beschimpfung anderer“ erlebe, die sich „bissig, aggressiv und böswillig“ äußern, die „das Maul sehr weit aufreißen“, die „peinliche und ekelerregende Unterstellungen verbreiten“, die „andere ständig vors Schienbein treten“. Und solche Leute wollten „in den Ort einbrechen“!

Es gehört schon einige Besonnenheit und Souveränität dazu, in einer solch aufgeheizten Atmosphäre noch gedanklich zu registrieren, dass dieser gestikulierende und geifernde Pfarrer sich eigentlich ständig selbst beschreibt. Zu äußern wagt es keiner.

Nun wendet sich der Pfarrer der Lehre der Urchristen zu. Die „neueste Straftat dieser Gruppe“ sei, dass sie „frisch, fromm, fröhlich, frei“ den Begriff eines „Tausendjährigen Reiches“ verwende. Der sei „bei uns belastet“, der könne „nur ungut sein“, denn: „Niemandem fällt bei diesem Begriff Tausendjähriges Reich religiöses Gedankengut ein.“

Niemandem? Auch einem Pfarrer nicht? Kennt der studierte Theologe die Bibel nicht, wo an zahlreichen Stellen[384] von einem kommenden Friedensreich die Rede ist, das eine lange Zeit – oder symbolisch gesprochen: „tausend Jahre“ – währen wird? Oder passt dem Herrn Theologen sein Wissen gerade nicht ins Konzept? Da ordnet er sich lieber, wie so viele seiner Kollegen in den 30er Jahren, geistig den Nationalsozialisten unter, die den Jahrtausende alten geistesgeschichtlichen Strom der Ankündigung eines Friedensreichs, eines „Geistzeitalters“[385] für ihre verbrecherischen Ziele missbrauchten.

Im Grunde genommen verhöhnt ein Pfarrer hier den christlichen Glauben und alle, die es damit ernst meinen.

Aber Haack ist längst wieder dabei, Ängste zu schüren: „Hettstadt wird die erste Bastion werden, danach wird man mehr wollen." „Niemand soll glauben, dass Organisationen dieser Art Halt machen können." „Die haben das leider an sich, dass sie überall, wo sie auftreten, Konfrontation bringen." Die werden versuchen, „neue Räume in Beschlag zu nehmen, bis man den ganzen Ort unterwirft" – erst wollen sie sich „einnisten", dann kommt der „Versuch einer Eroberung". Er hoffe aber nicht, „dass hier ein stacheldrahteingezäuntes Gelände mit Wachturm und Hunden entsteht", vergleichbar der „Colonia Dignidad, von der man in letzter Zeit immer in der Zeitung liest. Aber der innere Stacheldraht wird da sein."

Es ist der Redner selbst, der in diesem Moment den „innere Stacheldraht" ausrollt, nicht die Urchristen. Man muss bedenken, dass zu dieser Zeit die innerdeutsche Grenze noch steht. Ein geschickter Inquisitor spricht alle unbewussten Bilder und Assoziationen an, mit denen er Angst und Abscheu hervorrufen kann.

Haacks Sätze werden am Ende seines Redeschwalls immer kürzer; stakkatoartig hämmert er seinen Zuhörern ein, was sie zu denken und zu tun haben: Man dürfe sich nicht „blind dem unterwerfen, was auf uns zukommt". Deshalb „müssen wir unser Möglichstes tun, um hier Schranken zu setzen". „Sie können der Sache einen entscheidenden Gute-Nacht-Stoß geben." Oder aber: „Tun Sie nichts, dann haben Sie nichts getan! Dann ist eines Tages der Himmel verhängt." Es mutet seltsam an, wie hier am Ende des 20. Jahrhunderts ein moderner Inquisitor in einem Dorf, in dem sich Menschen urchristlichen Glaubens ansiedeln wollen, ein mittelalterliches Sprachbild verwendet: Es ist, als ob er ein Interdikt androht. Wenn damals eine Stadt oder ein Dorf im Bann war, weil es z.B. Ketzern Unterschlupf gewährt hatte, dann war der „Himmel verhängt": Es durften keine Messen, keine Beerdigungen, keine Taufen vorgenommen werden ...

Aber es könnte ja noch immer einer im Pfarrsaal sitzen, der bei sich denkt: Warum soll mer die net mach' lass'? Oder ein anderer, der denkt: Wo bleibt da die vielgerühmte Nächstenliebe?

Ein erfahrener Inquisitor weiß, was die Leute denken. Deshalb fährt Haack fort: „Sie müssen keine Achtung vor denen haben ... Es gibt kein Gebot zur Liebe und Freundschaft und zum Hegen und Pflegen dessen, der mir ans Schienbein treten will. ... Man muss mit ihnen nichts zu tun haben."

Jesus von Nazareth sah das wohl etwas anders. Aber noch ehe jemand darüber nachdenken kann, spielt der Herr „Pfarrer" seinen letzten Trumpf aus: die „Heimat" – obwohl er doch aus dieser konkreten Heimat gar nicht stammt: „Was wir verteidigen, das ist Heimat ... ist unser Dorf ... unser Hettstadt. Und wir sind doch die Verfolgten: Sie kommen hierher und wollen uns unsere Heimat stehlen und wollen uns unsere Heimat zunichte machen. Und dagegen wehren wir uns. Und wir tun das aus vollem Herzen, aus voller Überzeugung ... Wir werden das Menschenmögliche tun!"

Wer hielte es für möglich, dass ein lutherischer Pfarrer sich die „Blut-und-Boden-Mythologie" derartig zu eigen macht? Man fühlt sich an die „Deutschen Christen" erinnert, die in den 30er Jahren begeistert für die „nationale Idee" eintraten.

Der Inquisitor hatte gesprochen – nun war, wie im Mittelalter, die Ortsprominenz gefordert, Stellung zu beziehen. Haack forderte auch tatsächlich die anwesenden Kommunalpolitiker auf, Hettstadt „beizustehen". Der Landtagsabgeordnete Christian Will (CSU) erklärt daraufhin, dass „die Politiker beider Fraktionen nicht mit den Händen in den Hosentaschen dastehen werden".[386] Wenige Tage später wird er im Kreisvorstand der CSU sagen: „Wer unsere Sitten und Gesellschaftsordnung unterlaufen oder gar zerstören will, der darf nicht damit rechnen, dass wir solch einem Treiben tatenlos zusehen werden."[387] Herbert Franz (SPD), so die *Main-Post* (7.1.88), „unterstützte Haack bei der Behauptung, dass das Universelle Leben antidemokratisch sei, zumal auch sämtliche Betriebe der Gemeinschaft keiner Innung angehörten und die Mitarbeiter tarifrechtlich nicht geschützt, sondern eher ausgebeutet würden".

Der Kirchenchrist hat gut gebrüllt – nur dass bis heute alle Handwerksbetriebe und Bäckereien (wie gesetzlich vorgeschrieben) einer Handwerkskammer angehören, verschweigt der Landtagsabgeordnete. Einige urchristliche Betriebe wie eine (später wieder aufgegebene) Bäckerei in Würzburg-Versbach gehörten darüber hinaus durchaus auch einer Innung an. Gut bezahlt wurden alle Angestellten – bis heute. Im Gegensatz zu den Insassen von Klöstern ...

Der Kommentar

Druck und Gegendruck

Unauffällige Passanten, erstklassig gekleidete Paare, viel klassisch Dunkelblaues, edle Pelzmäntel, seriöse Hutträger und einen Schuß braves Biedertum kann man sehen, wenn man zufällig am Hauger Ring in Würzburg entlangfährt und einen Blick auf das frühere Batzdorfhaus und jetzige Hauptquartier des Universellen Lebens wirft.

Jedenfalls sind es, zumindest äußerlich, alles andere als verhuschte Groupies mit fernöstlich verschleiertem Blick, exotisch oder verwegen gewandet, die zu Füßen ihres Gurus liegen. Nein, ganz im Gegenteil. Wer zu der „Gottesprophetin" Gabriele Witteck pilgert, wirkt eher wie die Bilderbuchverkörperung der bürgerlichen Wohlanständigkeit schlechthin. Der Sektenbeauftragte der Evangelischen Landeskirche Friedrich-Wilhelm Haack klassifiziert diese Leute pauschal als „verunsicherte, leidende Mittelständler."

„Ich will hier einfach in Frieden nach der Bergpredigt leben, aber ich kann auch die Ängste der Leute in Hettstadt verstehen", sagte ein 35jähriger Bankkaufmann in einem persönlichen Gespräch bei der Informationsveranstaltung mit dem evangelischen Sektenbeauftragten Haack. Er kam vor drei Jahren nach Würzburg, um in einer urchristlichen Gemeinschaft zu leben.

„An die Wand sollte man sie stellen, alle wie sie nacheinander dastehen. Aufknüpfen!" Ein Schwall von bierdimpfeligen Haßkaskaden einiger Hettstadter traf etwa 20 bis 30 Menschen vor der Herzog-Hedan-Halle. Schweigend und ohne jegliche Zeichen von Aggression hatten sie nach dem Vortrag Haacks demonstriert. Kleine „Universelles Leben"-Plaketten an ihren Mänteln wiesen sie als „Christusfreunde" aus.

Druck erzeugt Gegendruck. Angst sucht sich ein Ventil im Angriff. Man braucht kein Psychologe zu sein, um diese menschliche Kettenreaktion zu durchschauen. Rechtfertigen die durchaus verständlichen Sorgen der Hettstadter derartige verbale Entgleißungen? Und: wenn sich Hettstadt schon von Haack in die hehre Rolle einer Märtyrergemeinde hochstilisieren läßt, und der Sektenbeauftragte das Universelle Leben global als ein Landespolitikum anprangert, dann sollten wir uns auch, ganz global versteht sich, die Frage stellen, warum denn gerade so viele Menschen aus dem scheinbar so intakten „Mittelstand" ausbrechen.

Warum sie unsicher werden in all unserer geordneten Wohlstandgesellschaft. Warum sie unzufrieden sind mit den bestehenden Verhältnissen in der Kirche und nach neuen Wegen für sich suchen.

Diese Fragen hatte in Hettstadt jedoch keiner an Haack, den Vertreter einer der beiden großen Kirchen in der Bundesrepublik, gestellt. Wie man dann die Methoden und Wege der „Christusfreunde" beurteilt, ist wiederum eine andere Frage. *Susanne Betz*

MAIN-POST, 7.1.88

Am Ende der Veranstaltung zeigt sich, welche Wirkung sie gehabt hat. In der Nähe des Ausgangs stehen einige Urchristen, um in einer weniger aufgeheizten Atmosphäre für ein Gespräch zur Verfügung zu stehen. „An die Wand sollte man sie stellen, alle wie sie nacheinander dastehen. Aufknüpfen!" wird gerufen.[388] „Aufhängen sollte man euch!" Eine ältere Frau spuckt vor den Christusfreunden verächtlich aus, und jemand schreit: „Heil Hitler!"

Diese Vorkommnisse wurden später von Bürgermeister Zorn und von Kirchenvertretern bestritten. Sie sind aber nicht nur durch die Main-Post-Journalistin Susanne Betz belegt, sondern auch durch eidesstattliche Versicherungen der anwesenden Urchristen.

Das Klima verschärft sich

In der unmittelbaren Folgezeit verschärft sich das Klima im Ort. Ein Handwerksmeister wird auf der Straße als „Heimholer-Arschloch" und „Heimholerpack" beschimpft, das „verschwinden soll". Rufe wie „Heimholer raus aus Hettstadt" werden laut. In den Tagen nach dem Vortrag verschwinden von den Baustellen Werkzeuge, Folienfenster werden herausgeschlagen oder Backsteinstapel umgeworfen. Eine Frau ruft auf offener Straße: „Die sollen doch verrekken! Ich könnte ihnen ein Messer reinrennen!" Ein zehnjähriger Bub wird in der Hettstädter Schule als „Scheiß Heimholer" beschimpft, getreten und bedroht: „Wir machen Kleinholz aus euch!" Als die Urchristen auf einer Pressekonferenz auf die wachsende Gewaltbereitschaft im Ort hinweisen, werfen Bürgermeister Zorn und vier Gemeinderäte umgekehrt den Urchristen vor, „Volksverhetzung" zu betreiben.

Der Feldzug des Waldemar Zorn

Bürgermeister Zorn fühlt sich durch Haacks Vortrag bestätigt, bekommt Oberwasser, schreibt noch im Januar Briefe an den Präsidenten des Bayerischen Landtags, Franz Heubl, und an den bayerischen Ministerpräsidenten Franz Josef Strauß, in denen er um „Mithilfe zur Rettung unserer Gemeinde" bittet. Er fordert den Staat auf, die Verfassungstreue der Urchristen zu überprüfen, denn: „Keine Sekte hat sich bisher so klar zur Veränderung der gesellschaftlichen Ordnung ausgesprochen." Man strebe „die Gründung eines eigenen Staates" an.[389]

So haben schon die Schriftgelehrten Jesus bei der staatlichen Obrigkeit angeklagt: Er wolle den Kaiser stürzen und sich zum König ausrufen lassen. Dass der Nazarener sagte: „Mein Reich ist nicht von dieser Welt", blieb damals unberücksichtigt – so wie heute außen vor bleibt, dass die Urchristen immer wieder betonen: Das Friedensreich, auch „Christusstaat" genannt, ist kein äußerer Staat, sondern ein Zusammenschluss von Menschen, die das innere Reich erschließen und in Frieden miteinander und mit der Natur leben wollen.

Zorn steigert die Phantasiezahlen von Graf Magnis (s.o. S. 246) noch, indem er von einem „Dorf im Dorf" spricht, das „mit möglicherweise 1.500 bis 2.000 Einwohnern die ... über Jahrhunderte hinweg gewachsene Gemeinschaft eines fränkischen Dorfes total zerstört".[390] („Die wollen sich nicht integrieren, sondern das Dorf aufsaugen"[391], behauptet Zorn später). Er wirft den Urchristen vor, „jeden Preis zu akzeptieren"[392] und dadurch die Preise für sozial schwache Bauwillige in die Höhe zu treiben. (In Wirklichkeit ist es die Gemeinde selbst, die in ihrem Verhalten den Grundstücksbesitzern signalisiert, dass sie in Zukunft mehr verlangen können.) Zorn schreckt auch nicht davor zurück, die Urchristen bei dieser Gelegenheit gleich bei den Behörden zu denunzieren: Er äußert die Vermutung, dass die Christusbetriebe nicht nur gegründet wurden, „um die eigenen Anhänger dort zu beschäftigen", sondern „um finanzielle Mittel in erheblichem Umfang zu erwirtschaften". Damit will er den Eindruck erwecken, als ob Gewinne aus solchen Betrieben unter der Hand in das Universelle Leben fließen würden. Außerdem behauptet er, Menschen würden nicht tarifgerecht entlohnt, sondern „zur Gewinnoptimierung ausgenutzt". Mit „großer Wahrscheinlichkeit", so Zorn weiter, gebe es in diesen Betrieben ausländische Arbeitnehmer, die „keine Arbeitserlaubnis haben", also handle es sich „möglicherweise um illegale Beschäftigungen".[393]

Auch an diesen Anschuldigungen ist nichts dran. Das musste auch das Bayerische Innenministerium erkennen, das in einem Bericht vom 13.2.89[394] alle verfügbaren Informationen aus bayerischen Behörden zusammentrug. Die zuständigen Beamten sind zwar nicht in der Lage, zwischen *Angehörigen* der Glaubensgemeinschaft Universelles Leben und der *Glaubensgemeinschaft selbst* zu unterscheiden – so behaupten sie, „die Glaubensgemeinschaft" habe „größere Teile eines neu ausgewiesenen Baugebiets in ihren Besitz gebracht". Doch alle zuständigen Ressorts geben die Auskunft, dass irgendwelche Gesetzesverstöße oder strafbare Handlungen nicht bekannt sind. Die Federführung für den Bericht hat übrigens der CSU-Abgeordnete und Innen-Staatssekretär Peter Gauweiler – den seine hier gesammelten Erkenntnisse aber nicht daran hindern, ein Jahr später gegen den *Gut-zum-Leben*-Marktstand in München zu hetzen.[395]

Eine eigene Petition (1988) der Urchristen an den Bayerischen Landtag blieb ohne Erfolg – die CSU-Mehrheit lehnte im zuständigen Ausschuss den Antrag von SPD und Grünen ab, den Grundstücksbesitzern wenigstens ihre Grundstücke, auf denen sie nun nichts mehr bauen können, wieder abzukaufen. Dies erfolgte dann erst 1993, obwohl die Urchristen es schon seit 1989 immer wieder angeboten hatten. Auch eine Bitte an den Bundespräsidenten Weizsäcker um ein Gespräch wurde abgeschlagen. Vor Ort in Hettstadt war die F.D.P. des Landkreises Würzburg die einzige Partei, die klar Stellung bezog: Sie verteilte im April 1988 ein Flugblatt, auf dem die zur Gleichbehandlung aller Bürger verpflichtenden Artikel des Grundgesetzes und der Bayerischen Verfassung abgedruckt waren, verbunden mit dem Kommentar: „Freiheitliche Demokratie heißt nicht nur, die eigene Freiheit zu beanspruchen, sondern vielmehr auch, die Freiheit aller Mitbürger zu respektieren, auch wenn deren Lebensweise den eigenen Vorstellungen widerspricht." Es ist bezeichnend, dass diese Stimme – offenbar ausgelöst durch den Versuch der Gemeinde Hettstadt, den Bürgern sogar die Ecken ihrer Häuser noch vorzuschreiben – während der Hettstadter Auseinandersetzung die einzige offene Stellungnahme für die Verfassung aus dem Parteienspektrum war. Und die stammte, wiederum bezeichnend, von einer Partei, die in dieser Region kaum etwas zu verlieren hat ...

Waldemar Zorn versuchte derweil weiter, die Urchristen anzuschwärzen. Als Vertreter der Urchristen der Gemeinde vorwarfen, sie schade sich durch ihre Blockade selbst, weil ihr Steuereinnahmen entgingen, verkündete er am 20.1.90 öffentlich[396], kein Christusbetrieb habe „bis zum heutigen Tag“ auch nur „eine einzige Mark Gewerbesteuer“ bezahlt.

Abgesehen davon, dass er damit das Steuergeheimnis verletzte – durch die Blockadetaktik der Gemeinde gab es zu diesem Zeitpunkt (und auch später) kaum solche Betriebe im Dorf. Ein Handwerksbetrieb mit dem Namen „Wir sind für Sie da“ war gerade erst im Aufbau* und daher noch nicht in der Gewinnzone, bei zwei anderen kleinen Betrieben war es ähnlich – alle entrichteten aber die ansonsten anfallenden Steuern in korrekter Weise.

Zorn beließ es aber nicht dabei. Er wurde im Bayerischen Finanzministerium vorstellig und log, dass sich die Balken bogen: Es gebe in seiner Gemeinde „22 Betriebe des Heimholungswerkes mit bis zu 50 Beschäftigten“, von denen „keiner Gewerbesteuer zahle“. Die Behörde ordnete daraufhin eine außerordentliche Betriebsprüfung an – und zwar nicht nur in Hettstadt, sondern im ganzen Umkreis von Würzburg, einschließlich des Vereines Universelles Leben. Auch wenn die Beamten wieder nichts fanden – der intrigante Kolping-Funktionär hatte damit Auseinandersetzungen über die Gemeinnützigkeit des Universellen Lebens losgetreten, über die noch Näheres berichtet wird (S. 395 ff.). Dass wir heute überhaupt etwas von diesen Machenschaften wissen, verdanken wir der Gesprächsnotiz[397] eines Beamten aus dem Finanzministerium, die bei späterer Akteneinsicht im Rahmen eines Prozesses zu Tage trat.

---

* Die Firma erwarb eine leerstehende Lagerhalle in Hettstadt von der Raiffeisenbank Margetshöchheim – woraufhin die Bank den Verkauf gegenüber aufgewiegelten Hettstädtern rechtfertigen musste. Etliche Hettstädter sollen ihre Konten gekündigt haben, Waldemar Zorn trat von seinem Posten als Vorstandsmitglied der Raiffeisen-Genossenschaft zurück (Main-Post, 29.6.88).

Zorn gefällt sich mittlerweile in der Rolle des gegen eine „Sekte“ kämpfenden Bürgermeisters, gibt landauf, landab Interviews, hält von Miltenberg bis Zwiesel im Bayerischen Wald Vorträge, in denen er behauptet, sein Dorf sei im Begriff, von einem „getarnten Wirtschaftsunternehmen“ „systematisch unterwandert“ zu werden, tritt in Fernsehen und Rundfunk auf, die seine Thesen bereitwillig weiter verbreiten. Gegenüber den *Fränkischen Nachrichten* (19.5.90) sagt er in einem Interview auf die Frage, ob er im Universellen Leben eine „Gefahr“ sehe:

„Eine absolute Gefahr, sogar eine tödliche Gefahr für dieses Dorf Hettstadt, weil hier eine Sekte versucht, in ein Dorf einzudringen, sich dieses Dorf gefügig zu machen und in diesem Dorf eine eigene Gemeinde zu errichten, die völlig in sich geschlossen und autark künftig existieren soll. Ein solches Gebilde ist absolut unvereinbar mit der freien Gesellschaft eines Dorfes ... Ich bin davon überzeugt, wir werden dieses Problem bis zum Jahr 2000 gelöst haben.“

Zorn bringt ständig zwei Ebenen durcheinander: Die Ebene einer Ortsgemeinde, in der einige Urchristen Häuser bauen. Und die Ebene einer „Gemeinde“ im religiösen Sinne, welche die Urchristen zu diesem Zeitpunkt ebenfalls gegründet hatten – die jedoch von Anfang an nicht an einen äußeren Ort gebunden ist.[398]

Ein Bürgermeister sollte sich an die Verfassung halten

Dass ein Bürgermeister, der ja als Amtsperson der weltanschaulichen Neutralität verpflichtet ist, so über eine religiöse Minderheit herziehen darf, konnten die Urchristen einfach nicht glauben. Deshalb reichten sie am 12.7.93 eine Klage und gleichzeitig einen Antrag auf einstweilige Anordnung gegen die ehrverletzenden Äußerungen des Bürgermeisters ein. Bereits am 11.8.93 untersagte das Verwaltungsgericht Würzburg Zorn vorläufig die Behauptungen, das Universelle Leben sei keine Glaubensgemeinschaft, sondern ein

„Wirtschaftskonzern mit weitverzweigten Geschäften und knallharten Managern“, eine „wirtschaftliche Organisation mit religiösem Deckmantel“, hinter der „eine kleine Riege von Geschäftemachern“ stünde, die „mit allen Wassern gewaschen“ sei, es handle sich um eine „Sekte“, die ein „sektenartiges Dorf“ gründen wolle und daher eine „Gefahr“ für das Dorf darstelle – und deren Angehörige zum Teil versuchten, eine „Angstpsychose innerhalb der Sekte“ zu erzeugen. Zur Begründung erläuterte das Gericht, ein Bürgermeister dürfe sich nicht an einer „weltanschaulichen Auseinandersetzung beteiligen“ und dürfe religiöse Überzeugungen „nicht verbieten, bekämpfen und auch nicht ablehnen oder abwerten“. Dies gebiete die Verpflichtung des Staates zu weltanschaulicher Neutralität und Toleranz. Dem Bürgermeister sei es nicht gelungen, irgendwelche Umstände glaubhaft zu machen, „beispielweise grundrechtswidrige Praktiken, Freiheitsbeeinträchtigungen oder Aufforderungen zu grundrechtswidrigen Handlungen“, die einen derartigen Eingriff in das Grundrecht der weltanschaulichen Gleichbehandlung rechtfertigen könnten. Auch das Wort „Sekte“ sei für einen Vertreter des Staates eine unzulässige Abwertung.

Zorn hält sich jedoch nicht an die Auflagen des Gerichts. Dreimal beschimpft er das Universelle Leben nochmals in ähnlicher Weise, sagt beispielsweise dem *Spiegel* (14.3.94), das Universelle Leben sei für Hettstadt „tödlich“ – und dreimal wird gegen ihn gerichtlich ein Ordnungsgeld (5.000, 7.500, 10.000 DM) verhängt – das aber vermutlich nicht er, sondern die Gemeindekasse zahlt. Beschwerden gegen diese Ordnungsgelder bis hin zum Verwaltungsgerichtshof in München werden abgewiesen, auch in der Hauptsache bleibt das Würzburger Verwaltungsgericht bei seiner Entscheidung (8.2.95).

Dies ist zweifelsohne ein Erfolg für den Rechtsstaat. Allerdings betrifft diese Entscheidung nur Amtspersonen in Ausübung ihrer Amtstätigkeit. Das *Main-Echo* (19.8.93) brachte es auf den Punkt: „Als Bürgermeister muß sich Zorn künftig eine genau aufgelistete Reihe von Aussagen verkneifen, als Vorsitzender der Kolpings-

Ordnungsgeld verurteilt wurde, bemerkte Toepfer[405], Zorn dürfe ja *als Privatmann* weiterhin alles sagen – doch das wären „Kindereien“: „Von Bürgermeistern und Kommunalpolitikern erwarten die Bür-

familie, als CSU-Parteipolitiker und als Privatmann darf er jedoch weiterhin die Vorwürfe wiederholen, die er ... gemacht hatte." Wer also katholisch oder lutherisch ist, darf ohne Skrupel weiter das achte Gebot* missachten, wie es die Kirche schon im Mittelalter

schon mal den erwünschten Zungenschlag hinein: „Das Neue Jerusalem sollte in der Gemeinde Hettstadt entstehen. Mit enormen Geldmitteln kaufte das Universelle Leben hier Grund." Wieder der gleiche Unfug, den ein Sender vom anderen übernimmt. Manche können es noch primitiver: „Wie ein Krake macht sich dort die Sekte Universelles Leben breit": *SAT 1*,10.3.93. Oder Detlev Cosmann in der Sendung „ZAK" vom *Westdeutschen Rundfunk* (25.4.93): „Und dann Neu-Jerusalem, die Problemzone. Ein Dutzend Sektenhäuser, mehr bislang nicht. Dabei hätten es mindestens 86 werden sollen. ... Und 1.500 bis 2.000 Sektenmitglieder hätten so nach Hettstadt ziehen sollen, um dann dort die Mehrheitsverhältnisse im Gemeinderat zu kippen." Kamil Taylan und Ulrike Bremer vom *Hessischen Rundfunk* in der Fernsehsendung „Teuflisch abgezockt" (22.6.93): „Die Sekte Universelles Leben erobert das Land. Sie baut sich ihr eigenes: Das Neue Jerusalem ... Am Anfang waren die neuen Bürger in Hettstadt willkommen, doch sie sonderten sich ab ..." Diesen Satz lohnt es sich noch einmal näher zu betrachten. Hier wird, nach dem Prinzip der „Stillen Post", schon eine völlig neue Geschichte erfunden: Jetzt sind also die Zugereisten selber schuld, sie hätten ja angeblich die Chance gehabt. Das klingt natürlich besser als: Der Gemeinderat hat die Erschließung gestoppt, noch ehe das erste Haus gebaut wurde. Michael Franken von „Plus-Minus" (*ARD*, 28.9.93) erzählt dem Fernsehpublikum: „Das gelobte Land liegt hier ... In der 2.800-Seelen-Gemeinde will die Sekte Universelles Leben ihr Neues Jerusalem bauen. ... 300 Urchristen haben sich hier schon eingenistet." Was auch schon dreifach übertrieben ist – aber wer erwartet von einem Wirtschaftsmagazin schon exakte Zahlen? Als die Urchristen dann ihre Grundstücke längst an die Gemeinde verkauft haben (Ende 1993), baut der *Hessische Rundfunk* die Story immer noch weiter aus: „Im Würzburger Raum sind ihre Jünger dabei, ganze Dörfer aufzukaufen und zu unterwandern" („Unterwegs in Hessen", 1.2.94). Was im eigenen Haus natürlich eifrige Nachahmer findet: „Dass dahinter ein wahrer Sektenkonzern mit Hochsicherheitsfarm, Naturkliniken und Gewerbezentrum steckt, ist den meisten Verbrauchern wohl nicht bekannt, genau so wenig, dass die

Sekte bereits ganze Dörfer in der Nähe von Würzburg kontrolliert. Es ist eben nicht alles bio, moralisch betrachtet, auch wenn es ganz nach bio schmeckt“: „Trend“, 2.3.94. Dass sich solche Verleumdungen in den Köpfen der Zuschauer festsetzen, wurde schon aufgezeigt (S. 188). Auch in Hettstadt selbst zeigen sie Auswirkungen: Ein Stromkasten wird mit der Parole „UL raus!“ besprüht, ein junger Kirschbaum vor einem der Urchristen-Häuser wird abgebrochen (nachdem am Tag zuvor ein Leserbrief eines der Bewohner dieses Hauses in der Zeitung zu lesen war), nachts wird sturmgeläutet oder eine halb leere Bierflasche (nach einem Feuerwehrfest) gegen eine Haustür geschleudert.

Lügen haben kurze Beine

Dennoch war ein Nachlassen des Medieninteresses an Hettstadt schon mangels neuer „Sensationen“ nicht zu vermeiden. Wer dies in seinem krankhaften Ehrgeiz nur schwer verkraftete, war Hans-Walter Jungen, der sich in der Rolle bundesweiten „Retters“ vor angeblichen urchristlichen Weltherrschaftsplänen ausgesprochen gefallen hatte, der so gerne Fernsehteams zu den Häusern und Einrichtungen der Urchristen geführt und Passanten auch schon mal ein „Trinkgeld“ für den neusten Klatsch angeboten hatte. Wer sollte ihm jetzt noch zuhören, ihm Aufmerksamkeit widmen? Gemeinsam mit dem evangelischen Mesner Thomas Müller vom Verein „Bürger beobachten Sekten“ (S. 296 ff.) lud er für den 1. Februar 1996 zu einer Diskussionsveranstaltung auf die Würzburger Marienburg mit dem Thema: „Politiker, stoppt das Universelle Leben!“ Hauptredner war der lutherische Verleumdungsexperte Wolfgang Behnk (S. 310 ff.). Jungen beschimpfte die urchristlichen Betriebe als „krankhaftes Firmenimperium“ und forderte die anwesenden Politiker auf, die Frage zu beantworten: „Wie gedenken die Politiker uns gegen das Universelle Leben zu schützen?“ Es stand jedoch keiner auf, der sich auf solch plumpe Nötigung hin als Kraftprotz in diesem „Haut-den-Sekten-Lukas“-Spiel betätigen wollte. Die anwesenden Bürgermeister wussten ja, was Waldemar Zorn von Gerichts wegen an grundgesetzlicher Neutralität auferlegt worden war – eine Bremse, die zumindest an diesem Abend offenbar wirkte. Was wiederum beweist, wie notwendig, trotz zahlreicher haarsträubender Urteile in anderen Fällen, der Gang vor Gericht für eine Minderheit ist. Gisela Schmidt von der *Main-Post* (3.2.96) scherte sich jedoch um solche Zusammenhänge nicht und schrieb, unter namentlicher Aufzählung der anwesenden Mandatsträger: „Politikverdrossene Bürger werden nicht geboren. Sie entwickeln sich. ... Politiker reden zwar viel, geben aber selten Antworten ... Am Donnerstagabend ... haben sie nicht einmal das Wort ergriffen ... Und trotzdem gibt es noch ein paar mutige Bürger, die dies alles riskieren ... Diese Menschen haben ein Recht darauf, von den Volksvertretern ernst genommen zu werden."

Die Angehörigen einer religiösen Minderheit haben also, so könnte man aus dieser populistischen Tirade schließen, *kein* Recht, von Volksvertretern, Journalisten, Gerichten ernst genommen zu werden, sondern nur ihre Gegner. Und so sehen ja, überwiegend zumindest, die Fakten in unserem Land auch aus ...

Nachdem die Politiker (an diesem Abend) nicht mitspielen wollten, gab der Lutheraner Thomas Müller für die anwesenden „Sekten"-Bekämpfer einen Einblick in seine faschistoide Denkwelt: Er forderte von „der Politik": „Auflösung der UL-eigenen Kindergärten, Schließung der UL-Schule, Verbot der Mitgliederwerbung, Hilfe für die Sektenaussteiger, ... Überwachung der Sekte durch den Verfassungsschutz und Einsetzung eines Bundessektenbeauftragten im Innenministerium." Niemand, schon gar nicht den anwesenden Journalisten, schien es aufzufallen, dass Müller sich und seine Kumpane mit solchen Forderungen eher selbst als Objekt der Beobachtung verfassungsfeindlicher Umtriebe anbot ...

Hans-Walter Jungen aber holt an diesem denkwürdigen Abend noch einen Trumpf aus dem Ärmel: Er stellt ein Buch vor, das er verfasst hat – es trägt den Titel: „Universelles Leben – die Prophetin und ihr

Management". Als Herausgeber betätigt sich der von mehreren katholischen Diözesen unterhaltene Pattloch-Verlag in Augsburg. Jungen lobt sich selbst, er habe „ganze Arbeit" geleistet (ganze Verleumdungsarbeit, das ja), was er geschrieben habe, könne er vor seinem Gewissen verantworten (was weniger über das Buch aussagt als über Jungens Gewissen) und „mit Dokumenten beweisen".

Letzteres sollte sich allerdings nicht bewahrheiten. Das Buch erwies sich als eine einzige Ansammlung ehrenrühriger Verleumdungen und Beschimpfungen, so dass die Urchristen nicht zögerten, zumindest gegen die schlimmsten gerichtlich vorzugehen. Eine ganze Reihe von Behauptungen wurden tatsächlich auch gerichtlich untersagt und mussten unkenntlich gemacht werden, so z.B.:

- Nach einem psychologischen Gutachten seien nach urchristlichen Meditationsübungen „psychotische und psychoseähnliche Zustandsbilder" festgestellt worden[412];
- ein Urchrist habe einem Journalisten bei einem Handgemenge das Mikrofon samt Kabel aus der Kamera gerissen und sei damit verschwunden;
- der Tod des Vlado P.[413] sei auf die Ernährungslehre des Universellen Lebens zurückzuführen und es gebe ein Gutachten, wonach die Ernährungslehre des Universellen Lebens lebensgefährlich sei;
- der Geheimdienst der Scientology-Organisation werde von Leuten aus dem Universellen Leben geschult.

Außerdem wurde Jungen unter anderem untersagt, den Eindruck zu erwecken,

- die Firma *Gut zum Leben* verwende lediglich ein selbst erfundenes Gütesiegel, werde also nicht auf die Einhaltung ökologischer Kriterien kontrolliert;
- Urchristen hätten an Jungens Auto Reifen angeschnitten und so einen Unfall verursacht.

Als Jungen in einer zweiten Auflage zwei der untersagten Behauptungen wieder brachte, wurden er und der Verlag zu Ordnungsgeldern von 5.000 bzw. 10.000 Mark verurteilt. Der Pattloch-Verlagsleiter selbst gab zu, das Buch sei juristisch „kurz und klein" geschossen worden. Und beim Geld hört bekanntlich der Spaß auf – besonders bei katholischen Bischöfen. Hans Gasper, Rufmordbeauftragter der katholischen Bischofskonferenz, äußerte sich denn auch verärgert, dass der kurieneigene Verlag ein Buch so macht, „dass es zerfleddert werden kann".[414] Was aber die Kirche dennoch nicht daran hinderte, auch eine dritte Auflage herauszubringen, denn, so die Sprecherin des Weltbild-Konzerns, Vera Schauber, man müsse „mit einem Titel nicht immer nur Gewinn erzielen". Das Buch sei ein „notwendiges Stück Aufklärung". Treffend dazu die Überschrift der *Süddeutschen Zeitung* (19.4.96): „Katholischer Verlag schert sich den Teufel um UL-Anwälte" – denn Verleumdung als „Aufklärung" zu verkaufen, das war immer schon das Handwerk der Inquisition. Und zu Verleumdungszwecken taugt auch ein „zerfleddertes" Buch noch, denn, wie ein Dr. Reinhold Jacobi von der Zentralstelle Medien der Deutschen Bischofskonferenz den Urchristen schrieb: „In diesem Kontext bitten wir Sie zu realisieren, dass nur einzelne Passagen ... beanstandet wurden." Das ist der Punkt: Auch die fleißigste Rechtsabteilung kann, zumal bei unserer herrschenden Rechtsprechung, immer nur einen kleinen Teil der Gemeinheiten dingfest machen, die in einem Druckwerk, geschickt in Meinungsäußerungen oder Vermutungen verpackt, enthalten sein können.

Während man von einem Bischofsvertreter aus jahrhundertelanger Erfahrung wohl kaum erwarten kann, dass er etwas für die Wahrheit übrig hat, so möchte man Buchhändlern ein solches Interesse vielleicht zutrauen. Doch weit gefehlt: Einige Buchhändler schickten die als wahrheitswidrig beanstandeten Bücher nicht etwa an den Kirchenverlag zurück und ließen sich das Geld wieder auszahlen – nein, sie „solidarisierten" sich öffentlich mit dem Ehrabschneider Jungen, sprachen von einem „Angriff auf die Meinungsfreiheit", die sie völlig ungeniert mit Verleumdungsfreiheit verwechselten, fühlten sich durch die gerichtliche Wahrheitsfindung „massiv unter Druck gesetzt"[415], so Matthias Mittelstädt aus Würzburg, Inhaber der Stephansbuchhandlung in unmittelbarer Nähe eines lutherischen Bildungshauses – der sich dann lieber vor Gericht dazu zwingen ließ, das in dieser Form verbotene Buch nicht weiter zu verkaufen, als dem Recht die Ehre zu geben.

Nicht umsonst hat jegliche Pogromstimmung ihren Anfang und ihre Wurzeln in dem öffentlichen Bekunden, dass die jeweils zu „Außenseitern" Gestempelten rechtlos sind, ehrlos, dass man ihnen gegenüber die Gesetze nicht einzuhalten braucht, ja: sie nicht einhalten *darf*. Solche Vorgänge zeigen, dass das Gift von Papst Innozenz III. noch immer in manchen Köpfen wirkt: „Treu und Glauben braucht einem Ketzer nicht gehalten zu werden; und der Betrug, gegen ihn geübt, wird geheiligt."

Als dann aber Hans-Walter Jungen im Rudolf-Alexander-Schröder-Haus in Würzburg über sein Buch sprach, dämmerte es auch manchen kirchlich geprägten Besuchern, dass es um die Glaubwürdigkeit dieses Redners nicht eben gut bestellt ist. Die *Main-Post* (29.5.96) stellte fest: „In der lebhaften Diskussion warfen Kritiker dem Referenten und Autor vor, er könne viele Behauptungen nicht durch Belege stützen und trage somit nur wenig zur Klärung der Gerüchte um das UL bei." Diese „Kritiker" hatten Jungen z.B. gefragt, ob er jemals persönlich an einer der öffentlichen Veranstaltungen des Universellen Lebens teilgenommen habe – was er verneinen musste.

Bürgermeister Zorn brachte die fleißige Rufmordarbeit gegen die Urchristen mehr Glück bei seiner Karriereplanung. Er wurde, nachdem er die urchristlichen Grundstücksbesitzer erfolgreich vertrieben hatte und die selbst verschuldete Blockade der Gemeindeentwicklung dadurch ein Ende fand, 1996 zum Würzburger Landratskandidaten der CSU gemacht und – in einem Landkreis, der eher zu den schwarzen Flecken der Parteienlandschaft zählt – auch gewählt. So danken die Schwarzen es den Schwarzen, wenn sie das Ihre verteidigen ...

Abschnitt 7

DIE MERKWÜRDIGEN ARBEITSMETHODEN DES FRANZ GRAF VON MAGNIS

(1985)

Bereits im Fall Hettstadt wurde klar, dass die „Argumente", die sowohl Waldemar Zorn als auch Hans-Walter Jungen zur Vertreibung der Urchristen benutzten, zum größten Teil aus der Giftküche des Grafen Magnis stammten. Um seinen Giftpfeilen so etwas wie den Anschein der „Wissenschaftlichkeit" zu verleihen, bediente sich der Chefideologe der modernen Würzburger Inquisition schon frühzeitig besonderer Arbeitsmethoden.

Das Glatzel-Gutachten

Im Buch von Hans-Walter Jungen (vgl. S. 272 ff.) wurde ein „Gutachten" erwähnt, wonach die Ernährungslehre des Universellen Lebens „lebensgefährlich" sei. Die Urchristen erfuhren von diesem dubiosen Gutachten erstmals im Sommer 1987. Graf Magnis hielt am 29. Mai 1987 einen Vortrag in Marktheidenfeld und behauptete, die vom Heimholungswerk empfohlene Ernährungsweise habe zum Tode zweier Menschen geführt. Er erwähnte ausdrücklich Vlado P. und Gerda D. (vgl. S. 203 ff.). Der Zusammenhang, den Magnis hier konstruierte, wurde so dreist vorgetragen, dass das *Main-Echo* (1.6.87) nicht zögerte, zu schreiben: „Graf Magnis ... warf dem Heimholungswerk vor, dass schon einige Menschen an diesem Ernährungskonzept gestorben seien, nachdem das Heimholungswerk deren Vermögen kassiert habe." Die Urchristen riefen die Justiz an, um dem Rufmordbeauftragten diese infame Verleumdung untersagen zu lassen, und erhielten in einer einstweiligen Verfügung auch Recht. Doch im Hauptsacheverfahren baute das Landgericht Würzburg dem offiziellen Inquisitor des Würzburger Bischofs eine goldene Brücke. Trotz eines Tonbandmitschnitts, den Magnis selbst vorlegte und der die Verleumdung belegte, wurde ihm nahegelegt, zu Protokoll zu geben, er habe *einen Zusammenhang* zwischen der Ernährungslehre des Universellen Lebens und den beiden Todesfällen nicht herstellen wollen und werde das auch in Zukunft nicht tun. Daraufhin wurde die Hauptsache für erledigt erklärt.

In diesem Verfahren hatte Graf Magnis zugleich ein „ernährungsphysiologisches Gutachten“ des Lübecker Internisten Prof. Hans Glatzel aus dem Jahr 1985 vorgelegt, worin dieser zu dem Schluss kam, bei einer Befolgung der vom Heimholungswerk vertretenen „Ernährungsvorschriften“ könne es „zu vielerlei schweren, unter Umständen irreparablen gesundheitlichen Schäden“ kommen. Die „Informationen“, auf die Glatzel sein Gutachten aufbaute, stammten allerdings ausschließlich vom Auftraggeber des Gutachtens, vom Bischöflichen Ordinariat Würzburg, d.h. von Magnis selbst. Aufgrund des „guten Rufes“ dieses Auftraggebers hatte Glatzel auf eine gewissenhafte Prüfung des ihm übersandten Materials verzichtet. Graf Magnis hatte ihm mitgeteilt, Menschen im Heimholungswerk dürften „weder Fisch noch Fleisch noch Wurst noch Eier noch Milch und Milchprodukte essen“. Ein solches „Verbot“ existiert jedoch in der Lehre der Urchristen nicht, sondern nur die Anregung, vor allem den Fleischkonsum aus ethischen und gesundheitlichen Gründen zu überdenken.* Ein Vertreter der Urchristen suchte im Juli 1987 Prof. Glatzel in Lübeck auf und klärte ihn über den wahren Sachverhalt auf, woraufhin dieser sein Gutachten zurücknahm und es

---

* Urchristliche Betriebe bieten als Alternative eine Vielzahl von Lebensmitteln (z.B. Brotaufstriche, Nudeln) an, die frei von tierischen Produkten sind (www. LebeGesund.de). Die negativen Auswirkungen der industriellen Massentierhaltung werden in den Schriften *Der Prophet* Nr. 15 („Tiere klagen - der Prophet klagt an!“) und Nr. 16 („Der Mord an den Tieren ist der Tod der Menschen“) ausführlich behandelt (www.das-wort.com).

am 11.3.88 Graf Magnis ausdrücklich untersagte, es weiterhin zu verwenden. Woran sich dieser offensichtlich nicht hielt, wie die erneute Veröffentlichung in Jungens Buch belegt. Auch der Regensburger Verleumdungsbeauftragte Rückerl führte noch 1993 in Vorträgen[416] dieses vom Verfasser widerrufene Gutachten gegen die Urchristen ins Feld.

Doch damit nicht genug. Ein fast gleichlautendes „Gutachten" tauchte 1990 auf – zum einen in einer Schrift von Graf Magnis[417], zum anderen in einem anderen „Gutachten" über die Gemeinnützigkeit des Universellen Lebens, das der Regensburger Jurist Prof. Soell im Auftrag der Gemeinde Hettstadt (!) anfertigte, das aber so viele Schwachstellen und Ungereimtheiten aufwies, dass es rasch wieder in der Schublade verschwand. Das über längere Passagen wörtlich deckungsgleiche „Gutachten" über die Ernährungslehre des Universellen Lebens, das zu denselben nachweislich unwahren Schlüssen kam, wurde von einem Prof. Seewald von der Mayo Clinic in Rochester/USA angefertigt – oder wohl besser: unterschrieben. Prof. Seewald hat die Mayo Clinic, wie eine Anfrage ergab, wenig später mit unbekanntem Ziel wieder verlassen.

In Sachen Verleumdung ist der Romkirche jedes Mittel recht: Wenn an einer Stelle die Unwahrheit einer Verleumdung ans Tageslicht kommt, so lässt sie diese trotzdem an anderer Stelle weiter verbreiten.

Das Spall-Gutachten

Fast zeitgleich mit dem dubiosen Glatzel-Gutachten ließ Magnis noch ein weiteres anfertigen. Er beauftragte 1985 den Würzburger Diplom-Psychologen Alfred Spall, ein Gutachten über die Wirkung der Meditationstexte des Universellen Lebens anzufertigen. Spall ist hauptamtlicher Mitarbeiter der Würzburger Caritas, also schon von daher wenig geeignet, ein solches Thema objektiv zu beurteilen. Hinzu kam, dass Spall lediglich die Meditationscassetten als

Grundlage hatte, über die tatsächliche Wirkung dieser Cassetten aber keinerlei empirischen Nachweis führen konnte. Was ihn aber nicht daran hinderte, abenteuerliche Spekulationen darüber anzustellen, wie diese Texte wohl wirken werden: natürlich ausschließlich negativ! Er bezeichnet bereits die Sprache als „pompös, emotional, aufreißerisch, hypertroph und damit schwer begreifbar". Er unterstellt dem Universellen Leben, man wolle durch die Meditationen „nicht den selbständig Denkenden und damit mündigen Menschen, sondern den Menschen, der sich der Ideologie kritiklos unterwirft". Durch die Meditationen würden Schuld- und Angstgefühle geweckt, es werde in autoritärer Weise „indoktriniert". Spall kommt zu dem Schluss: „Man muß annehmen, dass zumindest einige der Teilnehmer durch eine solche Vorgehensweise ... erheblich psychisch geschädigt werden." Und: „Bei einer erheblichen Anzahl von Einzelfällen wurden bei Jugendlichen, welche eine Reihe von entsprechenden Sitzungen mitgemacht hatten, psychotische oder psychoseähnliche Zustandsbilder festgestellt."

Spall führt in seinem Gutachten für diese Behauptungen jedoch keinen einzigen empirischen Fall an. Anfang 1988 stellt sich dann durch Zufall heraus, dass er nach Vermittlung durch Graf Magnis lediglich *ein* „Beratungsgespräch" mit einem psychisch labilen jungen Mann hatte, der etwa zwei- bis dreimal an Veranstaltungen junger Urchristen (z.B. einer Filmvorführung über Franz von Assisi) teilgenommen hatte, jedoch dort keine Meditationen besuchte. Seine Mutter meldete sich beim Vortrag von Pfarrer Haack in Hettstadt (S. 248 ff.) zu Wort und schob die psychischen Schwierigkeiten ihres Sohnes (die schon *vor* seinem sporadischen Kontakt zu den Urchristen bestanden hatten!) dem Universellen Leben in die Schuhe. Der Stiefvater des jungen Mannes ist übrigens ein Theologe, dem wir gleich noch einmal begegnen werden.

Dieses „Gutachten" ist schon vom Ansatz her, aber auch in seiner konkreten Formulierung völlig unwissenschaftlich, eine reine Propagandaschrift der Kirche zur Diskriminierung Andersdenkender.

Dennoch wurde es in den folgenden Jahren, bis hin zu Jungens Buch, immer wieder zitiert als angeblicher „Beweis" für die „Schädlichkeit" des Inneren Weges im Universellen Leben, für den die Meditationen übrigens nur eine mögliche, nicht aber notwendige Vorbereitung darstellen. Die Urchristen machten sich daher die Mühe, ihrerseits insgesamt vier Gegengutachten anfertigen zu lassen, die alle die wissenschaftliche Unhaltbarkeit von Spalls Auftragsarbeit nachwiesen: Arbeiten des ehemaligen Chefarztes der Kantonalen Psychiatrischen Klinik Solothurn, Dr. med. Ernst Zoss, des Kinder- und Jugendpsychiaters Dr. med. Peter Thurneysen, des Psychologen Prof. Dr. Klaus Meurer und, nicht zuletzt, des vergleichenden Religionswissenschaftlers Prof. Dr. Hubertus Mynarek. Letzterer bescheinigte Spall unter anderem, dass dieser „keine Ahnung" davon habe, was unter „Meditation" eigentlich verstanden werde. Spall hatte diesen Begriff nämlich – offenbar im fernöstlichen Sinn[418] – allein auf „gegenstandlose", stille Versenkung bezogen und daher Meditationen, also Betrachtungen, über einen Text, wie im Universellen Leben angeboten, von vorne herein als „aufdringlich" abgewertet. Dabei sind Wort- oder Bildmeditationen selbst innerhalb der Kirche nichts Unübliches. Mynarek unterzog auch die einzelnen Meditationstexte einer eingehenden Prüfung und kam, ganz anders als Spall, zu dem Schluss, dass hier das Positive im Menschen angesprochen und bejaht wird, wogegen in der kirchlichen Lehre meist die Betonung des Negativen, „Sündhaften", die Abwertung der Möglichkeiten des Individuums im Vordergrund stünden. Schuld- und Angstgefühle würden gerade durch *kirchlich* geprägte Meditationen wie die Exerzitien des Ignatius von Loyola oder Texte des Opus Dei vermittelt; ebenso seien autoritäre oder indoktrinierende „Übungen" eine Domäne der katholischen Kirche; Spall wende sich also mit seinen polemischen Angriffen an die falsche Adresse.

Dennoch wird dieses in seiner wissenschaftlichen Dürftigkeit und taktischen Durchsichtigkeit kaum überbietbare „Gutachten" immer wieder von Kirchenvertretern und willfährigen Journalisten ins Feld geführt. Spall schrieb 1994 sogar noch eine „Ergänzung", die Hans-Walter Jungen und den Pattloch-Verlag aber nicht davor bewahrte, die Erwähnung dieses Gutachtens als „Beleg" für die „psychische Gefährlichkeit" des Inneren Weges aus dem Buch über das Universelle Leben herausnehmen zu müssen. Bezüglich der angeblich so „häufigen" Fälle psychischer Beschwerden hätten Jungen und sein Verlag „ihrer erweiterten Darlegungspflicht nicht genügt", hätten „auch in der Berufungsbegründung keine entsprechenden Tatsachen vorgetragen", weshalb „die streitgegenständlichen Äußerungen als unwahr einzustufen sind", so das Oberlandesgericht Hamburg in zweiter Instanz am 3.9.96.

Spitzel und Denunzianten – der Inquisitoren liebste Gesellschaft

Neben erschlichenen und gezinkten Gutachten stellten die Angaben von Spitzeln und Denunzianten – ähnlich wie in der mittelalterlichen Inquisition – ein weiteres beliebtes Arbeitsmittel von Graf Magnis dar. So entsandte er in die wöchentlichen Veranstaltungen der Urchristen Spitzel, die dann aus dem Gedächtnis verzerrte Angaben machten, die später als falsche Zitate in den von Magnis herausgegebenen Schriften der „Frau aller Völker" auftauchten. Der oben erwähnte Theologe (S. 279), dessen Stiefsohn angeblich durch das Heimholungswerk krank wurde, setzte sich 1986 in einen Vortrag der Urchristen über Reinkarnation und stellte die Fangfrage: „Heißt das, dass die Nazischergen die Juden bloß der gerechten Strafe zugeführt haben?" Der Referent antwortete darauf klar mit „Nein" – dennoch behauptete Magnis in seiner nächsten Schrift, im Universellen Leben werde behauptet, „die Nazischergen seien Ausführende des göttlichen Gesetzes gewesen". Als die Urchristen ihn einluden, seine Behauptung auf einer Podiumsdiskussion zu beweisen, blieb er dieser Veranstaltung fern. Sie fand dennoch statt und beschäftigte sich unter dem Thema „Kirche, Karma und KZ" (Hauptreferat: Karlheinz Deschner) mit dem Antisemitismus der Kirchen.

Das auf diese und ähnliche Weise gesammelte Material veröffentlichte Magnis dann in seinen Schriften – woraus sich spätere Rufmordbeauftragte fleißig bedienten. So behauptete er 1990, durch Meditationen erfolge eine „Entpersönlichung, psychische Programmierung, Gleichschaltung", was Pfarrer Behnk später wieder aufgreifen wird. Oder er bezeichnete 1992 die im Universellen Leben durchgeführten „Christusstrahlungen", bei denen Christus durch das prophetische Wort die Selbstheilungskräfte im Menschen anspricht, als „schwarze oder weiße Magie, Heil- oder Schadenzauber, aus dem Brauchtum von Schamanen und Medizinmännern bekannt". War Jesus von Nazareth, der Heilungssuchenden die Hände auflegte, dann auch ein „Schamane"?

Der Pendler von St. Kilian

Doch der Inquisitor Magnis hat noch mehr „Spezialitäten" auf Lager. „Sammle so viel Informationen wie möglich – und säe Zwietracht im Lager deiner Gegner", heißt die uralte Devise. Anfang 1988 beginnt er damit, unter der Anschrift einer Frau Ingrid Zierlein aus Würzburg, auch als „Arbeitsgruppe St. Kilian" firmierend, Rundbriefe an alle möglichen Sympathisanten aus dem Umfeld der Urchristen zu verschicken. Offenbar hat er zu diesem Zweck eifrig Adressen gesammelt – auf welche Weise, bleibt im Dunkeln. In diesen Briefen wechseln plumpe Anbiederungsversuche mit hanebüchenen Behauptungen ab. Es wird an die Leser appelliert, Frau Zierlein doch zu schreiben und ihr zu berichten, was man im Universellen Leben erlebt habe. Um solche Kontakte zu provozieren, wird behauptet, die Anhänger des Universellen Lebens seien sehr „unnahbar". Frau Zierlein alias Graf Magnis äußert Verständnis dafür, dass nach Haacks Vortrag in Hettstadt einige „An die Wand stellen! – Aufknüpfen!" gerufen haben – aufgrund der vielen Leserbriefe von Urchristen und deren Klage gegen ihre „angebliche" Verfolgung „bleibt ihnen [den Hettstädtern] kaum Möglichkeit, sich zu finden, alles etwas objektiver zu sehen". Und warum gibt es so viele „Sekten"? Frau Zierlein: „Die Eltern, eigentlich Partner der Kinder, versagen; so wenden sich diese jenen Gruppen zu, die ihnen zuhören. Wen wundert es, wenn diese Kinder und Jugendlichen zu Kriminellen werden, Drogensüchtigen oder Sekten verfallen?" Wenn es um die Diffamierung von Andersgläubigen geht, schreckt die Kirche vor keiner Simplifikation zurück.

Im dritten Rundbrief vom 5.6.1989 legt Ingrid Zierlein einen „radiästhesistischen Erfahrungsbericht" eines Herrn Husmann aus Flensburg bei, der mittels eines Pendels (!) die „Schwingungszahl" einiger bekannter Urchristen ermittelt haben will und diese als „dämonisch besetzt", also satanisch beeinflusst, einstuft. Ein Besuch bei dem Pendler von St. Kilian ergibt, dass der „Glaubensgradbegutachter" Walter Husmann nicht nur mit dem Pendel vertraut ist, sondern „verängstigte Seelen" oder „störrische Dämonen" kurzerhand in ausrangierte Marmeladegläser sperrt! Auf die Idee, Anhänger des Universellen Lebens auszupendeln, kam der offensichtlich etwas verwirrte Rentner, nachdem man dort seine „Mitarbeit" dankend abgelehnt hatte. Der verärgerte Okkultist bot daraufhin dem Würzburger Bischof seine ersten „Ergebnisse" über die Urchristen an: Graf Magnis ging dankbar auf das Angebot ein, Frau Zierlein erbat die Erlaubnis zur Veröffentlichung der „Forschungsergebnisse". Dass Husmann einen indischen Yogi als seinen „Meister" ansieht, störte die Katholiken nicht. Das Angebot Husmanns, auch die katholische Kirche – vom Papst bis hinunter zu ihr selbst – auszupendeln, soll Frau Zierlein allerdings verärgert abgelehnt haben.

Graf Magnis hat bei seinen „Recherchen" offensichtlich zu den spiritistischen und astral-okkulten Wurzeln seiner katholischen Sekte „Die Frau aller Völker" zurückgefunden (S. 146). Die bundesweite Versendung solcher Briefe, in denen Mitbürger als „dämonisch beeinflusst" beschimpft werden, stellt allerdings eine Ehrverletzung dar und erfüllt, wie das **Oberlandesgericht Bamberg** in seinem Urteil vom 25.9.89 feststellt, „objektiv den Tatbestand der Beleidigung". Frau Zierlein erklärt sich vor Gericht bereit, die Ergebnisse nicht weiter zu verbreiten und muss zugleich die Kosten des Rechtsstreits übernehmen.

„Obo - das stärkste wilde Tier"

Graf Magnis ist zwar 1988 wegen seiner „Verdienste" um die katholische Sache mit dem päpstlichen Silvesterorden ausgezeichnet worden. Doch im bischöflichen Ordinariat Würzburg, für das er jahre lang die „Drecksarbeit" der „Sekten"-Hatz erledigt hat, mag es allmählich manchen Herren gedämmert haben, dass der alte Herr sogar nach katholischen Maßstäben gelegentlich etwas skurrile Einfälle hat. Man belässt ihn jedoch weiter im Amt; nur seine öffentlichen Auftritte werden reduziert. Den Ruf des „Ketzerjägers" Magnis nicht eben gefördert hatten die im Jahr zuvor in der Zeitung der Urchristen, *Der Christusstaat* (1/87), veröffentlichten Auszüge aus einem seiner Bücher. „An den Lagerfeuern dreier Kontinente", so der vielsagende Titel des Magnis-Werkes[419], hatte der Grafenspross sich als leidenschaftlicher Großwildjäger betätigt. Vom ersten Rehbock, zu dem er „am liebsten ... alle Mädchen der Welt ... geführt"[420] hätte über patagonische Hasen, deren Kadaver man nach dem Abbalgen am besten auf den Drahtzaun spießt, bis hin zu Gürteltieren, die, wie der Viehhirte erklärt, „noch fetter" werden, wenn man ihnen bei lebendigem Leib die Stummelschwänze abschneidet und sie noch ein Weilchen liegen lässt [421], kann sich der Leser über die besten Abschlachtungsmethoden exotischer Tiere informieren. „Obo, das stärkste wilde Tier" wurde Magnis von den afrikanischen Einheimischen wegen seiner Trefferquote genannt. „Das tägliche Waidwerk war mir zur Quelle der Kraft geworden" [422], schreibt der jagdfiebrige Graf – offenbar so sehr, dass er diese makabre „Quelle der Kraft" später in der Jagd auf Andersgläubige suchte und fand. In der Würzburger Stadtbibliothek fand sich das Buch unter den „Kinder- und Jugendbüchern". Der auf solche Art katholische „Werte" an die Jugend weitergebende Graf fand seinerseits nichts dabei, im Oktober 1986 eine Liste von Büchern aufzustellen, die er aus eben dieser Stadtbibliothek entfernt zu haben wünschte, weil sie angeb-

OBO –
DAS STÄRKSTE WILDE TIER

Die unglaubliche Jagdgeschichte
des Franz Graf von Magnis

Franz Graf von Magnis
(Sektenbeauftragter der Katholischen Kirche)

Die nachfolgenden Texte können wegen ihrer Grausamkeit gegen Tiere
und wegen ihrer Gefühlskälte gegen die Geschöpfe Gottes, die Tiere,
für Kinder und Jugendliche nicht empfohlen werden.
Eltern sollten diese Texte für Kinder und Jugendliche unzugänglich aufbewahren.

„Wer einen Ochsen schlachtet, ist gleich dem, der einen Mann erschlüge."
(Jes. 66/8) Privilegierte Württembergische Bibelanstalt

Es hat den Anschein, daß Magnis
unsch und Realität nicht immer sau-
r voneinander zu trennen vermag.
enn er schreibt: „Schon sehr bald
rte ich auf, aus Sport zu jagen. Ich
rnte, nur dann vom Lebenden zu
hmen, wenn es der Bedarf am Le-
ensnotwendigen forderte.", so war
ieser Gedanke bestenfalls guter Vor-
atz, dessen Verwirklichung ausblieb.
r fährt fort: „Gerade damit schloß
ch ein Kreis. Jagd, Ansitz, Pirsch und
etze wurden zu Höhepunkten des
ebens, nachdem man ihnen die Sen-
ation, den billigen Nervenkitzel, ge-
ommen hatte. Höhepunkte wurden
e vielen Wochen und Monate zusam-
en mit meinen afrikanischen Gefähr-
n. Höhepunkte wurden die Ritte mit
damerikanischen Criollos hinter
m Puma oder dem Fuchs..."

Es muß ein armseliges Leben sein,
s Graf Magnis führte, wenn die Jagd-
ebnisse mit Fuchs und Puma schon
hepunkte dieses Lebens waren. Er
schreibt sie selber folgendermaßen:
25, 26) „Guten Sport bot der kleine
chs Patagoniens, der seinen Ein-
nd in den Löchern der Gürteltiere
in den hohen Büffelgrasinseln
mt... Alle Hunde und ihre Herren
weitem Umkreis finden sich zu sol-
n Gelegenheiten ein. ...Diesmal

Januar 1987:
Die Zeitung „Der Christusstaat" deckt Magnis' Vergangenheit auf.

lich „jugendgefährdend seien“ – so zum Beispiel ein Buch des Jesuiten Graf Spee, der sich im 17. Jahrhundert mutig gegen die Hexenverbrennungen eingesetzt hatte!

Was ein echter Inquisitor ist, der kann's eben nicht lassen. Der Index verbotener Bücher gehörte nun mal (bis in die 60er Jahre des 20. Jahrhunderts!) zu den festen Einrichtungen der katholischen Inquisition.

Erst Anfang 1998 wird Magnis durch den Jesuiten Alfred Singer abgelöst. Dieser schlägt zwar im Vergleich zu Magnis – was in diesem Fall keine große Schwierigkeit darstellt – etwas moderatere Töne an, behauptet aber auch öffentlich, dass den Menschen im Universellen Leben „die persönliche Freiheit genommen wird“.[423] Einmal abgesehen davon, dass Singer für diese ungeheuerliche Verleumdung keinerlei Beweise anführt – das sagt ausgerechnet ein Jesuit, der nach den Regeln des Ignatius von Loyola zu unbedingtem Gehorsam gegenüber dem Papst verpflichtet ist und zu glauben hat, dass etwas schwarz ist, wenn der Papst es sagt, auch wenn es ihm weiß erscheint. Singer lässt mit Vorliebe andere verleumden – er spielt zum Beispiel vor Hauswirtschaftsschülerinnen den vor Verleumdungen nur so strotzenden Film „Das Seelenkartell“ des hessischen Rundfunks ab.[424]

Kapitel 3

Abschnitt 8

EIN „PFARRER“ WÜHLT IN MÜLLTONNEN

(1986-1991)

Während sich Graf Magnis bei seiner Verleumdungs-„Arbeit“ weitgehend auf den Würzburger Raum beschränkte, nützte „Pfarrer“ Friedrich Haack (vgl. S. 95 ff) von Beginn an auch überregionale Medien, schrieb Bücher und drängte Politiker zur Teilnahme an der großen Treibjagd gegen die Urchristen. Im Erfinden von neuen Verleumdungsformeln war er sogar noch „kreativer“ als sein katholisches Pendant.

In seinem 1986 erschienenen Buch „Das Heimholungswerk der Gabriele Wittek“ etwa bezeichnet er die Urchristen als „Offenbarungsbesitzer“, die die Kirchen „rücksichtslos beschimpfen“, die „Hasskanonaden mit Selbstbeweihräucherungstaste“ abfeuern (S. 217). Obwohl er keine urchristlichen Familien oder Kinder kennt, behauptet er frech, der religiöse Kampf in der Familie arte „nahezu zwangsläufig zum Terror“ aus (S. 219). Besonders die Kinder seien gefährdet, hätten keine „normale“ Kindheit. Dass – etwa bei Sorgerechts-Streitigkeiten – das Kind nicht dem Elternteil zugesprochen werden sollte, der „Wittek-gläubig“ sei, könne „von lebensentscheidender Bedeutung sein“, tönt er in einer zweiten, ebenfalls 1986 erschienenen Schrift mit dem Titel „Gabriele Witteks Universelles Leben“ (S. 29). Tatsächlich kommt es in der Folgezeit zu einigen Gerichtsprozessen um das Sorgerecht (s. unten), wobei aber die Gerichte nach eingehender Prüfung der Sachlage nichts erkennen können, was einen Urchristen daran hindern würde, sein Sorgerecht verantwortungsvoll auszuüben. Doch solche unverblümten Aufforderungen zur rechtlichen Diskriminierung einer religiösen Minderheit haben bei Haack Methode. Was er von Toleranz hält, stellt er schon zu Beginn seines ersten Buches klar: Die „alte, gutbürgerliche Nathan-der-Weise-Naivität" und die „Seid-nett-zueinander-Weltmeisterschaften" sollten vorbei sein (S. 8). Dunkle Vermutungen und Andeutungen wechseln ab mit primitivem Spott. Haack warnt vor den Glaubensheilungen des Universellen Lebens, weil Menschen hier „in die Hände Unkundiger und Unzuverlässiger fallen", weil die Gefahr bestehe, dass man sich auf „undurchsichtige Weise berufsartig" betätige, um „auf Kosten dieser Menschen eine bequeme Einnahmequelle zu haben".[425] (Die Glaubensheilungen sind in Wirklichkeit kostenlos.) Er stellt die falsche Behauptung auf, die Urchristen würden gänzlich auf Medikamente verzichten und folgert dann, dies könne „lebensgefährlich werden". Oder er behauptet einfach, es drohe Jugendlichen der „Abbruch der Ausbildung" und „vielleicht noch eine Eheschließung ‚auf Geheiß Jesu durch Prophetie'".[426] Der Prophetin des Universellen Lebens unterstellt Haack „Verwirrung, ja vielleicht Krankhaftigkeit"[427]; der Gott des Universellen Lebens sei ein „Reichskammergerichtspräsident" und ein „kleinbürgerlicher Gott ohne Geheimnisse"[428] – Theologen lieben schließlich die „Geheimnisse Gottes", hinter denen sie ihre eigene Unwissenheit bezüglich der geistigen Wahrheit verbergen und in die sie ihre eigenen Vorstellungen hineindogmatisieren können. Kurzum: Was Haack schreibt, ist eine einzige Abwertung und Verhöhnung des Glaubens anderer, die zwar „locker" oder „lustig" klingen soll, in Wahrheit aber böse Vernichtungsarbeit – und damit tiefstes Mittelalter ist.

Politiker als willige Sprachrohre Haacks

In der von ihm herausgegebenen „Münchner Reihe" lässt Haack mit Vorliebe auch Politiker zu Wort kommen, die er vor seinen Karren gespannt hat. „Die neuen Jugendreligionen" (1986) heißt eine dieser Broschüren, in welcher der Würzburger CSU-Bundestagsabgeordnete und spätere Bundespostminister Wolfgang Bötsch zu Wort kommt. Er lobt Graf Magnis, der das Universelle Leben als „gefährliche Sekte“ entlarvt habe. Hier würden, so Bötsch, die „Grenzen der Religionsfreiheit überschritten“. Die Politiker seien gefordert, „das Gemeinwohl vor Schaden zu bewahren und unserer Stadt den religiösen Frieden zu erhalten“. (So war das zu Inquisitionszeiten auch: Der „religiöse Friede“, der katholische Zwangsfriede, war hergestellt, wenn die „Ketzer“ ausgemerzt waren, eher nicht.) Der CSU-Europaabgeordnete und spätere bayerische Europaminister Reinhold Bocklet ruft in diesem Pamphlet zum „Kampf gegen Jugendsekten auf europäischer Ebene“ auf. Der CSU-MdB Götzer fordert „keine Chance mehr für die Seelenfänger – politische Initiativen gegen Jugendsekten“; das Verhalten dieser Gruppierungen sei „sozialschädigend“. Die CSU-Politiker Udo Schuster und Manfred Ach fungieren als Mitherausgeber.

Im Verlauf der Jahre 1987 und 1988 schlägt Haack in seinen Vorträgen und Artikeln gegen die Urchristen zunehmend politische Töne an: Es gehe um eine „politische Auseinandersetzung“ [429], „Sekten“ seien aber „nicht mehr diskussionsfähig“, das Universelle Leben kaufe „in bestimmten Orten um Würzburg herum jeden Quadratmeter Land auf, um dort den Christusstaat zu errichten.“ [430] Die Ankündigung des Friedensreiches durch das Universelle Leben, so Haack in einem Vortrag am 29.5.87 in Marktheidenfeld, stehe so nicht in der Bibel. Nur der Teufel spreche dort von einem irdischen Reich Jesu. Haack wünscht sich, dass es für so eine „nicht kooperative Gruppe“ (weil sie nicht mit den Kirchen kooperiert) „irgendwo noch so eine Landfläche gäbe, wo man ... seine Sachen machen könne und vom Rest der Welt nicht gehindert ist“. (Eine Anmerkung sei hier gestattet, ohne damit die Vorgänge insgesamt vergleichen zu wollen: Auch die Nationalsozialisten wollten in den 30er Jahren die Juden zunächst nach Madagaskar abschieben ...)

In *Geo* (12/89) behauptet Haack (unter der Überschrift „So macht man Geschäfte mit dem Glauben der Menschen“), die Anhänger des Universellen Lebens hätten „Würzburg und Umgebung wie ein Spinnennetz durchzogen“. Es handle sich um „Opfer“: „Sie sind in gewisser Weise Hilflose und Abhängige, doch gerade darum ist das Geschäft mit dem Jenseits besonders schmutzig und verabscheuungswürdig."

Geschäft mit dem Jenseits? Gerade darin, wie man konfessionelle Rituale zu klingender Münze machen kann, sind die beiden Großkirchen seit Jahrhunderten Experten. Sind sie deshalb so eifersüchtig darauf bedacht, ihre „Pfründe" gegen vermeintliche Konkurrenten zu verteidigen?

Dieser *Geo*-Artikel ist nicht nur deshalb erwähnenswert, weil er ein hervorstechendes Beispiel für Rufmord bietet – erst seitenlang von „Tricks" und „Scharlatanen" aller möglichen Couleur schreiben, dann am Ende eine bestimmte Gruppe, hier eben das Universelle Leben, als „krönenden Abschluss" präsentieren. Der Artikel verrät auch einiges über Haacks innige Kontakte zu bestimmten Medienkonzernen: Denn er selbst darf diesen Artikel als Gast-Autor schreiben. Wörtliche Passagen des Artikels finden sich später in Haacks Buch „Europas neue Religionen" (1991) wieder. Man kann nur ahnen, wie viele Sensationsartikel gegen „Sekten" direkt aus der Feder der Rufmordmordbeauftragten stammen – bis heute.

„Im Mittelalter wären wir ganz anders mit euch umgesprungen"

Das übersteigerte Selbstbewusstsein und das eifernde Sendungsbewusstsein des merkwürdigen „Pfarrers" führen immer wieder zu Situationen, die auch einer gewissen Komik und tragischen Peinlichkeit nicht entbehren. Als die Urchristen am 8. Oktober 1986 einen Schweigemarsch durch Würzburg veranstalten, um gegen ihre Diskriminierung durch Kirche und Staat zu protestieren, taucht plötzlich Haack auf, springt in seinem Ledermantel wie ein Rumpelstilzchen vor und neben dem Zug hin und her, fuchtelt mit seiner Kamera, fotografiert die friedlich demonstrierenden Urchristen aus allen möglichen Blickwinkeln. Er beschimpft einzelne Urchristen, die

Links: 8. Okt. 1986: Schweigemarsch der Urchristen durch Würzburg. Oben: Pfarrer Haack wird von der Polizei verwarnt. Unten: Schlußkundgebung am Residenzplatz

zum (behördlich vorgeschriebenen) Ordnungsdienst eingesetzt sind, als „Rüpelzwerge", „Geheimpolizei", „Gedankenpolizei", den gesamten Demonstrationszug als „Naziherde", „lauter Verrückte, bis in die Zehennägel". Es erbost ihn sichtlich, dass Menschen des 20. Jahrhunderts von ihrem Recht auf freie Meinungsäußerung Gebrauch machen. „Ich mach' euch fertig", giftet der Pfarrer, und: „Im Mittelalter wären wir ganz anders mit euch umgesprungen." (Tatsächlich: Im Jahr 1446 wurden 127 Anhänger der Hussiten dazu verurteilt, in einer „Bußprozession" durch Würzburg zu ziehen, ehe sie in einer feierlichen Zeremonie ihrem Glauben abschwören mussten.*) Einen Christusfreund, der ihn mit ruhigen Worten in die Schranken zu weisen versucht, schreit Haack an: „Du gehst am Rande einer Ohrfeige spazieren! Ich werfe dich gleich in den Brunnen da!" Bei der Schlusskundgebung vor der Würzburger Residenz versucht er, mit seiner Kamera in einen Kreis einzudringen, den die friedlichen Demonstranten gebildet haben. Als er daran gehindert wird, wendet er sich an einen Polizisten: „Bitte helfen Sie mir, die wollen mir etwas antun." Doch die Staatsmacht pariert dieses Mal nicht in seinem Sinne – die Polizei ist mit dem friedlichen und disziplinierten Verlauf der Veranstaltung zufrieden. Ein Polizist weist den Störenfried zurecht: „Ist ja auch kein Wunder. Lassen Sie doch zuerst diese Leute in Ruhe – oder kommen Sie mit! Wenn Sie sich weiterhin so undiszipliniert benehmen und die Gruppe stören, die hier friedlich versammelt ist, müssen wir Sie mitnehmen." Daraufhin lässt der lutherische Irrwisch noch einmal seine Wut an den Umstehenden aus: „Das werden Sie noch bereuen! Damit tun Sie Ihrem Verein keinen Gefallen! Wartet nur, jetzt habe ich genügend Stoff für weitere Publikationen. Ihr habt bald nichts mehr zu lachen."

---

* „An sanct Marcus tag (IV 25) gingen vor dem kreutz in der procession 127 persohn von mannen undt frawen, die in unglauben gefallen waren, undt gingen die mann bis uf die gurtel nackhendt, undt jeglich person truge ein ruten in der handt, undt darnach newet man jeglichem ein creutz uf sein kleider." Ulrich Wagner (Hg.), Geschichte der Stadt Würzburg, Band 1, Stuttgart 2001, S. 304

Offenbar war sein gesammeltes Material doch nicht so ergiebig. Denn nach „Stoff für weitere Publikationen“ stöbert der umtriebige Pfarrer wenig später doch wahrhaftig in den Mülltonnen der von Urchristen geführten Handwerksfirma „Wir sind für Sie da“ in Würzburg. Er wird daraufhin gebeten, dies zu unterlassen.

Als Haack 1991 stirbt, würdigt der Würzburger Bischof Scheele seine „Verdienste“. Für die Katholiken des Bistums sei sein Tod ein „schmerzlicher Verlust“. In „seltener Klarheit habe er die heraufkommenden extremen Weltanschauungen als Herausforderung für alle Kirchen des apostolischen Glaubensbekenntnisses erkannt“, gibt das katholische *Volksblatt* (15.3.91) die bischöfliche Laudatio wieder. Und im *Evangelischen Sonntagsblatt* (31.3.91) wird der berufsmäßige Ehrabschneider ebenfalls breit gewürdigt: „Zahllose jugendliche sowie erwachsene Frauen und Männer verdanken der fundierten Aufklärungsarbeit Pfarrer Haacks, dass sie nicht Gruppierungen zum Opfer gefallen sind, die ihre religiösen Sehnsüchte eigennützig und zum Schaden der Person ausnutzen.“

Der lutherische Landesbischof von Bayern Johannes Hanselmann hatte schon lange vorher durch seinen Oberkirchenrat Sperl einem protestantischen Kritiker des Rufmordbeauftragten mitteilen lassen, der Landeskirchenrat sei Haack „sehr dankbar für seinen Dienst“. Und durch Kirchenrat Busch ließ Hanselmann später auch den Nachfolger Haacks und dessen „engagierten Dienst“ würdigen – denn Pfarrer Behnk sollte sich in der Tat alle Mühe geben, das Verleumdungsniveau seines Vorgängers zu erreichen und sogar noch zu übertreffen – siehe S. 310 ff.

Kapitel 3

Abschnitt 9

„WIR WERDEN SIE BEKÄMPFEN, DAS IST UNSERE PFLICHT“

Eine Natur-Klinik unter Beschuss
(1986-1997)

Während sich in Hettstadt (S. 236 ff.) die Gemüter erhitzten, wurden die Urchristen in aller Stille an anderer Stelle fündig. Sie erwarben im Herbst 1986 im Marktheidenfelder Ortsteil Michelrieth (Landkreis Main-Spessart) das „Sanatorium Südspessart“ und richteten dort die HG Naturklinik ein, ein „Haus der Gesundheit“, wie über dem Eingang zu lesen ist. Durch zwei Anbauten wurde die Kapazität der Klinik wenige Jahre später auf ca. 50 Betten erweitert. Die neuen Klinikbetreiber übernahmen die Arbeitskräfte des vorherigen Sanatoriums, soweit diese es wollten, und vergaben alle Aufträge für Umbaumaßnahmen an einheimische Handwerkerfirmen. Die

Die HG-Naturklinik vor ...

... und nach
den Anbaumaßnahmen.

Klinik ist mittlerweile von den gesetzlichen Krankenkassen als Rehabilitationsklinik und von Privat-Krankenkassen als Akutkrankenhaus anerkannt. Schwerpunktmäßig behandelt man dort Allergien und Schmerzzustände aller Art, Herz-, Kreislauf- und Gefäßerkrankungen sowie Erschöpfungszustände, Tumorerkrankungen und weitere akute und chronische Krankheiten. Dabei stützt man sich sowohl auf die Schulmedizin als auch auf verschiedene Naturheilverfahren. Es werden auch Gespräche zur Lebensberatung angeboten. Ein wichtiges Ziel der Therapien ist es, die Selbstheilungskräfte des Körpers zu aktivieren.

Doch: Urchristen können tun, was sie wollen – in den Augen der Kirche ist es immer „falsch". Als im *Main-Echo* vom 27.9.86 die Meldung über den (bereits erfolgten) Verkauf des Sanatoriums an urchristliche Ärzte zu lesen stand, rief noch am selben Tag der evangelische Ortspfarrer Bayer von Michelrieth[431] beim Verkäufer, einem angesehenen Arzt, an, und machte ihm Vorhaltungen. Am darauffolgenden Tag erklärt Bayer in seiner Predigt von der Kanzel herab, er mache sich „große Sorge, weil sich das Heimholungswerk hier eingekauft" habe.

Man stelle sich das vor: Noch ehe sich die Bewohner des kleinen Spessartdorfes ein eigenes Urteil bilden können, werden sie schon von der kirchlichen Obrigkeit von der Kanzel herab gegen die Neubürger aufgehetzt. Das Klima wird von dem Herrn im Talar höchstpersönlich vom ersten Moment an vergiftet.

Doch die Urchristen bleiben nicht untätig. Gleich nach dem Gottesdienst laden sie den Pfarrer und die Dorfbewohner für den Nachmittag zu einem Informationsgespräch ein. Auch der katholische Priester von Marktheidenfeld wird vor der Sonntagsmesse eingeladen. Doch der sagt gleich: „Wir werden Sie bekämpfen; das ist unsere Pflicht." Denn die katholische Kirche sei die einzig rechtmäßige Nachfolgerin Christi. (Weshalb verfolgt der Priester dann eigentlich nicht auch die lutherische Kirche?)

Die Pfarrer folgen der Einladung nicht, aber einige Bürger, die auf die neue Situation nicht sofort mit Vorurteilen reagieren. Damit auch der letzte begreift, was er zu denken hat, liegt wenige Tage später den im Dorf ausgetragenen Tageszeitungen das „Klärende Wort" (S. 244 ff.) der Würzburger Dekane bei. Der Clou dabei: Die Werbeabteilungen der Zeitungen wissen davon nichts! Wie kam also diese Verleumdungsbeilage in die Tageszeitung? Offenbar ließen die Pfarrer ihre Beziehungen zu den Austrägerinnen spielen ...

Doch das sind nicht die einzigen Beziehungen, über die man als schwarzgekleideter Hochwürden verfügt. Drei Herren aus dem Landratsamt tauchen urplötzlich in der Klinik auf und wollen den Umbau des Gebäudes stoppen – obwohl, wie sich bald herausstellte, alle Unterlagen und Genehmigungen vorliegen. Eine Nachfrage ergibt, dass die Kirche entsprechenden Druck ausgeübt hatte ...

Groß-Aufgebot an Ehrabschneidern

Doch äußerlich war das Projekt den Urchristen diesmal nicht mehr zu nehmen. Dann vergiften wir wenigstens das Ortsklima weiter, mögen die Kirchenoberen sich da gedacht haben – und zwar nicht nur in Michelrieth, sondern in der gesamten Gemeinde Marktheidenfeld. Ende Mai 1987 wurden Pfarrer Haack aus München und Graf Magnis aus Würzburg in das katholische Pfarrheim St. Laurentius in Marktheidenfeld eingeladen. Im Gefolge brachten sie noch zwei weitere Rufmordbeauftragte mit: Pfarrer Haberer aus Nürnberg und Pfarrer Gandow aus Berlin. Eingelassen wurden nur Besucher mit schriftlicher Einladung – denn an einer Diskussion mit Urchristen war man nicht nur nicht interessiert, man wollte sie von vorne herein ausschließen! Dennoch gelang es drei Urchristen, in den Saal zu gelangen und wenigstens einige Verleumdungen richtigzustellen. Was Graf Magnis über die Ernährungslehre der Urchristen oder Friedrich Haack über die Verfrachtung der Urchristen „irgendwohin" in den Raum stellten, wurde bereits berichtet.[432] Festgehalten werden soll noch, dass der Marktheidenfelder Oberbürgermeister Dr. Leonhard Scherg beschimpft wurde, weil er, im Gegensatz zu Hettstadts Oberhaupt Waldemar Zorn, nicht erschienen war. (Bei einer Inquisitionsveranstaltung haben die Honoratioren, wie im Mittelalter, natürlich Gewehr bei Fuß zu stehen!) Die *Main-Post* berichtet darüber (1.6.87) mit unüberhörbarer Sympathie für die dort geäußerten Ausfälligkeiten („die größte Sauerei") und bemängelt, dass „viel zu oft" Fragen direkt an die Vertreter der Urchristen gerichtet worden seien. Auch manche Journalisten müssen sich erst daran gewöhnen, dass, im Gegensatz zu ähnlichen Anlässen in vergangenen Zeiten, „Ketzer" heute keinen Knebel mehr tragen müssen ...

Die Urchristen berichteten in ihrer Zeitschrift *Der Christusstaat* (6/87) über die Veranstaltung, insbesondere über die schwierigen Umstände des Hinein-Gelangens: „Unvermittelt sahen sich drei Christusfreunde umzingelt, und der ... Eintritt wurde ihnen verwehrt. Fast eine Viertelstunde wurden die drei Vertreter des Universellen Lebens in einer Ecke des Raumes von einer Anzahl muskulöser Saalordner bewacht, bis man ihnen, da sie sich nicht abweisen ließen und gelassen bleiben, den Zutritt zur Veranstaltung doch noch erlaubte."

Eine „Bürgerinitiative" mit eigennützigen Zielen

Ausgerechnet an dieser Passage des Artikels nahmen drei Mitglieder einer „Bürgerinitiative Michelrieth" Anstoß und forderten eine „Gegendarstellung", wonach der Eintritt nicht frei war und man auch niemanden „umzingelt" habe. Diese Bagatelle – die natürlich keine Gegendarstellung rechtfertigen kann – wird deshalb erwähnt, weil die „Bürgerinitiative" diese abgelehnte „Gegendarstellung" per Rundbrief an Dutzende von Adressen von Christusfreunden im ganzen Bundesgebiet versandte – ganz ähnlich, wie dies wenig später „Frau Zierlein" tun sollte (S. 282 ff). Auf Anfrage gab ein Mitglied der offenbar nur aus drei Personen bestehenden „Bürgerinitiative" zu, dass die Adressen tatsächlich aus der Kartei von Graf Magnis stammten und die Briefe von diesem versandt wurden. Damit war auch klar, wer hinter dieser „Initiative" steckte.

Interview mit Thomas Müller, Vorsitzender einer neuen Initiative in Unterfranken, die „destruktive Kulturen" beobachten will

„Unsere Gruppe ist keine Bürgerwehr gegen Sekten"

Der Verein will Mißstände und Verstöße gegen das Recht aufdecken – Die Arbeit der Seelsorger vor Ort ließe sich noch verbessern

WÜRZBURG – Den zunehmenden Aktivitäten von Sekten in der Region Main-Spessart will sich jetzt eine Bürgerinitiative widmen. Unabhängig von Staat und Kirchen untersucht „Bürger beobachten Sekten" (bbs) Lehren, Anspruch, Strukturen und Wirtschaftsaktivitäten „destruktiver Kulturen". Dem Verein geht es in erster Linie um das „Universelle Leben", das vor allem in Unterfranken aktiv ist. Wir sprachen mit dem bbs-Vorsitzenden Thomas Müller.

Bürger beobachten Sekten – das klingt wie eine Bürgerwehr gegen Andersdenkende. Sind Sie künftig die Schwarzen Sheriffs auf weltanschaulichem Gebiet?

Müller: bbs heißt „Bürger beobachten Sekten" und eben nicht „Bürger bekämpfen Sekten". Uns geht es nicht um Konfrontation mit Sekten. Vielmehr wollen wir aus kritischer Distanz und im Rahmen unserer Möglichkeiten Sekten bei ihren meist verdeckten Aktivitäten beobachten, um dann aufzuklären und transparent zu machen, was sich unter den „religiösen Tarnkappen" wirklich abspielt. Wir haben keine „Feindbilder" und wollen uns nicht in die „Bürgerwehr-Ecke" stellen lassen.

Worum geht es dann?

Müller: Wir wollen in demokratischem Verständnis Glauben und Weltanschauung Andersdenkender tolerieren und respektieren. Der Verein wird allerdings dort, wo freie Entfaltung oder die Würde des Menschen angetastet werden, wie beispielsweise bei der Kindererziehung und -ausbildung in Sekten, tätig werden und Mißstände aufzeigen.

Thomas Müller Foto: privat

Sie wollen auf die massive Ansiedlung von Sektenangehörigen reagieren. In welcher Form kann das geschehen? Reichen da nicht Baurecht und Planungshoheit der Kommunen?

Müller: Wo clevere Architekten in Zusammenarbeit mit findigen Juristen die Nischen und Interpretationsmöglichkeiten der Gesetze für sich und ihre Organisationen ausnutzen, beginnt die Ohnmacht der Behörden. Zwei Beispiele: Wie will eine Gemeinde den großflächigen Aufkauf von Bauerwartungsland durch Privatpersonen verhindern? Oder warum sollte ein Stadtrat einem verkaufswilligen, seriösen Klinikbetreiber den großangelegten Umbau seines Objektes verwehren, wenn er dadurch eine bessere Verkaufschance hat? Hinterher stellt sich heraus, daß erstere Strohmänner einer Sekte waren und der zweite als Geschäftsführer einer eigens gegründeten GmbH mit Sekten-Sympathisanten fungierte, der mit seinem „guten Namen" Arglosigkeit bei Nachbarschaft und Stadtrat erweckte! Der Acht-Stunden-Tag eines Sachbearbeiters im Bauamt läßt hier nur eine unzureichende Kontrolle und Übersicht zu.

Inwiefern haben staatliche und kirchliche Einrichtungen beim Thema Sekten versagt? Warum braucht es neben der Justiz, den Sektenbeauftragten der Kirchen eine weitere Organisation, die sich mit Glaubensgemeinschaften beschäftigt?

Müller: Eine Differenzierung muß nach Ansicht von bbs bereits bei dem Ausdruck „Glaubensgemeinschaften" beginnen. Zu rasch ist man versucht, dabei an „einige frömmelnde Betbrüder oder -schwestern" zu denken. Oft handelt es sich aber um straff organisierte Wirtschaftskonzerne, die unter dem „Schutzschirm" der im Grundgesetz garantierten Religionsfreiheit durch die Ausnutzung ihrer Klientel prächtig gedeihen konnten. Letzteren gilt die Aufmerksamkeit von bbs.

Haben Sie noch weitergehende Forderungen?

Müller: Zur Kontrolle fordern wir einen Bundessektenbeauftragten und die Diskussion über eine Ergänzung des Grundgesetzes. Die Amtskirchen und besonders ihre Sektenbeauftragten leisten ohne Zweifel einen wichtigen Beitrag in der Auseinandersetzung mit den selbsternannten „Mitanbietern" auf dem Weltanschauungsmarkt. Sicher läßt sich aber in der Arbeit und der Präsenz der Seelsorger vor Ort noch vieles verbessern. Über die Justiz ist den Organisationen nicht oder nur schwer beizukommen. Wir halten unser Recht für ausreichend. Wichtig ist aber, Verstöße dagegen überhaupt aufzudecken. Interview: M. KASPEROWITSCH

Nürnberger Nachrichten, 30.12.94

Zum „Sprecher" der Bürgerinitiative machte sich ein gewisser Thomas Müller, Jahrgang 1957, Sohn einer lutherischen Mesnerin, der als Kind in der Kirche gerne vertretungsweise den Klingelbeutel umhertrug und später selbst Mesner wurde; ein „verwöhnter Junge", so wird berichtet, der jedoch das Gymnasium nicht schaffte und sich später mehr schlecht als recht als Verkäufer von Küchen durchschlug. Mehr „Erfolg" hatte er auf anderem Gebiet: Er spannte seinem eigenen Vetter die Frau aus. Dieser Vetter musste seiner Frau bei der Scheidung ca. 100 000 Mark ausbezahlen. Um dies zu können, verkaufte er sein Haus in Michelrieth an Urchristen.

Obwohl Thomas Müller auf diese Weise indirekt selbst zu den ersten gehörte, die „an den Urchristen etwas verdienten", wie die Leute im Ort sich ausdrücken, machte er Stimmung gegen alle, die Häuser oder Grundstücke an Urchristen verkauft hatten. Welche Rolle der materielle Aspekt bei dieser „Bürgerinitiative" spielte, zeigt sich auch bei einem anderen Mitglied, einer Frau, die zunächst alle baulichen Veränderungen auf einem von Urchristen erworbenen Nachbargrundstück blockierte, dann aber quasi über Nacht bereit war, ihr eigenes Haus zu verkaufen, als man ihr genügend Geld dafür bot. Als das dritte Mitglied bei einem Verkehrsunfall starb, stand Müller alleine da. Da er im Dorf nicht sonderlich beliebt war, zog er in ein Nachbardorf und setzte von dort aus mit Leserbriefen und öffentlichen Auftritten bei jeder sich bietenden Gelegenheit (mit Vorliebe CSU-Wahlversammlungen, vgl. S. 360) seine Hetztiraden gegen die Urchristen fort.

Die biografischen Daten Thomas Müllers wurden hier ein wenig beleuchtet, um an diesem Beispiel zu zeigen: Der ethische Aspekt spielt für Rufmordbeauftragte bei der Auswahl ihrer Handlanger nicht nur überhaupt keine Rolle – sie greifen sogar mit Vorliebe, sicher nicht anders als im Mittelalter, auf geltungssüchtige, mit Minderwertigkeitskomplexen behaftete und moralisch eher zwielichtige Personen zurück. Ein „normaler" Zeitgenosse würde kaum ein Interesse daran haben, gegen friedliche Nachbarn vorzugehen und sich mit Verleumdungen gegen Andersgläubige in der Öffentlichkeit aufzuwerten. Wer wäre Müller, wer wäre Jungen aus Hettstadt, wer wären diverse „Aussteiger" und „Ehemalige" ohne die „Ketzer", auf denen sich so wohlfeil herumhacken lässt? Dennoch nützen selbst die Medien Leute vom Schlage eines Müller oder Jungen gerne, um Stimmung gegen eine religiöse Minderheit zu machen. Dadurch ist den Gehilfen der berufsmäßigen Anschwärzer eine gewisse Aufwertung gewiss – ähnlich wie im Mittelalter den Handlangern, die das Holz für den Scheiterhaufen herbeitrugen, beim Autodafé einen guten Platz bekamen – und einen gewissen Ablass ihrer Sündenstrafen dazu.

Unterschriften gegen die Verfassung

Wie wenig Müller mit Demokratie, Grundrechten und Verfassung am Hut hat, stellte er Ende 1992 unter Beweis. Er stellte einen „Forderungskatalog" an den Stadtrat von Marktheidenfeld auf und sammelte dafür 69 Unterschriften aus dem Dorf – wovon aber etwa ein Dutzend Bewohner wenig später ihre Unterschrift wieder zurückzogen, weil sie sich von Müller „getäuscht" fühlten. Müller forderte: „Kein neues Baugebiet in Michelrieth – ... Keine weiteren Grundstücksgeschäfte auf kommunaler Basis mit dem Universellen Leben – ... keinen ‚universellen' Ortssprecher oder Stadtrat".[433] Zu diesem Zeitpunkt (und auch danach bis heute) war überhaupt kein Urchrist als Kandidat für das Amt des Stadtteilsprechers oder eines Stadtrats benannt worden. Bürgermeister Dr. Scherg musste bei der nächsten Stadtratssitzung Müller bescheinigen, „alle darin erhobenen Forderungen widersprächen der Verfassung des Freistaats Bayern und dem Grundgesetz der Bundesrepublik Deutschland" [434] – denn eine Gemeinde *darf* bei einem Grundstücksverkauf niemand nach seinem Glauben fragen, darf auch niemanden wegen seines Glaubens von einer demokratischen Wahl ausschließen. Entscheiden könne die Gemeinde nur über das neue Baugebiet. Hier machte der amtierende Ortssprecher aber deutlich, dass für das neue Baugebiet bereits einige Anfragen von jungen Leuten aus dem Dorf vorlägen, denen man fairerweise das Bauen nicht verbieten könne, nachdem einige der Unterzeichner der „Forderungen" ihre Häuser vorher bereits auf billigem Gemeindegrund errichtet hätten ...

Ein Beispiel dafür, wie ein fanatisierter Hetzer eine halbe Dorfgemeinschaft so durcheinanderbringen kann, dass sie Mühe hat, noch klar zu denken. Müller legte zur „Untermauerung" seiner offensichtlich verfassungswidrigen Ziele noch einen Lageplan vor, auf dem sämtliche Häuser von Urchristen markiert waren. „Schwarze Listen" gehörten schon immer zum Handwerkszeug von Verleumdern und Inquisitoren.

In einem Flugblatt erinnerten die Urchristen daran, dass 60 Jahre zuvor an deutschen Ortseingängen Tafeln aufgestellt wurden mit der Aufschrift: „In folgenden Häusern leben Juden". Und dass in den 20er Jahren nazistische Gruppen dazu aufriefen, Juden den Erwerb von Grundstücken zu verbieten, ihnen die bürgerlichen Rechte abzuerkennen – was dann später in den „Nürnberger Gesetzen" auch tatsächlich geschah. Sie verteilten die-

Damals wie heute Kennzeichnung von Minderheiten

ses Flugblatt auf einer Demonstration gegen Ausländerfeindlichkeit in Marktheidenfeld.

Nicht einmal ein toter Urchrist ist ein guter Urchrist

Es ist leicht, gegen Diskriminierung und Rassismus an weit entfernt liegenden Orten zu demonstrieren. Doch was geschieht vor der Haustüre? Noch 1986, unmittelbar nachdem der Erwerb der Klinik durch Urchristen bekannt geworden war, änderten z.B. Pfarrer Bayer und sein Kirchenvorstand die Friedhofssatzung des von der evangelischen Kirche betriebenen Michelriether Friedhofs, wonach dort ab sofort „nur evangelische und katholische Begräbnisse zulässig" sein sollten. Als erste bekam dies im August 1988 die Familie der 46-jährig an Krebs verstorbenen Michelriether Bürgerin Irmtraud M., einer ehemaligen Protestantin, zu spüren: Mit der Beerdigung ihrer sterblichen Hülle musste man ins benachbarte Altfeld ausweichen, wo sich der nächstgelegene kommunale Friedhof befindet. Für den konfessionellen Gottesacker in Michelrieth galten ab sofort wieder die mittelalterlichen Ketzergesetze (S. 48), wonach „Überreste von Häretikern" dort nichts zu suchen haben!

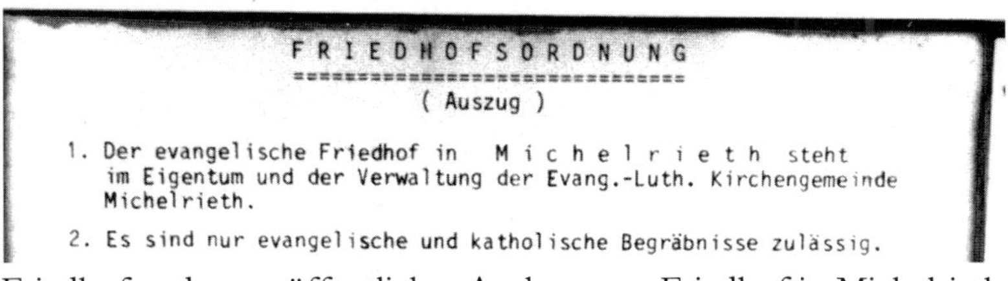

FRIEDHOFSORDNUNG
================================
(Auszug)

1. Der evangelische Friedhof in M i c h e l r i e t h steht im Eigentum und der Verwaltung der Evang.-Luth. Kirchengemeinde Michelrieth.
2. Es sind nur evangelische und katholische Begräbnisse zulässig.

Friedhofsordnung: öffentlicher Aushang am Friedhof in Michelrieth

Auch die Ende 1991 68-jährig verstorbene Urchristin Aloisia S. durfte nicht in Michelrieth beerdigt werden. In einer Pressemeldung machten die Urchristen darauf aufmerksam, dass logischerweise auch Jesus von Nazareth keine Chance hätte, in Michelrieth beerdigt zu werden – denn er war schließlich weder evangelisch noch katholisch.

Und das wäre auch, nebenbei bemerkt, nur konsequent. Dostojewskij lässt in seiner Erzählung vom „Großinquisitor“ diesen zu Christus sagen: „Vielleicht willst Du es aus meinem Munde hören, so vernimm es denn: Wir sind nicht mit Dir, sondern mit *ihm* [mit dem Gegenspieler Gottes], das ist unser Geheimnis.“ Und am Ende weist er den zurückgekehrten Messias aus der Stadt: „Gehe hinaus und kehre nicht wieder.“

Weil der junge Nachfolger von Pfarrer Bayer in den Augen einiger der lutherischen Kirchenoberen offenbar zu schwach gegen die „Ketzer“ vorging, sorgte der benachbarte Lohrer Dekan Wehrwein, ein fanatischer Ketzerjäger, dafür, dass das 400-Seelen-Dorf Michelrieth zeitweilig einen zweiten Pfarrer erhielt: Michael Fragner, der sich vor allem um die Auseinandersetzung mit der ungeliebten „Sekte“ kümmern sollte. Und so beklagte sich der neue Inquisitor gleich in einer Reihe von Fernsehauftritten in theatralischer Weise darüber, dass das Dorf von der „Sekte“ fast vollkommen aufgekauft worden sei. (Urchristen stellen dort in Wahrheit höchstens ein Viertel bis ein Drittel der Bewohner). Fragner richtete auch eine Internetseite ein, für die er – statt den Namen der Kirchengemeinde zu verwenden – den Namen des Dorfes missbrauchte und auf die er alle möglichen Verleumdungen gegen die Urchristen platzierte.

Jungen führt ein Kamerteam durch Michelrieth. Für den neuesten Klatsch gibt er den Anwohnern schon mal 5 Mark Trinkgeld.

Angeschleppt von Fragner, Müller oder Jungen, stürzten sich kirchenhörige Journalisten nur zu gern auf das kleine Dorf und stellten ihre Kameras mit Vorliebe direkt vor dem Klinikeingang auf, so dass weder Angestellte noch Patienten ungefilmt ein- und ausgehen konnten.

Hetze mit anonymen Flugblättern

Eine kleine Clique von Fanatikern versuchte weiter, Unruhe auch in die Dörfer der Umgebung zu tragen – etwa 1992 mit anonymen Hetz-Flugblättern, in denen nicht nur die Urchristen als „Sektenbande" beschimpft wurden, sondern auch der Würzburger Rechtsanwalt Dr. Manfred Mohr angegriffen wurde. Mohr hatte es gewagt, die Urchristen in mehreren Prozessen zu vertreten. Er konnte unter anderem die Schule der Urchristen im benachbarten Esselbach durchsetzen (S. 347 ff.). Nun wird er als „Wittek-Anhänger" bezeichnet, obwohl er als gläubiger Protestant und Kirchenvorstand mit dem Glauben der Urchristen nichts zu tun hat. Da Dr. Mohr auch als SPD-Politiker aktiv ist, wurden die SPD-Anhänger zur Wahlenthaltung aufgefordert, solange Mohr die Urchristen vertritt.[435]

Auch jüdische Anwälte sowie Anwälte, die Juden vertraten, waren in der Weimarer Zeit immer wieder Zielscheibe von gehässigen Angriffen. Ein Urchrist fand durch einen Anruf heraus, wer vermutlich hinter diesen Flugblättern steckte: Er gab sich als Gegner der Urchristen aus und rief den Hettstädter Bürgermeister Zorn an mit der Anregung, doch noch einmal so ein Flugblatt zu verteilen. Zorn gab nach Schilderung des Anrufers zur Antwort, das Flugblatt gegen den SPD-Politiker sei ihm bekannt, und er rufe den Herrn Müller sowieso an. Auf die Frage, ob er, der Anrufer, die anderen „Aktiven" in Michelrieth verständigen solle, meinte Zorn, dies sei vorläufig nicht nötig. Als Dr. Mohr daraufhin Thomas Müller wegen Unterlassung der in den Flugblättern enthaltenen Beleidigungen verklagte, befand das Landgericht Würzburg diese indirekten Hinweise allerdings nicht für ausreichend, Müller das unmittelbare Verfassen der Flugblätter eindeutig nachzuweisen. Zorn stritt vor Gericht eine direkte Zusammenarbeit mit Müller ab.

„Einer der fleißigsten Verleumder" des Universellen Lebens: Gerhard Lenz

Auch wenn ein direkter Nachweis der Verfassertätigkeit Müllers nach Ansicht des Gerichtes nicht vorlag – letztlich stand Aussage gegen Aussage –, so hätte dieses Verfahren eine kritische Öffentlichkeit an sich hellhörig machen müssen: Weshalb distanzierten sich Müller und Zorn nicht eindeutig von diesen Flugblättern? Entspricht nicht der ganze Duktus ihrer sonstigen Hetzreden gegen die Urchristen dem Ungeist solcher Pamphlete? Muss man nicht den Anfängen wehren, wenn ein Rechtsanwalt nur deshalb hinterrücks angegriffen wird, weil er eine Minderheit verteidigt?

Solche Fragen stellte die Presse nicht. Im Gegenteil: En Journalist des Evangelischen Pressedienstes, Gerhard Lenz, sorgte in dieser für die kirchlichen Verleumdungs-Handlanger schwierigen Situation dafür, dass der Fall in der Öffentlichkeit geradezu auf den Kopf gestellt wurde. „'Urchrist' tätigt unter falschem Namen fingierte Anrufe" [436] – so lautete nun die Überschrift der epd- Meldung, oder „Anhänger des ‚Universellen Lebens' gibt vor Gericht fingierte Anrufe zu" [437] – der Anrufer musste sie gar nicht „zugeben", er wurde ja eigens als Zeuge benannt, weil er mit diesen Anrufen die Sachlage zu erhellen versucht hatte. Der Zeuge wurde dadurch zum Täter degradiert, der als Täter angeklagte Müller wie sein Vertrauter Zorn jedoch zum Opfer hochstilisiert. Man vergleiche die Überschrift des ebenfalls kirchlich ausgerichteten *Main-Echo*, das die epd-Meldung jedoch *nicht* übernommen hatte: „Wer schrieb die anonymen Flugschriften? Rechtsanwalt: Verleumdungskampagne" (18.3.93). Lenz, der im Gerichtssaal selber mit Zwischenrufen für Müller Partei ergriffen hatte, bezeichnete wenig später in einem weiteren Artikel den evangelischen Kirchenvorstand Dr. Mohr als „Sektenanwalt", der eine „Niederlage" erlitten habe. Als im *Christusstaat* (8/93) Lenz als einer der „fleißigsten Verleumder" der Urchristen bezeichnet wurde, erstattete er Strafanzeige. Nachdem die Urchristen der Staatsanwaltschaft umfangreiches Material zukommen ließen über die Art und Weise, wie Lenz jahrelang Meldungen manipuliert und in polemischer Weise gegen die Urchristen lanciert hatte, wurden die Ermittlungen eingestellt.

Am Beispiel des epd-Journalisten Lenz lässt sich aufzeigen, wie die Kirche ihre Medien- und Finanzmacht skrupellos gegen Andersdenkende einsetzt – denn die epd-Meldungen werden jedes Mal von zahlreichen Zeitungen ungeprüft und unverändert abgedruckt. Lenz hatte beispielsweise bei der Eröffnung der Naturklinik[438] behauptet, „das Heimholungswerk" habe die Klinik eröffnet. Er verschweigt, dass Pfarrer Bayer von der Kanzel gegen die Klinik gepredigt hatte, berichtet aber, dass Urchristen vor der Kirchentür zu einem Informationsnachmittag einluden – als ob sie missionieren wollten. Er verbreitet sich über „gereizte Stellungnahmen" der Urchristen gegen „kritische Anfragen" (also Verleumdungen), verschweigt aber die massive Einflussnahme der Kirche gegen die Umbaumaßnahmen. Den Schweigemarsch der Urchristen (S. 290) kommentiert er mit der Überschrift: „Demonstration gegen Kirche"[439] – als ob die Urchristen gegen die Gläubigen der Großkirchen demonstriert hätten und nicht gegen ihre Diskriminierung und Verleumdung durch die Kirchenhierarchie. Über diesen Hintergrund verliert er kein Wort. Statt dessen schreibt er bei jeder sich bietenden Gelegenheit von der „von den Kirchen als Sekte eingestuften Religionsgemeinschaft" oder von der „selbsternannten Prophetin". Da hätte Gott lange warten können, wenn Er bei der Berufung Seiner Wortträger, vom Alten Bund bis heute, erst um die Genehmigung der Priesterkaste nachgesucht hätte ...

Auswirkungen der Verhetzung

Allein die Analyse der Lenzschen Verleumdungsarbeit könnte mühelos ein eigenes Kapitel füllen, doch die wenigen Beispiele mögen

Main-Echo, 27.1.93

GESCHÄNDET wurde in der Nacht von Montag auf Dienstag ein etwa zwei Meter hohes Sandsteinkreuz, das von Mitgliedern Glaubensgemeinschaft Universelles Leben auf einem Privatgrundstück in Esselbacher Gemarkung aufgestellt war, einige hun Meter hinter dem Sportplatz. Die Tat wurde von Mitgliedern der Glaubensgemeinschaft am frühen Dienstag morgen entdeckt unc der Polizei zur Anzeige gebracht, die am Morgen am Tatort Spuren sicherte.

genügen. *Ein* Ziel hatten die fanatisierten Bekämpfer der Urchristen, im Verbund mit den kirchlichen Rufschädigern, auch im Raum Michelrieth längst erreicht: die Aufhetzung zumindest eines Teils der Bevölkerung. Dies lässt sich an einzelnen Reaktionen deutlich ablesen. In den Jahren 1987 bis 1989 wurde etwa die Naturklinik mehrfach Zielscheibe von Telefonterror. Die Anrufe erfolgen meist nachts; teilweise kennt der Anrufer die Durchwahlnummern und gelangt in Patientenzimmer. „Man sollte euch alle umbringen", sagt er, „ihr solltet alle verschwinden", „man sollte euch alle vergasen" usw. Kinder im Nachbardorf Marienbrunn erhalten von ihren Eltern ein Verbot, mit Kindern von Urchristen zu spielen. Kinder von Urchristen werden auf dem Schulweg als „Sektenschweine" beschimpft, zu Boden gestoßen und getreten. Anfang 1993 wird ein Steinkreuz aus Bundsandstein, das Urchristen in Kredenbach auf dem Gelände eines urchristlichen Bauernhofes aufgestellt hatten, mit einer Axt umgehauen; ein an gleicher Stelle zur Mahnung aufgestelltes Holzkreuz wird ebenfalls beschädigt.[440] In der Nacht zum 5.9.1994 werden auf den Feldern desselben Hofes 60 Ballen Stroh an-

MAIN-POST, 6.9.94

60 Ballen Stroh brannten lichterloh am Sonntag gegen 21 Uhr in Steinmark. *Foto R. Geis*

Feuerwehr löschte

60 Ballen Stroh brannten

Steinmark – Lichterloh brannten am Sonntag gegen 21 Uhr rund 60 Großballen Stroh in Steinmark. Die Feuerwehren aus Marktheidenfeld, Esselbach und Steinmark waren im Einsatz und brachten das Feuer unter Kontrolle. Den Schaden beziffert die Polizei auf rund 9000 Mark.

Am Sonntag vormittag brannte bereits ein Strohballen in Marktheidenfeld oberhalb des Kriegerdenkmals, den die Feuerwehr Marktheidenfeld löschte. Der Schaden beläuft sich laut Polizei auf rund 150 Mark.

In beiden Fällen geht die Polizei von Brandstiftung aus.

gezündet – in dieser Nacht war in Esselbach, gegenüber der urchristlichen Schule, ein feuchtfröhliches CSU-Schoppenfest veranstaltet worden.

Um die Verleumdungsarbeit rund um Michelrieth zu intensivieren und auf eine breitere Basis zu stellen, gründete Müller mit einigen „Mitstreitern" Ende 1994 eine neue „Bürgerinitiative" mit dem Namen „Bürger beobachten Sekten" (BbS). Dieser Verein wurde in Wertheim als „gemeinnützig" eingetragen. Als die Urchristen einen Verein „Bürger beobachten Kirchen" gründeten, verweigerten die Behörden diesem Verein die Gemeinnützigkeit, obwohl die Satzung fast deckungsgleich – aber eben mit „Kirchen" statt „Sekten" – formuliert war. Braucht es noch einen Beweis, dass Behörden und Politiker in Deutschland fast durchweg auf dem Kirchenauge blind sind?

Die Verleumdungen des neuen Vereins sind ebenso absurd wie die des alten. Müller behauptet beispielsweise im Juni 1997 in Wertheim: „Wer gesundheitlich angeschlagen in dieses Netz gerate, dem werde klar gemacht, dass seine Krankheit von einer früheren, vielleicht sogar ‚wiedergeborenen' Schuld herrühre, die sich nur durch Arbeitsleistungen ‚für Gotteslohn' oder durch Einbringung von Geldvermögen abtragen lasse".[441] Da hat der Protestant Müller wohl den Adressaten verwechselt: Ablasszahlungen gibt es in der katholischen Kirche, nicht aber im Universellen Leben. Das *Main-Echo* muss eine Gegendarstellung bringen (14.8.97).

Politiker vor dem Karren der kirchlichen Ehrabschneider

Nicht viel glaubwürdiger sind die Aussagen einer ehemaligen Klinik-Patientin, Irene Saft, die Anfang Dezember 1996[442] auf einer Veranstaltung der SPD (!) in Wertheim-Höhefeld präsentiert wird. Sie berichtet von „Erlebnissen", die sie fünf Jahre zuvor bei einem Aufenthalt in der Klinik hatte: Während einer Behandlung sei es ihr „schummrig" geworden, sie habe sich „beobachtet" gefühlt (was ja für eine Klinik in Bezug auf die Patienten nicht ungewöhnlich wäre), man habe sie unmerklich „vereinnahmen" wollen. Seltsam nur, dass die Frau noch längere Zeit nach ihrem Aufenthalt nur positiv über die Klinik sprach. Ein „Ausstiegsberater" habe ihr „geholfen", sich von der „Sekte" zu lösen[443] – bei der sie doch nie in irgend einer Weise aktiv war! Könnte es sein, dass hier ein innerlich labiler Mensch zunächst euphorisch auf Neues reagiert, aber auch sehr leicht wieder vom Gegenteil „überzeugt" werden kann? Man kann sich nur wundern, wie eine demokratische Partei und die Medien so unkonkrete und nebulöse Vorwürfe zu einer Art „Aussteigerbericht" hochstilisieren können. Federführend ist hier die baden-württembergische SPD-Landtagsabgeordnete Carla Bregenzer, die sich als „sektenpolitische Sprecherin der SPD-Landtagsfraktion" bezeichnen lässt und sich offenbar mit diesem Thema profilieren will.

Kirchliche Ehrabschneider wie der bayerische Rufmordbeauftragte „Pfarrer" Behnk haben zu diesem Zeitpunkt einen Teil ihrer Schmutzarbeit bereits an ihnen willfährige Politiker übergeben. Behnk hatte Ende 1994 in Kreuzwertheim bei der Gründungsversammlung der „BbS" – den Eindruck vermittelt, im Universellen Leben ziehe man einer ärztlichen Behandlung die Anhörung von Cassetten vor. Kein Wunder, dass auch staatliche Stellen derlei Verleumdungen in ihre Berichte aufnehmen – so etwa die Landesregierung von Schleswig-Holstein in einen „Bericht über Aktivitäten von Sekten" (1995), in dem über das Universelle Leben behauptet wird: „Neue geoffenbarte Heilmethoden treten an die Stelle der Schulmedizin." Oder in Berlin, wo 1997 behauptet wird: „Für den gläubigen Anhänger besteht potentiell die Gefahr, dass er sich im Krankheitsfall zu spät oder gar nicht in fachärztliche Behandlung begibt, um sich nicht dem Verdacht mangelnder Glaubensfestigkeit auszusetzen."

Mit derlei Behauptungen will man sowohl die von Urchristen geführten medizinischen Einrichtungen als auch die – völlig unabhängig davon angebotene – urchristliche Heilung durch Gebet und Glauben diskreditieren. Urchristen mögen noch so oft wiederholen, dass sie in ihrer Klinik auch schulmedizinische Methoden anwenden; dass sie bei jeder Glaubensheilung ausdrücklich darauf hinweisen: „Der Besuch dieser Veranstaltung schließt den Besuch beim Arzt oder Heilpraktiker keineswegs aus" – die falschen Behauptungen werden dessen ungeachtet bewusst wiederholt. Die Haltlosigkeit dieser Verleumdungen stellte 1999 auch das Verwaltungsgericht Würzburg fest: ***„Nachfragen des Gerichtes bei der Regierung von Unterfranken, Sachgebiet Humanmedizin, bezüglich der von der Glaubensgemeinschaft Universelles Leben unterhaltenen Naturheilklinik ergaben keine Erkenntnisse, die eine Gefährdung von Patienten erkennen ließen. Nach Auskunft der Regierung von Unterfranken seien auch keine Einzelfälle bekannt, in denen es durch verspätete oder verzögerte Konsultation eines Arztes zu Gefährdungen Einzelner an Leib und Leben gekommen sei. ... Rein naturheilkundliche Therapien werden nur in 10 bis 15% der Fälle angewandt. Dieser Umstand belegt, dass sich die Anhänger des Universellen Lebens auch schulmedizinisch anerkannter Heilmethoden bedienen. Die theoretisch bestehende Möglichkeit, dass ein gläubiger Anhänger des Universellen Lebens in der Praxis tatsächlich auf ärztliche Hilfe verzichten und deshalb sich in Lebensgefahr bringen könne, muss deshalb als Spekulation betrachtet werden."***[444]

Kapitel 3

Abschnitt 10

DER LUTHERANER WOLFGANG BEHNK

Ein Falschmünzer im Pfarrertalar

(1991-2003)

„Der biblisch fundierte Absolutheitsanspruch der Kirche steht ständig auf dem Sprunge, von neuem die Scheiterhaufen für Ketzer zu entflammen." [445]
Karl Jaspers

Als Wolfgang Behnk, evangelisch-lutherischer Pfarrer in Gerbrunn bei Würzburg, im Juni 1991 zum Nachfolger des Ende 1990 verstorbenen bayerischen Rufmordbeauftragten Friedrich Haack ernannt wird, ahnt noch kaum jemand, wie ehrgeizig der etwas nervös wirkende 42-Jährige danach trachten wird, seinen Vorgänger in der Intensität der diabolischen Verleumdungsarbeit noch zu übertreffen – zumindest was die Urchristen im Universellen Leben angeht. Im Gegenteil: Der kühle Norddeutsche gibt sich zunächst betont locker und kommunikativ, taucht ohne Vorankündigung im Haus des Universellen Lebens auf, angeblich um „Kontakt zu knüpfen", und teilt anschließend der Main-Post mit, er wolle nicht so wie sein Vorgänger agieren, der vielen „zu polemisch" [446] gewesen sei, der oft „mit Fakten geizte" [447] – nein: „argumentativ und dialogisch" werde sein Stil sein, er wolle „offen das Gespräch mit den Gruppen und Bewegungen suchen", denn er sei „kein Inquisitor", er praktiziere „Toleranz", wolle nicht „Zustimmung aggressiv einfordern oder mit Heilsentzug drohen", sondern nur „Hilfen zur Urteilsbildung geben, Fakten zeigen, aber das Urteil muß jeder selber treffen". Die evangelische Kirche wolle „durch ihren Glauben überzeugen und durch

Taten, die daraus folgen, nicht durch institutionelle oder staatliche Macht“.[448]

Neuer evangelischer Sektenpfarrer Behnk zu seinen Aufgaben:

In offener Auseinandersetzung für eigenen Glauben werben

Gerbrunn (Eig. Ber./san) – „Ich bin kein Inquisitor“, sagt Pfarrer Wolfgang Behnk. Im Gegenteil: „Argumentativ und dialogisch“, so beschreibt er seinen eigenen Stil, mit dem er ab dem 1. Dezember das Amt des Beauftragten für Sekten und Weltanschauungsfragen der Evangelischen Landeskirche in Bayern ausfüllen will.

Behnk ist der Nachfolger des kürzlich verstorbenen Sektenpfarrers Friedrich-Wilhelm Haack, der für die Auseinandersetzung „Pionierarbeit“ geleistet habe. Daß Kritiker Haack vorwarfen, zwischendurch auch zu polemisch in die Diskussion gegangen zu sein, sieht Behnk nicht als Belastung für seinen Start. Er packt die neue Aufgabe mit Selbstbewußtsein an: „Ich kann mir meine eigene Position zurechtlegen.“

Eigenes Urteil

Und die hat er schon klar umrissen: Die evangelische Kirche wolle durch ihren Glauben überzeugen und durch die Taten, die daraus folgen, nicht durch institutionelle oder staatliche Macht. Behnk spricht gerne von „werben“ und „gewinnen“, er beruft sich auf die staatlich garantierte Religionsfreiheit und auf das Modell der offenen Gesellschaft, in der Dialog und Diskussion hoch im Kurs stehen.

Entsprechend wichtig ist für ihn zunächst die Kenntnis von Sekten und Weltanschauungen, sei es die Scientology Church, das Universelle Leben oder viele andere. Sekten sind für ihn „religiöse, außerkirchliche Vereinigungen, die von der Lehrüberzeugung der evangelischen Landes- und Freikirchen abweichen“.

Dieses Wissen soll dann der Beratung dienen, wo immer sie gebraucht wird: In Pfarreien, in der Jugendarbeit, auch in der Seelsorge, wenn Menschen gezielt Orientierung suchen. „Ich will Hilfen zur Urteilsbildung geben. Fakten zeigen, aber das Urteil muß jeder selber treffen.“

Mündigkeit

Behnk will offen das Gespräch mit den Gruppen und Bewegungen suchen. Dabei gehört es zu seiner Aufgabe, die Ansprüche von Gruppen, die sich selbst christlich nennen oder die eine eigene Bibelauslegung vertreten, mit der Glaubensüberzeugung seiner Kirche zu vergleichen und Unterschiede deutlich zu machen, ohne einen inquisitorischen Ton anzuschlagen. Freilich: „Wo Grenzen gezogen werden müssen, müssen sie gezogen werden.“

„Die rote Lampe blinkt“, wenn durch den Gruppendruck Mündigkeit und Freiheit des einzelnen Mitgliedes beschränkt werden. „Was tut ihr mit den Menschen?“, diese Frage wolle er stellen. Wieweit dienten Überzeugungen und Vorschriften der Persönlichkeit und der Sinnfindung, wieweit läßt die Verbindlichkeit der Sekte noch Auswege für die, die gehen wollen.

Wo christlicher Glaube beansprucht werde, könne nicht soviel Gehorsam verlangt werden, daß die Freiheit auf dem Spiel stehe, betont der Pfarrer. Jenseits der eigenen christlichen Überzeugung ist für ihn die Erhaltung der Mündigkeit des einzelnen die gesellschaftliche Grundforderung an alle Sekten und Glaubensgemeinschaften.

Toleranz bekundet der Sektenbeauftragte, wenn er auf sein eigenes Werben für die Kirche angesprochen wird: Er will nicht auf Argumente verzichten und bloß behaupten, er will nicht Zustimmung aggressiv einfordern oder mit Heilsentzug drohen. Zur Freiheit gehört auch, daß er seine eigene Kirche kritisch sieht: „Ich würde auch dort Mißstände öffentlich machen.“

Um seinen neuen Posten hat sich der 42jährige Behnk, seit 1983 Pfarrer von Gerbrunn und Rottendorf (Lkr. Würzburg), nicht beworben: Ihn habe „die Berufung ereilt“, und bei einer so vielseitigen und wichtigen Aufgabe habe er sich sehr schnell zum Annehmen entschlossen. Dabei sei er kein Fachmann, wenn er sich auch schon als Student mit buddhistischen Bewegungen in Deutschland beschäftigt habe.

Vielseitige Aufgabe

Detailkenntnisse wird Behnk sich in einem dreimonatigen Studienaufenthalt im Münchner Archiv von Pfarrer Haack aneignen, das die Landeskirche mittlerweile gekauft hat. An Arbeit wird es ihm nicht mangeln: Nach dem Zusammenbruch der Technikgläubigkeit finden seit Jahren religiöse Gruppen aller Schattierungen Zulauf, hat Behnk beobachtet.

Wolfgang Behnk wird am 1. Dezember das Amt des Beauftragten für Sekten- und Weltanschauungsfragen der Evangelischen Landeskirche übernehmen. Seit 1983 war er Pfarrer in Gerbrunn und Rottendorf (Lkr. Würzburg).
Foto Toepfer

Behnks erster Presseauftritt - der Wolf hat noch den Schafspelz angelegt (MAIN-POST, 15.6.1991)

Hat er schon mit diesen ersten Worten im Amt die Öffentlichkeit bewusst getäuscht? Oder war er zunächst von seinen Zielen überzeugt und geriet dann in geradezu obsessiver Weise in den Bann seines Vorgängers, in dessen Archiv er sich mehrere Monate lang durch die dort gestapelten Inquisitionsakten wühlte? Jedenfalls wurde sehr bald erkennbar, dass der angekündigte Kurswechsel nicht nur ausblieb, sondern dass Behnks Stil sich in das genaue Gegenteil seiner vollmundigen Absichtserklärung verkehrte.

Schon wenige Tage nach seiner offiziellen Amtseinführung im Dezember 1991 lanciert Behnk einen Artikel in den *Münchner Merkur* (16.12.91), der unter der Überschrift „Guru machte reiche Beute“ einen der unter berufsmäßigen Rufschädigern so beliebten Rundumschläge durch die „Ketzer“-Landschaft enthält. Behnk möchte jetzt nicht mehr, wie wenige Monate zuvor, Menschen durch den „Glauben überzeugen", sondern er will „durch gezielte Information verhindern, dass Menschen dem Betrug auf den Leim gehen". Dem Universellen Leben wirft er nun vor, diese „Sekte" versuche, „Jugendliche in ihre Netze zu treiben". Behnk zimmert weiter an seinem Feindbild: „Sekten" sind gefährlich, denn sie werden für den, der „sich in sie hineinbegibt, zur Droge, welche völlige Abhängigkeit bedeutet. ... Er hängt, medizinisch gesprochen, am ‚Dauertropf' der Gruppe, die sich ‚intensiv' seiner und seines Vermögens annimmt".[449] Das Universelle Leben, so Behnk, sei eine „finanzstarke Kunst-Religion"[450], eine mit „bewundernswerter juristischer Raffinesse aufgebaute totalitäre Organisation". Er warnt deshalb davor, „sich von der Herzlichkeit der Sektenmitglieder beeindrucken zu lassen: Diese Freundlichkeit ist eine knallharte Investition, die mit Zins und Zinseszins zurückgefordert wird."[451]

Im 17. Jahrhundert hätte man gesagt: Wenn dir jemand besonders freundlich vorkommt, so könnte es eine Hexe oder ein Hexer sein, die dich verzaubern wollen. In jedem Fall ist es wichtig für einen Inquisitor, das „Volk" in seinen natürlichen Wahrnehmungen und seinen spontanen Gefühlsregungen („Ich sehe jemanden, der freundlich ist; der kann doch so schlecht nicht sein") zu verunsichern. Dabei greift Behnk, wie viele seiner Vorgänger, auf einprägsame Bilder zurück: „Sekten" sind „wie ein Fliegenpilz: Von außen betrachtet sind sie schön, aber beißt man hinein, erkennt man das Gift."[452]

„Der Giftpilz": So hieß ein „Stürmerbuch", 1938 vom nationalsozialistischen Hetzblatt *Der Stürmer* herausgegeben, in dem „deutscher Jugend ein Wissen von jüdischen Dingen" beigebracht werden sollte. Wenn man auch die Verfolgung der Juden im Dritten Reich nicht mit der heutigen Verfolgung religiöser Minderheiten vergleichen kann, so sind die Analogien in der Verleumdungs-Argumentation doch immer wieder verblüffend. So wie Behnk und andere Verleumdungsexperten dem Universellen Leben (und nicht nur diesem) immer

Der Stürmer
Deutsches Wochenblatt zum Kampfe um die Wahrheit
HERAUSGEBER: JULIUS STREICHER
Kampf dem Teufel
Das neue Stürmerbuch
Die Juden sind unser Unglück!

Polemik gegen Andersgläubige - „Der Stürmer", März 1938. Heute verwendet man wieder ähnliche „Argumente".

wieder vorwerfen, es verfolge in erster Linie wirtschaftliche Ziele, so warf auch *Der Stürmer* den Juden vor, sie seien „gar keine Glaubensgemeinschaft, sondern ein Bund zur Vertretung wirtschaftlicher und politischer Interessen".[453]

Behnk verbindet geschickt die Verleumdungen von Haack und Magnis zu einem neuen Feindbild des Universellen Lebens, das er, losgelöst von der Realität, immer weiter ausbaut: Das Universelle Leben, so behauptet er, sei eine „geschlossene Ideologie, ... in der jegliche Kritikfähigkeit ausgeschlossen und keine Gewissensbildung mehr möglich" sei.[454] Die Urchristen hätten somit ihre „materielle Verfügungsgewalt" ebenso verloren wie ihre „geistige und gewissensmäßige Freiheit" und seien in Gefahr, in Panik zu geraten.[455] Behnk hat die Schriften des Universellen Lebens gelesen und weiß daher, dass die Bewahrung und Schulung eines wachen Gewissens anhand der Bergpredigt und der Zehn Gebote Gottes zu den wichtigsten Zielen des Inneren Weges gehört; er weiß, dass die Kritikfähigkeit des Menschen, das kritische Hinterfragen sowohl der eigenen Gedanken und Motive als auch der Tagesereignisse, dort ebenfalls gelehrt wird. Er weiß, dass jeder Urchrist selbstverständlich über sein eigenes Konto verfügt – wenn er also Gegenteiliges behauptet, so tut er es jedes Mal wider besseres Wissen.

Droht ein „Massenselbstmord"?

Als in Waco (USA) am 19. April 1993 bei der Erstürmung der Ranch der „Davidianer" durch Polizisten 81 Menschen ums Leben kommen, wittert Behnk seine große Chance. Obwohl bis heute nicht vollständig geklärt ist, wie viele der umgekommenen Davidianer verbrannten (und wer den Brand eigentlich ausgelöst hat), wie viele sich gegenseitig erschossen und wie viele unter den Kugeln der Polizeibeamten starben, geht man in der Öffentlichkeit zunächst von einem „Massenselbstmord" aus. Zwei Tage später, am 21. April, lässt Behnk über den *Evangelischen Pressedienst* nachfolgende Meldung verbreiten:

Ein Pfarrer als „Orakelprophet"

„Ein Massenselbstmord wie der von Anhängern der Davidianer-Sekte im texanischen Waco ist nach Ansicht des Münchner Sektenbeauftragten Pfarrer Wolfgang Behnk auch in Deutschland möglich. ‚Diese Gefahr besteht, sobald sich Menschen in den Einflußbereich einer geschlossenen Ideologie gegeben, in der jegliche Kritikfähigkeit ausgeschlossen ist und keine Gewissensbildung mehr möglich ist' .... Wenn die Ideologie der Sekte von apokalyptischen Endzeiterwartungen durchdrungen sei und eine psychische Abhängigkeit zu einer Führergestalt bestehe, sei die Möglichkeit eines Massensuizids gegeben, sobald sich der Sektenführer in einer ausweglosen Situation sehe ... ‚Wenn Selbstmord als letzte Konsequenz gefordert wird, dann folgen alle wie die Lemminge kritiklos seinem Kommando.' Behnk warnte in diesem Zusammenhang vor der Gruppe ‚Universelles Leben', die in der Nähe von Würzburg einen ‚Christusstaat Neues Jerusalem' errichten will."

Diese Pressemeldung wurde aufgrund ihres Sensationsgehalts von zahlreichen Zeitungen übernommen; auch der Bayerische Rundfunk interviewte Behnk, der seinen „Verdacht" dort wiederholte.[456]

Wer die Urchristen kennt (und Behnk hatte die urchristlichen Schriften ausführlich studiert!), der weiß, dass ein Selbstmord für sie völlig undenkbar ist, schon allein weil er ihrer Glaubenslehre widerspricht. Denn nach urchristlicher Lehre muss die Seele des Menschen, der sich selbst das Leben nimmt, so lange auf der Erde verweilen, wie es dem Menschen zu leben vorgegeben gewesen wäre. Sie muss erleben, wie die Hinterbliebenen darauf reagieren und erahnen, was der Mensch noch alles an Positivem hätte tun können, wäre er am Leben geblieben.

Doch Behnk hatte die Sensationsgier der Massenmedien geweckt. Zu Fuß, per Auto, sogar mit einem gemieteten Hubschrauber steuern Scharen von Journalisten einen Bauernhof bei Würzburg an, um das „Waco in Unterfranken" zu suchen. Die *Main-Post* (14.5.93) schreibt:

„Viel Aufregung um das von Anhängern der Glaubensgemeinschaft ‚Universelles Leben' betriebene Gut Greußenheim. Seit Wochen kommt es zur Konfrontation zwischen Fernsehteams und den Bewohnern ... Fakt ist jedenfalls, dass der Medien-Run auf das Gut nach dem Massenselbstmord von Anhängern der Davidianer-Sekte im texanischen Waco am 19. April begann. Auslöser dürfte eine sicherlich kühne Spekulation des evangelischen Sektenpfarrers Wolfgang Behnk gewesen sein ... Bezeichnend auch, dass eines der Filmteams angab, den Tipp für Dreharbeiten auf Gut Greußenheim von Behnk erhalten zu haben."

Vermutlich war dies auch bei anderen Filmteams der Fall. Denn indem Behnk die Aufmerksamkeit der deutschen Journaille auf das Universelle Leben lenkte, erreichte er zweierlei: Zum einen wurden die Urchristen in einem besonders kritischen Moment bundesweit als ein Haufen unberechenbarer Verführter und Verrückter dargestellt. Und zum anderen schaffte Behnk etwas, wovon sein Vorgänger Haack nur geträumt hatte: Er nützte den Einfluss und die Medienkontakte seiner Kirche dazu, das „Sekten"-Thema" als „Reizthema" auf allen Kanälen zu etablieren – und sich als „Experten" gleich mit dazu. Dadurch erreichte die Ausgrenzung der Urchristen, die sich bis dahin überwiegend auf der Ebene regionaler Tageszeitungen abgespielt hatte, eine völlig neue Dimension.

Fernseh-Feindbilder

Ein Hetz-Artikel in der örtlichen Tagespresse ist schlimm genug – eine bundesweit im Abendprogramm ausgestrahlte Fernsehsendung mit sensationellen, hektischen Bildfolgen und düsterer Musikuntermalung wirkt noch weit stärker auf das Unterbewusstsein. Der rasch dazu gesprochene Text kann – im Gegensatz zur Zeitung – kaum reflektiert werden; zurück bleiben oft nur Versatzstücke von Assoziationen und Vorurteilen. Schon die Anmoderation legt die emotionale Richtung fest – wie die von Friedrich Küppersbusch in der Sendung „ZAK" im Westdeutschen Rundfunk (25.4.93):

„Liebt eure Firma, kauft Häuser, kauft Grundstücke, freut euch auf den Profit, das predigt Gabriele von Würzburg."

Das „predigt" sie gar nicht, also ist schon der erste Satz eine Lüge – die aber gleich wieder geschickt verharmlost wird:

„Und wenn das verboten wäre, dann wäre wohl die F.D.P. eine kriminelle Vereinigung. Trotzdem mauern die Behörden, denn diese Gabriele Wittek gilt als Chefin einer umstrittenen Sekte, und die heißt Universelles Leben. Jämmerliches Sterben hat (man) ja diese Woche in Waco, Texas, übelst demonstriert."

Hier wird eine direkte Assoziation hergestellt: Jämmerliches Sterben – Universelles Leben. Diese setzt sich im Unterbewusstsein fest – auch wenn der nachfolgende Satz sie scheinbar wieder verharmlost:

„Aber die deutsche Sekte unterscheidet sich von dieser christlichen Guerilla aus den USA (dadurch), dass sie nicht bewaffnet ist, sondern ihr kleines Dorf bei Würzburg mit Rechtsanwälten verteidigt. Was man trotzdem berichten darf, zeigt jetzt Detlef Cosmann."

Cosmann behauptet dann in seinem Filmbeitrag, der Hof in Greußenheim sei „abgesichert mit aufwendiger Elektronik, Doppelzaun mit Sicherheitstrakt für Grenzschützer und pflichtbewusste Hunde“. Diese falsche Behauptung wurde ihm zwar am 23.6.93 **vom Landgericht Würzburg untersagt** – doch in den Köpfen der Betrachter ist der im Film gezeigte Zaun, optisch verzerrt von unten in grotesker Vergrößerung aufgenommen, längst gespeichert. Der angebliche „Doppelzaun“ war nichts als ein neuer Weidezaun, hinter dem einige Pfosten des alten Zaunes noch nicht entfernt waren ...

Eine Steigerung dieser Hetze erlebten die Fernsehzuschauer am 9. Mai 1993 in der Sendung „Die Reporter“ in *Pro 7*. Auch hier werden schon in der Anmoderation die Weichen gestellt:

„Der Massentod, die brennenden Bilder aus Waco haben alle aufgeschreckt. Allein in Amerika gibt es über 3000 fanatische Sekten. Doch wer glaubt, ein solches Inferno sei bei uns nicht möglich, der irrt. Die Verkünder der Moon-Sekte, des Universellen Lebens, der Scientologen oder der Philadelphia-Gemeinde – sie leben unter uns. Und so verschieden die Heilslehren dieser Seelenverkäufer auch sein mögen, eines haben sie gemeinsam: den religiösen Fanatismus. Ihre Anhänger geben den Propheten ihr Geld, ihre Arbeitskraft, ihre Gesundheit und nicht selten auch ihr Leben. Sie folgen ihnen blind ins Reich des Bösen.“

Nach dem Fall der Berliner Mauer suchen offenbar nicht nur die Generäle der NATO, sondern auch die Journalisten der Medien-Meute nach einem neuen Feindbild, einem „Reich des Bösen“. Da kommen die „Sekten“ gerade recht. Die Behauptung, die „Anhänger ... geben den Propheten ihr Geld, ihre Arbeitskraft, ihre Gesundheit und nicht selten auch ihr Leben“, könne allerdings, so urteilte am 10.8.93 das Landgericht Würzburg, dem Sender *Pro 7* nicht untersagt werden, denn sie sei „nicht ehrverletzend. Auch innerhalb der katholischen Kirche ist es die Regel, dass bei Entritt in einen Orden das Vermögen auf die Ordensgemeinschaft übertragen wird. Bei dieser Behauptung handelt es sich letztlich nur um eine symbolische Darstellung der Hingabe der Mitglieder an die jeweilige Glaubensgemeinschaft."

Der Leser möge selbst urteilen, ob er nach der Lektüre der oben angeführten Anmoderation auch zu diesem Schluss kommt. Im übrigen besteht der Unterschied eben darin, dass kein Fernsehsender in Deutschland nach der Waco-Katastrophe auf die Idee kam, drohende Massenselbstmorde in katholischen Klöstern zu suggerieren.

Das absurde Urteil des Landgerichts wird noch unverständlicher, wenn man bedenkt, dass im Filmbericht unmittelbar nach diesen einleitenden Worten Bilder von Leichenbergen gezeigt wurden, unterlegt mit den Worten:

„8. August 1969: Charles Manson und die Anhänger seiner Teufelssekte bringen in Kalifornien acht Männer und Frauen auf bestialische Weise um. Bekanntestes Opfer: die hochschwangere Schauspielerin Sharon Tate. 18. November 1978: Jim Jones, Führer der Volkstempelsekte, bringt im südamerikanischen Urwald in Guyana tausend seiner Anhänger dazu, sich mit Zyankali zu vergiften. Jüngster Fall, 19. April 1993: In der Flammenhölle von Waco sterben 86 Davidianer, angeführt vom selbsternannten Messias David Koresh."

Wenig später wurde dann im Film gezeigt, wie einige Urchristen versuchten, ein von Hans-Walter Jungen angeführtes Filmteam von einem Privatgrundstück in der Nähe des Gutes Greußenheim zu verweisen.[457] Immerhin wurde dem Fernsehsender vom Landgericht untersagt, die Behauptung zu wiederholen, es seien Hunde auf die Reporter gehetzt worden.

Auch „Pfarrer" Behnk tritt in *Pro 7* auf – und behauptet, er sei von Gabriele „bedroht" worden, weil sie, bezugnehmend auf die ständige Schmähkritik Behnks an ihrer Person, in der Zeitschrift *Der Christusstaat* geschrieben hatte: „Mit der Kraft der selbstlosen Liebe habe ich ‚Pfarrer' Haack und seinen ebenfalls verstorbenen Amtskollegen ‚Pfarrer' Haberer überwunden. Mit der Kraft der selbstlosen Liebe werde ich auch Herrn Behnk überwinden."

In einem Interview mit dem *Bayerischen Rundfunk*[458] zeigte sich Behnk überzeugt, „mit selbstloser Liebe überwinden" bedeute, „dem Tode zuführen". Der kirchenhörige Rundfunksender bezeichnete Gabrieles Äußerungen als „Todesorakel"; Antenne Bayern sprach gar von einem „Todesfluch"[459]. Seltsam nur, dass in der Bibel, auf die sich die Kirchen so gerne berufen, der Begriff „überwinden" immer im positiven Sinne gebraucht wird.[460] Doch die „Arbeit" eines Inquisitors besteht eben darin, alles, was ein „Ketzer" äußert, sofort zu verdrehen und gegen ihn zu wenden.

Auch der *Hessische Rundfunk* baut gleich zu Beginn seiner Sendung „Teuflisch abgezockt – Sekten auf Seelenjagd" (22.6.93) mit Bildern von brennenden Häusern in Waco und von ekstatisch zuckenden Bhaghwan-Jüngern Stimmung auf. Dann wird neben anderen Gruppierungen auch das Universelle Leben als „Wirtschaftskonzern" mit „knallharten Managern" bezeichnet. Die dazugehörigen Bilder erschlichen sich Kamil Taylan und Ulrike Bremer vom *Hessischen Rundfunk*, indem sich der Deutschtürke Taylan als Journalist eines türkischen Privatsenders ausgab, der positiv über das Universelle Leben berichten wolle.

Wer will es den Urchristen verdenken, dass sie spätestens nach dieser Erfahrung Journalisten gegenüber äußerst zurückhaltend sind?

Hetze zur besten Sendezeit

Für Taylan und Bremer war dies jedoch nur eine Art Generalprobe. Sie kamen wieder, stellten ihre Kameras direkt vor dem Eingang der Klinik auf, vor der Schule und vor einer Jugendherberge, in der eine urchristliche Jugendgruppe untergebracht war. Das Resultat dieses Medienterrors war ein 45-Minuten-Film, der am 10.12.93 um 21.45 Uhr bundesweit ausgestrahlt wurde: „Das Seelenkartell". Auch hier wird der „Massenselbstmord“ von Waco erwähnt, es werden „Aussteiger“ befragt, deren Aussagen dann auch noch wahrheitswidrig verzerrt werden – so etwa die Aussage einer Frau, sie habe „200 Mark“ monatlich für ihre Mithilfe auf einem Hof erhalten. Dass die Frau Rentnerin ist, ihr festes Auskommen hat und sich lediglich in ihrer Freizeit ein Zubrot verdiente, wird verschwiegen: „Die Anhänger helfen gerne. Viel bekommen sie dafür nicht.“ Durch geschickte Einblendung von Namen aus Register-Unterlagen und irreführender Darstellung von Firmenzusammenhängen wird der Eindruck erweckt, zwei Urchristen würden den gesamten Gewinn der Christusbetriebe persönlich einstreichen: „Gemeinwohl für zwei – gemeiner geht es nicht.“ Eine glatte Lüge – gemeiner geht es wirklich kaum.

Diese Verleumdung wird wenig später zur Folge haben, dass einer der auf diese Weise verleumdeten Urchristen in seiner Familie mit größtem Misstrauen beäugt wird und die eigene Tochter ihm zeitweise nicht mehr vertraut. Was die kirchlichen Rufmordbeauftragten den Urchristen zu Unrecht immer vorwerfen: sie würden sich abschotten, Kontakte abbrechen – das erledigen sie auf solche Weise gleich selber. Dieser Urchrist stammt aus einer katholischen antifaschistischen Familie; sein Vater wurde von den Nazis umgebracht. Und nun hält seine Tochter es allen Ernstes für möglich, dass er ein Rechtsradikaler sein könnte – weil der Hessische Rundfunk, wie viele kirchliche Verleumder, behauptet, das Universelle Leben sei „antisemitisch“, seine Veröffentlichungen „dumpfe, braune Propaganda“. Als „Beleg“ dient ein einziges Extrablatt des *Christusstaat* aus dem Jahre 1991, in dem in missverständlicher Weise von „Illuminaten“ und „Zionisten“ die Rede ist. Obwohl der zuständige Redakteur diese Ausführungen später öffentlich bedauerte und zurücknahm; obwohl jüdische Patienten aus Israel, die regelmäßig die Naturklinik der Urchristen besuchen, sich öffentlich für die Urchristen verbürgen; obwohl sogar kirchliche Autoren zugeben müssen, dass ein „struktureller Antisemitismus“ im Universellen Leben nicht vorhanden ist[461] (und natürlich auch sonst keiner); obwohl der Bayerische Verwaltungsgerichtshof am 4.4.1995 ausdrücklich feststellte, dass der Vorwurf des „Rassismus und dabei insbesondere Antisemitismus“ gegen die Urchristen nicht statthaft ist; obwohl sogar die Bayerische Staatsregierung am 30.1.95 feststellte, dass „für eine Verbindung der Glaubensgemeinschaft zu rechtsextremen Organisationen keine Anzeichen“ bestehen – trotz all dieser eindeutigen Aussagen wird die Antisemitismus-Keule bis heute immer wieder gegen das Universelle Leben geschwungen. Auf diese Weise können die Kirchen eben am einfachsten von ihrer eigenen antisemitischen Vergangenheit und ihrer Mitschuld am Holocaust ablenken.

Durch die (natürlich anonym vorgebrachten) Vorwürfe von Aussteigern, durch Interviews mit kirchlichen „Experten“ wie Wolfram Mirbach (der als lutherischer Pfarrer ausgerechnet den Urchristen vorwirft, sie strebten eine Betreuung des Menschen „von der Wiege bis zur Bahre“ an), durch Befragung von ausgesuchten, zuvor aufgehetzten Bürgern in den Straßen Hettstadts und Michelrieths wird in diesem Film insgesamt der Eindruck erweckt, es handle sich bei dem Universellen Leben um eine Ansammlung von gefährlichen Halbverrückten, die unter der totalen Kontrolle ihrer „Manager“ ausgebeutet würden.

Genau das schrieb Behnk auch prompt in den *Lutherischen Monatsheften* (1/94): Die Mitglieder des Universellen Lebens stünden unter der „totalitären Kontrolle“ ihrer Führung. Der Evangelische Pressedienst verbreitet es, die Zeitungen drucken es ab. Die Verleumdung greift sich selber auf und pflanzt sich auf diese Weise fort.

Man benötigt heute keinen „Meister Hans“, keinen Henker mehr, nach dem noch Luther gegen die Täufer und „Hexen“ rief. Es genügen der Hessische Rundfunk und der Evangelische Pressedienst, um eine religiöse Minderheit zu erledigen, um sie mediengerecht „hinzurichten“. Denn die Auswirkungen lassen nicht lange auf sich warten – und sie sind verheerend. Noch am selben Abend, am 10. Dezember, ruft ein Mann in den Räumen des Universellen Lebens in Nürnberg an, wo gerade eine Veranstaltung läuft, und schreit in den Hörer: „Verschwindet, ihr Schweinepack!" Am Tag darauf empört sich ein Passant, dem in München ein Flugblatt des Universellen Lebens angeboten wird: „Ich habe die Sendung gesehen, und ich hoffe, ihr brennt jetzt bald!" Ein anderer Passant sagt im Hinblick auf einen der im Film namentlich beschimpften Urchristen: „Sie tun mir leid. Wenn ich den ... erwische, dann schlage ich ihn windelweich, diesen Gangster." Unflätigste Beschimpfungen sind auf Anrufbeantwortern von Urchristen zu hören, auf Telefaxen zu lesen (z.B. München, Luzern, Würzburg), Urchristen werden in aller Öffentlichkeit als „Seuche" beschimpft (Ingolstadt), als „Faschisten" (Berlin), „schlimmer als Hitler" (Darmstadt), als „Verbrecherbande" (Michelrieth), sie seien „ähnlich wie die Davidianer in Texas", sie gehörten „verboten", „vergast" (Frankfurt) oder „in die Strafanstalt gesperrt", „erschossen" (Würzburg); es gibt eine Bombendrohung im Haus des Universellen Lebens in Würzburg (28.12.93). In Tübingen kommt eine Frau mit einem Artikel, in dem Behnk zitiert wird, zum Marktmeister und fordert, der „UL-Stand" müsse „entsprechend gekennzeichnet" werden. In Unterfranken werden Dorfbewohner von Nachbarn beschimpft, weil sie „bei denen" einkaufen.

Mindestens ebenso bezeichnend für die Wirkung des Films sind die Äußerungen weniger rabiater Zeitgenossen: Kunden in Christusbetrieben, die „gar nicht glauben" können, dass „dieser nette Laden" auch dazu gehöre; ein Postbeamter, der einen Urchristen fragt, ob es stimme, dass er nur 200 Mark erhalte; desgleichen betagte Eltern, die ihren längst erwachsenen Sohn fragen, ob auch er wirklich nur 200 Mark erhalte und alles abliefern müsse. Andere verstehen die Sendung als Aufforderung zur Selbstjustiz: In Darmstadt wird ein Schaukasten des Universellen Lebens herausgerissen und weggeschleppt, in Singen ein Schaukasten beschmiert, in Arnstein bei Würzburg werden vor Häusern von Urchristen Autoreifen durchstochen, in Michelrieth Antennen abgeknickt, auf dem Hof der urchristlichen Schule werden Lampen eingeworfen.

Schwerer wiegen jedoch die unausgesprochenen Gedanken, die in den Köpfen festgesetzten Vorurteile, die über Jahre hinweg ihre Wirkung behalten können. Um diese zu verstärken, wird der Film über kirchliche und staatliche Medienstellen bis heute [2002] überall verbreitet, in Schulen beim Religionsunterricht gezeigt oder (wie in Würzburg) Pädagogikstudenten empfohlen – und zwar teilweise bereits wenige Tage nach der Erstsendung, was auf lange Vorplanung hindeutet. Hedda Coulon, Hausjuristin des Hessischen Rundfunks, zeigt den Film persönlich im CVJM Aschaffenburg und wiederholt in einem anschließenden Vortrag Behnks Verleumdungen.[462] Noch im Jahr 2002 bietet ihn der junge katholische Pfarrer des 2000-Seelen-Ortes Pöttmes (Landkreis Aichach) seinen Pfarrkindern zum Verkauf an – weil er sich, so sagen Ortskundige, offenbar durch die Bekämpfung der örtlichen Gruppe des Universellen Lebens „höheren Orts" „Pluspunkte" verschaffen will.

Als die Urchristen sich durch die Fernsehsendung nicht einschüchtern lassen und umgehend in Frankfurt Flugblätter verteilen, in denen sie die Kirchenhörigkeit des Hessischen Rundfunks anprangern, stellen sich die HR-Journalisten Taylan und Bremer im Bayerischen Rundfunk (13.12.93) als „Verfolgte" hin: In ihrer Wohngegend, einem kleinen Dorf, so beschweren sie sich mit larmoyanter Stimme, seien Flugblätter verteilt worden, in denen sie als „Volksverhetzer" bezeichnet wurden. Da sind Inquisitoren und ihre Handlanger äußerst empfindlich. Dass sie durch solche Aktionen (und nur deshalb werden sie gemacht) ein wenig davon ahnen könnten, was sie anderen antun, kommt ihnen dabei offenbar nicht in den Sinn.

Ein Pfarrer auf nächtlichen Schleichwegen

Ähnliches gilt auch für Behnk selbst: Als Urchristen im Sommer 1996 in seinem Wohnumfeld Flugblätter verteilen und seine Nachbarn auffordern, ihm einmal wegen seiner Rufmord-Tätigkeit „ins Gewissen zu reden", setzt er alle Medienhebel in Bewegung, um sich gegen die „Verleumdungskampagne" zu wehren. Über den ei-

ja bei den Davidianern, und so ist es heute beim Universellen Leben in Würzburg".[466] Eimuth hat sich ansonsten ein spezielles Verleumdungsgebiet erschlossen: Er schreibt ein Buch über „Die Sekten-Kinder" und nützt für die Buchwerbung die geballten Medien-Kontakte der lutherischen Kirche. „Fast 200 000 Kinder" wachsen nach Eimuths Angaben in „Sekten" auf, wo sie angeblich vielfältigen Gefahren ausgesetzt sind – von Kindsmissbrauch durch katholische und teilweise auch lutherische Geistliche ist hingegen mit keinem Wort die Rede. Er behauptet, die Kinder von Urchristen dürften nicht mit anderen Kindern „aus der bösen Welt" spielen, „weil die einen verderben könnten" [467]. Das Gegenteil ist der Fall: In einzelnen Dörfern in der Umgebung Würzburgs erlauben kirchliche Eltern ihren Kindern nicht, mit Kindern von Urchristen zu spielen. Angeblich soll ein Kind von Urchristen Angst gehabt haben, „verdammt zu sein" – offenbar verwechselte man es mit einem katholischen oder lutherischen Kind, wo die „ewige Verdammnis" bis heute gültige Glaubenslehre ist. Die Stoßrichtung ist klar: Die Kirchen fürchten um ihr Monopol der Beeinflussung von Kindern – und sie können sich Kindererziehung eben nur so vorstellen, wie sie es selber tun – mit Angst und Schuldgefühlen. Und eben das unterstellen sie dann anderen.

Rufmord mit Zitatenmontage

Das gilt auch für Behnks Verleumdungen gegen die Urchristen. Um sie nicht sogleich als solche erkennbar zu machen, wendet er einen Trick an: Er nimmt Zitate aus urchristlichen Büchern und Schriften, schneidet ganz bestimmte Stellen heraus, so dass der Zusammenhang nicht mehr zu erkennen ist, und projiziert diese angeblichen „Original-Dokumente" dann, z.B. bei einem Vortrag, per Overhead-Projektor an die Wand. Bisweilen sind die dadurch entstandenen raffinierten Verdrehungen, mit komplizierter intellektueller Akrobatik und in hektischer Sprache vorgetragen, nur für ausgesprochene Kenner der urchristlichen Lehre auf den ersten Blick durchschaubar. Einige Beispiele mögen dies verdeutlichen:

O **Das „absolute Gesetz“:** Gabriele schreibt im Vorwort zu dem Buch „Mit Gott lebt sich's leichter“, dass sie alles, was sie in diesem Buch niedergelegt hat, „selbst erfahren, durchlebt und durchlitten“ hat. Sie fährt fort: „Durch die herrliche Führung unseres Erlösers habe ich zum Ursprung der Quelle gefunden, bin eingetaucht in die göttliche Liebe und Weisheit ... Seine Gnade und Liebe führte mich. Ich bin in meinem Inneren geworden, was ich war und in Seinen Augen ewig bin: das Absolute Gesetz selbst. Das Gesetz der Liebe und Weisheit gibt als Wesen des Lichts, was es im Erdenkleid erlebt, erfahren, verwirklicht und durchlitten hat. Erfüllt von Seinem Geiste lebe und gebe ich.“ Wenn hier von einem „absoluten Gesetz“ gesprochen wird, dann ist jedem unbefangenen Leser klar, dass es sich hier um ein „Gesetz der Liebe und Weisheit“ handelt, das jeder Gott zustrebender Mensch zunächst in sich verwirklichen kann und sollte, um es dann an andere weiterzugeben.
Behnk reißt nun einen Satz („Ich bin in meinem Inneren geworden, was ich war und in Seinen Augen ewig bin: das Absolute Gesetz selbst“) aus dem Zusammenhang und leitet daraus ab, Gabriele stelle sich über ihre Mitmenschen und beanspruche für sich persönlich eine absolute Verfügungsmacht über andere Menschen. Eine diabolische Verleumdung – und gleichzeitig eine typische Projektion kirchlichen Denkens: Ein kirchlicher Inquisitor kann sich menschliche Gemeinschaft nur hierarchisch gegliedert und mit klarer Befehlsgewalt von Seiten der Kirchenoberen vorstellen, wie sie in Extremform im katholischen Dogma des Jurisdiktionsprimats des Papstes (1870) zum Ausdruck kommt.[468]

O **Gedankenstille:** In dem Buch „Ursache und Entstehung aller Krankheiten“, das Gabriele nach Überzeugung der Urchristen durch göttliche Offenbarung empfing, ist gegen Ende eine „morgendliche Ausrichtung“ abgedruckt, mit der sich z.B. ein kranker Mensch auf den Tag einstimmen kann. Nun neigen kranke Menschen wohl eher als gesunde dazu, in Grübeleien oder Pessimismus zu verfallen und sich mit negativen Gedanken zu quälen.

Am Ende des meditativen Textes erhalten sie deshalb in diesem Zusammenhang den Rat: „Rede wenig und denke noch weniger! Sprich nur, wenn es wesentlich ist! Empfinde edel und gut. Veredle dich!"

Behnk reißt nun wiederum nur einen Satz heraus („Rede wenig und denke noch weniger"), verschweigt aber den gesamten Zusammenhang, verschweigt auch, dass Urchristen in vielen Büchern und Schriften immer wieder zum Nachdenken über ihr Leben und über ihren Anteil an den Geschehnissen des Alltags angeregt werden, und folgert daraus, im Universellen Leben werde man generell vom Denken abgehalten.

Dass ein Theologe und Inquisitor nichts vom „Stille-Werden" versteht, wie es Mystiker aller Religionen dem Menschen als spirituelle Übung nahe legen, ist nicht verwunderlich. Das Resultat ist aber wiederum eine böswillige Projektion: *Die Kirche* selbst ist es, die Menschen vom Nachdenken abhalten will, insbesondere über die Widersprüche zwischen der Lehre des Jesus von Nazareth und dem, was die Kirche daraus gemacht hat.

O **Distanzierung:** Während des Golfkrieges 1991 brachten die Urchristen einige Extrablätter heraus, in denen sie zu Frieden und Gewaltverzicht aufriefen und darauf hinwiesen, dass Jesus von Nazareth Pazifist war. Sie distanzierten sich von allen Regierungen und Machthabern, die sich zwar christlich nennen, aber Bomben auf ihre Mitmenschen werfen lassen. Behnk greift nun den Satz „Wir distanzieren uns" heraus, ohne den Hintergrund des Krieges zu erwähnen und folgert daraus, die Urchristen lehnten andersgläubige Mitmenschen und insbesondere staatliche Einrichtungen aus Prinzip rundweg ab.

Auch hier eine Projektion: Die Kirche hat den Staat immer für ihre Zwecke benutzt – sich aber immer von ihm distanziert, sobald er nicht mehr nach ihrer Pfeife tanzte.

Diese wenigen Beispiele mögen genügen – sie verdeutlichen das Prinzip. Aus solchen Verdrehungen baut der Inquisitor Behnk sein

Feindbild auf. Er suggeriert den Zuhörern, nach urchristlicher Lehre solle die „Persönlichkeit" des Menschen „zerstört" werden – und verschweigt, dass (gemäß des Paulus-Wortes „Nicht ich lebe, sondern Christus lebt in mir") lediglich das ichbezogene, negative Verhalten und Denken erkannt, bereut und bereinigt, also in Positives umgewandelt werden soll. Er suggeriert, dass der im Universellen Leben verwendete Begriff „unpersönlich" bedeute, dass die Persönlichkeit des Menschen aufgelöst werden solle – obwohl er genau weiß, dass dieser Begriff im Zusammenhang mit dem Inneren Weg ein selbstloses, ausgewogenes, nicht nur auf einzelne Personen bezogenes oder auf persönliche Vorteile bedachtes Verhalten anzeigt. Er suggeriert, dass es im Universellen Leben keine Gnade und Vergebung gebe – das Gegenteil ist der Fall. Er suggeriert, dass bereits den Kindern der urchristlichen Schule der „Innere Weg" gelehrt würde – obwohl dieser Weg erst im Erwachsenenalter (ab 18 Jahren) beschritten werden kann. Vor allem aber: Behnk hält über Jahre hinweg bis heute an seinen nachweislich falschen Darstellungen fest und gibt die falsche Münze seiner Verleumdungen weiter, obwohl er mündlich und schriftlich immer wieder auf die wahren Sachverhalte hingewiesen wurde. Von daher ist es gerechtfertigt, ihn als „Falschmünzer im Pfarrertalar" zu bezeichnen – und seinen Pfarrertitel, der ja ein gewisses moralisches Niveau nahe legen soll, mit Anführungszeichen zu versehen. Die Leitung der lutherischen Landeskirche in Bayern allerdings lobt ihn immer wieder wegen seiner „seelsorgerischen Arbeit" und befördert ihn zum Kirchenrat.

Nun könnte man fragen: Wie bringt es ein Pfarrer, der die Bibel kennt, fertig, über Jahre hinweg gegen das achte Gebot zu verstoßen und seine Mitmenschen ganz offensichtlich wider besseres Wissen immer wieder böswillig zu verleumden? Ist ein solches Verhalten nicht dem Krankheitsbereich des schizophrenen Formenkreises zuzuordnen?

Die Antwort könnte lauten: Er hat als lutherischer Pfarrer nun mal gelernt, mit gehirnzerreißenden Widersprüchen zu leben. Hubertus

Mynarek stellt in seinem Buch „Die neue Inquisition“ [469] dar, wie Behnk in seiner Promotionsarbeit[470] in den Abgrund des Gottesbildes Martin Luthers blickte: Ein willkürlicher, ja bisweilen grausamer Gott, der selbstherrlich beschließt, welcher Mensch zum Heil und welcher zur Sünde vorherbestimmt sein soll. Luther bestritt dem Menschen rundheraus den freien Willen – woraus man eigentlich folgern müsste, dass die Lehre Luthers mit dem deutschen Grundgesetz, das von der Selbstbestimmung des mündigen Bürgers ausgeht, nicht zu vereinbaren, also verfassungswidrig ist. Lutherische Theologen lernen, diese Widersprüche zu vertuschen, zu verdrängen. Genau das, was Luther dem Menschen abspricht: den freien Willen, spricht nun der berufsmäßige Verunglimpfer Behnk im Auftrag seiner Kirche den „Sekten“-Mitgliedern ab.

Damit der schwarze Sender schwarz bleibt: Urchristen anschwärzen

Mit seinem umfangreichen Arsenal an Verdrehungen und Verleumdungen tritt der Inquisitor Behnk nun erneut in Aktion: Er versucht z.B. bei den Medien, bei Behörden, bei Politikern bestimmte Einrichtungen der Urchristen anzuschwärzen, etwa die Naturklinik (S. 294 ff.) oder die Schule (S. 356 ff.). Ein echter Rufmordbeauftragter kümmert sich aber auch um „kleinere Fische“ – die „Ketzerei“ muss auch in scheinbaren Kleinigkeiten bekämpft und beseitigt werden. Als etwa die Firma Gut zum Leben im Sommer 1996 beim *Bayerischen Rundfunk* Werbung für ihre Produkte ausstrahlen ließ, rief Behnk umgehend beim Sender an, um die weitere Ausstrahlung der Werbespots mit der Behauptung zu unterbinden, bei der Firma handle es sich um eine „Sekte“, die neben dem Brotverkauf die Kunden auffordere, zu Veranstaltungen des Universellen Lebens zu kommen. Der staatliche Rundfunksender stornierte daraufhin für eine Woche die Ausstrahlung, bis er davon überzeugt werden konnte, dass er einer Lüge aufgesessen war: An den Markständen der Firma wird niemand missioniert. Was Behnk natürlich wusste – die Stadt München hatte es auf eine Anfrage der CSU hin für den Viktualienmarkt eindeutig so festgestellt.

Doch Behnk gab sich noch lange nicht geschlagen: Er schrieb einen Brief an den Intendanten, der eine erneute Einstellung der Werbung zur Folge hatte. Kernstück der falschen Anschuldigungen in diesem Brief ist eine Zitatenmontage aus dem Brief eines Urchristen an Pfarrer Behnk: Der Urchrist hatte Behnk gefragt, wie er reagieren würde, wenn man z.B. über seine Frau öffentlich sagen würde, sie würde von ihrem Mann „skrupellos und eiskalt ausgenutzt. Sie ist nicht zur eigenen Meinung fähig und damit äußerst selbstmordgefährdet". Denn genau dies verbreitet Behnk immer wieder über die Urchristen. Behnk ließ jedoch den einleitenden Satz („Würden Sie ruhig und gelassen bleiben, wenn ich folgendes in der Presse veröffentlichen würde") einfach weg und tat so, als hätte der Urchrist ihn und seine Frau tatsächlich so beschimpft.

Das ist berechnender, kaltblütiger Rufmord: noch die eigene Entlarvung als Ausgangspunkt für die nächste Lüge zu nehmen. Behnk selber bezeichnet übrigens indirekt sein eigenes Verhalten in seinem Brief an den Intendanten als „kriminell" – indem er denjenigen, der solche „Familienhetze", wie sie ihm vorgeblich widerfahren sei, an andere weitergebe, als "kriminell" bezeichnet.

Erst mit Hilfe der Gerichte[471] war es schließlich nach Ablauf eines Jahres möglich, die Rundfunkanstalt dazu zu zwingen, den abgeschlossenen Vertrag einzuhalten. Doch Behnk brachte jetzt seinerseits den Sender dazu, am Tag der erneuten Ausstrahlung der Produktwerbung eine Meldung auszustrahlen, mit der die Werbung konterkariert wurde:

„Der Bayerische Rundfunk muss gegen seinen Willen einen Werbespot einer totalitären Sekte ausstrahlen. BR-Sprecher Tief sagte, der Sender sei durch ein Urteil des Oberlandesgerichtes München verurteilt worden, die Spots des Werbeträgers Gut zum Leben auszustrahlen. Dahinter stehe die Sekte Uni-

verselles Leben, die nach Einschätzung des evangelischen Sektenbeauftragten hilfesuchende Menschen abhängig machen und ihnen die Freiheit zu Kritik und Gewissensbildung nehmen will."

Es ist wie im Mittelalter: Wer die Anweisungen eines Inquisitors nicht befolgt, muss sich dafür rechtfertigen – weil er sonst unweigerlich selbst in die Schusslinie gerät. Dass ein solch geschäftsschädigendes Verhalten in das 20. Jahrhundert und in das heutige Vertragsrecht nicht hineinpasst und daher nicht wiederholt werden darf, musste wiederum durch einen Gerichtsbeschluss[472] festgestellt werden.

Ein „Pfarrer" als Arbeitsplatzvernichter

Wenn es der religiösen „Konkurrenz" schadet, schreckt ein Rufmordbeauftragter vom Schlage eines Behnk auch nicht vor der Vernichtung von Arbeitsplätzen zurück. Im Mai 1997 schafft er es, in der Fachzeitschrift *Medical Tribune* einen Artikel über die von Urchristen betriebene EDV-Firma *EDV für Sie* unterzubringen. Diese kleine Firma betreute unter anderem 400 Arztpraxen in Unterfranken – im Auftrag des Hannoveraner Software-Unternehmens *Medi-Star.* Unter der vielsagenden Überschrift „Können Psychosekten in der Praxis-EDV spionieren?" streut nun *Medical Tribune*, unter ausdrücklicher Zitierung Behnks, den Verdacht aus, die EDV-Fachleute könnten Daten aus den Arztpraxen zu Missionierungszwekken missbrauchen – wofür es keinerlei Anhaltspunkte gibt!

Medical Tribune

Praxisführung und Geld

Können Psycho-Sekten in der Praxis-EDV spionieren?

WÜRZBURG – Dringen aggressive Psychosekten immer stärker ins Gesundheitswesen ein, verschaffen sie sich Zugriff auf intime Patienten- und Abrechnungsdaten? Das „Universelle Leben" beispielsweise, dem der Bayerische Verwaltungsgerichtshof die „absolute geistige und psychische Bindung ihrer Mitglieder" bescheinigt, betreibt nicht nur eine Klinik, ein Reha-Zentrum, eine Apotheke und eine Sozialstation – einer ihrer „Christusbetriebe" hat auch die Praxissoftware von rund 430 niedergelassenen Ärzten im Griff.

Der Chef des führenden Arzt-Software-Unternehmens Medistar, **Friedrich Christoffer**, blieb lange gelassen: „Das doofe Gelabere, wir hätten etwas mit Scientology zu tun, habe ich auf die leichte Schulter genommen."

Medistar-Chef Christoffer sieht dennoch „überhaupt nicht" ein, sich von seinem Partner zu trennen, der im nordbayerischen Raum die Praxiscomputer bei rund 430 niedergelassenen Ärzten betreut. Die Zusammenarbeit mit der „EDV für Sie GmbH", sei hervorragend.

Die Mitarbeiter des Medistar-Vertriebspartners in Nordbayern „EDV für Sie" sind nach den Worten von Geschäftsführer Wendt UL-Gläubige und „leben nach der urchristlichen Lehre des Universellen Lebens". Die bayerische Regierung interpretiert das auf ihre Weise: Die Sektenmitglieder werden „geistig und psychisch absolut an die UL-Lehre gebunden". Sie werden von der Außenwelt zunehmend isoliert, behauptet auch **Wolfgang Behnk**, der bayerische Sektenbeauftragte der evangelischen Kirche.

Bis Sommer 1994 war „EDV für Sie" in dieser Region alleiniger Vertriebspartner von Medistar. Wer Medistar kaufte, hatte „EDV für Sie" in der Praxis. Von der Verbindung zur Sekte wußten die Ärzte oft gar nichts.

Fortsetzung nächste Seite

Rede wenig und denke noch weniger!

„Das Universelle Leben ist eine totalitäre, geldgierige Wirtschaftssekte, und sie erscheint mir nicht weniger gefährlich als Scientology." Zu diesem Urteil kommt **Hans-Walter Jungen** in seinem Buch „Universelles Leben: Die Prophetin und ihr Management", das vor wenigen Monaten trotz aller Gerichtsprozesse, die die äußerst streitlustige „Glaubensgemeinschaft" gegen Jungen angestrengt hat, in 3. Auflage erschienen ist.

Geld sollte sich der Gläubige möglichst nicht belasten: „Ein echtes Glied der Gemeinde", so schreibt die UL-Gemeindeordnung vor, „wird sich an seinem noch vorhandenen Vermögen nicht bereichern. Es wird dieses dem Gemeinwohl zur Verfügung stellen."

Dabei scheint einiges zusammengekommen zu sein. Das Vermögen der Sekte wird auf über 100 Millionen geschätzt.

Dieser Artikel (Medical Tribune, 16.8.1997) führte zur Vernichtung von zehn Arbeitsplätzen.

Nun beginnt das übliche Medien-Täuschungsspiel: Die Verdächtigung, die er selbst in die Welt gesetzt hatte, griff Behnk alsbald als scheinbare Nachricht von „unabhängiger“, dritter Seite wieder auf und verbreitet die Anwürfe des *Medical Tribune* als Pressemeldung der evangelischen Landeskirche in Bayern, nicht ohne scheinheilig hinzuzufügen: „Der Bayerische Sektenbeauftragte der Evangelischen Kirche, Wolfgang Behnk, begrüßte die Aufklärungsarbeit von *Medical Tribune*. Behnk betonte, dass die Vorgänge nicht nur die Medizinerschaft, sondern gerade auch die Patienten betreffe. Immerhin ... handle es sich beim UL um ‚Deutschlands gefährlichste Sekte' (Stern), die aufgrund gerichtlicher Entscheidungen als eine ‚totalitäre' Organisation bezeichnet werden darf, durch die Hilfesuchende in geistige, psychische und materielle Abhängigkeit gebracht würden. ... Der von *Medical Tribune* vorgetragenen Sorge wegen möglicher ‚EDV-Spionage' durch eine Psychosekte müsse ... durch geeignete Schutzmaßnahmen Rechnung getragen werden.“ [473]

In einem Interview mit *Antenne Bayern* (25.5.97) wird der „Pfarrer“ deutlicher und erklärt, was er unter dem schön klingenden Wort „Schutzmaßnahmen“ versteht: „ ... und da sollte sich die Ärzteschaft überlegen, ob sie solche Organisationen an die intimen Patienten- und Abrechnungsdaten heranlassen will.“

Bezüglich der Ärzte hatte Behnk sich zwar verrechnet – sie vertrauten mit überwältigender Mehrheit ihren langjährigen Betreuern und hätten deren Dienste gerne noch länger in Anspruch genommen. Doch die durch Behnks Wühlarbeit losgetretene Presselawine überrollte die Software-Firma in Hannover, die aufgrund des kirchlich erzeugten öffentlichen Drucks schweren Herzens den Vertrag mit *EDV für Sie* kündigte. Zehn Mitarbeiter standen auf der Straße.

Der Versuch, von der Zeitschrift *Medical Tribune* und der lutherische Kirche für diesen Skandal wenigstens Schadensersatz zu bekommen, scheiterte bis zur Stunde an offenbar hochgradig kirchenhörigen Richtern. Während das Landgericht Hamburg Ende 1997 noch feststellte, dass es sich bei dem auslösenden Artikel „um schadensersatzpflichtige Geschäftsschädigungen handelt, da keinerlei Anhaltspunkte für den geäußerten Verdacht gegeben waren“ [474], sahen das Oberlandesgericht Hamburg sowie zwei Münchner Gerichte[475] die fraglichen Verdächtigungen als „Meinungsäußerung“ an. „Das Ergebnis dieser Rechtsauffassung“, so der Anwalt Dr. Christian Sailer, „ist besorgniserregend: Wer von den Kirchen wegen seines Glaubens als gefährlich bezeichnet wird, sollte beruflich nicht mehr in ‚hochsensiblen Bereichen’ tätig werden, da ihn die Kirchen von dort ohne weiteres vertreiben dürfen.“ [476]

Auch so kann man sein täglich Brot verdienen ...

Die Vernichtung von „ketzerischen“ Arbeitsplätzen gehört sicherlich zu den besonderen Momenten im Arbeitsalltag eines Inquisitors. Wie sonst die tägliche Verleumdungs-„Arbeit“ aussieht, kann man ein wenig anhand des folgenden Vorfalls erahnen, für den sich ein Zeuge verbürgt:

In einer südwestdeutschen Großstadt ist in der Stadthalle ein Vortrag über „Ganzheitsmedizin“ angekündigt, den Ärzte der Naturklinik Michelrieth halten werden. Am Tag vor dem Vortragsabend klingelt bei dem für die Vergabe der Stadthalle zuständigen Beamten das Telefon. Es meldet sich ein Herr Behnk. Er wolle die Stadt „warnen“: Hinter dem Vortrag stünde eine „gefährliche Vereinigung“, das Universelle Leben. Auch die Bayerische Staatsregierung habe ihm das im wesentlichen bestätigt.

Behnk hat in diesem Fall jedoch Pech: Der Beamte hatte über seine Sekretärin zufällig eine Sondernummer des *Christusstaat* in die Hand bekommen, in welcher der fragliche Bericht der Bayerischen Staatsregierung – der keineswegs Behnks Verleumdungen bestätigte[477] – wörtlich abgedruckt war. Mehr als diese Lüge störte den Beamten jedoch das unangenehm fanatische und erregte Auftreten des Kirchenvertreters. Er schilderte hinterher, wie sehr ihn dieses unfaire Vorgehen betroffen gemacht habe.

Als der Beamte dem Kirchenvertreter nicht zu Willen war, versucht Behnk ihn einzuschüchtern. Er verlangt nun den Vorgesetzten, die Oberbürgermeisterin, zu sprechen. Doch die Stadt ließ sich nicht beirren – der Vortrag fand statt.

Wenn man die Vielzahl von Fällen betrachtet, in denen den Urchristen – meist ohne Angabe von Gründen – Säle verweigert oder wieder abgesagt wurden (S. 405 ff.), so kann man erahnen, in wie vielen Fällen ein solches Vorgehen mehr Erfolg hatte.

In einem anderen Fall rastete Behnk gegenüber einem ihm unbotmäßigen Stadtoberhaupt sogar in aller Öffentlichkeit aus. Bei einem Vortrag in der Auferstehungskirche von Lohr am Main beschwerte sich Behnk im Juli 1997 öffentlich über den Marktheidenfelder Bürgermeister Leonhard Scherg, weil dieser eine Ansiedlung von Betrieben der Urchristen im Ortsteil Altfeld nicht verhindert habe[478]. Als Scherg klarstellt[479], dass die Grundstücke von privat verkauft wurden und die Stadt nach geltendem Recht keine Einspruchsmöglichkeit hatte, tritt Behnk in einem Leserbrief[480] noch einmal nach. Um Schergs angebliche Unfähigkeit zur Umsetzung kirchlicher Wünsche plakativ darzustellen, rühmt er die „informative“ und „sachgerechte“ Verhinderung der Ansiedlung der Urchristen auf dem Würzburger Heuchelhof (vgl. S. 220 ff.) – Ehrabschneider lieben eben solche Kampagnen! Scherg kündigte daraufhin eine Dienstaufsichtsbeschwerde[481] gegen Behnk bei der lutherischen Kirche an.

Landwirte als „Verfassungsfeinde“ diffamiert

Besser auf der Kirchenlinie lagen die Landwirtschaftsämter Aschaffenburg/Karlstadt und Würzburg, als sie im März 1998 die Anträge zweier urchristlicher Bauernhöfe auf Fördermittel im Rahmen des Bayerischen Kulturlandschaftsprogramms ablehnten – indem sie sich auf die „wehrhafte Demokratie" beriefen und darauf, dass „Pfarrer" Behnk sich laut Gerichtsbeschlüssen im Rahmen der Meinungsfreiheit ungestraft über die angebliche psychische, materielle und geistige Abhängigkeit der Urchristen verbreiten dürfe. Tilmann Toepfer von der *Main-Post* (8.5.98) drückte es so aus: „Die Landwirtschaftsämter argumentieren jetzt, die totalitäre Struktur des UL verbiete eine Förderung. ... Der Gleichheitsgrundsatz gehe nicht so weit, dass der Staat seine Feinde auch noch finanzieren müsse." In *Focus* (26/98) stand zu lesen: „Bayerische Behörden zweifeln an der Verfassungstreue des Universellen Lebens ... Der Grundsatz der wehrhaften Demokratie gebiete es nicht, ‚den Staat seinen Feinden auszuliefern.'"

So können also ökologische Landwirte, die sich nichts haben zu Schulden kommen lassen, über Nacht zu „Staatsfeinden" werden – nur weil sich ein lutherischer Pfarrer seine Lügen und Verleumdungen von den Gerichten als „zulässige Meinungsäußerungen" absegnen lässt. Und weil der demokratische Staat alles andere als „wehrhaft", sondern ganz im Gegenteil zu feige ist, den verfassungsfeindlichen Ausgrenzungsforderungen der Großkirchen energisch die Stirn zu bieten.

Wo es hingegen um kirchliche Vereinigungen geht, ist dasselbe Ministerium überaus großzügig. Jahrelang gewährte das Landwirtschaftsministerium den „katholischen Dorfhelferinnen" Subventionen in Millionenhöhe, obwohl es an einem „Verwendungsnachweis" fehlte, wie der Bayerische Rechnungshof kritisierte. Insgesamt kamen in dem erst 1999 aufgedeckten Skandal über 20 Millionen Mark an erschwindelten Zuschüssen und hinterzogenen Steuern zusammen.[482]

Doch nicht immer erliegen staatliche Organe den kirchlichen Pressionen. Das Würzburger Verwaltungsgericht hob am 14.4.99 die Ablehnungsbescheide der Landwirtschaftsämter auf, indem es auf Tatsachen hinwies, die den Behörden längst bekannt sein mussten: ***Dass das Universelle Leben nachweislich „kein Beobachtungs-***

objekt des Verfassungsschutzes" ist. Dass es „keine Anzeichen dafür gebe, dass innerorganisatorische Grundsätze aus dem Bereich des Gemeinschaftslebens auf den staatlichen Bereich übertragen werden sollen." Dass „den bayerischen Behörden derzeit keine tatsächlichen Anhaltspunkte für politisch motivierte Bestrebungen gegen die freiheitlich-demokratische Grundordnung durch das Universelle Leben vorliegen".[483] Aber was zählt das alles, wenn ein „Pfarrer" von der Medien-Kanzel sein Verdammungsurteil spricht?

Polizei schützt Rufschädiger

Christian Sailer weist nach[484], dass die irreführenden Behauptungen Behnks über die Urchristen ähnlich wie in diesem Beispiel auch in vielen anderen Fällen zu Rechtsverstößen und Diskriminierungen geführt haben: zu Saalabsagen, Anzeigen-Verweigerungen, zu Mobbing, Boykottaufrufen[485] bis hin zur Aufnahme des Universellen Lebens in staatliche „Sektenberichte".[486] Zahlreiche „Kollegen" Behnks verwenden seine vorgefertigten Zitaten-Collagen, so z.B. der Würzburger Rufmordbeauftragte Alfred Singer, um damit über die Urchristen in öffentlichen oder handverlesenen Veranstaltungen herzuziehen. Andere Kollegen greifen die Verleumdungen bereitwillig auf und fügen ihnen neue hinzu – so wie Pastor Wolfgang Reich aus Norddeutschland, der sich 1993 auf dem Evangelischen Kirchentag in München bei einem Vortrag Behnks wie auf Bestellung zu Wort meldete und behauptete, er kenne jemand, der sein gesamtes Erbe in das Heimholungswerk habe einbringen müssen und der jetzt keinen Kontakt mehr zu seinen Kindern haben dürfe. Obwohl es so etwas nicht gibt, antwortete Behnk, er erhalte „immer wieder" ähnliche Erfahrungsberichte. Als anwesende Urchristen den „Fragesteller" dazu aufforderten, Namen zu nennen und Beweise für diese Anschuldigung zu erbringen, wurde dies vom Publikum mit Gelächter quittiert. Als die Urchristen daraufhin die Polizei riefen, um wenigstens die Personalien des Anschwärzers feststellen zu lassen, wurde dies von anwesenden Kirchenvertretern in theatralischer Weise als

„Einschüchterungsversuch“ und „Einschränkung der freien Meinungsäußerung“ bezeichnet – und der Evangelische Pressedienst verbreitete mit gespielter Empörung die Meldung, dass die Polizei „auf den Wink einer Sekte“ reagiert habe.[487] (Solche „Winke“ darf in unserem Staat eben nur einer geben: die Kirche!) Die Polizei kam zwar und nahm die Personalien des Verleumdungsgehilfen auf – doch die Urchristen erhielten sie nicht. Angeblich waren sie wenige Tage später bereits „unauffindbar“. Die Kirche kann also beruhigt sein: Auch die Polizei spurt noch! Als der Name des Pastors zwei Jahre später durch Zufall bekannt wurde, war es für eine Klärung des Vorfalls längst zu spät.

Auch zahlreiche Journalisten wie z.B. Holger Reile vom *Südkurier* (5.1.95) greifen Behnks Verleumdungen begierig auf und verbreiten ihre Artikel auch in anderen Zeitungen.

Doch der Ungeist in „Pfarrer“ Behnk lässt diesem keine Ruhe. Wer durch die Abwertung anderer ständig Aufwertungs-Energie erhält, der leidet nicht selten unter einem Sucht-Phänomen. Wer anderen ständig vorwirft, zu keiner „Gewissensbildung“ mehr fähig zu sein, der hat vermutlich sein eigenes Gewissen längst abgetötet. Wie anders ist es zu erklären, dass „Pfarrer“ Behnk eines Tages in Pfarrerskleidung im Wohnort von Gabrieles Familie, der schwäbischen Kleinstadt Wertingen, auftaucht, um sich dort bei Verwandten nach den längst verstorbenen Eltern Gabrieles zu erkundigen. Will er immer neues Verleumdungsmaterial heranschaffen, neue Verdrehungen und Verdächtigungen konstruieren, will er noch weiter Karriere machen? Sein Verhalten hat jedenfalls zur Folge, dass Gabriele ihre nächsten Verwandten und das Grab ihrer Eltern nicht mehr besuchen kann, weil ihre Verwandten endlich Ruhe vor den ständigen Anfeindungen und Gesprächen haben wollen. Auch das ist „Pfarrer“ Behnks Werk, bis heute gedeckt von seinen kirchlichen Vorgesetzten, den jeweiligen bayerischen Landesbischöfen Johannes Hanselmann (bis 1994), Hermann von Loewenich (1994-99) und Johannes Friedrich (seit 1999).

Kapitel 3

Abschnitt 11

WIE LEBEN DIE URCHRISTEN WIRKLICH?

Kann es wirklich sein, dass Pfarrer, die ja die Zehn Gebote, insbesondere das achte Gebot, kennen müssten, über Jahre hinweg eine Lügengeschichte nach der anderen erfinden? Kann es sein, dass wirklich nichts dran ist an den Behauptungen der Kirchenvertreter über das Universelle Leben?

Diese Frage mag den einen oder anderen Leser nach den bisherigen Kapiteln bewegen. Man könnte auch fragen: Wie leben denn die Urchristen wirklich?

Die meisten Zeitgenossen, die sich mit urchristlichem Gedankengut befassen, die Bücher lesen oder den Weg nach Innen gehen, bleiben an ihrem angestammten Wohnort, bleiben in ihrer Familie, an ihrem Arbeitsplatz. Vielleicht hören sie regelmäßig urchristliche Radiosendungen, die auf allen Kontinenten in verschiedenen Sprachen empfangen werden können. Vielleicht besuchen sie ab und zu oder auch regelmäßig Veranstaltungen des Universellen Lebens, die in zahlreichen Städten des In- und Auslandes angeboten werden: Sonntags die „Kosmische Lebensschule", die aus Würzburg über Radio-

Das Haus des Universellen Lebens in Würzburg, Nähe Hauptbahnhof. Von hier aus werden Veranstaltungen in viele Länder der Erde übertragen.

sender in viele Länder der Erde sowie per Telefonleitung in die „Orte urchristlicher Begegnung" übertragen wird. Oder Dienstag abends, wenn Gesprächsrunden zu verschiedenen Themen oder Offenbarungen des Christus-Gottes-Geistes gesendet werden. In jedem Fall müssen sie sich in keine Liste eintragen, müssen nicht Mitglieder irgendeines Vereins werden. Jeder kann frei kommen und auch frei wieder gehen. Wer sich einer anderen Gruppierung anschließt, braucht nicht befürchten, verleumdet und diskriminiert zu werden, wie das aus der Kirche Ausgetretenen immer wieder passiert. Wenn sie es wollen, können sie bei der Organisation der Treffen vor Ort mithelfen, also aktiv werden.

Wer den Weg nach Innen geht, der wendet sich zwei- bis dreimal am Tag für kurze Zeit nach innen, er betet, macht eventuell einige Aufzeichnungen in ein Tagebuch, zieht Bilanz, plant den neuen Tag. Wenn er mit jemandem einen Streit hatte, so denkt er über seinen Anteil nach, eventuell darüber, was ihn am Nächsten erregt hat und ob Gleiches oder Ähnliches auch in ihm liegen könnte. Was er in und an sich erkannt hat, das bereinigt er, indem er es bereut, seinen Nächsten um Vergebung bittet und ihm vergibt, den Schaden nach Möglichkeit wiedergutmacht und das erkannte Negative nicht mehr tut.

Nur wenige hundert Menschen bilden die Bundgemeinde

Einige wenige Urchristen – es sind bisher einige hundert – sind einen Schritt weiter gegangen. Sie verließen ihren Wohnort und zogen in die Nähe von Würzburg, um dort gemeinsam zu leben und zu arbeiten. Das ist in der Religionsgeschichte überhaupt nichts Neues: Was tun z.B. Mönche und Nonnen, die in ein Kloster gehen? Wobei das Zusammenleben der Urchristen in Wohngemeinschaften und das gemeinsame Arbeiten in Betrieben ansonsten nicht mit einem Kloster verglichen werden kann: Es ist frei. Etwas besser passt der Vergleich mit den urchristlichen Hausgemeinden der Antike – oder mit den Siedlungen von Ketzerbewegungen wie etwa der Täufer, wo mehrere Familien zusammen Bauernhöfe bewirtschaften und sich gegenseitig helfen. Doch der Reihe nach:

Wenn ein Urchrist plant, in der Gemeinschaft zu leben und zu arbeiten, dann wird er zunächst an seinem Wohnort in einem Ort urchristlicher Begegnung aktiv. Er besucht Veranstaltungen wie z.B. Seminare in Würzburg, um sich über sein Leben und seine Ziele klar zu werden. Er besucht einzelne Betriebe, schaut sich dort um*. Er wird übrigens nicht ermutigt, seinen Wohnort zu verlassen; er muss sich unter Umständen sogar kritische Fragen gefallen lassen, wenn er das plant. Er kann sich auch nicht in ein gemachtes Nest setzen: Neue Arbeitsplätze aufzubauen erfordert Pioniergeist, innere Selbständigkeit und Unternehmertum.

In den sogenannten Christusbetrieben, die also bestrebt sind, im Arbeitsleben nach den Grundsätzen der Bergpredigt und der Zehn Gebote zu wirtschaften, arbeiten nicht nur Menschen urchristlichen Glaubens, sondern auch Menschen anderen Glaubens, die diese Grundsätze bejahen. Unter der unterfränkischen Landbevölkerung spricht es sich herum, dass tüchtige Fachkräfte bei den Urchristen solide Arbeitsplätze finden können. Die Urchristen in den Betrieben haben sich Ende der 80er Jahre zur „Bundgemeinde Neues Jerusalem“ zusammengeschlossen. Bei wöchentlichen Gemeindetreffen halten sie einen Wochenrückblick und besprechen miteinander anstehende Aufgaben, sowohl was das betriebliche Geschehen angeht, als auch die Belange des Universellen Lebens. Die Entscheidungen über betriebliche Abläufe werden jedoch in den Betrieben selbst getroffen – gemeinsam von allen Mitarbeitern. Die Mitarbeiter entscheiden auch, wie der Gewinn aufgeteilt wird. In der Regel

* Eine Zeit lang konnten Sympathisanten der Betriebe dort in ihrer Freizeit oder im Urlaub „probeweise“ mitarbeiten - was ja auch in kirchlichen Einrichtungen als „ehrenamtliche Mitarbeit“ üblich und gern gesehen ist. Doch nachdem die Kirchen dies ständig als „Ausbeutung“ verleumdeten, während sie es bei sich selbst lobten, wurde diese Möglichkeit stark reduziert.

wird er dreigeteilt: Ein Drittel für Investitionen oder Erweiterungen, ein Drittel als Gewinnbeteiligung für die Mitarbeiter, ein Drittel für weiter gehende, etwa soziale Belange oder zur Förderung der Aktivitäten zum Wohle von Natur und Tieren.

Es handelt sich also bei den Christusbetrieben um betriebliche Einrichtungen auf genossenschaftlicher Basis: Jeder entscheidet mit, bringt aber auch sein volles Engagement ein; übt Kritik, wo es notwendig ist. Es gibt durchaus auch Konflikte, die aber mit Hilfe der Regeln der Bergpredigt beigelegt werden. Jeder verdient annähernd dasselbe – wer Kinder hat, erhält einen monatlichen Kinderzuschlag von rund 500 Euro pro Kind.

Positive Kommunikation aufbauen

Die Mitarbeiter treffen sich zwei- bis dreimal am Tag für einige Minuten, um den Tag zu besprechen, aber auch, um sich gemeinsam nach innen zu wenden, wobei jeder still für sich betet. Denn Urchrist sein heißt, Gott in sich zu finden. Danach kann jeder kurz sagen, wie er sich fühlt, was ihn eventuell noch bewegt, anstehende Konflikte werden geklärt. Wichtig bei der Arbeit ist eine positive, wache Kommunikation mit allem, was uns umgibt. Dies gilt zum einen für die innere Verbindung zu unseren Mitmenschen, also zu den Kunden oder zu den Patienten in der Klinik oder in der Sozialstation, zu den Schülern. Es gilt aber auch für die Kommunikation mit den Geräten, mit der Ware, mit den Pflanzen auf dem Feld. Alles ist Energie, ist Leben aus Gott und sollte dementsprechend achtsam behandelt werden.

Die Glieder der Bundgemeinde leben in Wohngemeinschaften zusammen, z.B. mehrere Alleinstehende oder zwei bis drei Familien unter einem Dach. Auch ältere Menschen leben in der Gemeinschaft, bleiben aktiv und selbständig, solange sie es wünschen und können. Bei Bedarf können sie dann in einem urchristlichen Seniorenwohnheim betreut und gepflegt werden, das, **wie alle urchristlichen**

Sozialeinrichtungen, auch Menschen anderen Glaubens offen steht. Zum Gemeinschaftsleben gehören auch soziale Aktivitäten wie eine Speisung für Bedürftige („Wir haben für Sie zu essen"), die wöchentlich in Würzburg und einigen anderen Großstädten durchgeführt wird und für die Lebensmittelspenden aus den Betrieben der Urchristen gesammelt werden.

Für das Zusammenleben sind in der „Gemeindeordnung" der Urgemeinden im Universellen Leben gewisse Regeln aufgestellt worden, an denen sich die Phantasien diverser Rufmordbeauftragter erhitzt haben.* Diese erweckten dann in der Öffentlichkeit den Eindruck, als ob *alle* Urchristen – gleich ob in der Bundgemeinde oder außerhalb – so leben müssten, wie sie es mit ihren Verdrehungen behaupteten. Deshalb sei folgendes klargestellt: Niemand muss „sein Geld abliefern". Es wird zwar in der Gemeindeordnung angeraten, etwa den zehnten Teil seines Einkommens für gemeinnützige Zwecke zu geben, doch auch das erfolgt auf freiwilliger Basis und wird nicht kontrolliert. In den Wohngemeinschaften herrscht auch keine „Kontrolle" des „Managements". Wo alle gleichberechtigt sind, gibt es kein „Management" – das können sich Kirchenvertreter natürlich nicht vorstellen. In der Gemeindeordnung wird angeraten, eine Informationstafel in der Wohngemeinschaft anzubringen, wo jeder seine Mitbe-

Das Buch „Das ist Mein Wort" - eines der Hauptwerke im Universellen Leben

* Die Grundlagen dieser Gemeindeordnung sind in dem Buch „Das ist Mein Wort. A und Ω. Das Evangelium Jesu. Die Christus-Offenbarung, welche inzwischen die wahren Christen in aller Welt kennen" niedergelegt. Nähere Informationen über dieses und weitere Bücher des Universellen Lebens können angefordert werden bei: Verlag DAS WORT, Max-Braun-Str. 2, 97828 Marktheidenfeld, Tel. 09391/504-135, Fax -133, www.das-wort.com

Kind Gottes und bejahen das Gute in jedem Menschen, so wie sie in sich selbst das Gute zu verstärken bestrebt sind. Sie wenden das Gesetz von Saat und Ernte zwar auf ihr eigenes Leben an, indem sie sich prüfen, welche Saat sie in Gedanken und Empfindungen aussenden. Sie spekulieren jedoch nicht über die Vergangenheit anderer. Gott ist für sie ein liebender Gott, der keines Seiner Kinder in eine ewige Verdammnis schickt. Von daher wurde es vielen Menschen erst durch die urchristliche Botschaft wieder möglich, zu Gott eine persönliche, vertrauensvolle Beziehung aufzubauen – und auch zu Christus, der mit Seiner Kraft als Bruder und Freund in jedem von uns lebt.

Diese kurzen, sicherlich unvollständigen Angaben mögen hier genügen, um einmal ohne die Brille kirchlicher Verleumdungen einen Blick auf die Urchristen zu werfen. Es wird jetzt vielleicht auch klarer, weshalb die Großkirchen diese Gruppierung verleumden, ja letztlich verleumden müssen: Nicht nur deshalb, weil das Universelle Leben zu einer weltweiten Bewegung herangewachsen ist. Sondern vor allem, weil die Urchristen beweisen, wenn auch mit Anlaufschwierigkeiten, dass man nach der Bergpredigt des Jesus von Nazareth in Familie, Beruf und Gemeinschaft leben kann. Die Kirchen lehren, das sei unmöglich. Und so haben sie die Lehre Jesu der Liebe und Gewaltlosigkeit nicht nur nicht praktiziert, sondern in ihr Gegenteil verkehrt und als Deckmäntelchen für ihre heidnische Mysterienreligion missbraucht. Dies hatte für die Menschen (und übrigens auch für die Tiere) in den vergangenen 1700 Jahren furchtbare und weitreichende Folgen. So sagt der bekannte Kirchenkritiker Karlheinz Deschner, er kenne „in Antike, Mittelalter und Neuzeit, einschließlich und besonders des 20. Jahrhunderts, keine Organisation der Welt, die zugleich so lange, so fortgesetzt und so scheußlich mit Verbrechen belastet ist wie die christliche Kirche, ganz besonders die römisch-katholische Kirche“. Wer den Organisationen Kirche, also dem Stammbaum des Verbrechens, angehört, der wird versuchen, von dieser fortgesetzten Geschichte des Verbrechens abzulenken, indem er Andersgläubige in den Schmutz zieht.

Kapitel 3

Abschnitt 12

EINE URCHRISTLICHE SCHULE? DAS DARF NICHT SEIN! (1986-2001)

Für eine lebendige Glaubensgemeinschaft ist es selbstverständlich, auch für die Erziehung der Kinder eine eigene Alternative zu entwickeln und anzubieten. Schon Mitte der achtziger Jahre begannen die Urchristen, eigene Erziehungseinrichtungen aufzubauen. Dies ist z.B. bei Kindergärten von den rechtlichen Anforderungen her (Fachpersonal usw.) nicht allzu schwierig. Die Behörden hatten kaum die Möglichkeit, dies zu verweigern.

Von Anfang an wurde jedoch klar, dass solche Einrichtungen der Kirche ein Dorn im Auge waren. Als die Urchristen in Würzburg einen ersten Kindergarten eröffneten, brach der Würzburger Vertreter des *Evangelischen Pressedienstes*, Gerhard Lenz[488], im katholischen *Fränkischen Volksblatt*[489] (1.2.86) sogleich eine Kampagne vom Zaun. In einem fast ganzseitigen Artikel berichtet er ausführlich über „personelle Verflechtungen“ zwischen dem Verein „Kinderland e.V.“ und den Urchristen. Der Würzburger Sozialreferent Peter Motsch nimmt Anstoß daran, dass man ihn vor Erteilung der vorläufigen Betriebsgenehmigung über diese Verbindung im Unklaren gelassen habe – obwohl dies an den rechtlichen Voraussetzungen nicht das Geringste ändert! Aber ein „Ketzer“ hat eben seinen Glauben überall zu offenbaren ...

Die Regierung von Unterfranken beanstandet laut *Volksblatt*, dass der Kindergarten „inmitten vielbefahrener Bundesstraßen in einem Gewerbegebiet“ liege. Dass das betreffende Gebäude – ein einstökkiges Haus – in einem geschützten, begrünten Hof liegt, von den umgebenden Straßen durch mehrstöckige Gebäude abgeschirmt, ver-

Heftige Kritik der Regierung gegenüber der Stadt

Heimholungswerk-Kindergarten genehmigt

Sozialreferent Dr. Motsch fühlt sich „hinters Licht geführt" – Hinter Noell-Gebäude

Die Stadt Würzburg hat bereits im Dezember 1984 einem Verein, der dem Heimholungswerk Jesu Christi (HHW) nahesteht, die vorläufige Genehmigung zum Betreiben eines Kindergartens in der Schweinfurter Straße 28 erteilt. Der Verein, die Kinderland e.V., hat damit Anspruch auf 80prozentige Erstattung seiner Personalkosten im Kindergarten durch die Stadt und den Staat. Die Erteilung der vorläufigen Betriebserlaubnis bis Ende dieses Jahres ist von der Regierung von Unterfranken heftig kritisiert worden.

Die Regierung, die sich mit der Stadt die Hälfte des jährlichen Personalkostenzuschusses teilen müßte, ist der Auffassung, daß die vorläufige Betriebsgenehmigung nicht hätte erteilt werden dürfen, da sich der Kindergarten inmitten vielbefahrener Bundesstraßen in einem Gewerbegebiet befinde und die Kinder übermäßiger Belastung durch Lärm und Schadstoffe ausgesetzt seien. Der Vorsitzende der Kinderland e.V., Forstassessor Christof Leuze, Greußenheim, war gestern telefonisch nicht zu erreichen. Ein Anruf im Kindergarten selbst ergab, daß dort nur Kinder von Anhängern

In diesem Haus wurde die Einrichtung des Kindergartens genehmigt. Die Regierung vertritt allerdings die Auffassung, daß nach dem Kindergartengesetz nicht die notwendigen Voraussetzungen gegeben sind

So kann man auch mit Bildern verleumden: der angebliche urchristliche Kindergarten (oben, Volksblatt, 1.2.86) - und der tatsächliche (unten, Main-Echo, 7.2.86).

heilbar Kranke und Krebspatienten umzuwandeln. Das Heimholungswerk hat den

immer noch nicht eröffnet worden, weil der Verein die erforderlichen Baugenehmigungs-

Diesen Kindergarten der umstrittenen Glaubensgemeinschaft »Heimholungswerk« hält die Regierung von Unterfranken für nicht genehmigungsfähig, weil Lärm und Schadstoffe aus der verkehrsbelasteten Umgebung die Kinder beeinträchtigen sollen. Das Heimholungswerk spricht dagegen von einem weiteren Versuch, eine unbequeme Minderheit wegen ihres Glaubens zu benachteiligen.

Burkard Seissiger geht davon aus, da
Betrieb des Kindergartens zum Jahre
eingestellt wird, wenn die vorläufige Be
erlaubnis erlischt.

Mit Schadstoffen belastet?

Die Betroffenen wollen sich allerdings
mit dem »Aus« für ihren Kindergarten
den. Der Verein »Universelles Leben
der in der Öffentlichkeit die Interesse
Heimholungswerkes vertritt, hat am Don
tag eine vergleichende Immissionsun
chung gefordert. Sie soll klären, ob die Kin
land-Einrichtung tatsächlich mit mehr Sc
stoffen belastet wird, als andere geneh
Kindergärten in ähnlicher Lage.

Gleichzeitig richtet der Förderverein
Heimholungswerkes heftige Angriffe ge
die Regierung von Unterfranken, die als
bende Kraft der neuerlichen Schwierigk
vermutet wird. Der Sprecher des Vereins,
Holzbauer, verknüpft das Engage
»kirchlicher Kreise« und der Bezirksregie
in dieser Sache mit der Frage, »wann unbe
me Mitbürger wieder eine Armbinde tr
müssen«. Unverständlich ist für Holzb
auch der Unmut des Würzburger Sozial
renten. Nach den geltenden Rechtsvors
ten habe er die Genehmigung für den Be
des Kindergartens unabhängig von der G
bensüberzeugung der Kindergartengrü
erteilen müssen.

Motiv der Kinderland-Mitglieder zum

schweigt Lenz nicht nur: Er bringt auch noch ein völlig irreführendes Foto, auf dem er nicht den Kindergarten, sondern einen angrenzenden Parkplatz samt einem Müllbehälter mit leeren Flaschen zeigt. Und am Ende des Artikels fordert er die Leser unverblümt zum Boykott des Kindergartens auf – denn diese könnten ja sonst angesichts der in diesem Stadtteil fehlenden Kindergartenplätze auf die Idee kommen, dort ihre Kinder hinzuschicken: „Sollte der behördenintern so umstrittene Kindergartenland-Kindergarten am Europastern offiziell seinen Betrieb aufnehmen, müssten sich interessierte Grombühler Eltern hier wohl einige Fragen stellen." Hauptsächlich wohl die Frage, ob ein Katholik oder Protestant eine von der katholischen Zeitung offiziell als „ketzerisch" gebrandmarkte Einrichtung benützen darf, ohne selbst in Ketzerverdacht zu geraten.

Schul-Antrag auf der langen Bank

Die „Versuchung" blieb ihnen in diesem Fall erspart. Die urchristlichen Eltern fanden sehr bald andere Standorte für ihre Kindergärten außerhalb der Stadt.[490] Und noch im selben Jahr (am 24. 10. 1986) stellten sie bei den zuständigen Behörden den Antrag, eine private Weltanschauungs-Schule einrichten zu dürfen. Diese Möglichkeit ist sowohl im Grundgesetz[491] als auch in der Bayerischen Verfassung[492] ausdrücklich vorgesehen. Doch die Regierung von Unterfranken lehnte auf Anweisung des Bayerischen Kultusministeriums diesen ersten Antrag im Sommer 1988 ab. Die Urchristen machten von ihrem Recht auf Akteneinsicht Gebrauch – und stellten mit Erstaunen fest, dass die Regierung von Unterfranken sich bei ihrer „Urteilsfindung" zum großen Teil auf ein „Informations"-Dossier des Bischöflichen Ordinariats Würzburg gestützt hatte! Als offizielle Begründung wurde allerdings nur angegeben, dass die organisatorische „Verfestigung" des Universellen Lebens für das Betreiben einer Schule nicht ausreichend sei.

Zum Skandal wird diese Ablehnung, wenn man von zwei Vorgängen Kenntnis hat, die gleichzeitig am 5. September 1988 stattfanden: Am selben Tag, als das Kultusministerium in München der Regierung von Unterfranken die Weisung erteilt, den Antrag der Urchristen abzulehnen, genehmigt die Regierung von Oberbayern einen anderen Antrag zur Errichtung einer Privatschule: einer kirchlichen. Antragsteller ist die „Integrierte Gemeinde“ in Walchensee. Hier ist der Ablauf genau umgekehrt wie im Fall der Urchristen: Das Kultusministerium hebt sogar einen Ablehnungsbescheid der Regierung von Oberbayern auf. Bischof Stimpfle aus Augsburg hatte sich persönlich *für* diesen Antrag eingesetzt[493] – so wie sich, im umgekehrten Fall, der Würzburger Bischof Scheele *gegen* den urchristlichen Antrag eingesetzt hatte.

Da weiß man also, wer in Bayern für politische Entscheidungen, vor allem auf dem Gebiet der Erziehung, wirklich „zuständig“ ist. Eine katholische Schule* wird sofort genehmigt – eine urchristliche Schule wird mit fadenscheiniger Begründung abgelehnt.

Doch die urchristlichen Eltern lassen sich nicht einschüchtern. Einige von ihnen fahren mit ihren Kindern nach München und finden Kultusminister Zehetmair in seinem Amtsgebäude. Dieser reagiert jedoch beleidigt und verlässt den Raum. Die Urchristen machen wieder einmal die Erfahrung, was es bedeutet, eine kirchlich beeinflusste Öffentlichkeit gegen sich zu haben: Normalerweise werden derartige Aktionen mit Kindern von der Presse positiv aufgegriffen. Doch die *Bild-Zeitung* (6.9.88) macht aus dem Vorgang die

---

* Allein im süddeutschen Raum gibt es mehrere hundert katholische und lutherische Privatschulen. Staatssekretär Otto Meyer vom bayerischen Kultusministerium bezeichnet im Oktober 1989 die kirchlichen Bildungseinrichtungen als „willkommene und notwendige Ergänzungen zum staatlichen Bildungsangebot“ - ein Hohn angesichts der Tatsache, dass eine solche Einrichtung zum selben Zeitpunkt einer religiösen Minderheit verwehrt wird.

Schlagzeile: „Sekten-Kinder besetzten Ministerbüro – von ihren radikalen Eltern zu Polit-Aktion missbraucht." Der „Sekten-Spezialist" Pfarrer Haack wird zitiert: „Es ist gut, dass das Ministerium den Schulbetrieb nicht erlaubt hat."

Den Urchristen bleibt einmal mehr nur der Klageweg. Doch der kostet Zeit und Geld. Zwei Jahre müssen die Vertreter des Schulvereins „Ich helfe dir" auf die erste Verhandlung warten. Und siehe da: Am 16. August 1990 entscheidet das Verwaltungsgericht Würzburg, dass die Regierung von Unterfranken verpflichtet wird, den Urchristen die Genehmigung zum Betrieb einer privaten Grund- und Hauptschule zu erteilen. Für eine Ermessensentscheidung der Behörden sei „bei der gegebenen Verfassungslage kein Raum". Der Staat sei nicht nur zu religiös-weltanschaulicher Neutralität verpflichtet, es sei ihm auch verwehrt, eine „inhaltliche Qualitätsprüfung von Religions- und Weltanschauungsinhalten vorzunehmen, bestimmte Bekenntnisse zu privilegieren oder den Glauben oder Unglauben seiner Bürger zu bewerten". Das Grundrecht auf Gleichbehandlung (Art. 4 Grundgesetz) schütze „nicht nur die großen christlichen Kirchen, sondern auch alle anderen religiösen und weltanschaulichen Gemeinschaften und Gruppierungen".

Die Urchristen hatten in diesem Verfahren ein Gutachten des Religionswissenschaftlers Prof. Hubertus Mynarek vorgelegt zu der Frage, ob das Universelle Leben eine Weltanschauung im Sinne der Verfassung sei. Nach Aussage Prof. Mynareks kann daran kein Zweifel bestehen: Im Universellen Leben seien „alle Strukturelemente, die zu einer Weltanschauung gehören, konsequent und logisch aus dem obersten Seins-Prinzip abgeleitet". Mynarek bestätigte in seinem Gutachten auch, dass das Universelle Leben eine *christliche* Weltanschauungsgemeinschaft ist.

Das Ergebnis des Gerichtsprozesses ist eine Blamage für einen Staat, der den Grundsatz der Gleichbehandlung aller Bürger vor aller Augen missachtet hatte. Wer nun angenommen hatte, dass dieser Staat eine offenbar längst überfällige Korrektur seiner Haltung gegenüber religiösen Minderheiten vornehmen würde, sah sich getäuscht: Kultusminister Zehetmair fuhr wenige Tage nach dem Würzburger Urteil in Urlaub und ließ verlautbaren, man müsse vor einer Genehmigung zunächst die schriftliche Urteilsbegründung abwarten. Das neue Schuljahr beginnt in Bayern im September – und die räumlichen Voraussetzungen für einen provisorischen Schulbeginn waren vorhanden! Sogar die Main-Post (21.8.90) schüttelte über eine solche Gleichgültigkeit gegenüber den Rechten unbescholtener Bürger den Kopf: „Der Kampf dieser Menschen gegen die Windmühlen von Staat und Kirche ist noch nicht ausgestanden. ... Den Grund dafür versteht eigentlich keiner mehr." Auch die Aufforderung der Urchristen an Ministerpräsident Max Streibl, ein „Machtwort" zugunsten einer religiösen Minderheit zu sprechen[494], verhallt ungehört. Als Minister Zehetmair kurz vor Schulbeginn an einer Tagung in Würzburg teilnimmt, stehen urchristliche Eltern und Kinder vor dem Hotel Rebstock, um mit ihm zu sprechen und ihre Entschlossenheit für eine eigene Schule zu bekräftigen. Doch Zehetmair entschwindet durch den Hinterausgang.

Hinhaltetaktik und Schikanen bis zuletzt

Das Bayerische Kultusministerium erteilt keine Schulgenehmigung, sondern geht in die Berufung – eine reine Hinhaltetaktik, denn neue Argumente hatten die Behörden nicht vorzubringen. Dies bestätigte sich am 24. Juli 1991: Der Verwaltungsgerichtshof in München bestätigt das Ersturteil. Eine wesentliche Rolle spielen in der Berufungsverhandlung die Glaubensinhalte des Universellen Lebens, die in den Büchern des Inneren Weges und in dem umfassenden Offenbarungswerk „Das ist Mein Wort" [495] niedergelegt sind. Auf der Grundlage eines ausführlichen Berichtes über den Glauben, das Denken und Leben der Urchristen kommt das Gericht zu dem Schluss, dass der Einwand einer „mangelnden Verfestigung" nicht stichhaltig ist, dass daher die Voraussetzungen zum Betreiben einer Schule erfüllt sind.

Doch die Urchristen kennen inzwischen ihre Pappenheimer. Noch im Gerichtssaal beantragen sie, das Gericht solle die Genehmigung mittels einer einstweiligen Anordnung erteilen, um einer weiteren Verzögerungstaktik den Riegel vorzuschieben.

Die erweist sich tatsächlich als notwendig. Das neue Schuljahr beginnt am 12. September, ohne dass eine Genehmigung vorliegt. Die Regierung von Unterfranken lässt verlauten, sie warte noch auf eine Stellungnahme aus dem Kultusministerium. Die schriftliche Urteilsbegründung sei dort noch nicht eingetroffen. Die Kinder, die sich schon auf ihre neue Schule gefreut haben, müssen also noch einmal den Gang in die Regelschulen antreten. Doch einige der Eltern lassen ihre Kinder zu Hause, weil die ihnen rechtmäßig zustehende Genehmigung doch jeden Tag eintreffen müsste. Als die Behörden nun mit Bußgeldern drohen, kommen die Kinder zwar in die Schule, verweigern aber zum Teil die Mitarbeit im Unterricht: Sie wollen in die Christusschule. Statt sich für die Schikanen seiner Behörde zu entschuldigen, beklagt sich Abteilungsleiter Jürgen Röhling von der Regierung von Unterfranken über „massiven Psychoterror", dem seine Behörde ausgesetzt sei. Offenbar ist man es auf Seiten des Staates nicht gewohnt, dass Eltern mit legalen Mitteln für ihre verfassungsmäßigen Rechte eintreten.

Erst am 23. September 1991 hat das Warten ein Ende: Der Bayerische Verwaltungsgerichtshof erlässt eine einstweilige Anordnung, wonach der Betrieb der Schule unverzüglich aufgenommen werden kann. Fast genau fünf Jahre haben die Urchristen für etwas kämpfen müssen, was kirchlichen Antragstellern in den Schoß zu fallen pflegt: eine eigene Schule. Es ist die erste und unseres Wissens bisher einzige private Weltanschauungsschule in Deutschland.[496]

Das Presse-Echo lässt jedoch bereist erahnen, wie sehr dieser Durchbruch die Großkirchen in Rage bringt. Von „Kaderschmiede für die Glaubensgemeinschaft" [497] ist da die Rede; im *Rheinischen Merkur* (30.8.91) macht Werner Thiede, Theologe und Mitarbeiter der

„Evangelischen Zentralstelle für Weltanschuungsfragen", Stimmung gegen die neue Schule, noch ehe sie den ersten Tag in Betrieb war: Die Lehre des Universellen Lebens sei „gefährlich" für Kinder, Geschichten von Elfen und Wichteln seien „fragwürdige Weltbildelemente" – hat da der Staat, so Thiede, nicht „einen Schutzauftrag auch für noch unmündige Schulkinder"?

Von einem Schutzauftrag des Staates für das verfassungsmäßig verbriefte Recht der Eltern, über die Erziehung ihrer Kinder im Rahmen der Gesetze selbst zu entscheiden, spricht Thiede nicht. Das müssen die Eltern sich schon selbst gegen den Staat vor den Gerichten erkämpfen.

Eine Schule mit familiärer Atmosphäre

Der Kampf sollte noch weitergehen. Zunächst aber wird der Schulbetrieb in Esselbach (Landkreis Main-Spessart) in einer ehemaligen Kleiderfabrik aufgenommen, die von Eltern und Freunden der Schule in liebevoller Kleinarbeit renoviert wurde und die den Kindern eine Atmosphäre bietet, in der sie sich wohlfühlen können. Noten gibt es erst in den höheren Klassen. Die Lehrer lassen sich mit „Du" anreden, legen viel Wert auf gezielte Einzelförderung und soziales Lernen: Ältere Schüler helfen jüngeren, jeder übernimmt reihum klei-

Das Gebäude der urchristlichen Schule - vor und nach der Renovierung.

nere Aufgaben wie Aufräumen, Putzen, Abspülen. Von Anfang an wird in der Schule, die allen Kindern der Umgebung offen steht, eine Ganztagesbetreuung angeboten mit gemeinsamem (vegetarischen) Mittagessen, mit Sprach-Wahlfächern, Arbeitsgemeinschaften und Freizeitangeboten; später kommt eine eigene Musikschule hinzu – all dies zu einer Zeit, in der die PISA-Studie[498] und der Ausbau der Ganztagesbetreuung unter Kultuspolitikern, Lehrern und Eltern noch nicht in aller Munde waren. Besonderer Wert wird auf frühe berufliche Orientierungsmöglichkeiten gelegt: regelmäßige Praktika in Betrieben nach Wahl der Schüler, wo sie sich spielerisch mit den Aufgaben des Berufslebens vertraut machen können.

Das Ergebnis gibt der neuen Schule recht: Beim „Qualifizierenden Hauptschulabschluss“ nach Abschluss der 9. Schulklasse erreichen hier regelmäßig prozentual wesentlich mehr Schüler den notwendigen Notendurchschnitt von 2,5 als Schüler anderer Schulen – was allerdings auch damit zusammen hängt, dass weniger Schüler nach der vierten Klasse direkt an Gymnasien oder Realschulen wechseln. Dieser Weg steht heute auch nach dem Hauptschulabschluss jedem Jugendlichen offen. Viele der Schulabgänger der Christusschule machen zunächst das freiwillige zehnte Schuljahr, wobei sie von den Lehrern der zuständigen staatlichen Schulen wegen ihrer Motivation, Selbständigkeit und Aufgewecktheit meist gerne aufgenommen werden.

Die Schüler werden nach den in Bayern üblichen Lehrplänen unterrichtet; dies wird von den Behörden regelmäßig überprüft, ohne dass je irgend welche Beanstandungen festgestellt worden wären. Seit die Schule offiziell genehmigt wurde, normalisierte sich trotz der Anlaufschwierigkeiten das Verhältnis zwischen Behörden und Schulleitung rasch: Wen bayerische Behörden einmal unter ihre Fittiche genommen haben, den behandeln sie in der Regel ordnungsgemäß – und beschützen ihn bei Bedarf sogar gegen unsachgemäße Angriffe von Seiten der Kirche und ihrer Helfershelfer.

Behnk bläst zur Treibjagd auf die Christusschule

Dies muss auch „Pfarrer" Behnk erfahren, als er 1994 zur Treibjagd auf die Schule bläst. In Kreuzwertheim[499] suggeriert er seinen Zuhörern in einer öffentlichen Veranstaltung laut Zeitungsbericht[500], „die Schule des Universellen Lebens sei grundgesetzwidrig, weil hier der Art. 2 des Grundgesetzes missachtet werde, der die freie Entfaltung der Persönlichkeit garantiere. Er wollte dies mit den Zielen des Universellen Lebens belegen, zu denen der ‚Abbau alles Individuellen, aller familiären und persönlichen Bindungen, letztlich des Menschseins'[501] gehöre. Es sei besonders problematisch, Kinder ‚einem Entpersönlichungs- und Entsozialisierungssystem auszusetzen'."

Bereits im August 1994, als der Schulverein die Erweiterung der Grundschule auf die neunklassige Grund- und Hauptschule ankündigte, hatte Behnk geschäumt: „Das ist keine kindergerechte Erziehung, sondern ideologische Indoktrination."[502] Die Kirche schließt auch hier wieder nur zu gern von sich auf andere.

Doch gerade einem besonders eifrigen Inquisitor kann es passieren, dass er bei seiner zwanghaften Verleumdungsarbeit auch einmal über die eigenen Füße stolpert. Behnk hatte im April 1994 offenbar die guten Kontakte seines Vorgängers Haack zu bayerischen CSU-Politikern[503] wieder aufgewärmt und drei CSU-Landtagsabgeordnete mit seinen Verleumdungen versorgt. Christian Will (Würzburg), Karl Frelle[504] (Schwabach) und Markus Sackmann (Roding) reichten bei der Bayerischen Staatsregierung eine umfangreiche Anfrage ein, betreffend „Verbreitung des Sektenwesens in Bayern; hier: Heimholungswerk – Universelles Leben". Eine der gestellten Fragen betraf auch die Schule: Mit welcher Legitimation sie errichtet sei und ob staatliche Kontrolle möglich sei.

Einmal abgesehen davon, dass bereits der gesamte Fragenkatalog ein im Grunde verfassungswidriger Ausforschungsantrag gegen unbescholtene Bürger ist: Die gestellten Fragen erlauben zudem einen Einblick in die offenkundige intellektuelle Beschränktheit der agierenden gewählten Volksvertreter. Vom Gerichtsverfahren, das den Staat zwang, die Schule zu genehmigen, hatte jeder aufmerksame Zeitungsleser Kenntnis. Und dass auch eine Privatschule staatlicher Aufsicht unterliegt, gehört zum Grundwissen jedes Kulturpolitikers. Dementsprechend kurz angebunden war die Antwort der Regierung auf die zweite Frage, die, wie alle Antworten, Ende Februar 1995 veröffentlicht wurde:

„Als genehmigte private Volksschule unterliegt auch diese Weltanschauungsschule der staatlichen Schulaufsicht, die sehr sorgsam darüber wacht, dass der Unterricht den gesetzlichen Vorgaben entsprechend erteilt wird. Auffälligkeiten haben sich bisher nicht ergeben."

Solche nüchternen, entlastenden Antworten ziehen sich wie ein roter Faden durch den gesamten 16-seitigen Bericht, an dessen Formulierung sechs bayerische Ministerien[505] beteiligt waren. ***Es gibt nach Auskunft der Regierung weder einen Anlass, das Universelle Leben durch den Verfassungsschutz zu beobachten noch „Erkenntnisse über rechtsextreme Veröffentlichungen bzw. Aktivitäten ... Es bestehen derzeit keine Erkenntnisse darüber, dass aus der religiösen Grundeinstellung des ‚Universellen Lebens' heraus eine Bestrebung gegen die freiheitli-***

che demokratische Grundordnung, insbesondere gegen die Menschenrechte, verfolgt würde.“ Genau das hatte Behnk aber in Bezug auf die Schule behauptet! ***Es gebe auch „keine Anhaltspunkte, ... dass das Universelle Leben die innerorganisatorischen Grundsätze aus dem Bereich des Gemeinschaftslebens heraus auf den staatlichen Bereich übertragen will“. Auch Erkenntnisse über „Repressalien gegen Aussteiger“ liegen nicht vor.***

„Der Staat ist nicht der Büttel der Sektenbeauftragten“

Der Bericht der Bayerischen Staatsregierung über das Universelle Leben erweist sich als Bumerang für den lutherischen Sektenpfarrer – und als Rehabilitierung der Urchristen[506]. Im Mittelalter hätte spätestens jetzt der Inquisitor die unbotmäßigen Landesherren exkommuniziert und sie für vogelfrei erklärt. Im 20. Jahrhundert bleibt ihm immerhin noch die Presse. Wenige Tage nach der Veröffentlichung des Berichts der Staatsregierung berichtet die Katholische Nachrichtenagentur:

„Der Sektenbeauftragte ... Wolfgang Behnk hat erneut vor der Gruppierung ‚Universelles Leben' gewarnt und ihr ‚grundgesetzwidrige, demokratiefeindliche Ideologie und Praxis' vorgeworfen. Energisch wandte sich Behnk gegen die Darstellung des Bayerischen Kultusministeriums, wonach es keine Anhaltspunkte dafür gebe, dass das UL die Demokratie gefährde und gegen Menschenrechte verstoße. ... Behnk legte Zehetmair insgesamt 20 ‚Dokumente' vor, die nach seiner Ansicht ‚sehr wohl massive sachliche Anhaltspunkte' für eine Gefährdung der Demokratie durch das ‚Universelle Leben' geben.“[507]

Diese „Dokumente“ waren allerdings nur die weidlich bekannten (und in Kap. 3, S. 310 ff. widerlegten) Verleumdungen und Verdrehungen, die Behnk bei solchen Gelegenheiten immer aus der untersten Schublade zu ziehen pflegt.

Minister Zehetmair betonte demgegenüber, der Staat sei an die weltanschauliche Neutralität gebunden – und deshalb sei der Staat auch nicht „der Büttel der Sektenbeauftragten". [508] Wie sehr muss die Kirche einen konservativen Minister wohl bedrängt und genervt haben, ehe er einen solchen Ausspruch tut?

Doch bei der Verfolgung Andersgläubiger hat die Kirche einen langen Atem. Werner Thiede[509] äußert jetzt im *Materialdienst der EZW* (8/95) die „Hoffnung", dass „nunmehr das bayerische Kultusministerium die Schule des UL einer erneuten Überprüfung unterziehen wird, die sich am Kriterium der Verfassungsgemäßheit orientiert."

Die bayerischen Schulbehörden reagieren auf diesen Druck, der sicher nicht nur von *dieser* kirchlichen Stelle ausgeht, indem sie ohne Vorankündigung eine zusätzliche, besonders ausführliche Visitation durchführen. Das Ergebnis ist jedoch wiederum positiv – insbesondere wird die „Zwanglosigkeit", die „Sprachgewandtheit" und die „Reife" der Schüler hervorgehoben.

Das hindert Behnk aber nicht, Anfang 1996 erneut die Schließung der urchristlichen Schule zu fordern, weil die Gerichte ihm die *Meinungsäußerung* erlaubt hätten, dass diese Schule „grundgesetzwidrig" sei. Dass in einem Rechtsstaat die Behörden nicht aufgrund der bloßen *Meinung* eines Pfarrers einen solchen Schritt tun können – damit vermag ein Inquisitor mit seiner menschenfeindlichen Denkstruktur offenbar kaum zurechtzukommen.

Politiker werden aufgehetzt

Behnk hat wohl nicht damit gerechnet, dass Behörden – zumal in Bayern – ebenfalls über einen langen Atem verfügen. Wer eine von ihnen beaufsichtigte Einrichtung angreift, der unterstellt gleichzeitig den Behörden, nicht gut gearbeitet zu haben – und bringt sie damit gegen sich auf. Weniger Skrupel, den Anwürfen kirchlicher

„terrorisiert und schikaniert, um den Widerstand zu brechen". Und das alles in einer vom Staat bezahlten und herausgegebenen Broschüre, die zur „Aufklärung" an alle bayerischen Schulen verteilt wird!

Der Bayerische Verwaltungsgerichtshof ordnet im April 1995 in der zweiten Instanz eines Eilverfahrens an, dass die Broschüre an elf Stellen unkenntlich gemacht werden muss. Die Urchristen gehen in die Hauptsacheklage, weil die nicht geschwärzten Passagen noch immer massive Verleumdungen enthalten und von „Pfarrer" Behnk eifrig als „vom Gericht festgestellt" zitiert werden – dabei hat eine Beweisaufnahme oder Zeugenvernehmung in diesem Eilverfahren gar nicht stattgefunden! Der lange Atem lohnt sich: Im September 1998 erhalten die Urchristen vor dem Münchner Verwaltungsgericht in entscheidenden Punkten recht; die restlichen Exemplare der Broschüre werden eingestampft und die Bayerische Staatsregierung muss an alle bayerischen Schulen eine Richtigstellung schicken. Damit ist klar: Kirchliche Rufmordbeauftragte dürfen zwar im Rahmen einer fast schrankenlosen „Meinungsfreiheit" Verleumdungen verbreiten – aber der Staat darf diese Hetze nicht übernehmen.[522]

Bei der Verhandlung im August 1998 war es zu peinlichen Szenen für den Anwalt der staatlichen Seite gekommen, der beispielsweise keinen einzigen konkreten Fall nennen konnte, in dem ein Anhänger des Universellen Lebens auf ärztliche Hilfe verzichtet hatte. „Ich darf ja eigentlich eine solche Schrift nur herausgeben, wenn ich schon Tatsachen habe. Reine Vermutungen darf ich nicht in die Welt setzen", merkte der Richter dazu stirnrunzelnd an.[523]

Behnk verbreitet aber weiter die für seine Verleumdungsarbeit günstigen Passagen des längst überholten Gerichtsbeschlusses von 1995, so, als ob es das weitergehende Urteil von 1998 nicht gegeben hätte.

Informationsstände für Urchristen? Aber ja doch!

Erfolg haben die Urchristen auch bei der Durchsetzung staatsbürgerlicher Rechte wie desjenigen der freien Meinungsäußerung. Im Mai 1985 lehnt die Stadt **Essen**, im Gegensatz zur bis dahin üblichen Praxis, einen Antrag der Urchristen ab, einen Informationsstand in der Essener Innenstadt aufstellen zu dürfen. Begründung: Es handle sich beim Universellen Leben „um eine Organisation, deren Praktiken persönliche und familiäre Bindung und letztlich die Persönlichkeit selbst zerstören können". Dahinter steckt das „Sekten-Info" Essen, dessen Leiterin Heidemarie Cammans zuvor die Kommunalpolitiker gegen neue religiöse Bewegungen aufgehetzt hatte.[524] Die Urchristen ziehen vor Gericht – allerdings dauert es drei Jahre, bis zum Oktober 1988, ehe sie wieder einen Informationsstand in Essen aufstellen dürfen. Zuvor hatten sie zwar theoretisch Recht bekommen, aber die eingeklagten Termine waren bereits abgelaufen. Erst als sie einen Termin eineinhalb Jahre im Voraus beantragten, erhielten die Vertreter des Universellen Lebens fünf Tage (!) vor diesem Termin die Genehmigung per Urteil in zweiter Instanz zugesprochen. Das Urteil des Verwaltungsgerichts Münster

enthielt die Maßgabe, dass Straßenbaubehörden bei Genehmigungen für Informationsstände allein die Erfordernisse des Verkehrs berücksichtigen dürfen, dass es ihnen aber nicht zusteht, irgendwelche inhaltlichen Einwendungen zu machen.

Auch anderswo gibt es Schwierigkeiten. In **Berlin** hat Pastor Thomas Gandow[525] gründliche Verleumdungsarbeit geleistet. Ab Mitte 1986 lehnen die zuständigen Berliner Bezirksämter Informationsstände der Urchristen ab und begründen dies mit der „Gefahr", dass „gerade junge Menschen ... unter dem Vorwand religiöser Zielsetzung ... psychisch und materiell geschädigt werden". Ehe es zum Prozess kommt, behalten offenbar besonnene Juristen die Oberhand über die kirchlich indoktrinierten Beamten: Ab 1987 wird wieder genehmigt. Die Hetzschrift, aus der die hanebüchene Begründung stammte, stellt sich als „verwaltungsinterne Schrift" heraus. Der Senator für Jugend und Familie lehnt es ab, den Urchristen Einblick in das Pamphlet zu gewähren. Das ehemalige West-Berlin überträgt dieses vergiftete Klima, diese totalitäre Missachtung der Rechte religiöser Minderheiten wenig später nahtlos auf die neue Bundeshauptstadt Berlin.[526]

Nach dem Verfahren gegen die Stadt Essen genügt in den darauffolgenden Jahren meist eine Übersendung dieses Urteils an die jeweili-

ge Stadtverwaltung, um eine sich anbahnende Blockade gegen Informationsstände zu beenden. Die verschärfte Agitation kirchlicher Rufmordbeauftragter im Vorfeld der Enquete-Kommission des deutschen Bundestages[527] führt Mitte der neunziger Jahre trotz der eindeutigen Rechtslage zu vermehrten Ablehnungen, die meist mit irgendwelchen staatlichen „Sektenberichten" oder mit Aussagen von kirchlicher Seite begründet werden. In **Ludwigshafen, Bremen, Freudenstadt, Baden-Baden, Radolfzell** und **Obernburg am Main** müssen die Genehmigungen für Informationsstände erneut gerichtlich eingeklagt werden, diesmal allerdings meist in kurzen Eilverfahren. Vor Gericht stellte sich z.B. heraus, dass die Stadt Obernburg die Urchristen und das Gericht schlicht belog, als sie behauptete, die beantragte Stelle sei wegen der Beeinträchtigung des Verkehrs ungeeignet. Ein Anruf beim zuständigen Polizeirevier ergab nämlich, dass an der betreffenden Stelle bereits des öfteren andere Stände ohne Schwierigkeiten aufgestellt worden waren. Den Vogel schoss jedoch die Stadt **Rastatt** ab, die Ende 1994 einen Informationsstand zwar genehmigte, dafür aber eine völlig überhöhte „Bearbeitungsgebühr" von 100 Mark verlangte. Es stellte sich heraus, dass der zuständige Sachbearbeiter erhebliche Zeit beim Herumtelefonieren verbrachte, um sich bei seiner Entscheidung für die „Ketzer" abzusichern. Dies stellte er dann den Urchristen in Rechnung. **Es ist ähnlich wie im Mittelalter: Der Häretiker muss für die durch die Inquisition bedingten Maßnahmen auch noch bezahlen!**

Auch das Verteilen von Handzetteln versuchen einzelne Gemeinden zu unterbinden, in **Bamberg** 1997 sogar unter Verhängung eines „Bußgeldes" von 30 Mark, das erst durch Intervention eines Anwalts zurückgenommen wird. Die Stadt **Ingolstadt** will es genau wissen und zieht bis vor den Bayerischen Verwaltungsgerichtshof, wo 1996 in zweiter Instanz eindeutig festgestellt wird, dass das Verteilen von Schriftgut überwiegend informativen Inhalts durch das Grundrecht auf Meinungsfreiheit gedeckt ist.

Auch wenn die genannten Fälle letzten Endes alle im Sinne dieses Grundrechts entschieden wurden, so ist dennoch allein die Notwendigkeit, wegen einer Selbstverständlichkeit in einem demokratischen Staat Prozesse führen zu müssen, ein gesellschaftlicher Skandal; von den der Allgemeinheit dadurch entstehenden Gerichtskosten – Steuergelder, die zum Fenster hinausgeworfen wurden – einmal abgesehen.

Zivildienst Leistende: konstruierte „Gewissenskonflikte"

Soziale Einrichtungen sind heutzutage in starkem Maße auf die Mitarbeit von Zivildienst Leistenden angewiesen. Das wussten auch die Behörden, als sie im Sommer 1986 einen Antrag der urchristlichen Sozialstation „Helfende Hände" auf Anerkennung als „Beschäftigungsstelle des Zivildienstes" vorliegen hatten. Sie lehnten diesen Antrag Anfang 1987 rundweg ab – mit der absurden Begründung, es befände sich im selben Gebäude eine „gewerbliche Einrichtung" (nämlich die Dienstleistungsfirma „Wir sind für Sie da"), und es sei daher nicht auszuschließen, dass der Zivildienst Leistende auch für gewerbliche Arbeiten eingesetzt würde. Des weiteren würden die Zivildienst Leistenden unter Umständen in „Gewissenskonflikte" geraten, weil der Verein „Helfende Hände" schließlich zum Universellen Leben gehöre.

Die behördeneigene Gehirnakrobatik ist beträchtlich: Zivildienst Leistende bei Caritas und Diakonischem Werk sind der Gefahr von „Gewissenskonflikten" nach Meinung des Bundesamtes für Zivildienst in Köln offenbar nicht ausgesetzt – warum dann plötzlich bei den Urchristen? Und „gewerbliche Einrichtungen" gibt es im Umkreis kirchlicher Sozialeinrichtungen sicherlich zuhauf, ohne dass jemals eine Behörde daran Anstoß genommen hätte.

Doch sind die „Begründungen" auch noch so haarsträubend: Die Urchristen müssen einmal mehr den Gang vors Gericht antreten.

Und sie haben einmal mehr Anlass, an der Unabhängigkeit der deutschen Justiz zu zweifeln: In erster Instanz entscheidet im Oktober 1988 das Verwaltungsgericht Köln, es liege im Ermessen des Bundesamtes, an wen es die aufgrund der beschränkten Anzahl von Wehrdienstverweigerern ebenfalls beschränkte Anzahl möglicher neuer Zivildienstplätze vergebe. Erst die Berufung beim Oberverwaltungsgericht Köln ergibt im Juni 1991 (fünf Jahre nach dem Antrag!) einen positiven Bescheid: Das Bundesamt sei an seine eigene Praxis gebunden, spezielle Pflegestellen (und eine solche sind die „Helfenden Hände") bei der Neuvergabe von Plätzen zu bevorzugen.

Unabhängige Richter gesucht

Die aufgeführten Beispiele belegen eindeutig, dass es für eine diskriminierte religiöse Minderheit keine Alternative zur Ausschöpfung der juristischen Möglichkeiten gibt – auch wenn der Rechtsstaat wie im Fall der Hettstädter Siedler (S. 236 ff.) bisweilen zum „Rechtswege-Staat" verkommt, weil der Rechtsweg so lange dauern kann, bis die Klagenden zermürbt aufgeben. Die rechtlichen Möglichkeiten müssen ausgeschöpft werden – auch wenn häufig den Medien die Weitergabe kirchlicher Verleumdungen von Gerichten als „Meinungsäußerungen" oder „zulässige Wertungen" zugestanden wurde; auch wenn die Gerichte dabei des öfteren die „Notbremse" zogen, indem sie dem Universellen Leben einfach die „Klagebefugnis" absprachen: Wenn das Universelle Leben beleidigt wird, so könne nicht der Verein Universelles Leben dagegen vorgehen, weil er ja nicht für alle Anhänger des Universellen Lebens sprechen könne. (Man stelle sich das vor: Jemand hetzt gegen die Juden – und dem Zentralrat der Juden würde es verweigert, gerichtlich dagegen vorzugehen. Wie wohl das Ausland darauf reagieren würde?)

Dem aufmerksamen Leser wird aber nicht entgangen sein, dass es sich bei den aufgeführten mehr oder weniger erfolgreichen Fällen ausschließlich um Verfahren gegen Behörden, Staatsvertreter oder von den Kirchen beeinflusste Medien oder Parteiorganisationen handelt. Wo „Ketzer" es hingegen wagen, Kirchenvertreter direkt gerichtlich zu belangen, dort stoßen sie sehr rasch an eine merkwürdige, aber historisch erklärbare psychologische Barriere. Hier zukken die Richter bisher noch – bewusst oder unbewusst – zurück: Einen Pfarrer, schon gar einen Bischof kann man nicht vor Gericht zitieren oder am Ende noch verurteilen! Wo kämen wir da hin? Dann landet ja am Ende der Richter noch in der ewigen Verdammnis!

So kommt es, dass ein Bürgermeister nicht gegen die „Sekten" vom Leder ziehen darf – aber ein Pfarrer darf es sehr wohl; seine Verleumdungen werden ihm als „gerade noch zulässige Meinungsäußerungen" von jedem Gericht eingeräumt. Und ein Bischof darf den Pfarrer bei dieser Schmutzarbeit decken und unterstützen, obwohl doch die Kirche als „Körperschaft öffentlichen Rechts" ähnlichen Maßstäben unterworfen sein müsste wie der Staat – von den religiösen Maßstäben der Zehn Gebote und der Bergpredigt ganz zu schweigen.

„Meinungsäußerung": Darf jeder über jeden alles sagen?

Hinzu kommt, dass die deutschen Gerichte unseren Staat, unabhängig vom Thema religiöse Minderheiten, im Laufe vieler Jahre bezüglich der Meinungsfreiheit in eine äußerst kritische Situation hineinmanövriert haben: Der Schutz der Ehre eines angegriffenen Bürgers findet so gut wie überhaupt nicht mehr statt. Ein hoher bayerischer Richter sprach deshalb bereits von einer „Liquidierung des Ehrenschutzes durch das Bundesverfassungsgericht".[528] „Jeder darf über jeden alles sagen, vorausgesetzt nur, dass auch prägende Elemente des Meinens und Dafürhaltens und ein gewisses Maß an Entrüstung mitschwingen", sagt dazu der namhafte Staatsrechtler Prof. Martin Kriele.[529] Rufmord wird dadurch so gut wie risikolos. Und er fügt hinzu: **„Nach diesem Maßstab darf man über jedermann sagen, er sei z.B. ein Faschist oder ein Kommunist, auch wenn das gar nicht wahr ist."**[530]

Nachdem moralische Maßstäbe wie das achte Gebot für die kirchlichen Rufmordbeauftragten und ihre Vorgesetzten ohnehin keine Rolle spielen – zumal gegenüber „Ketzern", gegen die jeder „Betrug geheiligt" (Papst Innozenz III.) ist –, machen die Kirchenvertreter und die von ihnen abhängigen Journalisten von den fast grenzenlosen Möglichkeiten der juristisch gewährleisteten Verleumdungsfreiheit regen Gebrauch. Werden ihnen dann von Gerichten bestimmte Behauptungen über eine religiöse Minderheit als „zulässige Wertung" bestätigt, dann gehen sie damit wiederum hausieren: „Laut Gerichtsbeschluss darf über die Ketzer folgendes gesagt werden: ..." **Kaum jemand weiß, dass die Gerichte in solchen Fällen die zugrunde liegenden Tatsachen meist überhaupt nicht geprüft haben. In den unkritischen Augen der Öffentlichkeit wird aus einer zulässigen Meinungsäußerung eine offizielle Feststellung des Gerichts – und der Rufmord ist perfekt.**

Von den Kirchen diskriminierte Glaubensgemeinschaften befinden sich daher in einem ständigen Dilemma: Unternehmen sie nichts gegen die Lügen und Verleumdungen, so wird es immer schlimmer. Unternehmen sie etwas, so kann es ihnen erneut schaden, weil all die beklagten Verleumdungen in den Medien immer wieder breitgetreten werden, gleich, ob sie als „noch eben zulässige Meinungsäußerungen" erlaubt oder aber untersagt werden.

Trotz dieses Risikos erstatteten die Urchristen immer wieder Unterlassungsklagen und Strafanzeigen gegen Rufmordbeauftragte – oft mit wenig Erfolg. So wurden z.B. Strafanzeigen wegen Volksverhetzung gegen Behnk, Magnis, Bischof Scheele und Landesbischof Hanselmann 1993 nicht näher verfolgt, die Klageerzwingungsverfahren allesamt eingestellt. Besonders ungeniert offenbarten dabei drei Bamberger Richter ihre kirchlichen Überzeugungen. Die Richter Bartelmann, Schwarz und Schütz vom Oberlandesgericht Bamberg befassten sich keineswegs mit den gegen die Kirchenvertreter vorgebrachten Beschwerden, sondern beschäftigten sich in ihrem Urteil lieber mit den Glaubensinhalten der Urchristen – obwohl ihnen das aufgrund der gebotenen weltanschaulichen Neutralität der Justiz gar nicht zusteht. Die Bamberger Richter jedoch warfen sich zu Glaubensrichtern über die Urchristen auf. Vor allem der Glaube der Urchristen, dass ihre Religion die wahre sei, ihr Glaube an die Prophetie der Jetztzeit, ihr Glaube an die Reinkarnation – all dies könne auch bei toleranten Menschen (für die sich die Richter offenbar halten) „Widerspruch und ablehnende Reaktionen“ hervorrufen. Damit verharmlosten und rechtfertigten die Richter die Folgen der Hetzreden, die Gegenstand der Strafanzeigen waren. Diese Verleumdungen riefen nicht lediglich „Widerspruch“ oder „ablehnende Reaktionen“ hervor, sondern sie hatten tätliche Angriffe, Brandstiftung, Bedrohung, Entlassungen und vieles mehr zur Folge. Das interessierte die drei Richter, die selbst wohl katholisch oder evangelisch erzogen sind, aber offenbar nicht, im Gegenteil: Sie klatschen den Hetzern sogar noch Beifall.

Was blieb den Urchristen? Sie veröffentlichten eine Anzeige: „Unabhängige Richter gesucht!“ Diese Anzeige mussten sie allerdings, weil die Ortspresse den Abdruck verweigerte, als Handzettel verteilen. In Bamberg vor dem Gerichtsgebäude wurden dann zwei Urchristen prompt vorübergehend von der Polizei festgenommen – obwohl sie doch nur ihr Recht auf Meinungsfreiheit wahrnahmen ...

Wie „unabhängig“ manche deutschen Richter sind, zeigt ein Zwischenfall, der sich im August 1993 vor dem Würzburger Amtsgerichtsgebäude ereignete. Zwei Urchristen verteilten dort Handzettel, um auf die Diskriminierung durch Kirche, Staat und Justiz hinzuweisen. Als ein Richter namens Scholz vorbeikommt und das Gebäude betritt, ruft er erbost: „Das Heimholungswerk, das soll der Teufel holen, aber schnell!"

Die Kirche lügt vor Gericht

Die personelle Verflechtung und ideologische Abhängigkeit zwischen Gerichten und Kirchen ist nicht immer so offenkundig wie etwa im Fall der Hansestadt Bremen: Dort ist der Präsident der Bremer lutherischen Landeskirche, Heinz Hermann Brauer, gleichzeitig Leitender Oberstaatsanwalt. Im Jahre 1995 hätte er eigentlich ein Verfahren gegen sich selbst bzw. seine Landeskirche einleiten müssen – tat es aber natürlich nicht. Die Bremische Landeskirche stand nämlich unter massivem Verdacht eines Prozessbetrugs. Ihr Rufmordbeauftragter Bernhard Langel hatte eine Broschüre über „Destruktive Kulte" verfasst und darin etliche Verleumdungen gegen das Universelle Leben eingebaut. So ließ er eine offensichtlich fiktive Figur namens „Jürgen" zu Wort kommen, der durch das Universelle Leben angeblich zum „psychischen Wrack" wurde. (Wie im Mittelalter: Anonyme Beschuldigungen genügen für eine Verurteilung des „Ketzers".) Die Schulmedizin werde durch „Glaubensgebete" und „Heilmeditation" ersetzt. Die Urchristen hätten „ein ganzes Dorf aufgekauft".

Die Urchristen erhielten vorab von dem geplanten Verleumdungstext Kenntnis und verklagten die Bremer Kirche auf Unterlassung. Langel brachte seinen Text aber zunächst im Verlag „Bonn aktuell" heraus – vor dem Landgericht Hamburg wurden die genannten Passagen und noch weitere untersagt; das Buch musste zurückgezogen werden. Dennoch hielt es das Oberverwaltungsgericht Bremen nicht für angebracht, der Kirche die Veröffentlichung der genannten Passagen auch in der nach wie vor geplanten kircheneigenen Broschüre zu untersagen. Begründung: Man müsse erst abwarten, denn die

Bremische Kirche hatte dem Gericht mitgeteilt, man wisse ja noch nicht, welchen Text man überhaupt bringen werde. Eine vorsätzliche Lüge, denn wenig später erschien die Kirchenbroschüre mit den fast wortgleichen Verleumdungen wie zuvor das Buch. Die Presse in Bremen berichtete übrigens ausführlich darüber, dass die Kirche sich über die Urchristen „kritisch äußern“ dürfe, verschwieg aber die soeben genannte fadenscheinige Begründung für dieses Urteil und erwähnte auch die vorhergegangene Untersagung zahlreicher Passagen in Langels Buch mit keinem Wort.

Kam ein Theologe doch einmal in eine juristische Zwickmühle, so halfen ihm mitfühlende Richter sogleich wieder heraus – so etwa dem Nachwuchs-Inquisitor Wolfram Mirbach, der 1994 in einem Vortrag behauptet hatte, im Universellen Leben würden die Kinder gleich nach der Geburt den Eltern weggenommen. Die Klage eines Vaters von zwei Kindern, der mit diesen in der Glaubensgemeinschaft lebt, wurde abgeschmettert – das Landgericht Würzburg befand, der Vater sei durch diese Äußerung nicht unmittelbar und individuell betroffen, weil sich diese Äußerung nicht gegen die Eltern von Kindern sondern gegen die behauptete Praxis der Glaubensgemeinschaft insgesamt gerichtet habe; er als Vater sei ja sozusagen eher als „Opfer“ dieser Praxis dargestellt worden. Mirbach habe auch nicht einer Frau durch Kopfnicken zugestimmt, als diese sich über den angeblichen Entzug der Kinder empört hatte, und sich damit diese Äußerung zu eigen gemacht – nein, der junge Pfarrer habe ja vielleicht nur bedeuten wollen, dass er die „Frage“ verstanden habe. Aufgrund dieser Haarspaltereien kam Mirbach noch einmal davon ...

Auch wenn die Urchristen aufgrund der Voreingenommenheit vieler Richter nur zum Teil juristische Erfolge erzielen konnten, so wurde durch ihre Aktionen zumindest aufgedeckt, wie gering das moralische Niveau der Kirchen ist: Sie ziehen sich auf ein ethisches Minimum zurück, machen hemmungslos von ihrer Machtstellung Gebrauch und missbrauchen die ihnen von Gerichten eingeräumte

Verleumdungsfreiheit zu einer permanenten Rufmordkampagne gegen Andersdenkende. Und es wurde deutlich, wo für die Kirche die Grenze liegt: beim Geld. Als die Urchristen die lutherische Kirche Bayerns wegen der Vernichtung von Arbeitsplätzen durch ihren Rufmordbeauftragten Behnk auf Schadensersatz verklagten[530], wurde es um den Kirchenrat zumindest vorübergehend merklich stiller.

Dass die Erfolgsquote von Gerichtsverfahren, die direkt gegen eine der großen Kirchen angestrengt werden, nicht sonderlich hoch ist, kann nicht verwundern. Dafür sorgen schon die kirchlichen Rufmordbeauftragten, die auf Richterakademien Gelegenheit erhalten, Richtern und Staatsanwälten tagelang einzutrichtern, was aus kirchlicher Sicht von religiösen Minderheiten zu halten ist. Dennoch zeigt so manches Verfahren zumindest die Probleme auf und regt zum Nachdenken an. So rügten die Urchristen in einer Verfassungsbeschwerde, dass der Gesetzgeber keine Möglichkeit vorgesehen hat, Körperschaften öffentlichen Rechts – etwa den Kirchen – diesen Status wieder abzuerkennen, wenn sie z.B. eklatant gegen die Verfassung verstoßen würden. Die Urchristen wiesen zur Verdeutlichung ihres Anliegens darauf hin, dass aus ihrer Sicht die Verleumdungskampagnen der Kirchen gegen das Universelle Leben in seiner kumulativen Wirkung den Tatbestand der Volksverhetzung – und damit einen Verfassungsverstoß – längst erfüllt habe. Das Bundesverfassungsgericht wies zwar im April 2001 die Verfassungsbeschwerde zurück, weil sie die bestehenden Gesetze für ausreichend hielt. Doch das oberste deutsche Gericht Gericht schrieb den Kirchen ins Stammbuch, dass sie aufgrund ihrer privilegierten Stellung auch eine besondere gesellschaftliche Verantwortung im Sinne der Verfassung haben. Und in einem Nebensatz warfen die Karlsruher Richter immerhin die Frage auf, „ob bei der gebotenen Abwägung ... auch die kumulative Wirkung zu berücksichtigen ist, die eine beanstandete Äußerung im Zusammenwirken mit anderen haben mag“.[532]

Das Bundesverfassungsgericht ließ die Antwort auf diese Frage zwar dahingestellt sein – und die Presse, vom Evangelischen Pressedienst beeinflusst, brachte diesen bedeutungsvollen Nebensatz nicht. Doch die Urchristen wollen es einmal mehr wissen: Sie verklagten die lutherische Kirche Bayerns auf Schadensersatz – eben weil die Wühlarbeit des Kirchenrats Behnk zwar in ihren *einzelnen* Äußerungen meist von Gerichten abgesegnet wurde, weil aber die *kumulative* Wirkung dieser Verleumdungen eben doch eine gravierende Volksverhetzung darstellt.* Bei Drucklegung dieses Buches war dieses Verfahren noch nicht beendet.

* Der Schriftsatz der Klage ist niedergelegt in der Broschüre „Luthers totalitäres Regime vor Gericht - eine religiöse Minderheit wehrt sich“, Verlag Das Weisse Pferd 2002

Kapitel 3

Abschnitt 14

STAATLICHE INQUISITION GEGEN URCHRISTEN

„Der Staat ist nicht der Büttel der Sektenbeauftragten" – so hatte der bayerische Kultusminister Zehetmair seinem Herzen Luft gemacht.[533] In Abwandlung eines deutschen Sprichworts könnte man sagen: Der Ausnahme-Ausspruch bestätigt die Regel. Denn in vielen Fällen, von wenigen Ausnahmen abgesehen, **lassen sich Staat und Politiker nur zu bereitwillig vor den Karren der kirchlichen Inquisition unserer Tage spannen.**

Wir begegneten dieser Kumpanei von Staat und Kirche bereits des öfteren: dem Bürgermeister Zorn, der die Urchristen aus seinem Dorf vertrieb (S. 236 ff.), oder seinem Kollegen Gläser aus Wertheim, der schon hinter einem einzigen Bauernhof eine schreckliche Sekteninvasion vermutete (S. 260); wir stießen auf diverse CSU-Politiker[534], die ihre klerikale Kinderstube gern durch Ausfälle gegen religiöse Minderheiten unter Beweis stellen, auf halbstaatliche Organe wie die Bayerische Landesanstalt für Politische Bildung (S. 365 ff.) oder manche Fernsehsender wie den Bayerischen (z.B. S. 269) oder den Hessischen Rundfunk (S. 319 ff.), die stramm im Sinne der Kirchen über deren „Konkurrenten" herziehen.

Bundesregierung: Der öffentliche Pranger

Viele Bürger halten die Aussagen staatlicher Stellen für besonders glaubwürdig – und dies um so mehr, je höher diese Stelle angesiedelt ist. Um so bedenklicher ist es, wenn diese Macht von amtlichen Regierungsstellen dazu missbraucht wird, Glaubensgemeinschaften ganz im Sinne der Kirchen z.B.

in öffentlichen „Warnungen" regelrecht an den Pranger zu stellen. So behauptet Cornelia Yzer (CDU), Staatssekretärin im Bundesfamilienministerium, am 3. August 1993, der Bundesregierung lägen bezüglich des Universellen Lebens „Erkenntnisse" vor, „die auf mögliche Gefährdungen für die Persönlichkeitsentwicklung und die sozialen Bezüge junger Menschen hindeuten." Dies war die Antwort auf eine parlamentarische Anfrage der SPD-Abgeordneten (und späteren Bundesgesundheitsministerin) Ursula Schmidt aus Aachen, die sich offenbar mit dem „Sekten"-Thema profilieren wollte. Worin die „Erkenntnisse" der Regierung genau bestanden und woher sie kamen, konnte oder wollte Frau Yzer nicht preisgeben, auch nicht vor Gericht, wo die Urchristen auf Unterlassung dieser Verleumdung klagten. Das Verwaltungsgericht Köln (29.3.95) konnte sich zu einer Untersagung allerdings nicht durchringen – nicht etwa, weil die Richter von der Wahrheit dieser Behauptung ausgingen, sondern weil sie annahmen, dass die Staatsekretärin die Äußerung, die im übrigen „nicht besonders ehrverletzend" sei, ohnehin nicht wiederholen würde.[535]

Ein „Ketzer" hat bekanntlich keine Ehre – was kann man da schon verletzen?

Yzer hatte bei ihrer Antwort unter anderem „die Erstellung zielgruppenorientierten Informationsmaterials" angekündigt, was in normalem Deutsch soviel besagt wie: einen staatlichen „Sektenreport". Den kündigt denn auch wenig später die Familienministerin Angela Merkel (CDU), lutherische Pfarrerstochter, persönlich an. „Okkulte Praktiken haben bei der Jugend Hochkonjunktur", teilt sie der Öffentlichkeit mit. „Negative Folgen einer Mitgliedschaft können sein: Abbruch von Schul- und Berufsausbildung, radikale Persönlichkeitsveränderungen, Realitätsentfremdung, Konflikte mit Eltern, Partnern, Freunden und Kindern." Die *Bild-Zeitung* (13.9.93) gibt dem Ganzen noch die Schlagzeile: „Neue Gurus gefährden unsere Kinder." Kein kirchlicher Rufmordbeauftragter hätte diesen Rundumschlag, bei dem auch das „Heimholungswerk Jesu Christi" nicht fehlen durfte, krasser formulieren können als die auf die Gleichbehandlung aller Bürger vereidigte Ministerin.

Was die spätere CDU-Vorsitzende Angela Merkel allerdings übersah: Die vollmundige Ankündigung („174 Seiten") mit Aufzählung aller potenziell „gefährlichen" Gruppen hatte einen taktischen Nachteil. Die derart verketzerten Glaubensgemeinschaften ließen sich nämlich nicht untertänigst von der selbsternannten staatlichen Inquisitorin zum öffentlichen Richtplatz führen. In ihrem Eifer hatte Merkel nicht bedacht, dass sie auch ethisch-konservative Gruppierungen wie etwa den „Verein für psychologische Menschenkenntnis" als „Sekten" mit verteufelt hatte, die bezüglich ihrer Kontakte zu Politikern und zur Bürokratie nicht ganz wehrlos waren. Durch eine Indiskretion gelangte der geplante Text in die Hände der angegriffenen Gruppen – und löste eine Welle von Gerichtsklagen aus.[536]

Die gegen das Universelle Leben vorgesehenen Seiten erwiesen sich zum einen als veraltet (daher auch die Überschrift „Heimholungswerk"), beruhten sie doch weitgehend auf einem Text, den der Jugendsenat von Berlin bereits 1988 herausgegeben hatte. Zum anderen wimmelte es darin nur so von Fehlaussagen über die urchristliche Lehre. Angeblich sollten die Seelen, die bis zum Ende der Zeiten (wenn die materielle Erde vergeht) nicht zu Gott zurückgefunden haben, „vernichtet" werden – dabei gibt es das Konzept einer ewigen Verdammnis bei den Urchristen gerade *nicht*, sondern es wird gelehrt, dass alle Seelen früher oder später den Weg zurück zu Gott finden. Oder: Negative Gedanken sollen angeblich „unterdrückt" werden – und nicht, wie in Wirklichkeit, analysiert und aufgearbeitet. Am Ende des Textes sind – ohne jede Quellenangabe – Passagen aus einem kirchlichen Lexikon über „Sekten"[537] eingefügt, in denen unter anderem von „Heilmethoden" die Rede ist, „die unterschiedslos an die Stelle der Schulmedizin gerückt werden". Eine glatte Lüge, wenn man weiß, dass etwa in der urchristlichen Naturklinik bei einem Großteil der Behandlungen auch schulmedizinische

Verfahren und Medikamente eingesetzt werden; dass nur etwa 10 bis 15 Prozent der Therapien rein naturheilkundlicher Art sind.

Die Gefahr der „Realitätsentfremdung", die Merkel nicht-kirchlichen Glaubensrichtungen pauschal unterstellte, hatte offensichtlich vor allem ihr eigenes Ministerium befallen. Die Urchristen klagten gegen eine Aufnahme in den „Report" – nicht zuletzt, weil sie, demokratischen Gepflogenheiten gemäß, vorher zumindest zu den Behauptungen angehört werden müssten. Das Verwaltungsgericht Köln (20.12.93) gab ihnen in einem Eilverfahren zunächst tatsächlich recht. Doch das Oberverwaltungsgericht Münster verweigerte ihnen im August 1995 den Rechtsschutz und verwies sie auf ein Hauptsacheverfahren, das viele Jahre gedauert hätte – allein das „Eilverfahren" war schon auf zwei Jahre verschleppt worden! Die Richter im katholischen Münster hielten sogar die Behauptung von der angeblichen Verdrängung der Schulmedizin durch urchristliche Heilmethoden für nicht ganz abwegig – und ignorierten damit schlichtweg Gegenbeweise und eidesstattliche Versicherungen von urchristlichen Ärzten (vgl. S. 294 ff.), die das Gegenteil belegten und z.B. auf die hohe Zahl schulmedizinischer Verfahren und Medikamente in der Naturklinik in Michelrieth hinwiesen. Mehr Gehör schenkten die Richter den Behauptungen kirchlicher Rufmordbeauftragter, die das Ministerium zu seiner Verteidigung zuhauf vorlegte. Ministerialbeamte schreckten bei der „Datensammlung" auch nicht vor regelrechter Spionage zurück, die im demokratischen Staat den Verfassungsschutzbehörden vorbehalten ist: Sie fragten bei der Würzburger Kriminalpolizei nach „Erkenntnissen" über urchristliche Ärzte nach.[538] Die Kripo gab – ein Verstoß gegen das Datenschutzgesetz – bereitwillig Auskunft; es kam allerdings ohnehin nichts Verwertbares dabei heraus.

Dennoch konnte Merkels Nachfolgerin (ab 1994) Claudia Nolte (CDU) den Report wegen anderer Verfahren noch immer nicht herausbringen – und verzichtete schließlich zugunsten der auf kirchliches Betreiben hin ins Leben gerufenen Enquetekommission des

Bundestags[539] gänzlich darauf. Dass der Endbericht dieser Inquisitionskommission (franz. „enquete" und lat. „inquisitio" haben in diesem Fall nicht umsonst dieselbe Wortwurzel) nicht zur Zufriedenheit der Kirchen ausfiel, lag nicht an der nach eigener Aussage „überzeugten Katholikin" Nolte, die kurz vor ihrer Berufung zu Helmut Kohls jüngster Ministerin gegenüber der Illustrierten *Tango* (13.10.94) die Kirche gegen den Vorwurf übermäßigen Reichtums in Schutz genommen hatte: „Eine Wirtschaftsmacht ist die katholische Kirche bestimmt nicht ... Mit diesen Unterstellungen wider besseren Wissens soll die Autorität der Kirchen untergraben werden", so Claudia Nolte. Bei den bösen „Sekten" vermutete sie jedoch eine „finanzielle Schlagkraft" und eine „Verbreitung im gesellschaftlichen Leben bis hin in hohe Etagen der Wirtschaft", die fast die Form einer „Unterwanderung" angenommen hätten.[540] Jugendliche Naivität oder bewusste Volksverdummung? Fast ist man versucht, der damals 28-Jährigen aus dem Osten Deutschlands ersteres zuzuschreiben. Doch was hat sie dann in einem Ministeramt zu suchen?

Rheinland-Pfalz: Minister Galle spuckt Gift und ...

Das könnte man beim rheinland-pfälzischen Sozialminister Ulrich Galle (SPD) auch fragen, der 1993 das Staatsvolk zur flächendeckenden Denunziation aller nicht-kirchlichen Glaubensaktivitäten aufforderte[541] – „zur Erleichterung liegt ... eine Rückantwortkarte bei".[542] Als dann Urchristen auf die Verleumdungen des Hessischen Rundfunks[543] mit einer Gegenüberstellung von kirchlichen Verleumdungen von heute und nationalsozialistischen Verleumdungen gegen die Juden aus den frühen 30er Jahren reagierten, hielt der CDU-Fraktionsvorsitzende Hans-Otto Wilhelm eine argumentative Auseinandersetzung mit diesem Thema für völlig überflüssig und ging statt dessen geradewegs in die Luft: Dies sei „völlig unerträglich", das Bundesland sei zu einem „Tummelplatz derartiger Gruppierungen" geworden – und das Universelle Leben fehle gar in Galles „Sektenbroschüre".[544] Das „Versäumte" holte Galle im März 1994 nach, indem er öffentlich vor dem Universellen Leben warnte: Es falle durch einen „totalitären Anspruch" auf, sei „in außerordentlich aggressiver Weise gegen die katholische und evangelische Kirche" eingestellt und versuche „durch die Gründung von Parteien (Urdemokraten) zu politischem Einfluss zu gelangen". (Es sei daran erinnert: eine einzige Gemeinderätin in einem einzigen Dorf!) Eine Nachfrage beim Ministerium ergab, dass man dort gar keine eigenen Unterlagen hatte – man übernahm einfach die Behauptungen des katholischen Rufmordbeauftragten Christoph Bussen (Diözese Speyer), die dieser zeitgleich in der *Rheinpfalz* (24.3.94) darlegte – nicht ohne die dreiste Lüge hinzuzufügen, im Universellen Leben sei nicht nur der Verzehr von Fleisch, sondern auch der Gebrauch von Medikamenten „untersagt". Sämtliche Ärzte und Patienten der von Urchristen geführten Klinik und Arztpraxen können das Gegenteil bezeugen – aber für einen katholischen Theologen gibt es eben nur eine Verbots-Ethik, etwas anderes kann er sich gar nicht vorstellen.

Die kirchlichen Nachrichtenagenturen griffen all diese Lügen wieder begierig auf – das bekannte Rufmord-Karussell setzte sich einmal mehr in Gang. Eine Anrufung der Gerichte erwies sich wiederum als erfolglos: Das Verwaltungsgericht Mainz (8.6.94) beanstandete, die Urchristen hätten nicht glaubhaft gemacht, dass das Ministerium seine Äußerung wiederholen würde – obwohl dieses noch im Prozess erklärt hatte, es sei weiterhin notwendig, vor dem Universellen Leben zu warnen.[545] Das Oberverwaltungsgericht Koblenz hingegen beschied (8.8.94), es sei dem Universellen Leben zuzumuten, ein mehrere Jahre dauerndes Hauptsacheverfahren zu führen – nach dem Motto der mittelalterlichen Inquisitionsrichter: Wir können es ruhig dahingestellt lassen, ob der „Ketzer" sogleich den Tod verdient hat; wir lassen ihn erst mal ein paar Jahre in den Rufmord-Kerker einsperren, dort wird er im Dreck der Verunglimpfungen schon von selbst verfaulen.

Minister Galle hielt derweil in Mainz eine „Fachtagung" über „neureligiöse Gruppen" ab – mit „Experten" wie Bussen und Helga Lerchenmüller[546] – und erklärte „Jugendsekten“ für „schlicht überflüssig“.[547] Ob der Minister einmal darüber nachgedacht hat, dass sich hinter dem Schimpfwort „Jugendsekte“ schlicht Menschen verbergen, die nach ihrem Glauben leben wollen? Was wäre gewesen, wenn er z.B. Arbeitslose, Ausländer, Behinderte, Vertriebenenverbände oder CDU-Mitglieder für „schlicht überflüssig“ erklärt hätte? Sein damaliger Ministerpräsident, der spätere Verteidigungsminister Rudolf Scharping, hätte ihn wohl umgehend gefeuert. Es ist bezeichnend für das Klima gegenüber religiösen Minderheiten, dass derlei faschistoide Äußerungen bei niemandem Protest auslösen.

Vorderseite

In seiner Menschenverachtung wird Minister Galle nur noch von der Jungen Union überboten, die 1993 eine Broschüre mit dem vielsagenden Titel „(In)sekten – nein danke!“ herausbringt – mit einer leibhaftigen Fliegenklatsche und drei Insekten auf dem Titelblatt!

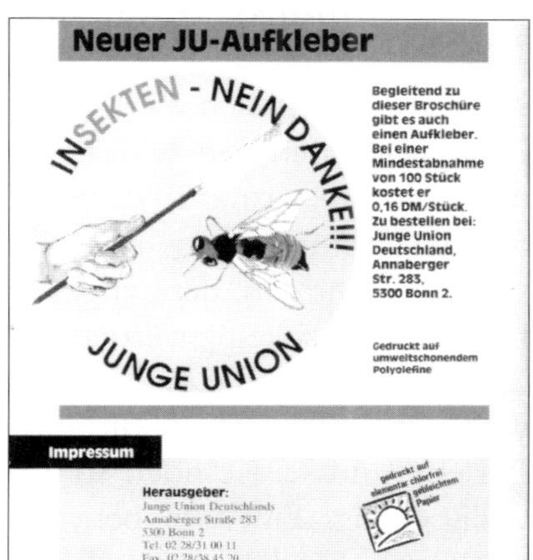

Rückerseite

Galles Nachfolgerin im Amt des Sozialministers, Rose Götte, (SPD) verstieg sich sogar zu einer öffentlichen Warnung vor den Marktständen der Firma *Gut zum Leben*[548], die der evangelische Pressedienst gerne in Umlauf brachte.[549] Und auch Göttes Nachfolgerin, Arbeitsministerin Malu Dreyer (SPD), hielt im Mai 2002 die „Geschäftstätigkeit“ von

Urchristen in Frankenthal[550] für „sehr problematisch".[551] Irgendwelche Beweise oder Begründungen kann auch sie nicht anführen; sie verlässt sich einzig auf Verleumdungen von kirchlicher Seite. Es scheint, dass die Kirchenhörigkeit der rheinland-pfälzischen Regierung nicht auf Entgleisungen von Einzelpersonen beruht, sondern System hat.

Und entsprechende Folgen. Was eine Landesregierung verkündet, wird auf kommunaler Ebene einfach nachgebetet; seinen eigenen Verstand schaltet dort kaum noch jemand ein. Welche Auswirkungen regierungsamtliche Verketzerungen im obrigkeitshörigen Deutschland haben, zeigt das Beispiel der Stadt Überlingen: Oberbürgermeister Patzel verweigerte dem Universellen Leben im Oktober 1994 die weitere Anmietung städtischer Räume mit der „Begründung", man habe „alle ... verfügbaren öffentlichen Erkenntnisquellen geprüft, insbesondere eine Veröffentlichung in der Illustrierten ‚Stern'[552]" sowie „Informationen ... aus anderen Bundesländern" – gemeint war, wie eine Nachfrage ergab, Rheinland-Pfalz. (Armes Deutschland, wenn es nur über kirchliche „Erkenntnisquellen" zu verfügen meint.)

Schleswig-Holstein: Bundesverdienstkreuz für „Sekten"-Hatz?

Deshalb fanden sich die Urchristen auch nicht mit dem „Bericht ... über Aktivitäten von Sekten in Schleswig-Holstein" ab, den die dortige Landesregierung 1995 veröffentlichte. Nicht nur, weil dort wieder die Behauptungen aus dem erwähnten kirchlichen Lexikon abgeschrieben wurden, der „angestrebte Christusstaat" solle „auch politische Wirklichkeit" werden, oder „neue geoffenbarte Heilmethoden" sollten „an die Stelle der Schulmedizin" treten. Sondern auch, weil erfahrungsgemäß die bloße *Erwähnung* in einem staatlichen Bericht, und sei sie noch so inhaltsleer oder sogar harmlos, bereits völlig genügt, eine Glaubensgemeinschaft in den Augen vieler Bürger und Behörden als aussätzig abzustempeln.

Obwohl die Urchristen wiederum ein Eilverfahren anstrengen, lässt sich das Verwaltungsgericht Kiel ein halbes Jahr Zeit – und lehnt dann den Antrag ab mit der „Begründung", dass die Kläger nicht gegen den als Herausgeber firmierenden Verlag, sondern gegen die Landesregierung direkt vorgegangen seien. Dass die Regierung den Bericht auf Anfrage ebenfalls versendete, interessierte das Gericht nicht. Im März 1996 gingen die Urchristen dann vor dem Oberverwaltungsgericht Schleswig notgedrungen einen Kompromiss ein: Die Landesregierung darf weitere Auflagen publizieren, muss allerdings die (oben erwähnten) schlimmsten Verleumdungen unterlassen.

Doch was so eine Landesregierung sich da aus den Giftschränken der kirchlichen Inquisitoren zusammenschustert, ist nicht irgendein unbedeutender Bericht von vielen. Wie sehr Behörden und Politiker sich dann auf Exposés verlassen, die auf solche Weise entstanden sind, wird an einem Mustervertrag deutlich, der Mitte 1996 allen Ausstellern auf einer Esoterikmesse in Lübeck vorgelegt wurde: „Der Veranstalter hat dafür Sorge zu tragen, dass Aussteller, die für Sekten werben, vor denen die Bundes- oder Landesregierung warnt, nicht an der Veranstaltung teilnehmen. ... Auf die Drucksache ... des Deutschen Bundestages wird hingewiesen." In Lübeck sorgt ein eigener städtischer „Beauftragter des Jugendamtes für Sekten und Psychokulte", Eberhard Arent, für stramm kirchlichen Kurs.

Bezeichnend für die Kirchenhörigkeit fast aller deutschen Regierungsstellen in Bezug auf religiöse Minderheiten ist, was der „Sektenbeauftragte" von Schleswig-Holstein, Hans-Peter Bartels, im Februar 1996 zu einer geplanten Tagung in Nordfriesland zum Thema „Neue religiöse Bewegungen und Psychokulte" zu sagen hat. Obwohl der Untertitel „Die Seelenfresser kommen?", durch ein Fragezeichen nur notdürftig kaschiert, an Stimmungsmache nichts zu wünschen übrig lässt, nimmt der SPD-Politiker Bartels daran Anstoß, dass die „umstrittenen Sekten" sich selbst vorstellen dürfen: Er lehne es kategorisch ab, „Sekten überhaupt eine Plattform zu

war das Verfahren vor dem Oberverwaltungsgericht noch immer anhängig. Der zuständige Richter Meinhardt, der es so lange verschleppt hatte, nahm im Frühjahr 2002 seelenruhig seinen Jahresurlaub und ging anschließend in Pension. Inzwischen brachte die Berliner Senatsverwaltung schon den nächsten „Sektenbericht“ heraus – diesmal zwar ohne Nennung einzelner Gruppen, aber mit einem Vorwort, in dem der Terroranschlag des 11. September 2001 nahtlos mit den „Gefahren“ der „Kultszene“ in Verbindung gebracht wird. Wer Näheres über einzelne Gruppen erfahren möchte, so heißt es weiter, könne ja die vorhergehenden Berichte im Internet durchsehen ...

Baden-Württemberg: Wer ist der beste „Sekten“-Jäger?

Wo eine Landesregierung nicht ganz so stürmisch an die Verunglimpfung von „Sekten“ herangeht, wie die Kirche sich das wünschen würde, dort stehen einzelne Politiker bereit, den Brand der modernen Inquisition nach Kräften anzublasen. Wie zum Beispiel der Fraktionsvorsitzende der CDU in Baden-Württemberg, Günter Oetinger, der im Oktober 1994 eine „detaillierte Untersuchung“ des Universellen Lebens für „dringend erforderlich“ hielt[560] – ohne aber sagen zu können, was die Urchristen sich konkret zuschulden kommen ließen. Gleichzeitig setzte Oetinger eine Behauptung in die Welt, die kurioserweise in zwei sich widersprechenden Versionen verbreitet wurde: Laut *Stuttgarter Nachrichten* (24.10.94) soll Oetinger – oder seine persönliche Referentin Susanne Eisenmann – gesagt haben: „Ethik-Offiziere von Scientology, eine Art Geheimdienst, haben der Sekte ‚Universelles Leben’ Nachhilfe gegeben.“ In der *Stuttgarter Zeitung* (25.10.94) hingegen steht zu lesen: „Der Scientology-Geheimdienst OSA ... schicke seine Leute zum UL, um sie dort in Öffentlichkeitsarbeit und ‚im Umgang mit Kritikern und staatlichen Sanktionen’ schulen zu lassen.“ Wer „schult“ nun wen?

Beide Versionen sind frei erfunden. Die Urchristen schreiben Oetinger, Eisenmann und beide Zeitungen an und weisen auf die merkwürdige Falschmeldung hin – doch keiner hält es für nötig, zu antworten. Mit einem „Ketzer“ spricht man nicht – er gehört zu den Unberührbaren.

Dass die Landesregierung auf eine entsprechende CDU-Anfrage schlicht feststellt: „Der Landesregierung sind keine gemeinsam durchgeführten Schulungsveranstaltungen von ‚Scientology’ und ‚Universelles Leben’ bekannt“, beeindruckt den Parteifunktionär Oetinger nicht. Die CDU-Fraktion bringt sogar eine eigene Broschüre über „Sekten als Gefahr für unsere Demokratie“ heraus, in der sie Verleumdungen Behnks und des Hessischen Rundfunks abdruckt.

Da will die SPD nicht zurückstehen. Mit besonderem Eifer macht sich die Landtagsabgeordnete Carla Bregenzer (SPD) aus Frickenhausen an die „Arbeit“. 1995 gibt sie in einer Landtagsdebatte über die „Sektengefahr“ Falschaussagen des Rufmordbeauftragten Behnk weiter. Als die Urchristen Frau Bregenzer daraufhin zu einem persönlichen Besuch einladen, damit sie sich selbst an Ort und Stelle von der Unhaltbarkeit ihrer Behauptungen überzeugen kann, erhalten sie noch nicht einmal eine Eingangsbestätigung.

21 Montag, 2. Dezember 1996

SPD-VERANSTALTUNG in Höhefeld (von links): Abgeordnete Clara Bregenzer, S rat Thomas Kraft und UL-Aussteigerin Irene Saft. Foto: Albert

»Existenz
ein Hinwei

SPD-Abgeordnete spr

Wertheim-Höhefeld. besuchte Diskussionsveranstal Thema »Sekten« fand auf Ein SPD-Ortsvereins Wertheim ar abend im Höhefelder Gemein statt. Die Hauptreferentin, Ca genzer, Landtagsabgeordnete tenpolitische Beauftragte der tagsfraktion, legte dabei den S punkt auf die Aktivitäten der gung »Universelles Leben« (U auch in Höhefeld nicht unbek Als besonders interessant wur etwa 80 Besuchern auch die St nahme der UL-Aussteigerin Ir aus Heilbronn empfunden.

Main-Echo

Ein Politiker, der sich zu seiner Profilierung auf das „Sekten"-Pferd geschwungen hat, wird freiwillig nicht wieder heruntersteigen. Er würde sich ja mit einer Untersuchung der Tatsachen sein Arbeitsgebiet – die Verleumdungsproduktion – kaputt machen, auf dem es sich so wunderbar holzen und Emotionen schüren lässt.

Carla Bregenzer ignorierte lieber die Tatsachen, verbreitete weiter allerlei kirchliche Verleumdungen („psychisch und finanziell abhängig", „Wirtschaftskonzern mit religiösem Deckmantel"[561] usw.) über die Urchristen und reichte im März 1996 eine Landtagsanfrage zum Thema Universelles Leben ein.

Die zuständige Kultusministerin Annette Schavan, zuvor Leiterin einer bischöflichen Studienstiftung, fand nichts dabei, dass hier einmal mehr unbescholtene Bürger zum Gegenstand einer offiziellen Ausforschung gemacht wurden – und sie hielt es auch nicht für nötig, die Betroffenen dazu anzuhören. Dennoch fiel im Mai 1996 das Ergebnis für die Urchristen gar nicht so schlecht aus: **Es gebe, so stellte die Landesregierung fest, keinerlei Anhaltspunkte, dass im Universellen Leben „Repressalien" gegen „Aussteiger" ausgeübt würden. Es gebe keine Hinweise, dass die Anhänger „ausgebeutet" würden, ja nicht einmal „Anzeichen von verfassungswidrigen Handlungen oder Einstellungen" konnten die Staatsdiener ausfindig machen. Gegen Schule und Klinik gebe es ebenfalls keine Einwände.** Die Ignoranz einer Ministerin, die angeschuldigte Mitbürger nicht einmal anhört, ging an ihrem Bericht allerdings nicht spurlos vorüber. So zitierte sie z.B. aus der gerichtsnotorisch bekannten Schmähschrift Hans-Walter Jungens[562] oder übernahm ungeprüft die Behauptung eines Kirchengutachtens, in Meditationskursen werde versucht, das „eigenständige Denken der Teilnehmer auszuschalten".[563] Dies scheint umgekehrt den Kirchen bei Politikerinnen wie Schavan oder Bregenzer sehr viel besser gelungen zu sein.

Dennoch: Die Urchristen waren in einem amtlichen Bericht – nach Bayern[564] – zum zweiten Mal öffentlich rehabilitiert worden. Wer nun aber geglaubt hatte, dass die Medien dies zur Kenntnis nehmen würden, der sah sich getäuscht: Die Presse[565] verschwieg die Kernpunkte, wonach es keinerlei Hinweise für Rechtsverstöße gibt – und griff zielsicher die wenigen Punkte heraus, wo die Regierung kirchliche Verdrehungen über angeblich „fragwürdige" Ehe- und Erziehungsvorstellungen der Urchristen wiedergegeben hatte. Der FDP-Landtagsabgeordnete Dr. Walter Döring nützte diese Stimmungslage dazu, mit auf den Anti-Sekten-Profilierungszug aufzuspringen und vor „dieser auch in Schwäbisch-Hall aktiven Psychogruppe nachdrücklich zu warnen".[566] Auch Döring griff wiederum nur die Kirchenpassagen (z.B. „im Besitz der alleinigen Wahrheit") aus dem Bericht heraus.

Baden-Württemberg ist ein gutes Beispiel dafür, wie sich offenbar karrieregierige Politiker mit populistischen Ausfälligkeiten gegen religiöse Minderheiten regelrecht zu überbieten versuchen. Carla Bregenzer fordert eine „Stiftung für Sektenopfer"[567] und präsentiert die etwas verwirrte „Aussteigerin" Irene Saft (S. 307 ff.), der Jahre nach einem Klinik-Besuch plötzlich einfällt, dass es ihr dort doch nicht so gut gefallen hatte. Und als der Lebensmittel-Versand „Lebe gesund!" im März 2003 einen Werbespot mit der Aufforderung „vegetarisch essen!" im Fernsehen schaltet, beeilt sich Bregenzer, die ARD aufzufordern, diesen Spot nicht mehr zu bringen.[568] „Begründung": Dadurch „konterkariere" man die „Aufklärungsarbeit" (wie Bregenzer sie versteht) über das Universelle Leben.

Währenddessen hält der „Sektenbeauftragte der Landesregierung", Hans-Werner Carlhoff, überall im „Ländle" Vorträge, in denen er von 50 „konfliktträchtigen Gruppierungen" spricht.[569] Einen „Kirchenbeauftragten", der die Bevölkerung etwa über die Sexualverbrechen von Priestern oder über die Gefahr ekklesiogener Neurosen aufklärt, gibt es bisher in keinem Bundesland.

Bayern: Minister als eifriger Religionsverfolger

Die Idee Carla Bregenzers, verfolgte Minderheiten als Täter hinzustellen, indem man „Hilfsfonds" für „Aussteiger" gründet, griff im Nachbarland Bayern der frischgebackene Verbraucherminister Eberhard Sinner (CSU) auf. Gemeinsam mit Landrat Waldemar Zorn (vgl. S. 236 ff.) gründete er im Juli 2001 einen „Spendenfonds" für „mittellose UL-Aussteiger".[570] Ausgerechnet Zorn, der als Bürgermeister von Hettstadt Urchristen scharenweise aus seinem Dorf vertrieben hatte, macht sich nun „Sorgen" um Anhänger des Universellen Lebens, die „regelrecht rausgemobbt" würden. Und Minister Sinner missbraucht sein Ministerbüro als Anlaufstelle für „Sektenopfer".

Bereits als Landtagsabgeordneter hatte Sinner seine merkwürdige Auffassung von Demokratie unter Beweis gestellt, als er im April 1997 Landrat Grein (Main-Spessart) massiv angriff: Dessen Behörde hatte es gewagt, in einer Frauenbroschüre neben zahlreichen katholischen, evangelischen und gewerkschaftlichen Einrichtungen auch einen urchristlichen Kindergarten und die urchristliche Sozialstation „Helfende Hände" anzuführen. Der Landrat hatte sich zuvor juristisch beraten lassen und war zu dem Schluss gekommen, der Staat dürfe aus Gründen der Gleichbehandlung die Aufnahme der Adressen nicht verweigern. Er ließ allerdings die Glaubenszugehörigkeit der urchristlichen Einrichtungen durch einen entsprechenden Zusatz angeben, damit jedermann sich frei entscheiden könne. Der *Bayerische Rundfunk* (Report München, 21.4.97) nahm prompt daran Anstoß und interviewte Behnk, der wieder einmal vor den „totalitären" Urchristen warnen durfte. Sinner warf dem Landratsamt vor, eine „Sekte" zu unterstützen, deren Lehre „mit der christlichen Botschaft nicht das Geringste zu tun" habe, und damit „die Bemühungen der Kirche" bei der Bekämpfung der Urchristen „in eklatanter Weise" zu unterlaufen.[571]

Besser hätte der Protestant Sinner gar nicht zum Ausdruck bringen können, dass er sich bei seiner politischen Arbeit nicht so sehr als

Volksvertreter, sondern eher als verlängerter Arm der Großkirchen versteht.

Gemeinnützigkeit: Anordnungen von „ganz oben" stellen alles auf den Kopf

Die Urchristen hatten in diesem Fall das Glück, dass im Landkreis Main-Spessart nicht die CSU, sondern die „Freien Wähler" den Landrat stellen – eine Gruppierung, in der es noch einen hohen Prozentsatz zwar konservativer, aber geistig unabhängiger Politiker gibt.[572] Wie hingegen andere bayerische Behörden im kirchlichen Sinne verfahren, mussten die Urchristen in der Frage der Gemeinnützigkeit erfahren. Normalerweise müssen Vereinigungen, die ausschließlich religiöse Ziele verfolgen, ihre Spenden nicht versteuern. Dies wurde auch beim Verein Universelles Leben e.V. jahrelang so gehalten. Bis dann Bürgermeister Zorn 1990 das Gerücht verbreitete, Christusbetriebe würden „keine Mark Gewerbesteuer" zahlen.[573] Das Münchner Finanzministerium ordnete daraufhin eine ausführliche Prüfung sowohl des Trägervereins Universelles Leben als auch der von Urchristen geführten Betriebe an, die jedoch im November 1992 zu einem auf der ganzen Linie entlastenden Ergebnis durch das Finanzamt Würzburg führte: „Die vereinnahmten Erlöse und Spenden werden ausschließlich und unmittelbar für den satzungsmäßigen Zweck verwendet. ... Anhaltspunkte für missbräuchlichen Einsatz von Spendengeldern in Gewerbebetrieben bzw. Begünstigung des Vereins durch die Betriebe wurden nicht festgestellt ... Die Prüfung ... hat keine Feststellungen getroffen, die einen Widerruf der Gemeinnützigkeit rechtfertigen würden." [574] In krassem Gegensatz zu all diesen Feststellungen ordnete das Finanzministerium am 3. Dezember 1993 an:

„Der Verein Universelles Leben e.V. kann nicht als gemeinnützig anerkannt werden. Die unter Vorbehalt der Nachprüfung stehenden Veranlagungen der Jahre 1989 bis 1991 sind entsprechend zu berichtigen. Die vorläufige Anerkennung der Gemeinnützigkeit für die Jahre ab 1992 ist zu widerrufen." Zur Begründung verfiel man auf die Idee, die von Urchristen geführten Unternehmen in einer Art „Gesamtschau" dem Universellen Leben zuzurechnen. Bei katholischen Klöstern, die in einer viel direkteren Weise wirtschaftlich tätig sind, kommt hingegen keine Behörde auf die Idee, diese in einer Art „Gesamtschau" der katholischen Kirche zuzurechnen. Diese im Widerspruch zu den eindeutigen Ergebnissen der einschlägigen Untersuchungen stehende Anordnung ist, so der Anwalt der Urchristen, „im Grunde ... Rechtsbeugung".[575] Der letzte Satz des ministeriellen Schreibens vom 3.12.93 lässt erahnen, was dahinter steckt: „Eine höchstrichterliche Klärung der gemeinnützigkeitsrechtlichen Sekten-Problematik ist von grundsätzlicher Bedeutung. Für die Beurteilung künftiger Fälle besteht daher Interesse, die zu erwartenden Rechtsmittel durchzusetzen."

Man will also in einer Art Musterprozess allen religiösen Minderheiten auf finanziellem Wege das Wasser abgraben. Die Urchristen erklären daraufhin, dass sie sich in Zukunft nicht mehr auf den Status Gemeinnützigkeit verlassen werden, solange dieser von einem Staat gewährt wird, der sich auf diese Weise zum Büttel der Machtansprüche der Großkirchen machen lässt. Von einem solchen „Kirchenstaat" wollen die Urchristen keine Almosen annehmen. Für einige bereits abgelaufene (und im Vertrauen auf die gewährte vorläufige Gemeinnützigkeit wie gewohnt abgerechnete) Jahre beginnen die Urchristen jedoch einen Finanzprozess – denn die Behörden verlangen nachträglich „Schenkungssteuer" für eingegangene gemeinnützige Spenden. Dieser Prozess ist bis heute (2003) noch nicht abgeschlossen.

Besonders pikant wird die Vorgehensweise der bayerischen Behörden, wenn man bedenkt, dass sie dem katholischen Münchner CSU-Stadtrat Bletschacher jahrelang unter dem Deckmantel der Gemeinnützigkeit Steuern in Millionenhöhe schenkten, obwohl es seit langem Hinweise auf Unkorrektheiten gab. „Amigo" Bletschacher wurde erst 1999 zur Rechenschaft gezogen und verurteilt – die Millionen waren futsch.

Wird auch der Osten schwarz?

Auch in den neuen deutschen Bundesländern, in denen Kirchenmitglieder nur eine Minderheit darstellen, gelingt es den Kirchen zunehmend, die Verfolgung religiöser Minderheiten nach westdeutschem Vorbild auf Kosten des Steuerzahlers zu etablieren. So gibt es in Thüringen mit Dr. Albrecht Schröter einen „Sektenbeauftragten", der für den Freistaat eine Kontaktstelle „Neureligiöse Bewegungen und Sondergemeinschaften" beim Thüringer Institut für Lehrerfortbildung leitet. Zum Universellen Leben behauptet Schröter gegenüber dem *Thüringer Wochenblatt*[576], es gehe „besonders aggressiv" gegen Kritiker vor und zeichne sich „durch eine enorme Intoleranz aus". In Sachsen hetzt der Rufmordbeauftragte der CDU, der Landtagsabgeordnete Christoph Teubner, die Öffentlichkeit gegen „Sekten" auf und lädt zu einer „sektenpolitischen Tagung" den Hobbyautor Jungen (S. 272 ff.) nach Dresden ein, der sich durch seine Schmähschrift gegen das Universelle Leben profiliert hat.[577]

Rennebach will Bundes-Inquisitorin werden

Viele Sekten haben es auf junge Menschen abgesehen

Die Sekten und pseudo-religiösen Gruppen boomen: Rund 600 Organisationen sind in der Bundesrepublik aktiv, 200 000 Menschen gehören ihnen an, ein bis zwei Millionen sympathisieren mit ihnen. Eine offenbar besonders gefährliche Sekte, die japanische AUM-Sekte („Höchste Wahrheit"), hat hierzulande nach eigenen Angaben nur ein Dutzend Mitglieder. In Japan steht die „Höchste Wahrheit" im Verdacht, in der U-Bahn von Tokio am 20. März das Attentat mit dem Nervengift Sarin verübt zu haben, bei dem zwölf Menschen getötet und 5500 verletzt wurden. In Japan und in anderen Ländern wird die AUM-Sekte nun verboten. Was geschieht in Deutschland? Rolf Henkel von unserer Bonner Redaktion sprach mit der Sekten-Spezialistin der SPD, der Bundestagsabgeordneten Renate Rennebach.

Gibt es eine Bestandsaufnahme der Sekten in Deutschland?

Rennebach: Das Problem Sekten und die Gefahr, die von ihnen ausgeht, wurde bis vor einiger Zeit völlig vernachlässigt. Zwar gibt es Auflistungen bei Sektenbeauftragten der Kirchen und der Länder. Aber darin sind nur die großen Organisationen enthalten. Eine fundierte Bestandsaufnahme gibt es leider nicht.

Die Grenzen in Europa sind offen, die Rattenfänger der Sekten können ungehindert in allen Ländern ihr Unwesen treiben. Weiß man darüber mehr?

Rennebach: Natürlich wissen wir, daß Scientology in den meisten europäischen Ländern aktiv ist. Weiterhin wissen wir auch, daß viele dieser Gruppierungen in die osteuropäischen Länder expandieren. Wer wo aktiv ist, können wir aber nicht mit Sicherheit sagen.

Also allgemeine Hilflosigkeit. Was muß geschehen?

Wir fragen ...

Renate Rennebach
Sektenexpertin der SPD

Rennebach: Wir brauchen endlich einen Sektenbeauftragten, zu dessen Aufgabe auch eine solche Bestandsaufnahme gehört.

Für Europa doch wohl?

Rennebach: Eigentlich schon. Aber ich wäre schon glücklich, wenn es in Deutschland einen Sektenbeauftragten gäbe, der bei erfolgreicher Arbeit Ableger in anderen europäischen Ländern bekommen könnte.

Welche Fähigkeit müßte ein Sektenbeauftragter mitbringen?

Rennebach: Vor allem gesunden Menschenverstand und Problembewußtsein.

Die AUM-Sekte wird in Japan verboten. Warum nicht auch in Deutschland?

Rennebach: Weil ein Verbot in Deutschland nur nach deutschem Recht möglich ist. Ich bezweifele, daß den zuständigen Behörden vorher die AUM-Sekte und ihre Machenschaften bekannt waren. Vielleicht ändert sich das ja jetzt. Grundsätzlich haben wir aber ein Problem, Gruppierungen, die sich selbst Religionsgemeinschaften nennen, juristisch zu bekämpfen oder gar zu verbieten. Deshalb brauchen wir in kürzester Zeit eine Bestandsaufnahme.

Und was geschieht, wenn die Bestandsaufnahme nachweist, daß eine Gruppe nur Geschäfte macht, Menschen ausbeutet und Verbrechen vorbereitet?

Rennebach: Wenn tatsächlich juristisch verwertbare Beweise vorliegen, kann man mit dem vorhandenen rechtsstaatlichen Instrumentarium vorgehen, also vom Gewerbe- und Steuerrecht über das Strafrecht bis hin zum Verbot. Nur ist es schwierig nachzuweisen, daß die Vergehen Auswüchse der jeweiligen Lehre sind. Zudem muß uns klar sein, daß Verbote das Problem nicht lösen, sondern nur eine Maßnahme von mehreren sein können. Außerdem sieht man bei den Rechtsradikalen, wie lange es dauert, bis Verbote ausgesprochen werden. Noch schwieriger wird es im pseudo-religiösen Milieu.

Vor welchen Sekten oder Gruppen würden Sie spontan warnen?

Rennebach: Natürlich vor Scientology, Moon, der rechten Polit-Organisation VPM (Verein zur Föderung der psychiatrischen Menschenführung), dem Universellen Leben und Fiat Lux. Sie alle verletzen die Würde des Menschen, verführen zumeist junge Leute. Manchen werfe ich kriminelle Machenschaften im wirtschaftlichen Bereich vor. Und Fiat Lux ist Scharlatanerie. Die rühren mit der linken Hand und einem Silberlöffel das Badewasser um und verkaufen es als Heilwasser. Alle beeinflussen Menschen, schinden Geld und verkaufen bestenfalls Aberglauben als Religion.

Heilbronner Stimme, 3.5.95

Auf Bundesebene ist es vor allem die SPD-Bundestagsabgeordnete und lutherische Synodalin Renate Rennebach[578], die zur „Bekämpfung" der „Sekten" aufruft und dafür die Position eines „Bundessektenbeauftragten" eingerichtet haben will – offenbar mit sich selbst als erster Inhaberin. Sie wirft dem Universellen Leben und anderen Glaubensrichtungen pauschal vor: „Sie alle verletzen die Würde des Menschen, verführen zumeist junge Leute." [579] Als sie aufgefordert wird, ihre Behauptungen zu präzisieren oder sich selbst ein Bild von den Urchristen zu machen, hält sie es nicht einmal für nötig, zu antworten. Erst als die Urchristen nach einer „Telefonaktion" zum Thema „Sekten", bei der neben SPD-Abgeordneten auch der lutherische Rufmordbeauftragte Hemminger[580] auf Fragen des Publikums antwortet, mehrere Abgeordnete der SPD anschreiben, bequemt sich Rennebach zu antworten: „Einen Beitrag zur Korrektur Ihres offensichtlich bestehenden Eindrucks, wir seien falsch oder unzureichend über Ziele und Praktiken des Universellen Lebens informiert, können Sie selbst dadurch leisten, indem Sie uns ein aussagefähiges Organigramm über die innere Struktur Ihrer Organisation zur Verfügung stellen sowie uns Auskunft geben über die mit dem Universellen Leben und seinen Führungspersonen zusammenhängenden Betriebe und Beteiligungen. Wir werden sodann diese Unterlagen sorgfältig prüfen und auch die Frage, ob sich daraus Gesprächsbedarf für uns ergibt." [581]

Aus diesen Zeilen spricht die Arroganz der Inquisition, die offenbar auch in Rennebachs Genen steckt: Wir sprechen nicht mit dem „Ketzer" über seinen Glauben – er hat vielmehr *uns* umfassend Auskunft zu geben. Glauben schenken wir ihm sowieso nicht, da in unseren Inquisitionsakten immer die Wahrheit steht!

Und diese Akten füllt Rennebachs Parteigenosse Wolfgang Behnk. So behauptet Rennebach laut einer dpa-Meldung, das Universelle Leben habe „gegenüber dem Sektenbeauftragten der evangelischen Kirche sogar schon mit religiösem Massenselbstmord gedroht".[582] Nach anwaltlicher Intervention nimmt sie diese böse Verleumdung zurück – doch ohne sich dafür zu entschuldigen, denn ausgesprochen und verbreitet wurde sie. Um „ihre" Enquetekommission durchzusetzen, macht Rennebach der Öffentlichkeit Angst vor „600 Sekten" in Deutschland. Erst nach dem für alle „Sekten"-Jäger enttäuschenden Ergebnissen der Enquete wird es um Rennebach etwas stiller. In der Koalition mit den Grünen sind ihre hochfliegenden Karrierepläne offenbar auf Eis gelegt.

Diskriminierung auf kommunaler Ebene

Nicht auf Eis liegen aber die Auswirkungen kirchlicher und staatlicher Hetze auf untergeordnete Behören. So beobachtet der Nürnberger Rechtsreferent Hartmut Frommer „das Treiben von Sekten und anderen schwer zu durchschauenden Gruppen“ auf Messeveranstaltungen „mit zunehmender Sorge. Zuletzt war es die Gruppe ‚Universelles Leben’, die sich auf der Gesundheitsmesse Ende April im Messezentrum präsentieren durfte.“ Damit, so Frommer, „müssen wir uns noch befassen.“ [583] In Wahrheit war es übrigens nicht das Universelle Leben, sondern der *Lebe gesund!*-Versand, der an der Messe teilnahm.

In Würzburg lehnt es Anfang 1999 die Stadt auf Betreiben des katholischen Rufmordbeauftragten Singer ab, dem Universellen Leben ein Schild zu genehmigen, mit dem an der Ortseinfahrt auf das sonntägliche Treffen der Urchristen hingewiesen wird – ähnlich wie dies für katholische oder protestantische Gottesdienste längst der Fall ist. Die Urchristen müssen sich auch diese Selbstverständlichkeit vor Gericht erstreiten.

Österreich: Ihr könnt ja zu Hause beten

Auch in Österreich wird die „Sektengefahr“ an die Wand gemalt. Die *Kronen-Zeitung* (12.6.96) hat wohl den richtigen Riecher, wenn sie die aufgeblasenen Worte des ÖVP-Klubchefs Khol über „üble Geschäftemacherei in Zusammenhang mit geistiger Versklavung“ direkt auf einen kurz zuvor in Slowenien erfolgten „dramatischen Aufruf“ des Papstes „zur Sektenfrage“ zurückführt. Familienminister Bartenstein zeigt sich „bereit, entschlossen gegen das Sektenunwesen aufzutreten“, [584] und kündigt eine „Broschüre über Sekten“ an, die dann im November 1996 erscheint, obwohl es auch nach österreichischem Verfassungsrecht nicht statthaft ist, Religionsgemeinschaften unterschiedlich zu behandeln, also vor den einen zu warnen und vor anderen nicht. Obgleich sich der Staat laut Broschürentext nicht „mit einer oder mehreren bestimmten Kirchen ... solidarisieren" darf, schreibt das Ministerium bezüglich des Universellen Lebens einfach ganze Passagen aus einer Broschüre der Erzdiözese Wien ab, hält also eigene Recherchen erst gar nicht für nötig. Wie in deutschen Kirchentexten wird wiederum nicht zwischen der großen Mehrzahl der Anhänger des Universellen Lebens und der kleinen Gruppe, die sich in der Bundgemeinde „Neues Jerusalem" eigene Regeln gab, unterschieden; es wird beispielsweise der Eindruck erweckt, alle Urchristen müssten in Wohngemeinschaften leben. Wieder wird suggeriert, Kinder würden nicht bei den Eltern aufwachsen und die Urchristen seien überzeugt, nur sie überlebten den „Weltuntergang". Ein Gerichtsverfahren gegen die Aufnahme der Urchristen in diesen Report wird bis heute von der österreichischen Justiz verschleppt.

In der Broschüre behauptet Bartenstein ganz ungeniert, die Verpflichtung des Staates zum Schutz der Religionsfreiheit beziehe sich nur auf „gesetzlich anerkannte Kirchen und Religionsgemeinschaften" mit über 2000 Mitgliedern. Kleineren Religionsgemeinschaften „ist die sogenannte ‚häusliche Religionsausübung' gestattet ... "[585]

So ist das also: Wer der Kirche nicht passt, wird unter dem Vorwand der Mitgliederzahl zur Glaubensgemeinschaft zweiter Klasse gemacht, die gerade noch zu Hause beten darf. Der k.u.k. Obrigkeitsstaat Metternichscher Prägung[586] lässt grüßen.

Vollends zur Realsatire gerät die Broschüre, wenn es um die Kriterien für die „Gefährlichkeit" einer Gruppe geht. „Wird keine oder kaum Kritik in der Gemeinschaft zugelassen?" – wer denkt da nicht an die vielen Lehrverbote für kritische katholische Theologen? „Werden die Mitglieder dazu gedrängt, intime Details aus ihrem Leben offenzulegen?" – wer denkt da nicht an die Beichte? „Herrscht ein spürbarer Druck, möglichst rasch Mitglied zu werden?" – Auch hier geht der erste Platz eindeutig an die Groß-Sekten mit ihrem Zwang zur Säuglingstaufe.

Doch das war erst der Anfang: Eine neu geschaffene „Sektenstelle" soll in Österreich „öffentlich zugängliche Daten" über religiöse Minderheiten sammeln, etwa, „welche Personen in Sekten an führender Stelle tätig sind".[587] Die Großkirchen werden von dieser mit fünf Millionen Schilling staatlich dotierten Spitzeltätigkeit in einem eigens dafür verabschiedeten Gesetz ausdrücklich ausgenommen. Wegen dieser offensichtlichen Diskriminierung und Bespitzelung von Minderheiten wurde Österreich von den in Bezug auf Religionsfreiheit recht wachsamen Vereinigten Staaten öffentlich gerügt. Solche Gesetze seien „nicht mit der Europäischen Menschenrechtskonvention sowie anderen internationalen Übereinkommen" vereinbar.[588]

Auch in Österreich berufen sich kommunale Behörden (etwa in Linz) auf die Nennung des Universellen Lebens in dieser Broschüre, um damit z.B. die Verweigerung der Anmietung städtischer Räume zu rechtfertigen. In Linz gibt außerdem das Familienministerium des Bundeslandes Oberösterreich gemeinsam mit dem Bischöflichen Pastoralamt (!) im Juni 1998 eine eigene Broschüre zum Thema „Sekten – (Un-)Wissen und (Un-) Wesen" heraus. Verfasser ist der Rufmordbeauftragte des Bistums Linz, Andreas Girzikowsky persönlich; auf der Rückseite wird für die Lektüre der *Kirchenzeitung* geworben. In einer Pressemeldung warnt der Autor speziell vor dem Universellen Leben, das „Österreich und die Schweiz auf ihrem Speisezettel" habe.[589] Der oberösterreichische Landeshauptmann Josef Pühringer wirft „Sekten" mit „Drogensucht" in einen Topf.[590] Dasselbe tut der Salzburger Landesschulratspräsident Gerhard Schäffer: An den Schulen sei „Werbung für Alkohol, Drogen oder Sekten" verboten.[591] Im Bundesland Salzburg werden Schulleiter von kirchlichen und staatlichen „Experten" auch aus Deutschland gegen „Sekten, Psychoterror und Satanskult" [592] aufgehetzt. 270 Schuldirektoren nehmen an einer Tagung des Landesschulrats teil – 75 Prozent aller eingeladenen, wie Regierungsrat Stöglehner stolz vermerkt. Da will das benachbarte Südtirol nicht zurückstehen: Die Provinz Südtirol ernennt im September 1998 einen staatlichen Sektenbeauftragten ...

Als in Oberösterreich Landeshauptmann Pühringer unter der Überschrift „Auf der Suche nach dem Sinn“ eine weitere Auflage seiner „Sekten“-Broschüre herausbringt (2002), meldet sich mit Professor Ernö Lazarovits ein ehemaliger Häftling des Konzentrationslagers Mauthausen und Mitglied des ungarischen Zentralrats der Juden zu Wort. In einem Brief an Pühringer und an Bundespräsident Klestil weist er darauf hin, dass er aufgrund seiner leidvollen Erfahrungen im KZ sensibel für Menschen sei, die wegen ihrer religiösen Überzeugung angefeindet werden: „Aus Erfahrung kann ich sagen, dass es mit der Judenverfolgung so begonnen hat, dass man uns zuerst schlecht gemacht hat, was im weiteren den Vorwand lieferte, die wohl auch ihnen bekannten nächsten Schritte zu setzen. Heute werden Gedenkfeiern abgehalten und bei jeder dieser Veranstaltungen wird beschworen: So etwas darf nie wieder passieren!! Dem kann man nur beipflichten, jedoch muss man besonders ‚den Anfängen wehren’. Mit großer Beunruhigung muss ich daher feststellen, dass mit der von der katholischen Kirche und dem Land Oberösterreich herausgegebenen CD-Rom mit dem Titel ‚Auf der Suche nach dem Sinn’ eine Behandlung von Andersgläubigen praktiziert wird, die man im Ansatz als kollektives Schlechtmachen bezeichnen kann, so wie man uns seinerzeit den ‚Judenstern’ umhängte. Damals waren es ‚nur’ die Juden, heute sind es ‚nur’ die ‚Sekten’ – wo ist der Unterschied?“

Als der Anwalt der Urchristen diese bemerkenswerte Stellungnahme eines international renommierten jüdischen Mitbürgers in Deutschland über die bekannte Medienagentur „News aktuell“ (Hamburg) gegen entsprechende Bezahlung verbreiten lassen will, wird ihm dies verweigert.

Wer hilft den Urchristen?

Angesichts all dieser Diskriminierungen durch staatliche Stellen wandten sich die Urchristen an die deutschen Bundespräsidenten Richard von Weizsäcker, Roman Herzog und Johannes Rau um Hilfe. Außer nichtssagenden Eingangsbestätigungen erhielten sie keine Antwort. Sie wandten sich 1994 mit einer Petition an die Menschenrechtskommission der Vereinten Nationen in Genf. Dort hörte man ihnen immerhin aufmerksam zu. Der UN-Sonderberichterstatter für die Freiheit der Religionsausübung, Abdelfattah Amor, vermerkte im Mai 1996 in seinem Jahresbericht in Bezug auf Deutschland: „Menschen sollten nicht diskriminiert werden, weil sie einer Sekte angehören." Deutschland begebe sich hier auf einen „gefährlichen Weg".[593] Amor führte weiter aus, dass er Informationen erhalten habe, wonach Bundes- und Länderbehörden die Urchristen im Universellen Leben „durch entworfene oder veröffentlichte Berichte, in denen diese Gemeinschaft als Sekte oder ‚extremistische religiöse Gruppe', die eine Gefahr darstelle, in Ketten gelegt" (to shackle) habe. Doch was vermag die Macht der Vereinten Nationen im Vergleich zur Macht der Kirche? Die Bundesregierung leugnete gegenüber der UNO einfach, dass hier eine Diskriminierung vorliege[594] – und alles blieb beim alten. Und das, obwohl schon 1994 vom Bayerischen Verwaltungsgerichtshof festgestellt wurde, ***dass das Universelle Leben „eine Religionsgemeinschaft im Sinne von Art. 140 GG", also im Sinne der Verfassung ist.****

* Vgl. dazu: „Fakten aus Behördenakten", Manuskript, erhältlich bei: Kanzlei Dr. Sailer/Dr. Hetzel, Max-Braun-Str. 2, D- 97828 Marktheidenfeld, www.sailer-hetzel.com

Kapitel 3

Abschnitt 15

DIE AUSWIRKUNGEN DER KIRCHLICHEN VERLEUMDUNGSKAMPAGNE

Über Jahrzehnte immer wieder öffentlich verbreitete Verleumdungen gegen eine religiöse Minderheit verfehlen ihre Wirkung nicht. Wir haben bereits einen Teil dieser Auswirkungen kennen gelernt – erinnert sei an die Versuche, urchristlichen Marktständen die Kunden abspenstig zu machen (S. 169 ff.), an die Blockade von Informationsständen (S. 367 ff.) oder von Werbespots im Radio (S. 330 ff.), an die Verweigerung von staatlichen Zuschüssen (S. 335 ff.), an Beleidigungen auf der Straße oder am Telefon insbesondere nach entsprechenden Fernsehsendungen (S. 321 ff.) oder an die Vernichtung von Arbeitsplätzen durch einen Hetzer im Pfarrertalar (S. 332 ff.).

Es ist kein Zufall, dass die meisten der soeben erwähnten Beispiele dem Kapitel über „Pfarrer" Behnk entstammen. Es gab und gibt jedoch eine Vielzahl weiterer kirchlicher Ehrabschneider und staatlicher Handlanger, die in Büchern, Zeitungsartikeln, Rundfunk- und Fernsehsendungen oder von der Kanzel die Verleumdungsmuster wiederholten, die ihnen von den „Chefinquisitoren" vorgegeben wurden. Wir konnten in diesem Buch bei weitem nicht alle erwähnen – es hätte den Leser wohl auch gelangweilt. Eines aber haben alle Inquisitoren gemeinsam: Sie wissen sozusagen instinktiv, dass sie, wollen sie die Ausbreitung der „Ketzerei" wirksam verhindern, den „Ketzern" auf allen Ebenen das Wasser abgraben müssen. Es geht darum,

- zum einen die Glaubensgemeinschaft in ihrer Religionsausübung direkt zu treffen;
- zum zweiten die ökonomische Basis der Mitglieder zu zerstören

– und zum dritten den einzelnen Urchristen zu verunsichern und einzuschüchtern durch persönliche Beleidigungen und Drohungen z.B. im Hinblick auf den Verlust der Wohnung oder des Arbeitsplatzes.

Gebt ihnen keine Räume!

Ein geschickter Inquisitor wird sich dabei selbst weitgehend im Hintergrund halten. Erst wenn „seine“ Leute in den Amtsstuben oder etwa eingeschüchterte private Vermieter nicht von selbst richtig „spuren“, wird er entsprechend nachhelfen, wie wir es exemplarisch bei einem Anruf Behnks in einer Stadtverwaltung (S. 334 f.) beobachten konnten. In weit über hundert Fällen wurden den Urchristen im Universellen Leben Säle für Veranstaltungen verweigert – meist ohne Angabe näherer Gründe oder mit der vagen Ausrede, es habe „Anrufe“ und „Beschwerden“ gegeben. Wer sich dahinter verbirgt, ist unschwer zu erraten; und oft genug wird das „Geheimnis“ unfreiwillig gelüftet: Da erhebt dann der Pfarrgemeinderat Einspruch (wie 1982 in St. Anton/Tirol), der Stadtpfarrer stößt Drohungen aus (wie 1983 in Altötting) oder hetzt seine Gläubigen gegen den Veranstalter auf (wie 1984 in Garching, wo dem Vermieter eines Saales telefonisch mit dem Einschlagen von Fensterscheiben gedroht wurde). In Heidenheim wird 1989 die Vermietung eines öffentlichen Raumes abgelehnt – den Abgewiesenen wird bedeutet, der katholische Pfarrer trage dafür die Verantwortung. In Tegernsee wird 1990 ein Gemeindesaal verweigert, weil das Jugendamt des Landkreises mit dem Münchner Rufmordbeauftragten Liebl Kontakt aufgenommen hatte. In Bad Neustadt an der Saale schreiben die Dekane beider Konfessionen 1991 verschiedene Gastwirte an und fordern sie auf, keine Räume an das Universelle Leben zu vermieten. In Baiersbronn im Schwarzwald predigt der lutherische Pfarrer 1995 sogar von der Kanzel gegen die Urchristen, weil diese in einem Café vor Ort gelegentlich einen Raum anmieten – und die Wirtin knickt ein. Auch eine Gastronomin in Ansbach hält 1995 dem Druck nicht stand – die Pfarrer im Ort sorgen dafür, dass ihr Lokal, das sie gelegentlich an Urchristen vermietet, boykottiert wird, und man verbreitet auch noch das Gerücht, sie wolle das Objekt an das Universelle Leben verkaufen ...

Manchmal kommen die Pfarrer allerdings auch zu spät – was ihre Wut nur steigert: Als junge Urchristen 1993 im Würzburger Mozartgymnasium einen Film über den Reichtum der Kirchen vorführen, regen sich anschließend die Dekane Kurt Witzel (kath.) und Joachim Beer (ev.) öffentlich auf. Stadtschulrat Reiner Hartenstein hatte es gar für notwendig gehalten, sich vorab beim Generalvikar der Diözese zu entschuldigen.[595]

Kurorte betrachten die Kirchen in besonderer Weise als ihr Terrain, weshalb auch im August 1984 die Besucher eines Vortrages des Universellen Lebens in Bad Neustadt an der Saale vor verschlossener Türe stehen. Die Kurverwaltung beruft sich auf „viele Anrufe", die es gegeben habe. Die Kurverwaltung in Bad Endorf spricht 1985 unverhüllt von der „Einstufung des Heimholungswerks als Sekte". Der kirchlich angeheizte Ablehnungseifer führt manchmal zu unfreiwillig satirischen Stilblüten. So verweist die staatliche Kurverwaltung in Bad Steben 1986 zur Begründung einer Absage eines Vortrages zum Thema „Gibt es ein Leben nach dem Tod" auf die „erfolgreiche Kurseelsorge beider Konfessionen" und die „Ablehnung dieser Thematik". Ähnlich reagiert die Kurverwaltung Bad Dürrheim, die 1988 auch die „Interessen der evangelischen und katholischen Kurseelsorge" berücksichtigen will und „keinen zusätzlichen Bedarf" sieht. In Bad Abbach wird den Urchristen ein bereits angemieteter Raum wieder gekündigt – der Kurseelsorger hatte angerufen.

Auch andere öffentliche Einrichtungen tun sich mit der Vergabe von Räumen an „Ketzer" schwer. Die Erziehungswissenschaftliche Fakultät der Universität Erlangen verweigert 1987 einen Raum „nach Rücksprache mit Vertretern des Faches Theologie" – und zeigt damit, wer hier das Sagen hat. Die Universität Marburg verweigert 2001 die Anmietung eines Saales mit der Begründung, das Universelle Leben sei eine „Sekte", die „Position gegen die ... Kirchen bezieht". Das Deutsche Jugendherbergswerk kündigt 1993 Räume für ein Treffen junger Urchristen, weil „erhebliche Zweifel entstanden" seien, ob das Universelle Leben „den Grundsätzen des Miteinanders im Deutschen Jugendherbergswerk entspricht". An die Jugendherberge in Weinheim wendet sich 1996 sogar der Oberbürgermeister von Karlsruhe, um eine Veranstaltung der Urchristen zu verhindern. In der Jugendherberge Lam im Bayerischen Wald wird jungen Urchristen 1997 mitgeteilt, man könne sie nicht beherbergen – sie stünden in der Münchner Geschäftsstelle auf einer Liste von „Sekten". Die Stadt Osnabrück beruft sich bei einer Saalabsage 1994 auf Äußerungen der Bundesregierung; die Stadt Leverkusen meint 1997, das Universelle Leben verfolge „Ziele, die durch eine für ein demokratisches Gemeinwesen geschaffene Einrichtung nicht gefördert werden können". Das Novapark-Hotel in Wien beruft sich bei einer Absage 1999 auf den Familienminister in Wien und einen „Netzwerk-Verein gegen destruktive Kulte".

In einigen Fällen kann die Kirche auf Vermieter direkten Druck ausüben, weil sie bekanntlich sehr viele Immobilen besitzt. Etwa in Heidelberg, wo der örtlichen Gruppe des Universellen Lebens ein bereits abgeschlossener Mietvertrag wieder gekündigt wird, weil die badische evangelische Landeskirche finanziell am Gebäude beteiligt sei. In Paderborn (1994) genügt es schon, dass der Vermieter und sein Steuerberater mit der Kirche zusammenarbeiten, um nach nur drei Monaten einen Mietvertrag ebenfalls platzen zu lassen. Auch in Wiesbaden müssen die Urchristen nach einem Vierteljahr ihre angemieteten Räume bereits wieder verlassen – es wird ihnen mitgeteilt, dass die Besitzerin des Hauses, eine „Aachener Grundvermögen Kapitalanlage GmbH", ein „Vermögensträger im Bereich der katholischen Kirche" sei. Die Urchristen verlassen die Räume und erhalten nicht einmal die Maklerprovision zurück.

Manche Gastwirte sind wenigstens so ehrlich, „Angst vor Geschäftsschädigung" oder vor dem „Druck der Öffentlichkeit" anzugeben, wie in Lippstadt (1984), oder in Winterthur, wo 1994 das Hotel Wartmann einen verleumderischen Artikel Hugo Stamms im Zürcher *Tagesanzeiger* [596] zum Anlass nimmt, sämtliche Reservierungen zu stornieren: Es sei für das Hotel „äußerst unangenehm, im Zusammenhang mit Ihnen öffentlich erwähnt zu werden". Im Bayerischen Hof in Bayreuth spricht man 1995 von „Rufschädigung". Doch was mag sich wohl die Stadt Freilassing dabei gedacht haben, als sie 1984 einen Saal ausgerechnet wegen „Neutralität in religiösen Fragen" (!) verweigerte?

Nehmt ihnen die Werbemöglichkeiten!

Selbst wenn die Anmietung eines Saales gelingt: Um die Bevölkerung auf Veranstaltungen hinzuweisen, ist man auf öffentliche Werbemöglichkeiten angewiesen. Hier weigern sich aber die städtischen Reklamefirmen in zahlreichen Städten (z.B. München, Bremen, Frankfurt, Bamberg) ebenso wie die Eisenbahnreklame-Stellen in Deutschland und Österreich, Plakate des Universellen Lebens anzunehmen oder den Urchristen Schaukästen zu vermieten. Wo untergeordnete Stellen dies dennoch tun, werden sie sehr bald zur Räson gebracht – wie die Bahnhofsverwaltung von Neunkirchen bei Wiener Neustadt, die im April 2000 bereits bezahlte Plakate der Urchristen wieder abnehmen ließ: Die Regionalleitung Wien Süd hatte dies angeordnet, weil das Universelle Leben in Bartensteins Sektenbroschüre[597] enthalten war.

Bleiben als Werbemöglichkeit noch die aufwändige Verteilung von Flugblättern oder das Aufstellen von Informationsständen, was aber häufig gegen den penetranten Widerstand der Behörden regelrecht erkämpft werden muss.[598] Gegen gutes Geld kann man auch Anzeigen in der Tagespresse schalten – sollte man meinen. Doch für „Ketzer" ist auch das nicht so einfach. Über 200 Zeitungen und Zeitschriften im deutschsprachigen Raum lehnen Anzeigen von Urchristen ab – und berufen sich dabei, wenn sie überhaupt Gründe nennen, auf kirchliche Rufmordbeauftragte, deren Verleumdungen sie in ihren Ablehnungsbriefen zum Teil wörtlich wiedergeben.[599] In vertraulichen Gesprächen verweisen dann auch Vertreter großer Verlage auf die Macht der Kirchen, die auch wirtschaftlichen Einfluss z.B. auf Anzeigenkunden nehmen können.

Auch wenn das tägliche Leben eines Urchristen normalerweise (soll man sagen: *noch*?) kein tägliches Spießrutenlaufen ist, so ist doch immer wieder zu spüren, dass die kirchlichen Verleumdungen bereits ihren Weg in die Köpfe vieler Menschen gefunden haben. Über hundert Drohungen und Beleidigungen gegen Urchristen wurden dokumentiert[600], unter denen „Sektenschwein" noch das gelindeste ist, und selbst Forderungen nach „Vergasen" und „An-die-Wand Stellen" nicht eben selten vorkommen. Weniger emotionale Zeitgenossen schauen den Urchristen zumindest mitleidig an. Häufig, besonders nach aufhetzenden Fernsehsendungen, entlädt sich die Abneigung gegen die Andersgläubigen auch in blinder Zerstörungswut: In über 60 Fällen wurden Anschläge auf urchristliche Einrichtungen verübt, darunter acht zerstörte Schaukästen in verschiedenen Städten, Schmierereien, eingeworfene Scheiben. Besonders häufig wurde das Gebäude des Universellen Lebens am Haugerring,

Main Post, 19.1.1989

Schuß durch Scheibe

In der Zeit vom 12. Januar, 15 Uhr, bis 13. Januar, 13 Uhr, schossen unbekannte Täter, vermutlich mit einem Kleinkalibergewehr, durch eine 4,50 × 2,30 Meter große Scheibe eines Anwesens an der Ecke Haugerring/Mariengasse. Der Schaden beträgt nach Mitteilung der Polizei 4000 bis 5000 DM. Zeugen des Vorfalls werden gebeten, sich mit der Polizeiinspektion Würzburg-Ost, Tel. 3841, in Verbindung zu setzen.

Volksblatt, 18.1.1989

Kurz gemeldet

Schütze zielte auf Schaufenster

Einen Schaden von rund 5000 Mark richtete ein unbekannter Schütze an, der in der vergangenen Woche vermutlich mit einem Kleinkalibergewehr das Schaufenster eines Geschäftshauses am Haugerring/Ecke Marienstraße ins Visier nahm. Der Täter durchschoß die rund 4,5 mal 2 Meter große Glasscheibe, die zum Zentrum des „Universellen Lebens" (Heimholungswerk) gehört. Die Tatzeit liegt zwischen Donnerstag nachmittag, 15 Uhr, und Freitag, 13 Uhr. Zeugen des Vorfalls bittet die Polizeiinspektion Würzburg-Ost um Mithilfe bei der Ermittlung des Täters. Telefon 3841.

Die Leuchtschilder vor dem Haus des Universellen Lebens werden mehrfach mit Steinen zerstört (hier: Dez. 1990)

schräg gegenüber dem Würzburger Bahnhof, zur Zielscheibe von Attacken. Allein dreimal wurden dort die freistehenden Leuchtreklameschilder mit Steinen eingeworfen, es wurden beim Eingang aufgestellte Schriftentische umgeworfen, angezündet – Anfang 1989 schoss sogar jemand mit einem Kleinkalibergewehr durch die Fensterscheiben. Im Fall des angezündeten Schriftentisches wurde später der Täter ermittelt – er stammte aus der rechtsradikalen Szene. Man sieht, welche „Früchte" die kirchliche Intoleranz zeitigt ...

Entzieht ihnen die wirtschaftliche Existenz!

Mehrfach beschädigt wird im Sommer 1993 auch ein Rezeptkasten, den die von Urchristen betriebene Apostel-Apotheke aus Esselbach im entlegenen Spessartdorf Schollbrunn anbringt. Bisher hatte die Spessart-Apotheke in Kreuzwertheim die Schollbrunner mit Medikamenten beliefert, doch nun hat sich auch die näher gelegene neue Apotheke in Esselbach auf eine Anfrage der Apothekenkammer hin dazu bereit erklärt. Die Kammer sieht für solche Fälle einen eineinhalbjährigen Turnus vor, in dem sich die Apotheken abwechseln. Ein ganz normaler Vorgang? Nicht, wenn Urchristen beteiligt sind. Der Kreuzwertheimer Apotheker Schäfer unterläuft den Wechsel, indem er in Flugblättern seine Bereitschaft bekundet, auch weiterhin Medikamente zu liefern, und indem er seinen Kasten – mit der Aufschrift eines anderen Namens – im Ort hängen lässt. Das Main-Echo (26.6.93) berichtet über „Verunsicherung" der Bürger (wer hat sie wohl verunsichert?) und über die „Befürchtung ..., dass das Universelle Leben durch das Austragen der Medikamente die häuslichen Verhältnisse der Bewohner gut kennenlernen und versuchen könnte, Dienstleistungen des Universellen Lebens (Pflegedienst ‚Helfende Hände') anzubieten". Der Inquisitionsgehilfe Thomas Müller [601] schreibt einen Leserbrief[602], in dem er sich über die Apothekenkammer beschwert, welcher der Glaube der neuen Apothekerin gleichgültig sei (was ja der Verfassung ausnahmsweise einmal entspricht!) und zu dem Schluss kommt: „Schollbrunn muß sich selbst helfen!"

So war es auch im Mittelalter: Wer einen Konkurrenten ausschalten wollte, denunzierte ihn einfach als „Ketzer" oder als „Hexe" – und der Fall war erledigt. Nachdem durch die kirchliche Propaganda im Ort ihr Rezeptkasten kaum mehr in Anspruch genommen wurde, verzichtete die urchristliche Apotheke darauf.

Nur ein Fall von vielen, der zeigt, wie man Urchristen die wirtschaftliche Existenzgrundlage abzugraben versucht. Deutlich wurde dies auch am Beispiel der Marktstände (S. 169 ff.) oder, im Extremfall, der in ihrer Existenz vernichteten Firma *EDV für Sie* (S. 332 ff.). Auch die urchristlichen Landwirte können ein Lied davon singen: Nicht nur, dass man versuchte, ihnen staatliche Zuschüsse zu verweigern (S. 335 ff.) – man behindert sie auch bei der Zupachtung von Flächen. Im November 1990 sagte der Esselbacher Bürgermeister Franz Ruck dem urchristlichen Hof im Ortsteil Kredenbach die Verpachtung einiger gemeindeeigener Felder zu. Dann jedoch lud man den katholischen Ortspfarrer Aschenbrenner in den Gemeinderat ein, wo er über das Universelle Leben „referieren" durfte. Ergebnis: Die Verpachtung der Flächen wird abgelehnt.

Regelrechter Erpressung sah sich im April 1994 eine Familie im Spessartdorf Schollbrunn ausgesetzt: Die katholische Sozialstation in Marktheidenfeld drohte, man werde die kranke Mutter tagsüber nicht mehr betreuen, solange die Sozialstation „Helfende Hände"* zur Nachtwache käme. Die Familie hatte die urchristliche Sozialstation nur deshalb angefordert, weil die katholische Konkurrenz

* Urchristen haben im Raum Würzburg/Marktheidenfeld vielseitige soziale Einrichtungen aufgebaut: Von einer Sozialstation aus werden Senioren und sonstige Pflegebedürftige stundenweise betreut („ambulante Dienste"); Senioren können tagsüber in eine Tagesbetreuungsstätte kommen; es gibt Seniorenwohnheime mit betreutem Wohnen für die rüstigeren und mit Pflegeplätzen für die weniger rüstigen Bewohner; außerdem wird ein ambulanter Seniorenservice (z.B. Einkauf, Vorlesen u.a.) angeboten.

eine Nachtwache gar nicht anbot. Als der Familienvater sich beim Schollbrunner Ortspfarrer beschwerte, bot die Marktheidenfelder Station plötzlich preisgünstige Nachtwachen an.

Auch das könnte ein Reflex aus alten Zeiten sein: Kranke und Sterbende behält die Kirche nur zu gern unter ihrer Aufsicht. Es könnte ja etwas zu erben geben ...

Druck wird 1996 auch auf Bürger ausgeübt, die rund um Marktheidenfeld an ihren Häusern oder Gartenzäunen Werbeschilder des urchristlichen Einkaufslandes „Alles für alle" anbringen lassen. In 20 Fällen werden Schilder zerstört, von Unbekannten abmontiert oder man bedrängt die Dorfbewohner, das Schild wieder zu entfernen.

Wie stark die Atmosphäre in manchen Dörfern durch die kirchlichen Verleumdungskampagnen vergiftet ist, zeigt das Beispiel eines Mannes aus dem Landkreis Würzburg, der im Sommer 2000 in Wiesbaden, 150 km von seinem Heimatdorf entfernt, an einem urchristlichen Marktstand als Verkäufer zu arbeiten begann. Irgend jemand, der ihn kannte, sah ihn dort – und prompt meldeten zwei Mütter in seinem Dorf ihre Kinder vom Bogenschießen ab. Der Mann ist nämlich im dörflichen Sportverein aktiv. Die Mütter geben an, Angst zu haben, dass er die Kinder beeinflusst. Im Dorf geht das Gerücht um, er sei bereits dem Universellen Leben beigetreten. Wohlgemerkt: Der Mann ist nach wie vor katholisch. Aber ihn fragt ja keiner. Wer sich mit den „Ketzern" einlässt, ist in den Augen der Kirche gefährlich. Der Mann zieht die Notbremse und gibt den neuen Arbeitsplatz auf.

Aber auch in der Großstadt erfordert es bisweilen Zivilcourage, Dienstleistungen der Urchristen in Anspruch zu nehmen. In Würzburg wird eine urchristliche Dekorateurin gebeten, bei der Anfahrt zum Kunden das Fahrzeug mit der Firmenaufschrift nicht direkt vor der Haustüre abzustellen. Im pfälzischen Frankenthal besuchen im Frühjahr 2002 viele interessierte Kunden eine Filiale des Möbelgeschäfts *Das Karussell* – doch so mancher scheut vor dem Kauf zurück und sagt dann im Vertrauen: „Wenn ich gefragt werde, wo ich das Stück gekauft habe, was sage ich dann?"

Distanziert euch von den „Ketzern"!

Dort, wo offen oder unter der Hand zum Boykott aufgerufen wird, zeitigt die bewusst angezettelte Ausgrenzung in ihrer Hysterie immer wieder seltsame Blüten – sie trifft z.B. die „Falschen", also die Nicht-Ketzer. So wie im Mittelalter in solchen Fällen Handwerker oder Krämer beteuerten, keine „Ketzer" zu sein, so wie im Deutschland der frühen dreißiger Jahre Ärzte, Rechtsanwälte oder Geschäftsinhaber in öffentlichen Anzeigen versicherten, dass z.B. „Dr. Sommer kein Jude"[603] sei, so distanzieren sich auch in Unterfranken am Ende des 20. Jahrhunderts immer wieder Firmen und Unternehmer von den Urchristen. So etwa die Bäkkerei Götz, die in ihren Filialen in Würzburg und Umgebung Plakate anbringt: „Wir gehören nicht zum Heimholungswerk. Anderslautende Gerüchte entbehren jeglicher Grundlage und Wahrheit." Im Café Tophoven in Wertheim lässt dieselbe Firma die Kunden gar wissen: „Wir sind praktizierende Katholiken! Die Geschäftsleitung – Götz, der knusperfrische Kiliansbäck." Auch Gaststätten wie die „Steinburg" in Würzburg distanzieren sich per Zeitungsanzeige: „Für alle, die es aus erster Quelle wissen – wir wissen es besser! Wir gehören **nicht** dem Universellen Leben an –

Aerzte-Tafel
des
Aerztlichen Bez. Vereins Nürnberg

Wir machen darauf aufmerksam,
daß Herr
Reg.-Med.-Rat
Dr. Karl Sommer
Reuterstraße 10, kein Jude ist.

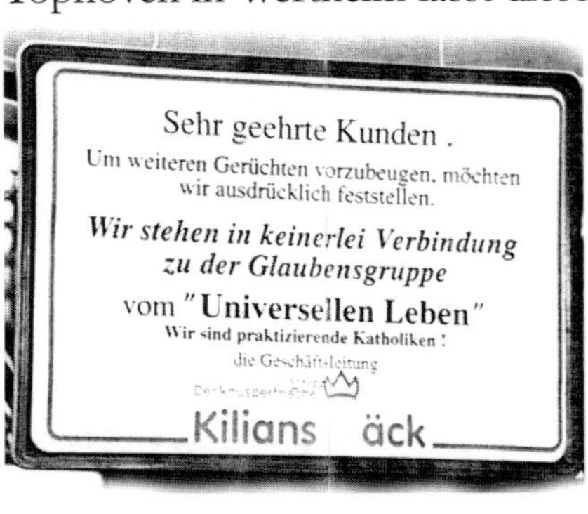

und so bleibt es auch.“ Grund für die Gerüchte war lediglich, dass Urchristen des öfteren in diesem Lokal gespeist hatten (– was sie nach dieser Distanzierung natürlich nicht mehr taten und worüber sie die Öffentlichkeit an gleicher Stelle per Anzeige informierten.) Die Ärzte Dr. Karl und Dr. Roland Eichler, die im Haus neben dem Haus des Universellen Lebens in Würzburg ihre Praxis haben, lassen dort ein Schild anbringen: „Bedingt durch die örtlichen Verhältnisse möchten wir darauf hinweisen, dass zwischen uns und dem Universellen Leben keine Verbindung besteht.“

Im Jahr 1994 nahmen die Distanzierungen so überhand, dass das *Fränkische Volksblatt* darüber berichtete (10.9.94):

„Sie tauchen immer wieder auf: Anzeigen, Flugblätter und Plakate, mit denen Würzburger Geschäftsleute ‚Klarheit' schaffen wollen. ‚Klarheit' darüber, dass sie nicht zum Universellen Leben gehören – allen Gerüchten zum Trotz. Betroffen sind längst nicht mehr nur Läden aus der eher alternativen oder Bio-Szene. Mittlerweise hat ein renommiertes Würzburger Hotel genau so dagegen zu kämpfen wie ein Buchladen, eine Bäckerei oder ein Sportcenter.“

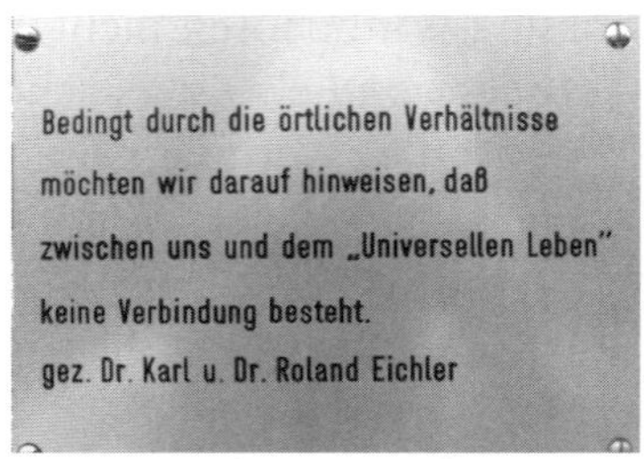

Der Artikel soll offenbar Mitleid mit den betroffenen Unternehmen wecken. Dass hinter diesen Distanzierungen eine jahrelange kirchliche Verleumdungskampagne gegen unbescholtene Mitbürger steckt, ist für das katholische Volksblatt natürlich kein Thema. Immerhin wird erwähnt, dass es offenbar gerade positive Aspekte wie eine freundliche Bedienung oder eine moderne, offene Gestaltung des Schaufensters waren, die Geschäftleute in den Geruch des Ketzerischen – und möglicherweise in eine Einnahme-Flaute – brachten. So war es auch im Mittelalter: Wer besonders geradlinig lebte, keinen Lastern nachhing, nicht fluchte, der wurde nicht selten der „Ketzerei" verdächtig. Doch wir leben heute im 21. Jahrhundert. Dass die Ausgrenzung und Diskriminierung einer Minderheit eine Gefahr für einen demokratischen Staat darstellt, kommt weder den sich distanzierenden Geschäftsleuten noch den Medien in den Sinn. Alle sind sich offenbar darüber einig, dass die Urchristen nichts arbeiten und nichts verdienen sollen – Katholiken oder Protestanten soll es natürlich nicht treffen.

Es gibt aber noch Steigerungen. Zum Beispiel eine Anzeige der Landwirtsfamilie Jeßberger aus Kreuzwertheim, die 1996 im Gemeindeblatt, offenbar um Verluste beim Ab-Hof-Verkauf zu vermeiden, kundtat:

„Meiner verehrten Kundschaft zur Kenntnis!!! Es wurde verschiedentlich nachgefragt, ob wir beim Universellen Leben einkaufen würden. Gegen dieses Gerücht muß ich mich entschieden wehren; es entspricht nicht den Tatsachen."

Auslöser für eine solche Anzeige ist jenes mittelalterliche Denken, das die Kirchen ihren Gläubigen über Jahrhunderte eingehämmert haben: Ich kaufe nicht nur bei dem nicht, der ein „Ketzer" ist – ich meide auch denjenigen, der mit dem „Ketzer" in irgendeiner Weise verkehrt, der etwa bei ihm etwas einkauft! Ähnliches erfährt ein (durchaus katholischer) Heizöllieferant aus der Umgebung Marktheidenfelds, dem verschiedene Kunden absagen, weil er „auch an die Universellen" Öl liefert.

Isoliert und diskriminiert jeden einzelnen von ihnen!

Der Öllieferant im gerade erwähnten Beispiel liefert weiter Öl an Urchristen – aber vielleicht auch nur deshalb, weil in seinem Fall eine genügend große Anzahl urchristlicher Kunden die Absagen der intoleranten kirchlichen „Scharfmacher" ausgleicht. Dadurch kann er es sich leisten, eine Ausnahme zu sein. In fast allen anderen Fällen knicken Unternehmer, die mit „Ketzern" in Verbindung gebracht werden, jedoch ein und distanzieren sich. Sie geraten in panische Angst, ein Außenseiter, ein Ausgeschlossener zu werden, durch das Netz der sozialen Akzeptanz zu fallen. Wird ein von Angehörigen einer religiösen Minderheit geführter Betrieb angegriffen, so haben die Mitarbeiter den Rückhalt einer Gemeinschaft. Wird ein einzelner angegriffen, der gar nicht zu dieser Gemeinschaft gehört, so hat er dem in der Regel nichts entgegenzusetzen – außer er verfügt über ein gerüttelt Maß an Gerechtigkeitssinn und Zivilcourage.

Kirchliche „Ketzer"-Verfolgung macht sich diese sozialen Mechanismen zunutze, um nicht nur die Glaubensgemeinschaft als solche, sondern möglichst viele ihrer einzelnen Angehörigen in die Isolation zu treiben. Auch einzelne „Ketzer" können für die Inquisition gefährlich sein. Denn gerade die Zugehörigkeit zu einer Religionsgemeinschaft kann Einzelnen die Kraft geben, auch ohne soziale Anerkennung bei ihrer Überzeugung zu bleiben. Und jeder „Ketzer", der unter „Rechtgläubigen" lebt und arbeitet, kann das sorgsam aufgebaute Feindbild aufweichen, dass alle „Sektierer" fanatisch, rechthaberisch, unsympathisch seien und vieles mehr.

Berufsverbot aus Glaubensgründen

Besonders rücksichtslos reagiert die Kirche, wenn ein „Ketzer" beruflich mit Kindern oder Jugendlichen zu tun hat. Dabei spielt es keine Rolle, ob der oder die Betroffene seinen Glauben bei seiner Arbeit mit ins Spiel bringt oder nicht, ob er in einer kirchlichen oder staatlichen Einrichtung arbeitet – die Tatsache, dass er mit einem nicht-kirchlichen Glauben in einem sozialen Beruf arbeitet, reicht aus, um entsprechende Maßnahmen zu ergreifen.

Die erste, die dies zu spüren bekommt, ist die Kindergärtnerin Anneliese B. im hohenlohischen Untermünkheim. Als sie im März 1984 aus der evangelischen Kirche austritt, schreibt Pfarrer Martin Völlm im Namen des evangelischen Kirchengemeinderats an die Gemeinde Untermünkheim, die den Kindergarten betreibt:

„An der fachlichen Qualifikation von Frau A.B. hat der Gesamtkirchengemeinderat auch jetzt keinen Zweifel. Er hat jedoch wegen der geistlich-religiösen Einstellung von Frau B. die große Sorge, dass sie im Kindergarten christlichen Glauben in biblischem Sinn nicht mehr vermitteln kann. Auch wenn Frau B. versprochen hat, über die ‚Sonderlehren' aus Würzburg im Kindergarten Untermünkheim zu schweigen, so ist doch ein Konflikt zwischen der Anschauungswelt von Frau B. und den Eltern sowie zwischen den Eltern und den von Frau A.B. betreuten und beeinflussten Kindern vorhanden. Ihre Arbeit entspricht nach Auffassung des Gesamtkirchengemeinderats nicht mehr den Richtlinien der Arbeitsgemeinschaft für Ev. Kindergärten, die die Vertragspartner der Vereinbarung zischen der bürgerlichen Gemeinde Untermünkheim und den Ev. Kirchengemeinden ... gemeinsam anerkannt haben.

Deshalb schlägt der Gesamtkirchengemeinderat der Rathausverwaltung und dem bürgerlichen Gemeinderat Untermünkheim vor, Frau B. noch einmal zu einem weiteren Gespräch einzuladen und ihr nahezulegen, ihre Stellung als Leiterin des Kindergartens von sich aus zu kündigen, um langfristig Konflikte im Glaubensbereich zu vermeiden. Der Kirchengemeinderat bittet darum, bei diesem Gespräch vertreten zu sein."

So einfach ist das: Die Kirche, die sich in allen Belangen vom Staat subventionieren lässt, will über den Glauben der Beschäftigten nicht nur der kirchlichen, sondern auch der staatlichen Einrichtungen bestimmen. Sie tut das mit der „Begründung“, man wolle „Konflikte“ vermeiden – die allerdings ohne sie gar nicht bestehen würden, die sie ja erst selbst vom Zaun bricht. Wie sagte doch Karlheinz Deschner in seinen „Aphorismen“: „Kirche – eine Praxis, die krank macht, um heilen zu können; die in Nöten hilft, die man ohne sie gar nicht hätte; das Gängeln derer, die noch glauben, durch jene, die es nicht mehr tun.“[604]

Anneliese B. ist jedoch nicht so leicht kleinzukriegen. Sie weigert sich, selber zu kündigen, denn sie hat sich nichts vorzuwerfen, sie hat kein Kind im Sinne ihres Glaubens beeinflusst. Nun hat die Gemeinde ein Problem: Um dem Drängen der Kirche nachzukommen, muss sie einen Verfassungsbruch begehen. Sie begeht ihn dann auch – aber verdeckt: Ab sofort übernimmt nicht mehr Anneliese, die Leiterin des Kindergartens, sondern der Bürgermeister die Einteilung der neu hinzukommenden Kinder auf die einzelnen Gruppen. Annelieses Gruppe wird auf das Mindestmaß gedrückt, das von den Richtlinien her möglich ist. Und im Ort werden nun, bei Bierfesten und anderen Gelegenheiten, Gerüchte gegen die als tüchtig und untadelig anerkannte Frau gestreut. Sie wird wiederholt vorgeladen und im Beisein des Pfarrers und Bürgermeisters regelrecht über ihren Glauben verhört. Als sie sich bei ihren Antworten nicht aufs Glatteis führen lässt, beklagen sich die Honoratioren: „Sie machen es uns aber schwer!“ Auch Fangfragen eifriger Eltern im Kindergarten zwischen Tür und Angel bringen nicht das gewünschte Ergebnis. Doch nach über einem Jahr hat der Bürgermeister erreicht, dass vier Eltern ihre Kinder aus Annelieses Gruppe abmelden – *nur* vier, müsste man angesichts einer monatelangen Kampagne sagen. Um sich notdürftig abzusichern, beruft die Elternbeiratsvorsitzende noch einen Elternabend ein – allerdings nur für die Eltern der beiden Gruppen, die Annelise *nicht* leitet. Sie als die Leiterin des Kindergartens wird nicht eingeladen, wohl aber der evangelische Pfarrer. Es ist ein Leichtes, die Eltern dort so zu manipulieren, dass sie übereinstimmend erklären, ihre Kinder nicht in Annelieses Gruppe wechseln lassen zu wollen. Dann kündigt man im Herbst 1985 Anneliese mit der „Begründung", ihre Gruppe sei zu klein geworden. Ein eineinhalbjähriges Spießrutenlaufen geht damit zu Ende – die Gemeinde muss allerdings vor dem Arbeitsgericht Heilbronn in eine Abfindung einwilligen. Was mit dieser Frau gemacht wurde, blieb im Ort nicht verborgen. So meldete z.B. kurz vor der Kündigung eine Familie ihr Kind ganz bewusst in Annelieses Gruppe *an* mit der Begründung: „Als Christ kann man sich nicht so verhalten, wie man es dieser Frau gegenüber getan hat." (Der Bürgermeister ließ diese Ummeldung allerdings nicht mehr zu.) Eine andere Frau zog wenig später aus dem Ort weg, denn: „Da bleib ich nicht wohnen!"

Was hätte Anneliese B. in dieser Situation gemacht, wenn sie keine Freunde in ihrer Glaubensgemeinschaft gehabt hätte? Wegen ihres Glaubens in ihrem Heimatort faktisch mit Berufsverbot belegt, wechselte sie nach Würzburg, um dort in einem urchristlichen Kindergarten zu arbeiten.

Hexenjagd in Lindelbach

Zehn Jahre später wiederholt sich der Fall: Diesmal ist es die Kindergärtnerin Claudia L., die in einem städtischen Kindergarten in Lindelbach, einem Ortsteil von Wertheim, arbeitet. Auch mit ihr ist man sehr zufrieden – bis Anfang 1994 im Dorf bekannt wird, dass Claudia dem Universellen Leben nahe steht. Der lutherische Pfarrer Hausmann lädt daraufhin den lutherischen Dekan Rüdiger Beile zu einem „Informationsabend" ein, an dem dieser mit Verleumdungen von Pfarrer Haack über das Universelle Leben herzieht. Die Kindergärtnerin wird natürlich nicht eingeladen, das könnte ja den Ablauf der Verleumdungen stören. Einige Tage später wird Claudia dann vor einen Elternabend zitiert, wo sie mit Vorwürfen konfrontiert wird: Sie habe die Kinder aufgefordert, keine Blumen mehr zu pflükken. (Nicht wahllos pflücken, hatte sie den Kindern gesagt, und wenn, dann in eine Vase stellen.) Sie habe den Mann geschimpft, der den Rasen vor dem Kindergarten mähen wollte. (Lass das Gras noch ein wenig wachsen, damit der Rasen bei der heißen Sonne nicht wieder verbrennt, hatte sie gesagt.) Außerdem wolle ein Kind keine Wurst mehr essen.

Man fühlt sich an ein „Hexenverhör“ oder ein Inquisitionstribunal erinnert, bei dem aus konfusen Belanglosigkeiten eine Anklage gezimmert werden soll. Am Ende wird abgestimmt, wer von den anwesenden Eltern seine Kinder noch zu dieser Kindergärtnerin schikken will. 20 von 26 Eltern sagen Nein. Pfarrer Hausmann schreibt in einem Brief an die Kirchenältesten (es handelt sich, wohlgemerkt, um einen städtischen, nicht um einen kirchlichen Kindergarten) und den Ortsvorsteher, man müsse „prüfen ..., ob die Leiterin bereit sei, sich vom Universellen Leben abzuwenden“.[605] („Abschwören!“ oder „Widerrufen!“ sagte man früher.) Die „Sorge der Eltern“ habe „Vorrang“[606] – eine „Sorge“, die der Pfarrer mit seiner Stimmungsmache selbst erst erzeugt hatte!

Der Journalist Friedrich Lehmkühler fragt Claudia noch, weshalb sie nicht in einem Kindergarten des Universellen Lebens arbeite.[607] Eine scheinbar harmlose Frage. Doch selbst im Südafrika der Apartheid konnten schwarze Kindergärtnerinnen weiße Kinder betreuen, ohne dass man ihnen solche Fragen stellte. Und die Ausgrenzung der Juden im Dritten Reich begann[608] damit, dass jüdische Ärzte nur noch jüdische Patienten behandeln, jüdische Rechtsanwälte nur noch jüdische Klienten beraten, jüdische Schauspieler nur noch vor jüdischen Zuschauern spielen durften. Offenbar ist die religiöse Apartheid das Ziel der Kirchen, wenn man die „Ketzerei“ schon nicht gänzlich ausrotten kann.

Nun war die Frage: Wie würde die Stadt Wertheim reagieren? Würde sie sich vor die Mitarbeiterin stellen, für die sie als Arbeitgeberin eine Fürsorgepflicht hat? Wieder sei die Frage gestellt: Wie hätte sich eine Stadt verhalten, wenn eine Kindergärtnerin z.B. mit schwarzer Hautfarbe per Abstimmung von den Eltern abgelehnt worden wäre? Hätte sie nicht alles versucht, um den aufkeimenden Rassismus einzudämmen, um zur Mäßigung aufzurufen, um die Urheber der Kampagne dingfest zu machen?

Wertheim unter der Führung von Bürgermeister Gläser[609] (CDU) tut nichts von alledem. Die Stadt kündigt der Kindergärtnerin – unrechtmäßigerweise, wie das Arbeitsgericht Crailsheim feststellt. Wertheim muss daher auch eine hohe Abfindung (41 000 Mark) bezahlen – doch die Kindergärtnerin muss sich eine andere Stelle suchen. Ein Versuch, sich selbständig zu machen, scheitert aufgrund der öffentlichen Stigmatisierung als „Sektenangehörige“. Sie findet schließlich bei den Urchristen Arbeit, kann allerdings dort nicht in ihrem angestammten Beruf arbeiten, da die Stellen im Erziehungsbereich belegt sind.

Ist die Verfassung eine Spielwiese für die Großkirchen?

Auch die Eltern der Kinder, die in Stuttgart-Vaihingen einen Abenteuerspielplatz besuchen, werden Ende 2001 durch Gerüchte über den Leiter des Spielplatzes, den Sozialpädagogen Thomas M. aufgewiegelt. Er soll ein „Sektierer“ sein, weil er dem Universellen Leben nahe steht, gegen das gerade erst Stuttgarter Kommunalpolitiker zu Felde zogen (S. 200 ff.). Auch hier stellt sich der Arbeitgeber, der von der Stadt getragene Jugendhausverein, nicht hinter seinen Mitarbeiter, dem nichts vorzuwerfen ist: Thomas M. hat in keiner Weise missioniert. Der Vereinsvorsitzende und CDU-Stadtrat Roland Schmid sperrt den jungen Pädagogen von seiner Arbeitsstelle aus – er nennt es nur anders: „Wir haben Herrn M. aus der Schusslinie genommen“ – eine zynische Formulierung, nachdem man gerade jemanden abgeschossen hat –, „weil wir der Auffassung sind, dass seine Mitgliedschaft in dieser Gruppierung mit seiner pädagogischen Tätigkeit nicht vereinbar ist.“[610] Die SPD-Landtagsabgeordnete Carla Bregenzer[611] fügt hinzu, das Universelle Leben sei in Baden-Württemberg „kein unbeschriebenes Blatt“.[612] Sie muss es wissen, denn sie selbst sorgt im Landtag seit Jahren für einen Papierkrieg gegen die

Urchristen mit den jeweils neuesten Verunglimpfungen ihres Genossen Kirchenrat Wolfgang Behnk.

Auch Thomas M. erreicht vor dem Arbeitsgericht einen Vergleich mit einer Abfindung – und der offiziellen Bestätigung, dass es in fachlicher Hinsicht keinerlei Beschwerden gegen ihn gab, dass er auch „seine religiöse Überzeugung nie in seine Arbeit mit den von ihm betreuten Kindern hineingetragen“ hat.[613] Als er wenig später versucht, sich als Sozialpädagoge mit großer fachlicher Erfahrung selbständig zu machen und verschiedenen Schulen und Organisationen Projekte anbietet, betätigt sich der Stuttgarter SPD-Stadtrat Andreas Reißig[614] als öffentlicher Denunziant: Die SPD sehe in den Aktivitäten Thomas M.'s „den Versuch, sowohl schulische Institutionen als auch den sozialen Bereich zu unterwandern“. „Die Bemühungen der Sekte Universelles Leben, in Stuttgart und seinem Umfeld spitzen sich zu.“[615] Reißig bezeichnet M. fälschlicherweise als „exponierte Person“ innerhalb des Universellen Lebens. Thomas M. findet bis zur Drucklegung dieses Buches keine neue Stelle. Spätestens drei Tage nach einem Vorstellungsgespräch klingelt jeweils das Telefon: „Sie stehen doch dieser Sekte nahe?“ Als er im Juli 2002 beim Verein „Die Kinderprag“ in Stuttgart bereits einen Arbeitsvertrag unterschrieben hat, wird ihm zwei Tage später wieder gekündigt: „Unsere Recherchen vom gestrigen Tage haben ergeben, dass Sie Mitglied in der Sekte ‚Universelles Leben' sind. ... Wir können die uns anvertrauten Kinder keinesfalls einer Person anvertrauen, die Mitglied einer solchen Vereinigung ist. Außerdem fechten wir aus diesem Grunde den Vertrag an, da uns beim Abschluss desselben nicht bekannt war, welcher Institution Sie angehören. ... Durch die fehlende Aufklärung Ihrerseits ist dieses (Vertrauensverhältnis) unwiederbringlich zerstört worden. Wir fühlen uns von Ihnen sehr getäuscht und in unserem Vertrauen gegenüber Ihnen ausgenutzt.“

Man muss nur wieder „Türke“ ... „Jude“ ... „Behinderter“ ... einsetzen, um die Perfidie zu erfassen, mit der sich hier die Täter einmal mehr als die Opfer ausgeben – und das eigentliche Opfer ihrer Intoleranz auch noch beschimpfen.

Behindert ihre Ausbildung!

Es ist bezeichnend, dass die Fälle, in denen jungen Urchristen Ausbildungsmöglichkeiten verweigert wurden, sich fast alle im Bereich der sozialen Berufe abspielten. Urchristen sollen mit Katholiken und Protestanten möglichst wenig in Berührung kommen. Einer jungen Kinderkrankenschwester wurde 1987 in Würzburg zum Ende der Probezeit gekündigt. Man hätte sie weiterbeschäftigt, wenn sie sich binnen einer Woche vom Universellen Leben distanziert hätte. Einer anderen Urchristin wird 1997 in einem evangelischen Altenheim in Wertheim ein Praktikumsplatz verweigert, weil sie keiner der beiden Kirchen angehöre. Im Lebenslauf der Frau war die Firma „Gut zum Leben“ eingetragen. Sei es ein Ausbildungskurs für Heimleiter oder ein Praktikum als Journalistin bei der *Tauber-Zeitung* in Bad Mergentheim – der „falsche“ Glaube versperrt die Türen. Und wo man sie aus rechtlichen Gründen nicht verschließen kann, kommt mitunter ein Nadelstich in letzter Minute:1993 wird eine Lehramtskandidatin kurz vor der Vereidigung gefragt, ob sie nicht „psychisch unter Druck“ stehe, weil sie doch auch „zu dieser Sekte“ gehöre. Einem Lehrer in Baden-Württemberg wird verweigert, Ethik-Unterricht zu geben, weil er ein Urchrist ist.

Solche Leute stellen wir nicht ein

Immer wieder werden ausgebildeten Fachkräften Arbeitsplätze verweigert, weil sie dem Universellen Leben nahe stehen. So z.B. Christian S., der 1988 als Psychologe beim TÜV Unterfranken Arbeit suchte. Man verlangte von ihm eine Zusage, dass er nicht als Urchrist öffentlich in Erscheinung treten würde. Oder Iris K., der 1993 eine Arbeitsstelle bei einer Sozialstation in Lohr mit der Begründung verweigert wurde, sie gehe den Inneren Weg im Universellen Leben. Besonders pikant: Iris K. ist Jüdin. Oder eine Mutter, die 1996 in Marktheidenfeld wieder in ihrem Beruf als Bürokauffrau arbeiten möchte. Als man im Bewerbungsgespräch erfährt, dass ihre Kinder in die Christusschule gehen, wird das Gespräch abrupt beendet.

Auch wer einen Arbeitsplatz hat, ist vor einer Kündigung aus Glaubensgründen nicht sicher – auch wenn dann meist ein anderer Grund als Vorwand gesucht wird. Dem Universellen Leben nahe stehende Handwerker (wohlgemerkt: nicht in Christusbetrieben, sondern privat arbeitende) verlieren Kunden, wenn ihre Glaubenszugehörigkeit bekannt wird. Im Raum Würzburg kann auch die Wohnungssuche nach der Frage: „Stehen Sie dem Universellen Leben nahe?“ sehr rasch beendet sein. Eine Urchristin wurde in Waldbüttelbrunn sogar von der Seniorengruppe eines Sportvereins als Gymnastiklehrerin abgelehnt. Eher würden sie alle austreten. Der Verein reagierte immerhin gelassen und übertrug ihr eine andere Gruppe.

Kirchliche Hetze als Waffe im „Rosenkrieg“

Weniger gelassen geht es zu, wenn private Auseinandersetzungen unter Verwandten geführt werden. Auch hier werden mitunter kirchliche Verleumdungen als „Totschlagargument“ verwendet. Im April 1990 wird eine 31-jährige Frau aus dem Bayerischen Wald von ihrem Ehemann kurzerhand vor die Tür gesetzt, nachdem sie ein Seminar in Würzburg besucht hatte. Ein Mann aus Österreich gibt 1994 als Begründung für sein Scheidungsgesuch unter anderem an, seine Ehefrau sei vom Universellen Leben seit über zehn Jahren dazu angehalten worden, den körperlichen Kontakt zu vermeiden. In Wirklichkeit kannte die Frau die Urchristen nur flüchtig und seit einer wesentlich kürzeren Zeit – und Verbote werden dort ohnehin nicht aufgestellt. Im Juli 1993 bedroht ein Vater aus Darmstadt seine Tochter mit Hinauswurf und Enterbung, weil sie beim Universellen Leben einen Meditationskurs macht. Eine Mutter aus Villach teilt im Oktober 1993 ihrem Sohn mit, dass sie ihn enterben wolle. Kurz zuvor war „Pfarrer“ Behnk in Villach gewesen und hatte behauptet, die Anhänger des Universellen Lebens hätten ihre „materielle Verfügungsgewalt verloren".

Auch um das Sorgerecht für Kinder wird mit solchen „Argumenten" gestritten. In München will eine Mutter 1996 das alleinige Sorgerecht für ein Kind, weil der Partner „nach wie vor praktizierendes Mitglied dieser Sekte" sei, während sie „die gefährlichen, manipulativen Praktiken und Techniken dieser Vereinigung durchschaut" habe. In Berlin will 1993 umgekehrt ein Vater seiner von ihm getrennt lebenden Frau das Sorgerecht für das gemeinsame Kind aberkennen lassen, weil sie bei einer „gefährlichen Sekte" sei. Zuvor hatte er seiner ehemaligen Partnerin an den Kopf geworfen: „Selbstmord wäre doch für dich in diesem Fall die ideale Lösung!" (Auch ein Ergebnis der bösartigen Massenselbstmord-These von „Pfarrer" Behnk.) Bei einer ersten Verhandlung lässt sich die Richterin davon beeinflussen und äußert „Bedenken", ob die Mutter das Kind zu einem „kritisch denkenden Menschen" erziehen könne. Das Kind kommt zeitweise zum Vater; erst nach einer Hauptsacheverhandlung 1995 wird der Mutter das alleinige Sorgerecht zuerkannt, unter anderem, weil es „dem Gericht ... nicht zu(stehe), die religiöse Überzeugung eines Elternteils zum Maßstab zu nehmen". „Die religiöse Einstellung und Überzeugung eines Menschen, so auch hier der Mutter, ist durch das Grundrecht der Religionsfreiheit gemäß Artikel 4 Abs. 1,2 GG geschützt." Zu Behauptungen über das Universelle Leben stellt das Gericht nur fest: „Auch an den ‚großen' Religionsgemeinschaften" – man beachte die Anführungszeichen – „wird je nach Standpunkt immer wieder zum Teil heftige Kritik geübt." Doch die Frage bleibt: Weshalb muss man in diesem Land zwei Jahre prozessieren, um solche Selbstverständlichkeiten feststellen zu lassen?

Kapitel 3

Abschnitt 16

LEBENSRAUM FÜR NATUR UND TIERE (1991–2002)

Wie ein Lauffeuer verbreitet sich im August 1991 die Nachricht in Hettstadt und Greußenheim, dass Anhänger des Universellen Lebens das Gut Greußenheim, einen ausgesiedelten Gutshof mit 130 Hektar Land, erworben haben. Der Vorbesitzer, ein Saatguthersteller, baut sich in den neuen Bundesländern eine neue Existenz auf.

Auf die Frage eines Main-Post-Journalisten, ob sie den Verkauf an die Urchristen bestätigen könne, antwortet die Frau des Vorbesitzers: „Wäre es denn eine Veröffentlichung wert, wenn ein Katholik oder Protestant den Hof kaufen würde?“[616]

Von Anfang an wird der neue Hof zum Gegenstand von Spekulationen und Legendenbildungen, die vor allem von kirchlichen Rufmordbeauftragten erfunden und angeheizt werden. Den Höhepunkt bilden die Hetzreden „Pfarrer“ Behnks über die angebliche Möglichkeit eines urchristlichen Massenselbstmords[617], die zu einer regelrechten Pilgerfahrt sensationslüsterner Journalisten führt. Dass die dabei eingesetzten tief fliegenden Hubschrauber, die Luftbilder liefern sollen, die auf dem Hof lebenden Tiere fast zu Tode erschrekken, ist diesen Leuten offensichtlich einerlei.

Die Bevölkerung der umliegenden Dörfer Hettstadt, Leinach und Greußenheim kann sich bald schon persönlich überzeugen, dass das Gut ein normaler und dazu noch naturgemäß bewirtschafteter Bauernhof ist. Eine Einladung zur Besichtigung und (vegetarischer) Brotzeit wird gerne angenommen.

Die Scharfmacher jedoch haben den Hof, auf dem hauptsächlich Getreide angebaut wird und auf dem die Tiere (Esel, Pferde, Schwäne, Hühner ...), die dort leben, nicht geschlachtet werden, nach wie vor im Visier. Als Ende Mai 1993 der jährliche Grenzgang der Gemeinde Hettstadt in die Nähe des Hofes führt, erhält ein Mitarbeiter des Hofes kurz zuvor einen Anruf: „Morgen kommen wir mit Kanonen von Hettstadt!" Wenig später der nächste Anruf: „Wir kommen heute Mittag, bestellt schon mal die Feuerwehr!"

Als die Landwirte eine alte wilde Müllkippe entdecken und ordnungsgemäß beseitigen und zu diesem Zweck einige Sträucher stutzen, steht in der *Main-Post* zu lesen, es solle „ zu einer nicht genehmigten Rodung eines Biotops gekommen sein". Unter der Überschrift „Einklang zwischen Worten und Taten? – Biotop gerodet, Abfall in der Natur" schreibt der Journalist Tilman Toepfer[618] außerdem von einer „Ermittlung" des Landratsamtes, weil „ein Graben mit Abfall gefüllt" worden sei.[619]

Wenn die alte Müllkippe ein „Biotop" gewesen sein soll, so war das ein Geheimnis des Landratsamtes – niemand wusste etwas davon. Und selbst wenn sie ein Biotop gewesen wäre – beschädigt wurde nichts. Immerhin wurden die *Main-Post*-Leser drei Tage später über den wahren Sachverhalt aufgeklärt. Als sich jedoch im Dezember 1993 ein katholischer Professor der Würzburger Universität beim Spazierengehen in der Nähe des Hofes durch bellende und frei herumspringende Hunde belästigt fühlt und einen bösen Brief an Landratsamt und Polizei schreibt, bringt Redakteur Toepfer die „Story" wieder groß heraus: „Vorfall mit freilaufenden Hunden ... Nur pflichtbewusst oder aggressiv?"[620] Wohlgemerkt: Zu Schaden kam niemand, der Hundehalter war sogleich zur Stelle.

Neue Hecken und ein Biotopverbund

In den darauf folgenden Jahren wurde es vergleichsweise ruhig um das Gut Greußenheim. Erst als die Urchristen um das Jahr 2000 damit beginnen, auf dem Gelände des unterfränkischen Bauernhofes neue Lebensräume für Natur und Tiere zu schaffen*, verlagert sich die Aufmerksamkeit wieder dorthin.

* Zu den bedeutsamen geistigen Hintergründen dieses Projekts vgl.: „Gabriele-Stiftung. Das Saamlinische Werk der Nächstenliebe an Natur und Tieren. Dein Reich kommt - Dein Wille geschieht. Bete und arbeite", kostenlose Broschüre, erhältlich bei: Gabriele-Stiftung, Max-Braun-Str. 2, 92828 Marktheidenfeld, Tel. 09391/504427, Fax 09391/504430, www.gabriele-stiftung.de

Nun sollte man meinen, dass es etwas Positives und Zeitgemäßes ist, freilebenden Tieren einen Raum zur Verfügung zu stellen, in dem sie möglichst ungestört leben können. Wer in der ausgeräumten Landschaft Hecken, Feucht- und Trockenbiotope anlegt, die dazugehörigen Äcker naturgemäß bewirtschaftet und einen Teil der Ernte auf den Feldern stehen lässt, damit auch die Tiere ihren Anteil erhalten, wer Wälder aufforstet, Streuobstwiesen neu anlegt, Nistkästen in den Wäldern aufhängt, und das alles nur auf Spendenbasis ohne jeglichen staatlichen Zuschuss, der – so sollte man meinen – setzt ein Zeichen in einer Zeit, in der sogar die Feldhasen vom Aussterben bedroht sind, weil sie künstliche Düngung und Insektengifte nicht länger vertragen. Doch wenn Urchristen so etwas tun, dann scheint es grundsätzlich verdächtig. Obwohl im neugefassten deutschen Naturschutzgesetz von 2002 ein Verbund von Biotopen, also Lebensräumen von Tieren und Pflanzen, ausdrücklich als Ziel und staatliche Aufgabe festgelegt ist, kommt es keinem Journalisten in den Sinn, es als vorbildliche Initiative zu würdigen, wenn Bürger hier mit gutem Beispiel vorangehen. Im Gegenteil: Tilman Toepfer von der *Main-Post*[621] stellt sich auf die Seite der wenigen Jäger vor allem aus Hettstadt, die sich durch die neu angelegten Hecken in ihrer Sicht- und Schießfreiheit eingeschränkt fühlen. Ende der achtziger Jahre hatten Sensationsjournalisten die ehemalige deutsch-deutsche Grenze kurzerhand an die Grenze des Gutes Greußenheim verlegt, nur weil man dort (wie vorgeschrieben) Weideland eingezäunt hatte (S. 317). Wer rund um das Gut, vor allem auf Hettstädter Seite, im Abstand von bisweilen nur 20 Metern die Schusstürme der Jäger betrachtet, der kann diese Assoziation dort viel eher bekommen. Toepfer hingegen fotografiert die Zäune, die – streng nach behördlicher Vorschrift – um Aufforstungsflächen errichtet wurden.[622] (Auch Aufforstung ist im Zeitalter des Klimaschutzes eine wichtige Umweltschutzmaßnahme.) Die an manchen Wegrändern mit dürren Zweigen und Ästen aufgeschichteten „Benjes-Hecken", aus denen nach wenigen Jahren wie von selbst grüne Hecken sprießen, werden in der *Main-Post* als „überdimensionale Schutzwälle"[623] bezeichnet. Als die Urchristen der Gemeinde

Hettstadt anbieten, ein gemeindeeigenes Waldstück in unmittelbarer Nähe des Hofes käuflich zu erwerben – das Betreten des Waldes für jedermann ist nach dem deutschen Waldgesetz gewährleistet –, lehnt dies die Gemeinde rundweg ab.[624] Dabei hätte sie doch allen Grund, an den aus Hettstadt vertriebenen Urchristen etwas wieder gutzumachen. Und den Gemeindefinanzen hätte es auch gut getan.

Kann man über Glaubensfragen abstimmen?

Aber die nächste Kommunalwahl (Frühjahr 2002) ist in Sicht. Da lässt sich Hettstadts Bürgermeister Eberhard Götz (SPD) mit demonstrativ erhobenen Händen in der *Main-Post* ablichten: Er sei dagegen, „dass Wanderer ganze Landstriche nicht mehr passieren dürfen".[625] Dabei sind die Durchgangswege weiterhin passierbar. Auch Greußenheims Bürgermeister Bruno Scheiner (CSU), ein Förderer des Umweltschutzes, verlässt im Vorfeld der Kommunalwahl der Mut, die Urchristen so zu behandeln wie alle anderen Bürger auch. Er stellt einem Feinkostbetrieb, der von Urchristen betrieben wird und der unter anderem in Greußenheim angebaute Feldfrüchte verarbeitet, ein Grundstück im dörflichen Gewerbegebiet in Aussicht – doch dann treten in einer Bürgerversammlung wieder Scharfmacher auf den Plan, welche die bekannten kirchlichen Verdächtigungen und Verleumdungen in den Raum stellen[626]. Man beschließt, wegen des bevorstehenden Grundstückskaufs eine „Bürgerbefragung" durchzuführen – obwohl Derartiges in der Verfassung gar nicht vorgesehen ist: Entweder der Gemeinderat beschließt über den Verkauf der Fläche, oder es gibt ein ordentliches Bürgerbegehren, also einen offiziellen Volksentscheid. Scheiner lässt die ominöse Befragung durchführen, obwohl das Feinkostunternehmen sein Kaufgesuch bereits zurückgezogen hat: Denn als Urchristen lehnen sie es ab, zum Gegenstand eines Tribunals über ihren Glauben zu werden. Obgleich der katholische Pfarrer von der Kanzel aus gegen die Urchristen gewettert hatte, sprachen sich bei der Abstimmung Mitte Januar 2002 immerhin rund 26 Prozent *für* einen Verkauf aus

(Wählerbeteiligung: knapp 45%)[627]. Die Urchristen selbst hatten an der Abstimmung nicht teilgenommen. Die Greußenheimer hätten, so Toepfer in einem Kommentar[628], „ihre Stimme erhoben". Die kirchlich beeinflussten Scharfmacher bezeichnet er als „besorgte Fragesteller".

Sobald Urchristen irgendwo auftauchen, funktionieren ganz normale Vorgänge nicht mehr. Dies ist im Falle des Gutes Greußenheim nicht anders. Als die Landwirte des Gutes ein 18 ha großes Waldgrundstück erwerben wollen, um es in ihre Pflegemaßnahmen mit einzubeziehen, wird die Entscheidung hinausgezögert. Die Bundesvermögensverwaltung, der ein angemessenes Preisangebot vorgelegt wird, hat zwar keinerlei Einwände, weil sie ja gehalten ist, Grundstücke nach Möglichkeit zu veräußern. Doch die erstaunten Urchristen erfahren, dass man schließlich nicht nur – ungewöhnlich genug – das Bundesfinanzministerium, sondern auch noch das Bundesfamilienministerium (!) eingeschaltet hat, um einen simplen Waldverkauf zu tätigen. Das Familienministerium, das mit Bäumen normalerweise wenig zu tun hat, wohl aber mit der Ausforschung religiöser Minderheiten, schaltet auch noch das Bayerische Kultusministerium ein. Nachdem der zuständige Beamte im Finanzministerium zunächst im Juli 2001 einen Verkauf telefonisch zusagte, wird dieser dann im Oktober lapidar abgelehnt – ohne Nennung von Gründen. In einigen Amtsstuben kursieren offenbar noch immer Dossiers von kirchlichen Rufmordbeauftragten, durch die den Urchristen elementare Bürgerrechte vorenthalten werden sollen.

Bislang hat auf diese Weise noch Andreas Oestemer (CSU), damals Bürgermeister von Leinach, auf dessen Gemarkung das Waldgrundstück liegt, recht behalten. Er hatte sinngemäß erklärt, dass an „solche Leute" dieses Grundstück niemals verkauft werden würde. Doch wie lange werden die Intrigen der Kirchenvertreter noch funktionieren? In einer Umfrage zur Frage, wie vertrauenswürdig Institutionen für die Bürger sind, landeten die Kirchen in Deutschland Ende 2002 unter 17 Wahlmöglichkeiten auf dem letzten Platz.[629]

Die in diesem Buch genannten Vorfälle zeigen, dass die Diskriminierung religiöser Minderheiten so lange weitergeht, wie die Großkirchen mit ihren Seilschaften, ihren Privilegien und ihrer finanziellen Macht in diesem Staat die Fäden ziehen können. Urchristen sind dabei, im Kleinen den Beginn einer friedvollen Alternative in diese Welt zu bringen, bei der auch die Tiere nicht vergessen werden, denen bereits Jesaja (Kap. 11) in seiner Ankündigung des „Friedensreichs" ein Leben in Frieden mit den Menschen voraussagt.

Sie, lieber Leser, sind nun informiert. Sie wissen, dass der Prozess der Ausgrenzung religiöser Minderheiten nicht Vergangenheit ist, sondern Gegenwart. Zukunft wird dieser Prozess nur in dem Maße bleiben, als Bürger dieses Landes (und seiner Nachbarländer) weiterhin wegsehen und nichts gegen die moderne Inquisition tun. Die Freiheit des Glaubens steht auf dem Spiel – und jeder Bürger, der den Mund aufmacht, hilft mit, dass sie erhalten bleibt. Eine erste ganz simple, aber sicher wirksame Handlungsweise wäre es, soweit nicht bereits erfolgt, einer Institution den Rücken zu kehren, die nicht zuletzt auch mit Ihren Kirchensteuergeldern das durchführt, was Sie in diesem Buch gelesen haben.

Nichts wie weg!

Fortsetzung folgt -
mit Namen und Fakten

LITERATURVERZEICHNIS

Baigent, Michael und Leigh, Richard: Als die Kirche Gott verriet – die Schreckensherrschaft der Inquisition, Lübbe Bergisch Gladbach 2000

Besier, Gerhard und Scheuch, Erwin K. (Hg.): Die neuen Inquisitoren – Religionsfreiheit und Glaubensneid, 2 Bd., Interfrom Zürich 1999

Böhm, Hans-Jürgen: Die Lehre Martin Luthers – ein Mythos zerbricht, Eigenverlag Badstr. 28a, 91287 Plech 1994

Brentjes, Buchard: Der Mythos vom Dritten Reich – drei Jahrtausende Sehnsucht nach Erlösung, Fackelträger Hannover 1997

Czermak, Gerhard: Christen gegen Juden – Geschichte einer Verfolgung, Greno Nördlingen 1989

Deschner, Karlheinz: Abermals krähte der Hahn, Rowohlt Hamburg 1972 (1962)

Deschner, Karlheinz: Bissige Aphorismen, Rowohlt Hamburg 1996 (1994)

Deschner, Karlheinz: Die Politik der Päpste im 20. Jahrhundert, Rowohlt Hamburg 1991

Deschner, Karlheinz: Kriminalgeschichte des Christentums, Band 1 (Rowohlt 1986) bis Band 7 (Rowohlt 2002)

Deschner, Karlheinz: Opus diaboli, Rowohlt Hamburg 1987

Dirnbeck, Josef: Die Inquisition – eine Chronik des Schreckens, Pattloch Augsburg 2001

Frerk, Carsten: Finanzen und Vermögen der Kirchen in Deutschland, Alibri Aschaffenburg 2002

Gabriele, Würzburg: Der Innere Weg, Gesamtausgabe, DAS WORT Marktheidenfeld 1994

Gabriele, Würzburg: Glaubensheilung – die Ganzheitsheilung, DAS WORT Marktheidenfeld 1999

Gabriele, Würzburg: „Das ist Mein Wort – A und Ω – das Evangelium Jesu – die Christusoffenbarung, welche inzwischen die wahren Christen in aller Welt kennen“, Verlag DAS WORT

Gabriele, Würzburg: Dein Leben im Diesseits ist Dein Leben im Jenseits, Universelles Leben 1992 (erhältlich über Verlag DAS WORT)

Gabriele, Würzburg: Der Prophet, Nr. 15, „Tiere klagen – der Prophet klagt an“, Marktheidenfeld 1999.

Gabriele, Würzburg: Ursache und Entstehung aller Krankheiten – Was der Mensch sät, wird er ernten, DAS WORT Marktheidenfeld

Gehm, Britta: Die Hexenverfolgung im Hochstift Bamberg und das Eingreifen des Reichshofrates zu ihrer Beendigung, Olms Hildesheim 2000

Grigulevic, J.R.: Ketzer, Hexen, Inquisitoren, Ahriman Freiburg 1995

Haag, Herbert: Worauf es ankommt – Wollte Jesus eine Zwei-Stände-Kirche?, Freiburg 1997

Hamann, Brigitte: Hitlers Wien, München 1996

Heer, Friedrich: Gottes erste Liebe – Die Juden im Spannungsfeld der Geschichte, Herbig München 1981 (1967)

Herrmann, Horst: Kirchenfürsten – zwischen Hirtenwort und Schäferstündchen, Goldmann Hamburg 1994 (1992)

Jaspers, Karl: Der philosophische Glaube angesichts der Offenbarung, München 1962

Klee, Ernst: Die SA Jesu Christi – die Kirche im Banne Hitlers, Fischer Frankfurt 1989

Lay, Rupert: Nachkirchliches Christentum, Econ Düsseldorf 1995

Lea, Henry Charles: Geschichte der Inquisition im Mittelalter, 3 Bd., Scientia Aalen 1980 (1905)

Mynarek, Hubertus: Casanovas in Schwarz, Die blaue Eule Essen 2000

Mynarek, Hubertus: Das Gericht der Philosophen, Die blaue Eule Essen 1997

Mynarek, Hubertus: Die neue Inquisition – Sektenjagd in Deutschland, Das Weiße Pferd Marktheidenfeld 1999

Mynarek, Hubertus: Eros und Klerus, Die blaue Eule Essen 1999

Mynarek, Hubertus: Herren und Knechte der Kirche, Historia Ulm 2002

Mynarek, Hubertus: Verrat an der Botschaft Jesu, DAS WORT Rottweil 1986

Nigg, Walter: Das Buch der Ketzer, Diogenes Zürich 1986 (1949)

Nigg, Walter: Prophetische Denker, DAS WORT Rottweil 1986 bzw. Artemis Zürich 1968 (1957)

Noll, Wynfrieth: Wenn Frommsein krank macht, Socio medico Planegg 1989

Picker, Richard: Krank durch die Kirche? Katholische Sexualmoral und psychische Störungen, Böhlau Wien 1998

Riemeck, Renate: Moskau und der Vatikan, Die Pforte Basel 1988

Riezler, Sigmund von: Geschichte der Hexenprozesse in Bayern, Magnus Stuttgart, ohne Jahresangabe

Rill, Bernd: Die Inquisition und ihre Ketzer, Idea Puchheim 1982

Roll, Eugen: Die Katharer, Mellinger Stuttgart 1987 (1979)

Rusam, Georg: Österreichische Exulanten in Franken und Schwaben, Degener Neustadt/Aisch 1989

Sailer, Christian: Der Feldzug der Schlange und das Wirken der Taube, DAS WORT Marktheidenfeld 1998

Sailer Christian: Luthers totalitäres Regime vor Gericht – eine religiöse Minderheit wehrt sich, Das Weiße Pferd Marktheidenfeld 2002

Schepper, Rainer: Das ist Christentum, Angelika Lenz, Neustadt am Rübenberge 1999

Skriver, Carl Anders: Die Lebensweise Jesu und die ersten Christen, Lübeck 1973

Sträuli, Robert: Origenes – der Diamantene, Zürich 1987

Thiel, Norbert: Der Kampf gegen neue religiöse Bewegungen, Kando Mörfelden 1986

Torjesen, Karen Jo: Als Frauen noch Priesterinnen waren

Universelles Leben (Hg): Die Abschaffung des achten Gebotes, Würzburg 1996

Verlag Das Weiße Pferd (Hg): Von der Wiege bis zur Bahre – Praktiken der Kirche – das hat Jesus nicht gewollt, 2000

Wagner, Ulrich (Hg.): Geschichte der Stadt Würzburg, Bd. 1, Theiss Stuttgart 2001

Watters, Wendell W.: Tödliche Lehre, Angelika Lenz Neustadt am Rübenberge 1995

Woodrow, Ralph: Die Römische Kirche – Mysterien-Religion aus Babylon, Marienheide 1992

REGISTER

BILDQUELLENVERZEICHNIS

AKG Images: 74
Archiv Universelles Leben: 96, 172, 238, 241, 243, 262, 291, 294, 302, 339, 354 f., 367, 368
Bayerische Staatsbibliothek, München: 84
Bildarchiv der Österreichischen Nationalbibliothek, Wien: 73
dpa: 113
Gallería dell'Accademia di Firenze: 34
Keystone: 85
Kosmo Data: 79
Marcello Berton: 63, 64, 65, 78
Mauro Pucciarelli: 49
Nationalgalerie Neapel: 56
Peter Haining: 71
Prado: 69
Weidenfeld & Nicolson: 26, 29, 40, 41, 58, 75

Karikaturen: Gerd Bauer

FUSSNOTEN

1 vgl. dazu: Karlheinz Deschner, „Kriminalgeschichte des Christentums, Band 1, S. 11 ff, sowie Bd. 5, Editorial
2 Eine ausführliche Beschreibung des kirchlichen Antisemitismus schon in der Antike findet sich bei Karlheinz Deschner, „Kriminalgeschichte des Christentums", Band 1, S. 117 ff. Vgl. auch die Zeitschrift „Der Theologe", Nr. 4: „Die evangelische Kirche und der Holcaust", www.theologe.de
3 Eine aufschlussreiche Zusammenstellung solcher Stellen des Alten Testamentes findet sich in: „Tiere klagen – der Prophet klagt an", aus der Reihe: Der Prophet, Nr. 15, Verlag Das Wort, Max-Braun-Str. 2, 97828 Marktheidenfeld
4 Bernd Rill, „Die Inquisition und ihre Ketzer", Puchheim 1982, S. 9
5 J.R. Grigulevic, „Ketzer, Hexen, Inquisitoren", Ahriman-Verlag 1995, S. 49
6 ebenda, S. 56, 65
7 Zu Bücherverbrennungen durch die Kirche schon in der Antike: Karlheinz Deschner, „Kriminalgeschichte", Band 3, S. 549 ff.
8 Rupert Lay, „Nachkirchliches Christentum", Düsseldorf 1995
9 Herbert Haag, „Worauf es ankommt – Wollte Jesus eine Zwei-Stände-Kirche?", Freiburg 1997
10 vgl. hierzu: Karen Jo Torjesen: „Als Frauen noch Priesterinnen waren".
11 Zum Vegetarismus im Urchristentum: Carl Anders Skriver, „Die Lebensweise Jesu und der ersten Christen, Lübeck 1973, vgl. auch: „Die ersten Christen waren Vegetarier" in: *Das Friedensreich* 6/2001, S. 14 ff und 8/2001, S. 6 ff., www.das-friedensreich.de
12 Zu Origenes: Robert Sträuli, „Origenes – der Diamantene", Zürich sowie „Der Theologe" Nr. 2 „Reinkarnation", www.theologe.de
13 vgl. hierzu: Ralph Woodrow, „Die Römische Kirche – Mysterien-Religion aus Babylon", Marienheide 1992, oder auch: „Von der Wiege bis zur Bahre – die Praktiken der Kirche – das hat Jesus nicht gewollt", Verlag Das Weiße Pferd, 2000, www.das-weisse-pferd.com
14 Deschner, Kriminalgeschichte, Band 3, S. 473
15 Herrmann, „Kirchenfürsten", S. 78
16 ebenda, S. 80
17 Deschner, Kriminalgeschichte, Bd. 1, S. 160
18 Deschner, Abermals krähte der Hahn, S. 312
19 ebenda, S. 318
20 Deschner, Kriminalgeschichte, Bd. 1, S. 161
21 Deschner, Abermals ..., S. 320
22 ders., Kriminalgeschichte, Bd. 1, S. 217
23 ders., Abermals ..., S. 507
24 ders., Kriminalgeschichte, Bd. 1, S. 264. Konstantin ließ seine Frau Fausta und seinen Sohn Ciprus hinrichten.
25 ders., Abermals ..., S. 474
26 ebenda, S. 467
27 ebenda

28 ebenda
29 ders., Kriminalgeschichte, Bd 1, S. 369
30 Deschner, Kriminalgeschichte, Bd. 1, S. 273
31 Näheres zur kirchlichen Judenverfolgung z.B. bei: Friedrich Heer, „Gottes erste Liebe" oder Czermak, „Christen gegen Juden"
32 Deschner, Abermals ..., S. 474
33 ebenda, S. 476
34 Grigulevic, a.a.O., S. 60f.
35 Deschner, Abermals ..., S. 475
36 ders., Kriminalgesch., Bd. 1, S. 450
37 ebenda, S. 450f.
38 ders., Abermals ..., S. 476
39 Grigulevic, a.a.O., S. 60
40 ebenda, S. 58
41 ebenda, S. 58, 59
42 Deschner, Kriminalgesch., Bd. 1. S. 403
43 ebenda, S. 404
44 ebenda, S. 423
45 ebenda, S. 429
46 Rill, a.a.O., S. 27 f.
47 Josef Dirnbeck, „Die Inquisition", München 2001, S. 52
48 Rill, a.a.O., S. 27
49 ebenda
50 Deschner, Kriminalgesch. Bd. 2, S. 258
51 ebenda, S. 265
52 ebenda, S. 260
53 ebenda, S. 261
54 ebenda, S. 268
55 Museion 2000, 5/1997, S. 29
56 Woodrow, a.a.O., S. 87
57 Deschner, Kriminalgesch., Bd. 4, S. 54
58 Museion 2000, 1/99, S. 16
59 Deschner, Kriminalgesch., Bd. 4, S. 173
60 ebenda, Bd. 2, S. 416
61 die Existenz der Seele vor der Zeugung des Menschen
62 Deschner, Kriminalgesch., Bd. 4, S. 479
63 ebenda, Bd. 6, S. 71
64 ders., Abermals ..., S. 240
65 ebenda, S.222
66 Rill, a.a.O., S. 31
67 Grigulevic, a.a.O., S. 65
68 Eugen Roll, „Die Katharer", Stuttgart 1987, S. 41
69 Grigulevic, a.a.O, S. 82
70 Deschner, Kriminalgesch., Bd. 6, S. 539
71 Grigulevic, a.a.O., S. 84
72 engl. "honeymoon" = der erste Monat nach der Heirat
73 Rill, a.a.O., S. 38
74 Walter Nigg, "Das Buch der Ketzer", Zürich 1986, S. 257
75 Rill, a.a.O., S. 40
76 Grigulevic, a.a.O., S. 84 f.
77 Rill, a.a.O., S. 40
78 Grigulevic, a.a.O., S. 86
79 Otto Wille, "Die verfolgten Nachfolger Christi", Würzburg 1987, S. 117
80 Grigulevic, a.a.O., S. 87
81 Rill, a.a.O., S. 42
82 Nigg, a.a.O., S. 228
83 Grigulevic, a.a.O., S. 88
84 ebenda, S. 89
85 Rill, a.a.O., S. 42
86 Buchard Brentjes, "Der Mythos vom Dritten Reich", Hannover 1997, S. 42
87 Rill, a.a.O., S. 43
88 ebenda, S. 28
89 Grigulevic, a.a.O., S. 91 ff.
90 Michael Baigent, Richard Leigh, „Als die Kirche Gott verriet – die Schreckensherrschaft der Inquisition", Bergisch Gladbach 2000, S. 39

91 Grigulevic, a.a.O., S. 95
92 Rill, a.a.O., S. 47
93 Baigent, a.a.O., S. 45
94 ebenda, S. 46
95 Rill, a.a.O., S. 46
96 Grigulevic, a.a.O., S. 102
97 Rill, a.a.O., S. 47
98 Dirnbeck, a.a.O., S. 130
99 Deschner, "Kriminalgeschichte", Bd. 7, S. 235
100 Grigulevic, a.a.O., S. 103
101 Deschner, "Kriminalgesch.", Bd. 7, S. 254
102 Rill, a.a.O., S. 46
103 Grigulevic, a.a.O., S. 106
104 Baigent, a.a.O., S. 58
105 Grigulevic, a.a.O., S.107
106 ebenda, S. 108
107 ebenda
108 Hubertus Mynarek, "Die neue Inquisition", Verlag Das Weiße Pferd, Marktheidenfeld 1999, S. 27
109 Museion 2000, 4/95, S. 26
110 Baigent, a.a.O., S. 95
111 Grigulevic, a.a.O., S. 317
112 Baigent, a.a.O., S. 52
113 Rill, a.a.O., S. 50
114 Baigent, a.a.O., S. 53
115 Grigulevic, a.a.O., S. 100
116 Rill, a.a.O., S. 50
117 Grigulevic, a.a.O., S. 118
118 ebenda, S. 119
119 ebenda
120 ebenda, S. 119 f
121 ebenda, S. 124 f
122 ebenda, S. 125
123 Deschner, Abermals ..., S. 482
124 Baigent, a.a.O., S. 54
125 Grigulevic, a.a.O., S. 106
126 H. Ch. Lea, Geschichte der Inquisition im Mittelalter, Bd. 1, S. 677, zit. nach Grigulevic, a.a.O., S. 108 f
127 Rill, a.a.O., S. 216
128 Karlheinz Deschner, Opus Diaboli, S. 28
129 Rill, a.a.O., S. 220 ff
130 Grigulevic, a.a.O., S. 101
131 Rill, a.a.O. S. 186
132 Hans-Jürgen Böhm, "Die Lehre M. Luthers – ein Mythos zerbricht!", Badstr. 28 a, 91287 Plech (Eigenverlag), 1994, S. 185
133 ebenda, S. 193
134 ebenda, S. 182
135 ebenda
136 ebenda, S. 192
137 Der Theologe, „Die evangelische Kirche und der Holocaust", Postfach 1443, 97864 Wertheim (Eigenverlag), S. 5
138 Brigitte Hamann, „Hitlers Wien", München 1996, S. 358
139 Der Theologe, a.a.O., S. 9
140 Friedrich Heer, „Gottes erste Liebe", München 1981, S. 406
141 Karl Jaspers, „Der philosophische Glaube angesichts der Offenbarung", München 1962, S. 90
142 Britta Gehm, „Die Hexenverfolgung im Hochstift Bamberg und das Eingreifen des Reichshofrates zu ihrer Beendigung", Hildesheim 2000, S. 269
143 ebenda, S. 113
144 Würzburg: Philipp Adolf von Ehrenberg (1623-31); Bamberg: Johann Georg Fuchs von Dornheim (1623-33) – der Onkel Julius Echter hatte sich persönlich um die katholische Erziehung der Neffen gekümmert
145 Georg Rusam, „Österreichische Exulanten in Franken und Schwaben", Neustadt/Aisch, 1989, S. 52
146 Sigmund von Riezler, „Geschichte der Hexenprozesse in Bayern",

Stuttgart o.J., S. 195
147 Deschner, Kriminalgesch., Bd. 1, S. 243
148 ders., Abermals krähte der Hahn, S. 483
149 ders., Die Politik der Päpste im 20. Jahrhundert, Hamburg 1991, S. 176
150 ebenda, S. 170, 173
151 ebenda, S. 176
152 Renate Riemeck, „Moskau und der Vatikan", Basel 1988, S. 60
153 Mynarek, a.a.O., S. 119
154 Der Theologe, a.a.O., S. 14 f
155 ebenda, S. 16
156 Ernst Klee, „Die SA Jesu Christi, Die Kirche im Banne Hitlers", Frankfurt 1989, Impressumseite
157 Der Theologe, a.a.O., S. 14
158 ebenda, S. 17 f
159 Detlev Garbe, „Glaubensgehorsam und Märtyrergesinnung, Die Verfolgung der Zeugen Jehovas im Dritten Reich", EZW-Texte Nr. 145, Ev. Zentralstelle für Weltanschauungsfragen, Berlin 1999, S. 9
160 Besier/Scheuch (Hg.), „Die neuen Inquisitoren", Band 2, S. 120
161 Garbe, a.a.O., S. 10
162 Besier/Scheuch, a.a.O., S. 33. Vgl. auch: Renate Hartwig, „Die Schattenspieler", direct verlag 2002, www.directverlag.de
163 Garbe, a.a.O., S. 10
164 ebenda
165 Ernst Klee, „Die SA Jesu Christi", Frankfurt 1989, S. 113 f
166 Der Theologe, „Die evangelische Kirche und der Holocaust", Wertheim 1999, S. 34
167 Göttinger Tagblatt, 6.8.93
168 Der Theologe, a.a.O., S. 45
169 ebenda, S. 47
170 Karlheinz Deschner, „Die Politik der Päpste im 20. Jahrhundert", 1991, Teil II, S. 77
171 Rainer Schepper, „Das ist Christentum", Neustadt am Rübenberge 1999, S. 219
172 Deschner, a.a.O., Teil I, S. 252
173 ebenda, Teil II, S. 351
174 vgl. zum Thema Kirche und Geld: Carsten Frerk, „Finanzen und Vermögen der Kirchen in Deutschland", Alibri 2002
175 „Nachrichten der Evangelisch-Lutherischen Kirche in Bayern", 1967, S. 326 f
176 Norbert Thiel, „Der Kampf gegen neue religiöse Bewegungen", Mörfelden 1986, S. 72 f
177 Passauer Neue Presse, Lokalteil Landau, 10.11.01 (Internet-Datum)
178 Hubertus Mynarek, „Die neue Inquisition", Marktheidenfeld 1999, S. 302
179 Deschner, Kriminalgeschichte, Bd. I, S. 481
180 Mynarek, a.a.O., S. 185 ff
181 Brief liegt dem Autor vor
182 Thiel, a.a.O., S. 71
183 Deschner, Abermals krähte der Hahn, S. 436
184 Thiel, a.a.O., S. 71
185 vgl. Massimo Introvigne, "Religiöse Minderheiten und 'moral panics'" in: Besier/Scheuch (Hg.), „Die neuen Inquisitoren", Zürich 1999, Bd. 1, S. 78 ff
186 vgl. H. Newton Malony, „Bewusstseinskontrolle aus psychosozialer Perspektive" in: Besier/Scheuch, a.a.O., Bd. 1, S. 100 ff, insbes. S. 118
187 vgl. Konrad Löw, „'Auf, auf zum fröhlichen Jagen': Erfahrungen mit Manichäern" in: Besier/Scheuch, a.a.O., Bd. 1, S. 255 ff, insbes. S. 266:

„Bei seinen Nachforschungen sei er [Dr. Gunther Klosinski, Univ. Tübingen, Anm.d.A.] zu dem Ergebnis gekommen, dass mehr Menschen in dieser Vereinigung [hier: Bhagwan, Anm. d.A.] eine Stabilisierung ihres labilen psychischen Zustandes gewonnen hätten, als Destabilisierungen zu verzeichnen seien."

188 Wynfrith Noll, "Wenn Frommsein krank macht", Planegg 1989; Wendell W. Watters, „Tödliche Lehre", Neustadt/Rbge 1995; Richard Picker, „Krank durch die Kirche", Köln 2000
189 Thiel, a.a.O., S. 72
190 ebenda, S. 70
191 ebenda, S. 55
192 ebenda, S. 56
193 Introvigne in Besier/Scheuch, a.a.O., Bd. 1, S. 78f
194 Welt am Sonntag, 29.9.74
195 Religion heute, 4/79
196 Thiel, a.a.O., S. 82
197 ebenda, S. 84
198 ebenda, S. 88
199 ebenda, S. 179
200 ebenda, S. 137
201 ebenda, S. 100
202 ebenda, S. 162
203 ebenda, S. 88
204 ebenda, S. 172
205 ebenda
206 Mynarek, a.a.O., S. 28
207 ebenda, S. 278 f
208 Thiel, a.a.O., S. 138
209 Der Spiegel, 17.5.93
210 Joh. Neumann, „Wenn Juristen ‚Schutzengel' spielen, ist die Religionsfreiheit in Gefahr", in: Besier/ Scheuch, a.a.O., Bd. 1, S. 254
211 Besier/Scheuch (Hg.), a.a.O., S. 444
212 Berliner Morgenpost, 20.12.97
213 Nordelbische Zeitung, 11.10.96
214 Süddeutsche Zeitung, 1.9.00
215 AP-Meldung, 7.10.94
216 dpa-Meldung, Landesdienst NRW, Nov. 94
217 Thiel, a.a.O., S. 139
218 Berliner Morgenpost, 25.8.99
219 Berliner Morgenpost, 25.3.95
220 Süddt. Zt., 28.10.01; Ev. Sonntagsblatt (Bayern), 4.11.01
221 Thiel, a.a.O., S. 108 f
222 ebenda, S. 109
223 ebenda, S. 111
224 ebenda, S. 115
225 ebenda, S. 116
226 ebenda, S. 118
227 ebenda, S. 117 ff
228 ebenda, S. 119
229 Besier/Scheuch, a.a.O., Bd. 2, S. 440
230 Thiel, a.a.O., S. 117
231 Mynarek, a.a.O., S. 415
232 Thiel, a.a.O., S. 123
233 Besier/Scheuch, a.a.O., Bd. 1, S. 82
234 ebenda, S. 379
235 ebenda, S. 335
236 Auch die andere Seite soll angehört werden
237 ebenda, Bd. 2, S. 384
238 ebenda, S. 379 f
239 „Neue religiöse und ideologische Gemeinschaften und Psychogruppen – Forschungsprojekte und Gutachten der Enquete-Kommission", Hamm/ Hoheneck 1998
240 Endbericht der Enquete-Kommission „Sogenannte Sekten und Psychogruppen", Bundestags-Drucksache 13/10950, S. 163
241 ebenda, S. 165
242 ebenda, S. 167
243 ebenda, S. 168
244 ebenda, S. 171

245 ebenda, S. 171 f
246 ebenda, S. 175, 185
247 ebenda, S. 60, 149
248 ebenda, S. 149
249 ebenda, S. 40
250 ebenda, S. 149
251 Besier/Scheuch, a.a.O., Bd. 1, S. 304
252 ebenda, S. 276
253 ebenda, S. 288
254 ebenda, S. 345 f
255 ebenda, S. 316
256 ebenda, S. 317
257 ebenda, S. 279
258 ebenda, S. 328
259 Westfalenblatt, 11.6.98
260 Gerhard und Maria Besier, „Die Rufmordkampagne", Editions La Colombe, Bergisch Gladbach 2002, S. 101 ff
261 ebenda, S. 13 ff
262 Besier/Scheuch, a.a.O., Bd. 1, S. 403
263 ebenda, S. 311
264 ebenda, S. 315
265 Besier/Scheuch, a.a.O., Bd. 1, S. 226
266 ebenda, Bd. 2, S. 444
267 Martin Kriele, „Religiöse Diskriminierung in Deutschland", Zeitschrift für Rechtspolitik, 11/2001, S. 495 ff
268 „Krieg gegen Dämonen", Der Spiegel, 41/2001
269 Besier/Scheuch, a.a.O., Bd. 2, S. 433
270 vgl. hierzu: Walter Nigg, „Prophetische Denker", Zürich 1968 oder Rottweil 1986
271 Walter Nigg, a.a.O., S. 124
272 vgl. hierzu: Otto Wille, „'Das große Zeichen – Die Frau aller Völker' – Vulgär-Spiritismus und Fetischismus im Katholizismus – ein Neu-Heidentum unter der Schirmherrschaft der katholischen Kirche?", Bad Nenndorf 1988
273 s.o. S. 102
274 Universelles Leben (Hg.), „Die Abschaffung des Achten Gebotes", Würzburg 1996, S. 63 f
275 S. 238
276 S. 105
277 Generalanzeiger, 18.3.83
278 ebenda, 19.3.83
279 ebenda, 17.3., 19.3.83
280 Rhein-Sieg-Anzeiger, 28.2.86
281 vgl. S. 104
282 Fränkisches Volksblatt, 4.3.84
283 S. 123
284 Katholisches Sonntagsblatt Würzburg, Ostern 1984
285 Evangelisches Sonntagsblatt Bayern, 31.3.84
286 Main-Post, 2.6.84
287 Ausgabe Nord-Eifel, 2.7.93
288 Abendzeitung, 15.5.90
289 Abendzeitung, 14.7.95
290 Hubertus Mynarek, „Die neue Inquisition", Marktheidenfeld 1999, S. 150 ff
291 Arbeitsgemeinschaft naturgemäßer Obst- und Gartenbau
292 Hanauer Anzeiger, 18.10.97
293 Hanauer Anzeiger, 18.4.98
294 Wiesbadener Tagblatt, 14.2.01
295 Hessen 3, 2.3.94, „Alles bio oder was?"
296 Dreieich-Spiegel, 15.11.97
297 Christian Sailer, „Luthers totalitäres Regime vor Gericht – eine religiöse Minderheit wehrt sich", Verlag Das Weiße Pferd Marktheidenfeld, 2002, S. 86
298 Bad. Neueste Nachrichten, 19.10.01
299 Abendzeitung Nürnberg, 17.11.01
300 Fürther Nachrichten, 3.2.98
301 Schwabacher Tagblatt, 18.11.98
302 Schwabacher Tagblatt, 18.3.98
303 Sindelfinger Zeitung, 1.10.96

304 Kreiszeitung/Böblinger Bote, 5.10.96
305 Reutlinger Wochenblatt, 5.11.97
306 Schwäbisches Tagblatt, 11.11.97
307 Frankenpost, Dez. 97
308 Südkurier, 16.5.00
309 Gelnhäuser Tageblatt, 3.12.97
310 Offenbach-Post, 19.8.00
311 S. 389 f.
312 S. 383 ff.
313 vgl. Saldo, Südwestrundfunk, 30.4.01
314 Reißig ist im Hauptberuf persönlicher Referent der SPD-Landtagsabgeordneten Carla Bregenzer – vgl. S. 307 ff. und S. 391 ff.
315 Südkurier, 12.12.01
316 Stuttgarter Nachrichten, 12.12.01
317 z.B. Main-Post (Würzburg), Main-Echo (Aschaffenburg), Rhein-Nekkar-Zeitung (Heidelberg), Kreisblatt (Delmenhorst)
318 Express Bonn, 11.8.84
319 S. 59
320 Nürnberger Nachrichten, 25.11.85
321 Süddeutsche Zeitung, 26.11.85
322 Münchner Merkur, 25.11.85
323 Bayerische Rundschau, Kulmbach, 25.11.85
324 Main-Post, 25.11.85
325 Haßfurter Tagblatt, 26.11.85
326 27.11.85, Ausgabe Frankfurt
327 Westdeutscher Rundfunk, 25.4.93
328 z.B. Oberbayerisches Volksblatt, Wiesbadener Wochenblatt, Verlag Linus Wittich, BLV-Verlagsgesellschaft, Süddeutsche Zeitung
329 Main-Post, 3.7.99
330 ebenda
331 21.1.02: „Kirchen-Skandal: Mitarbeiter zu Tode gemobbt?"
332 Main-Post, Ausg. Kitzingen, 21.9.84
333 Main-Post, 28.9.84
334 Main-Post, 21.9.84
335 Kitzinger Zeitung, 15.6.84
336 Saale-Zeitung, 11.10.84
337 Main-Post, 11.10.84
338 Main-Post, 3.11.84
335 Deschner, Kriminalgeschichte, Band 7, S. 274
340 Kitzinger Zeitung, 7.11.84, Anzeige in der Main-Post, 8.11.84
341 Evangelisches Sonntagsblatt Bayern, Ausg. Unterfranken, 24.7.88
342 „Herr Schmidt", Oktober 1990
343 Main-Post, 19.12.84
344 Fränkisches Volksblatt, 20.12.84
345 ebenda
346 Main-Post, 11.1.85
347 „'Weltweiter Christusstaat' greift in Zürich um sich", Tagesspiegel Zürich, 16.7.94
348 Main-Post, 5.2.85
349 Main-Post, 7.2.85
350 Main-Post, 9.2.85
351 Zur Frage persönlicher/unpersönlicher Gott vgl. Kap. 3/1, S.9
352 Main-Post, 26.2.85
353 Der Rechtsanwalt Dr. Christian Sailer aus München und der Richter Dr. Gert Hetzel aus Stuttgart
354 Fränkisches Volksblatt, 26.4.85
355 Main-Post, 27.4.85
356 Fränk. Volksblatt, 24.5.85
357 Main-Post, 6.5.85
358 Fränk. Volksblatt, 7.5.85
359 Main-Post, 21.5.85
360 Main-Post, 7.6.85
361 Main-Post, 15.5.85
362 Main-Post, 21.5.85
363 Kleine Zeitung, 12.6.85
364 Main-Post, 13.6.85
365 lt. Leserbrief, Main-Post, 21.6.85
366 vgl. Kap. 2, S. 14
367 Fränkisches Volksblatt, 15.6.85
368 Ev. Sonntagsblatt, 7.7.85

369 Main-Post, 15.6.85
370 ebenda
371 Main-Post, 22.6.85
372 Main-Post, 21.6.85
373 Main-Post, 6.7.85
374 so etwa in Karlstadt (1986), Arnstein (1987), Zusenhofen und Nussbach (1988), Welschen-Ennest (1992)
375 Franz Alt hatte es 1985 gewagt, in seinem Buch „Liebe ist möglich“ ganz am Ende eine kleine Fußnote anzubringen und darin auf die Idee der gelebten Bergpredigt hinzuweisen, wie sie etwa vom Universellen Leben vertreten werde. Wegen dieser Fußnote wurde er von Pfarrer Haack wüst beschimpft.
376 vgl. Volksblatt, 14.1.88
377 Quick, 11.1.89
378 Main-Post, 12.1.89
379 Main-Post, 14.12.85
380 s. o. S. 206
381 Main-Post, 14.12.85
382 „Heimholungswerk – Universelles Leben – Der Christusstaat – Politik – Wirtschaft – Religion“, erschienen bei: „Die Frau aller Völker“, Mai 1988
383 Main-Post, 26.11.85
384 z.B. Psalm 90,4 oder Offenb. Kap. 20
385 vgl. Joachim von Fiore (Kap. 1, S. 32) sowie „Das Friedensreich“ Nr. 12/01
386 Main-Post, 7.1.88
387 Main-Post, 16.1.88
388 Main-Post, 7.1.88
389 Brief an Strauß, 28.1.88, S. 3
390 ebenda, S. 2
391 Main-Post, 21.2.89
392 Brief an Heubl, 14.1.88, S. 5
393 ebenda, S. 3, 4
394 Dieser Bericht wurde am 6./7. Juni 1988 im Rechtsausschuss des Bayer. Landtags behandelt
395 S. 180
396 auf einem Seminar der Europaunion in Würzburg (s.u. S. 266 ff.)
397 Notiz vom 10.6.92
398 In der urchristlichen Gemeindeordnung (vgl. auch S. 343) ist für die fernere Zukunft im Friedensreich eine gewisse Autarkie solcher Gemeinden angekündigt – doch die Urchristen machten immer deutlich, dass dies über die Zeit hinweg organisch und harmonisch wachsen muss.
399 Innozenz III., vgl. S. 50
400 Südwestpresse, 17.8.93
401 Südwestpresse, 18.8.93
402 Verwaltungsgericht Stuttgart, 4K2645/93, 29.12.93
403 Main-Echo, 11.2.95
404 zum Thema „EDV für Sie“, s.u. S. 332 ff.
405 Main-Post, 17.11.93
406 Anwaltliches Schreiben vom 15.2.95
407 vgl. S. 209 ff.
408 Mona Lisa 6.12.92, Die Zwei 13/93, ZAK 25.4.93
409 21 O 2651/92, Urteil vom 5.4.95
410 ZAK, 25.4.93
411 S. 209
412 zu diesem Gutachten vgl. S. 278 ff.
413 vgl. S. 203
414 Süddeutsche Zeitung, 18.4.96
415 Kitzinger Zeitung, 13.4.96
416 z.B. in Landau an der Isar am 18.5.93
417 „Heimholungswerk, Universelles Leben – Können katholische Christen an diesen Meditationen teilnehmen und Mitglieder in der inneren Gemeinde werden?“, Juni 1990
418 Spall hat nach eigener Aussage selbst an solchen Meditationen teilgenommen

419 Berlin 1966
420 ebenda, S. 10
421 S. 30 f
422 S. 108
423 Main-Post, 18.1.99
424 Rhön-Saale-Post, 23.1.99. Zum Film: vgl. S. 319 ff.
425 „Das Heimholungswerk ...“, S. 197
426 „Das Universelle Leben ...“, S. 35
427 ebenda, S. 26
428 „Das Heimholungswerk ...“, S. 158
429 Kath. Sonntagsblatt Würzburg, 17.1.88
430 Vortrag in Heilbronn, 29.2.88
431 Das Dorf Michelrieth war früher ein Teil der Grafschaft Wertheim und ist bis heute überwiegend evangelisch
432 Magnis: S. 276, Haack: S. 289
433 Main-Echo, 9.12.92
434 Main-Post, 12.12.92
435 Nach der Sendung des *Hessischen Rundfunks* (Kap. 3/10, S. 10) griff Zorn selber als CSU-Kreisvorsitzender Dr. Mohr öffentlich an: Wie er als Anwalt eine Gruppierung mit „eindeutig faschistischen Tendenzen“ unterstützen könne – *Main-Echo*, 29.12.93
436 Rhön-Saale-Post, 18.3.93
437 Ev. Sonntagsblatt Bayern, Ausg. Unterfranken, 4.4.93
438 ebenda, 12.10.86
439 ebenda, 26.10.86
440 Schon Bonifatius hatte in Deutschland im 8. Jahrhundert auf Anordnung von Papst Zacharias schlichte Feldkreuze zerstören lassen, die zuvor iroschottische Mönche in der freien Natur errichtet hatten – Zeichen einer von Rom unabhängigen, keltisch geprägten und naturverbundenen Variante des Christentums, die von der Romkirche erbittert bekämpft und unterdrückt wurde. Später dann gab die Kirche Wegkreuze ihrer Prägung (meist mit Korpus) als ihre Tradition und Erfindung aus. Vgl. Markus Osterrieder, „Sonnenkreuz und Lebensbaum“, Stuttgart 1995, S. 99
441 Main-Echo, 12.6.97
442 Main-Echo, 2.12.96
443 Fränkische Nachrichten, 2.12.96
444 VG Würzburg, 14.4.99 in Sachen Gut zum Leben/Freistaat Bayern, S. 14 f, zit. nach Christian Sailer, “Luthers totalitäres Regime vor Gericht – eine religiöse Minderheit wehrt sich“, S. 69 f
445 Karl Jaspers, „Der philosophische Glaube“, 9.Aufl. 1988, S. 73
446 Main-Post, 15.6.91
447 Main-Post, 17.6.91
448 Main-Post, 15.6.91
449 Ev. Monatsgruß Würzburg, Nov. 91
450 epd, 7.4.93
451 Nürnberger Nachrichten, 12.2.92
452 Ev. Sonntagsblatt Bayern, 18.4.93
453 September 1940
454 Göttinger Tageblatt, 22.4.93
455 Main-Post, 13.10.93
456 Bei der Gründungsversammlung von „Bürger beobachten Sekten“ (S. 307) am 15.12.94 verstieg sich Behnk sogar zu der Behauptung, die Urchristen würden „möglicherweise sogar für den nächsten Sektenmord verantwortlich“ sein (Fränk. Nachr., 16.12.94)
457 vgl. S. 265
458 Bayern 2, 22.4.93
459 Antenne Bayern, 1.7.93
460 vgl. Joh 16,33: „In der Welt habt ihr Angst; aber seid getrost: Ich habe die Welt überwunden“ oder Röm 12,22: „Lass dich nicht vom Bösen

überwinden, sondern überwinde das Böse mit Gutem." Weitere Stellen in: *Der Christusstaat* 8/93

461 „Betrachtet man sich die Publikationen, die Offenbarungen oder die Audio- und Videokassetten des Universellen Lebens, so wird man schwerlich einen strukturellen Antisemitismus entdecken können." So der Theologe und Religionswissenschaftler Hermann Ruttmann in „Vielfalt der Religionen", herausgegeben von REMID (Religionswissenschaftlicher Medien- und Informationsdienst), Marburg 1995
462 Main-Echo, 15.4.94
463 Süddeutsche Zeitung, 7.8.96
464 epd, 7.1.96
465 Ev. Sonntagsblatt Bayern, 21.3.93
466 Radio FFH, „Radiomarkt", 10.1.94
467 Stuttgarter Nachrichten, 19.4.96
468 Näheres hierzu: Hubertus Mynarek, „Verrat an der Botschaft Jesu", Verlag Das Wort Rottweil 1986
469 S. 156 ff
470 Wolfgang Behnk, „Contra Liberum Arbitrium – Pro Gratia Dei. Willenslehre und Christuszeugnis bei Luther und ihre Interpretation durch neuere Lutherforschung", 1982
471 Oberlandesgericht München, 9.7.97
472 Landgericht München, 27.8.97
473 Pressemitteilung vom 18.5.97, zitiert nach: Sailer, „Luthers totalitäres Regime vor Gericht", S. 50
474 Sailer, a.a.O., S. 54
475 Landgericht München I, Oberlandesgericht München
476 Sailer, a.a.O., S. 56
477 S. 357 f.
478 Main-Echo, 10.7.96
479 Main-Echo, 13.7.96
480 Main-Echo, 15.7.96
481 Main-Echo, 17.7.96
482 Süddeutsche Zeitung, 4.2.99, Stuttg. Zt., 5.2.99
483 Sailer, a.a.O., S. 66 ff
484 ebenda, S. 64 ff
485 zu den Auswirkungen der Verhetzung siehe S. 404 ff.
486 vgl. S. 379 ff.
487 z.B. Kitzinger Zeitung, 12.6.93
488 vgl. S. 304 f.
489 Gerhard Lenz arbeitete vor seiner Tätigkeit beim *epd* beim *Fränkischen Volksblatt*
490 Ein Standort in Hettstadt (S. 236 ff.), für den bereits ein Grundstück angekauft war, wurde von der Gemeinde allerdings blockiert – sie verweigerte die Erschließung.
491 Art. 7 Abs. 5 GG
492 Art. 69 Abs. 3 BV
493 Süddeutsche Zeitung, 7.10.88
494 Main-Post, 22.8.90
495 Verlag DAS WORT, www.das-wort.com, Tel. 09391/504135
496 Kirchliche Schulen arbeiten auf konfessioneller Grundlage; die antroposophischen Schulen geben als Hintergrund besondere pädagogische Ziele an.
497 Main-Echo, 3.9.91
498 Der erste Teil der PISA-Studie (Programme for International Student Assessment) der OECD erbrachte Ende 2001 das Ergebnis, dass deutsche Schüler in Bezug auf die Fähigkeit, gelesene Texte eigenständig zu verarbeiten, im internationalen Vergleich nur einen unteren Mittelplatz einnehmen.
499 vgl. S. 308 sowie Anmerkung 456
500 Main-Echo, 17.12.94
501 zu Behnks Verleumdungsmethoden siehe S. 326 ff. Das „Individuel-

le" des Menschen soll auf dem Inneren Weg im Universellen Leben nicht „abgebaut" werden, sondern lediglich das Ichbezogene, mit dem sich der Mensch gegen seine Mitmenschen stellt. „Bindung" bedeutet in der Lehre des Universellen Lebens – im Gegensatz zur „Verbindung", die positiv bewertet wird – eine Abhängigkeit, Unselbständigkeit, ständige Erwartungshaltung, die es zu überwinden gilt. Nicht das „Menschsein" soll aufgehoben werden, sondern das allzu menschliche, niedere Ich, also die Selbstbezogenheit, der Egoismus, soll in positive Eigenschaften wie innere Stärke, Verständnis, Toleranz, Gemeinschaftssinn umgewandelt werden. All dies ist Behnk bekannt – dennoch stellt er die Lehre der Urchristen immer wieder bewusst falsch dar, um sie zu diskreditieren.

502 Main-Post, 3.8.94

503 S. 109 f.

504 Freller, von Beruf katholischer Religionslehrer, wurde später Staatssekretär im Kultusministerium

505 Die Ministerien für Kultus, Inneres, Justiz, Finanzen, Wirtschaft und Soziales

506 Lediglich einige wenige Meinungsäußerungen Behnks gegen die Urchristen, die dieser sich von Gerichten als „zulässig" hatte bestätigen lassen, wurden im Bericht referiert

507 Fränkisches Volksblatt, 1.3.95

508 Kitzinger Zeitung, Main-Post, 4.3.95

509 s.o. S. 353 f.

510 Main-Echo, 8.2.96

511 ebenda

512 Kitzinger Zeitung, 9.2.96

513 Kitzinger Zeitung, 2.10.96

514 Aktenvermerk vom 17.10.96

515 Mittelbayerische Zeitung, 23.10.96

516 Josef Filser: klerikaler Zentrums-Abgeordneter des 19. Jahrhunderts, satirische Figur des Schriftstellers Ludwig Thoma

517 Main-Post, 6.12.96

518 Vermerk, 14.1.97

519 epd-Meldung, 19.11.97

520 Main-Post, 12.11.01

521 vgl. z.B. S. 211, 273, 283, 317, 318

522 Leider halten sich bestimmte Politiker auch an diese Vorgabe nicht – vgl. die Aussagen von Stoiber (S. 360) und Hohlmeier (S. 362 f.)

523 Süddeutsche Zeitung, 4.8.98

524 vgl. S. 106

525 ebenda

526 vgl. S. 110 ff., 389 f.

527 S. 124 ff.

528 Kiesel, Neue Zeitschrift für Verwaltungsrecht 1992, S. 1129 f

529 Kriele, Neue juristische Wochenschrift 1994, 1897 ff

530 ebenda, 1898

531 S. 333 ff.

532 BverfG, NVwZ 2001, 908 f.

533 S. 359

534 Stoiber (S. 360), Hohlmeier (S. 362), Sackmann, Freller, Will (S. 357), Sauter (S. 109)

535 Sailer/Hetzel, Petition der Glaubensgemeinschaft Universelles Leben in: Besier/Scheuch, Die neuen Inquisitoren, Band II, S. 391 f

536 Außer dem Universellen Leben klagten: Transzendentale Meditation, Hare Krishna, Verein zur Förderung der Psychologischen Menschenkenntnis

537 Gasper, Müller, Valentin, Lexikon

der Sekten, Sondergruppen und Weltanschauungen, erschienen im katholischen Herder-Verlag, S. 1106 ff
538 Main-Post, 7.2.95
539 S. 124 ff.
540 Lübecker Nachrichten, 26.3.95
541 S. 115
542 Ministerium für Arbeit, Soziales, Familie und Gesundheit: „Gefährdung Jugendlicher durch neureligiöse Gruppen“, Mainz 1993, S. 4
543 S. 319 ff.
544 Pressemeldung, 25.10.93
545 Christian Sailer, „Der Feldzug der Schlange“, S. 355
546 S. 199 ff.
547 Badische Neueste Nachrichten, 3.5.94
548 S. 169 ff.
549 Rheinpfalz, 11.10.96
550 vgl. S. 197
551 Rheinpfalz, 17.5.02
552 vgl. S. 209 ff.
553 Hamburger Abendblatt, 19.2.96
554 Die Welt, 24.10.98
555 Kieler Nachrichten, 11.2.00
556 Kriele, „Religiöse Diskriminierung in Deutschland“, ZRP 11/2001, S. 495
557 S. 113 ff.
558 Sailer, „Der Feldzug der Schlange“, S. 354
559 Sailer, „Luthers totalitäres Regime vor Gericht“, S. 88 ff
560 Badische Neueste Nachrichten, 25.10.94
561 z.B. Heilbronner Stimme, 7.6.96
562 S. 272 ff.
563 S. 278 ff.
564 S. 357 f.
565 z.B. Fränkische Nachrichten, 23.5.96; Südwestpresse. 29.5.96; Badische Zeitung, 1.6.96. Der Journalist Hans Georg Frank erwies sich hier als besonders kirchentreu.
566 Haller Tagblatt, 29.5.96
567 Stuttgarter Zeitung, 22.11.96
568 Saale-Zeitung, 7.3.03
569 Z.B. Heilbronner Stimme, 27.4.01
570 Main-Post, 10.7.01
571 Main-Echo, 30.4.97
572 Die „Freien Wähler“ erlangten im Landkreis Main-Spessart große Bedeutung, weil die CSU im Zuge der bayerischen Gebietsreform 1972 zahlreiche Bürger durch undurchsichtige Winkelzüge und Mauscheleien (etwa bei der Frage: Wohin kommt die neue Kreisstadt?) enttäuschte.
573 S. 257
574 Sailer/Hetzel, Petition der Glaubensgemeinschaft Universelles Leben in: Besier/Scheuch, „Die neuen Inquisitoren“, S. 390 ff
575 ebenda
576 Mitte März 2000
577 Ev. Sonntagsblatt in Bayern, 8.12.96
578 S. 114
579 Heilbronner Stimme, 3.5.95
580 S. 134
581 Brief Rennebach an Universelles Leben, 1.2.96. Die Urchristen machten daraufhin den damaligen Parteivorsitzenden der SPD, Oskar Lafontaine, auf die merkwürdigen Vorgänge in seiner Partei aufmerksam, was jedoch nur eine nichtssagende Antwort eines Parteireferenten zur Folge hatte.
582 Stuttgarter Zeitung, 6.9.96
583 Nürnberger Nachrichten, 12.5.01
584 Kronen-Zeitung, 20.8.96
585 „Sekten – Wissen schützt“, S. 8

586 S. 82
587 Der Standard, 3.11.98
588 ebenda, 15.9.99
589 ebenda, 11.8.98
590 Die Presse, 22.10.98
591 Salzburger Nachrichten, 19.11.98
592 Salzburger Stadtanzeiger, 9.4.97
593 dpa, 5.11.96
594 Mittelbadische Presse, 1.3.97
595 Fränkisches Volksblatt, 13.10.93
596 16.7.94 – Stamm zitiert dabei ausführlich Behnk und Magnis und behauptet, ein Schweizer Zahnarzt würde nun in Würzburg „für einen Gotteslohn“ arbeiten, was nachweislich falsch ist.
597 S. 399 ff.
598 S. 367 ff.
599 Näheres hierzu in: Sailer, „Luthers totalitäres Regime vor Gericht“, S. 104 ff.
600 Hier dürfte die Dunkelziffer ein Mehrfaches betragen, weil die meisten verbalen Ausfälligkeiten gar nicht weitergemeldet werden.
601 S. 298 ff.
602 Main-Echo, 29.6.93
603 1933, Ärztetafel des ärztlichen Bezirksvereins Nürnberg
604 Deschner, “Bissige Aphorismen“, Hamburg 1994, S. 16
605 Main-Echo, 8.7.94
606 Main-Echo, 9.7.94
607 Main-Echo, 8.7.94. Claudia L. antwortete, sie fühle sich noch nicht “entschieden“ genug für eine solche „Grundsatzentscheidung“. Der Kirche ist es offenbar gleichgültig, dass sie die „Ketzer“ durch ihre Hetzarbeit meist der „Ketzerei“ noch näher bringt.
608 Es sei hier nochmals betont, dass das Vorgehen der Kirche gegen die Urchristen auf keinen Fall mit dem Holocaust vergleichbar ist, wohl aber mit einigen Aspekten seiner Vorgeschichte.
609 S. 260 ff.
610 Filder Zeitung, 14.12.01
611 S. 308, 391 ff.
612 Filder Zeitung, 14.12.01
613 Filder Zeitung, 6.5.02
614 S. 201 und Anm. 314
615 Stuttgarter Zeitung, 28.5.02
616 Main-Post, 21.8.91
617 S. 313 ff.
618 S. 261 f.
619 Main-Post, 16.6.93
620 Main-Post, 10.12.93
621 26.5.01
622 Main-Post, 14.8.01
623 Main-Post, 24.8.01
624 Main-Post, 26.5.01
625 Main-Post. 24.9.01
626 Main-Post, 5.1.02
627 Main-Post, 18.1.02
628 ebenda
629 Die Welt, 7.11.02

DER AUTOR

Diplom-Sozialwirt Matthias Holzbauer, geboren 1956 in Nürnberg, arbeitete nach dem Studium der Sozialwissenschaften zunächst in einem Naturschutzverband, dann in der Öffentlichkeitsarbeit der Glaubensgemeinschaft Universelles Leben in Würzburg. Seit 1996 ist er Redakteur bei der Zeitschrift „Das Friedensreich“ (www.das-friedensreich.de).

Hubertus Mynarek

HERREN UND KNECHTE DER KIRCHE

Das „verbotene" Buch, gegen dessen Erstauflage 15 Prozesse von Kirchenmännern und einem Medienkonzern geführt wurden, jetztin neuer Bearbeitung wieder im Handel: brisanter, kritischer und (noch) beschämender für die Herren und Knechte der Kirche!

Eine kritische Studie über die „heutigen" Verhältnisse im kirchlichen Herrschaftsapparat und deren negativen Einflüsse auf Staat, Politik, Gesellschaft, Gläubige und Steuerzahler. Ein Blick unter die Tarnkappe einer „machtbewußten" und in Verblendung erstarrten Machtkirche, die einer Religionsvariante unwürdig ist.

Zum Autor: Der Religionswissenschaftler, Philosoph und Theologe Hubertus Mynarek ist einer der prominentesten Kirchenkritiker des 20. Jahrhunderts. Nach dem Studium der Philosophie, Psychologie und Theologie promovierte er im Fach Theologie und habilitierte sich an der Universität Würzburg für die Vergleichende Religionswissenschaft und Fundamentaltheologie. Als Professor lehrte er an den Universitäten Bamberg und Wien unter anderem Vergleichende Religionswissenschaft, Religionsphilosophie und Fundamentaltheologie. 1972 war er Dekan der Katholisch-Theologischen Fakultät der Universität Wien. Mynarek war der erste Universitätsprofessor der Theologie im deutschsprachigen Raum des 20. Jahrhunderts, der es wagte, aus der katholischen Kirche auszutreten. Mit einem Offenen Brief an den Papst, in dem er seine Herrschsucht, die Machtstrukturen und das Profitstreben der Hierarchie anprangerte, verabschiedete er sich aus diesem totalitären System.

490 Seiten, geb., Euro 21,50, SFr 36,30 (Historia-Verlag)

zu beziehen bei: Verlag Das Weiße Pferd, Marktheidenfeld
ISBN 3-980-8322-4-4

Hubertus Mynarek

DIE NEUE INQUISITION

Sektenjagd in Deutschland
Mentalität, Motivation,
Methoden kirchlicher und
staatlicher Sektenbeauftragter

Der Religionswissenschaftler, Philosoph und Theologe Hubertus Mynarek ist einer der prominentesten Kirchenkritiker des 20. Jahrhunderts. Sein Werk DIE NEUE INQUISITION, zeigt in überzeugender Weise, dass die alte Inquisition der Kirchen keineswegs tot ist, sondern weiterhin unter vielerlei Masken und Metamorphosen kritische Zeitgenossen und neue spirituelle Gemeinschaften hasserfüllt verfolgt und zu vernichten sucht. Es entlarvt die Motive und Gesinnungen kirchlicher und staatlicher Sektenbeauftragter und analysiert das fatale Gottes- und Menschenbild, von dem sie sich in ihren inquisitorischen Bestrebungen leiten lassen.

**„Scheiterhaufen brennen nicht mehr.
Den Kirchen fehlt heute die physische Macht und
die unumschränkte Autorität des Mittelalters,
um die Maschinerie der Scheiterhaufen gegen Sekten, Hexen
und Ketzer am Laufen zu halten.
Doch alle anderen Methoden der Inquisition ...
funktionieren auch in der Gegenwart noch tadellos,
ja das Medienzeitalter ermöglicht es, sie noch
ständig zu perfektionieren.“**

490 Seiten, kart., Euro 18,00, SFr 30,70
Verlag Das Weiße Pferd, ISBN 3-00-004299-7

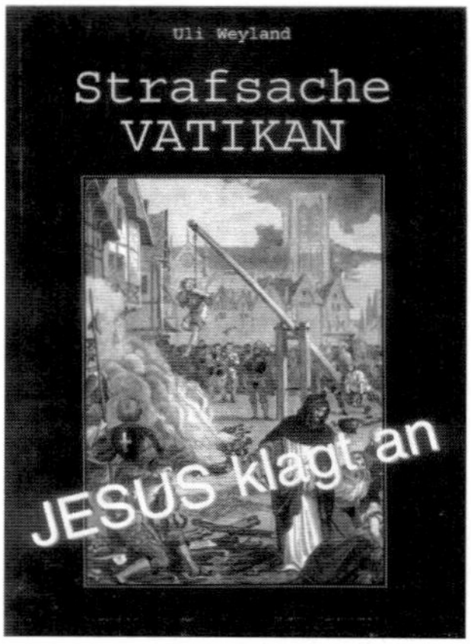

Uli Weyland
Strafsache VATIKAN
JESUS klagt an

Es handelt sich um den größten Strafprozeß der Weltgeschichte. Vom 1. Jahrhundert bis in die Gegenwart reichen die Anklagepunkte gegen 46 Hauptbeschuldigte - allesamt Päpste, dieVerantwortung für beispiellose Verbrechen tragen. Der Mann, auf den sich die Beschuldigten zeit ihres Lebens berufen haben, begegnet ihnen nun als Ankläger: Jesusklagt an!

Der gut recherchierte Geschichtsroman Weylands beginnt in der Sixtinischen Kapelle. Die Szene von Michelangelos „Jüngstem Gericht" verwandelt sich vor den Augen des Autors zum hochbrisanten Tribunal: Es geht um Bestechung und Erpressung, Freiheitsberaubung und Blutschande, Intrigen und Folter, Menschenrechtsverletzung und Völkermord. Albigenser, Hugenotten, Indianer, Moslems und Protestanten fielen dem Absolutheitsanspruch der angeklagten Päpste zum Opfer, nicht zuletzt „Hexen" und Juden. Schonungslos deckt der Ankläger Jesus in der Gerichtsverhandlung auf, wie Millionen von Menschen auf Kreuzzügen, durch die Inquisition und bei Hexenverbrennungen von der Kirche umgebracht wurden. Auch die Mitwisserschaft Pius XII. an dem Völkermord an 750.000 orthodoxen Serben durch das kirchlich geförderte Ustascha-Regime am Ende des 2. Weltkriegs ist eine der Anklagepunkte. Der gegenwärtig regierende Papst wird u.a. wegen Amtsmißbrauchs, Betrugs, Falschaussage, Unterstützung von kriminellen Vereinigungen und von Kriegsverbrechern angeklagt - nicht zuletzt wegen seiner Förderung des totalitären Ordens Opus Dei und der Tradition der Kreuzritter vom Heiligen Grab.

Das Buch widerlegt die These Johannes Pauls II., daß es nur die „irrenden Söhne und Töchter" der Kirche gewesen seien, die die kirchliche Blutspur zu verantworten hätten: Weyland macht die Päpste und ihre persönlichen Anordnungen namhaft. Er widmet sein Buch, das einige Zeit vergriffen war und nun als Paperback erneut erscheint, „allen, die durch die katholische Kirche ihre Menschenwürde, ihr Seelenheil oder ihr Leben verloren haben".

528 Seiten, kart., mit Farbbildern, Euro 19,80, SFr 33,50
Verlag Das Weiße Pferd, ISBN 3-9808322-2-8

Christian Sailer

LUTHERS TOTALITÄRES REGIME VOR GERICHT

In Deutschland ist die Weltanschauungs- und Religionsfreiheit massiv bedroht. Neue religiöse Bewegungen werden von den Kirchen pauschal als gefährliche Sekten gebrandmarkt und mit staatlicher Hilfe diskriminiert. Man verweigert ihnen Veranstaltungsräume, boykottiert ihre Geschäfte, nimmt ihnen Arbeitsplätze und Werbemöglichkeiten. Die Inquisition ist wieder auf dem Vormarsch - angezettelt von Institutionen, die darin seit Jahrhunderten Übung haben. An die Stelle von Scheiterhaufen und Mord treten heute Ausgrenzung und Rufmord. - Die vorliegende Schrift schildert, was eine religiöse Minderheit hierbei erlebt und wie sie sich vor Gericht dagegen wehrt - in einem exemplarischen Prozess, in dem es um ein wichtiges Stück Freiheit geht. Der Text gibt die im Frühjahr 2002 eingereichte Klage wieder.

144 Seiten, kart., Euro 9,80, SFr 17,30
Verlag Das Weisse Pferd, ISBN 3-9808322-01-1

VON DER WIEGE BIS ZUR BAHRE

Die Praktiken der Kirche

Von der Wiege bis zur Bahre ist das Kirchenmitglied eingebunden in ein festes Korsett von Ritualen und Zeremonien - der Katholik etwas mehr als der Protestant. Manche sprechena uch vom „vierrädrigen Christentum" - Kinderwagen, Hochzeitskutsche, Leichenwagen (alle Wagen haben vier Räder), weil viele nur wegen dieser Rituale noch in der Kirche bleiben. Wobei der Begriff „Christentum" hier mit Sicherheit fehl am Platze ist. Und eben darum geht es auch in dieser Broschüre: Aufzuzeigen, mit welchen Praktiken die Kirchen die Menschen an sich binden, und demgegenüber klarzustellen, was Jesus von Nazareth wollte - nämlich nichts von alledem. Broschüre, Euro 1,50 zuzügl.Porto: Verlag Das Weiße Pferd, Marktheidenfeld

Die hier aufgeführten Titel
erhalten Sie in Ihrer Buchhandlung
oder direkt bei:

Verlag Das Weiße Pferd GmbH
Max-Braun-Str. 2
97828 Marktheidenfeld
Tel. 09391/504-207
Fax 09391/504-210

Internet: www.das-weisse-pferd.com
e-mail: info@das-weisse-pferd.com